中 等 职 业 教 育 国 家 规 划 教 材
全国中等职业教育教材审定委员会审定
全国建设行业中等职业教育推荐教材

建筑企业经营管理

（建筑经济管理专业）

主　　编　陈茂明
责任主审　刘伟庆
审　　稿　朱湘岚　孙　剑

中国建筑工业出版社

图书在版编目（CIP）数据

建筑企业经营管理/陈茂明主编．—北京：中国建筑工业出版社，2003

中等职业教育国家规划教材．建筑经济管理专业

ISBN 978-7-112-05405-3

Ⅰ.建… Ⅱ.陈… Ⅲ.建筑企业-企业管理-专业学校-教材 Ⅳ.F407.96

中国版本图书馆 CIP 数据核字（2003）第 012310 号

本教材共分 12 章。主要根据中等职业教育建筑经济管理专业的教育标准和培养方案及中等职业教育国家规划教材《建筑企业经营管理教学大纲》编写。内容有：建筑企业基础知识，建筑企业管理基础知识，建筑市场经营，建设工程招标与投标，建设工程合同管理，计划管理，施工技术管理，建筑企业质量管理，劳动人事管理，材料管理，机械设备管理以及建筑企业经营评价等。

本教材可作为中等职业教育建筑经济管理专业的教材，也可供广大建筑经济管理从业人员参考。

中 等 职 业 教 育 国 家 规 划 教 材

全国中等职业教育教材审定委员会审定

全国建设行业中等职业教育推荐教材

建筑企业经营管理

（建筑经济管理专业）

主　　编　陈茂明

责任主审　刘伟庆

审　　稿　朱湘岚　孙　剑

*

中国建筑工业出版社出版、发行（北京西郊百万庄）

各地新华书店、建筑书店经销

廊坊市海涛印刷有限公司印刷

*

开本：787×1092 毫米　1/16　印张：19　字数：459 千字

2003 年 5 月第一版　　2016 年 2 月第十七次印刷

定价：**26.00** 元

ISBN 978-7-112-05405-3

（14908）

中等职业教育国家规划教材出版说明

为了贯彻《中共中央国务院关于深化教育改革全面推进素质教育的决定》精神，落实《面向21世纪教育振兴行动计划》中提出的职业教育课程改革和教材建设规划，根据教育部关于《中等职业教育国家规划教材申报、立项及管理意见》（教职成［2001］1号）的精神，我们组织力量对实现中等职业教育培养目标和保证基本教学规格起保障作用的德育课程、文化基础课程、专业技术基础课程和80个重点建设专业主干课程的教材进行了规划和编写，从2001年秋季开学起，国家规划教材将陆续提供给各类中等职业学校选用。

国家规划教材是根据教育部最新颁布的德育课程、文化基础课程、专业技术基础课程和80个重点建设专业主干课程的教学大纲（课程教学基本要求）编写，并经全国中等职业教育教材审定委员会审定。新教材全面贯彻素质教育思想，从社会发展对高素质劳动者和中初级专门人才需要的实际出发，注重对学生的创新精神和实践能力的培养。新教材在理论体系、组织结构和阐述方法等方面均作了一些新的尝试。新教材实行一纲多本，努力为教材选用提供比较和选择，满足不同学制、不同专业和不同办学条件的教学需要。

希望各地、各部门积极推广和选用国家规划教材，并在使用过程中，注意总结经验，及时提出修改意见和建议，使之不断完善和提高。

教育部职业教育与成人教育司

2002年10月

前　言

本教材根据中等职业教育建筑经济管理专业的教育标准和培养方案及中等职业教育国家规划教材《建筑企业经营管理教学大纲》编写。

本教材内容按教学大纲安排，能符合学科体系要求。对专业培养方案中已独立设课的内容，如建筑经济、建筑工程造价、建筑企业财务管理、建筑工程项目管理等，本教材从略。

本教材共分十二章，包括：建筑企业基础知识、企业管理基础知识、建筑市场经营、建设工程招投标、建设工程合同管理、计划管理、施工技术管理、建筑企业质量管理、劳动人事管理、材料管理、机械设备管理、经营评价。结合专业特点和相关知识要求，在编排上突出基础理论、经营方法、质量管理、劳动人事管理、材料管理。

本教材以社会主义市场经济理论为基础，参照国际惯例，将管理理论与建筑企业实际融通；突出实际操作，尽量避免难懂的理论阐述、公式推导；力求通俗、易懂、简练、明确、适用。

本教材由陈茂明（四川建筑职业技术学院副教授）主编。第一、二、三、七、九、十章由陈茂明编写；第四、五章由江怒（四川建筑职业技术学院讲师）编写，其中，第五章第五节由罗宗科编写；第六、十二章由罗宗科（攀枝花市建筑工程学校高级讲师）、陆潘（攀枝花市建筑工程学校讲师、会计师）编写，其中，第六章第四节由陈茂明编写；第八章由李渠建（四川建筑职业技术学院讲师）编写；第十一章由陈茂明、曾阳（四川建筑职业技术学院助理讲师）编写；主编对各章进行了适当修改。

本教材编写过程中，参考了有关教材、论著和资料，得到了建设部人事教育司、建设部中等职业学校建筑经济与管理专业指导委员会、中国建筑工业出版社的大力支持，在此致谢。

我国市场经济体制还处于完善阶段，建筑业也需与国际接轨，加上作者水平限制，书中不妥之处，敬请读者批评指正。

目　录

第一章　建筑企业基础知识

建筑企业是从事建筑商品生产和经营的经济组织。本章将介绍建筑企业的基础知识，为读者建立对本学科的认识奠定基础。

第一节　建筑企业概述

一、建筑企业的含义

建筑企业仅是众多企业中的一类，应先认识一般企业。

（一）企业

企业是指依法成立，自主经营、自负盈亏、独立核算、从事商品生产和经营，具有法人资格的经济组织。

企业是在商品经济的演变过程中逐渐发展起来的。在市场经济活动中，随着生产力的发展、资本积聚和集中，出现了以商品生产经营活动为主的经济组织。随着社会分工的深入，这些经济组织的分工也越来越细，形成了专业化的经济组织——企业，它们既是市场上资本、土地、技术、劳动力等生产要素的提供者或购买者，又是消费品的生产者或经销者，是市场经营活动中的重要主体。

（二）建筑企业

建筑企业是指依法成立，拥有资产，自主经营、自负盈亏，独立核算，从事建筑商品生产和经营，具有法人资格的经济组织。

建筑企业是从事建筑商品生产和经营的营利性经济组织，是国民经济的细胞。众多的建筑企业构成了国民经济的支柱产业之一——建筑业。建筑业同工业、农业、交通运输邮电业、商业构成了国民经济的五大物质生产部门。建筑企业生产经营的商品包括各种建筑物、构筑物、设备安装以及技术、劳动服务等。

二、建筑企业的特征

建筑企业同其他企业一样，要成为真正的市场经营主体，必须具备一系列的条件。这些条件决定了建筑企业最基本的特征。

1. 建筑企业是有明确产权的经济组织

企业参与市场活动，实质上是进行商品产权转移。要顺利完成商品产权转移，就要求拥有商品的企业拥有商品的所有权。另外，市场经济条件下要求谁投资、谁受益、谁承担风险，这也要求企业有明确的产权归属关系。

2. 建筑企业是独立自主的经济组织

企业以全部法人财产承担市场的风险，则应拥有自主经营和发展所必需的各种权利。企业在市场活动中拥有自己独立的发展目标，按照自己的意志在法律规范的范围内自主经营，独立地对生产经营过程进行观察、记录、计算和分析，以自身的经营收入抵补支出并获取盈利（自负盈亏、独立核算）。当然，企业必须遵守国家的法律、政策、制度的规定，接受政府的宏观调控。

3. 建筑企业是营利性的经济组织

建筑企业从事建筑商品生产经营活动，必须遵循商品经济规律，追求利润最大化。只有取得更多利润，才能实现资产保值、增值的愿望，增加企业积累，扩大经营规模。这一特征也是企业与其他非营利性组织——如政府机关、社会团体、事业单位的区别。

4. 建筑企业是具有法人资格的经济组织

企业经工商行政管理机关核准登记，取得法人资格，便成为独立的市场主体，可以在核准登记的营业范围内从事经营活动，独立享有相应的民事权利，承担民事责任，受法律的约束和保护。

5. 建筑企业是市场交易中平等的主体

在市场交易中，不论企业规模和经济性质，在法律上一律平等。

上述特征是就一般建筑企业而言，不具有社会制度的属性，但市场经济总是与国情、社会基本制度相联系，因而具有各自不同的社会属性。在社会主义中国，从经济上讲，公有制占主导地位；从政治上讲，以共产党为领导核心。由于上述这两点，要求企业中的党组织应发挥政治核心作用，保证监督贯彻落实党和国家的方针政策；企业内部实行按劳分配；职工有参与民主管理的权利；企业应主动接受国家宏观调控，维护社会经济秩序。

三、建筑企业分类

建筑企业类型很多，常按下列标志分类。

（一）按资产主体分类

按资产主体可将建筑企业分为独资企业、合资企业。

（二）按资产所有者性质分类

按资产所有者的性质可将建筑企业分为国有企业、集体所有制企业、私营企业、各种性质的资产混合成的合资企业。

（三）按经营范围分类

按经营范围可将建筑企业分为综合性建筑公司和专业性建筑公司。

（四）按经营内容分类

按经营内容可将建筑企业分为承包企业、构件加工企业、设备租赁企业、技术咨询企业、劳务服务企业等。

（五）按企业规模分类

按企业规模可将建筑企业分为大型建筑企业、中型建筑企业、小型建筑企业。

（六）按资质条件分类

按资质条件可将建筑企业分为不同等级：施工总承包企业分为特级、一级、二级、三级；专业承包企业分为一级、二级、三级；建筑业劳务分包企业分为一级、二级。

四、建筑企业资质等级

建筑企业资质等级划分，是建筑企业最重要的一种分类。建筑企业资质，是指建筑企业的建设业绩、人员素质、管理水平、资金数量、技术装备的总称。建筑企业资质等级，指国务院建设行政管理部门按资质条件，将建筑企业划分成为不同等级，并规定了承包工程的范围。

资质管理是一种资格认证制度。建筑企业具备一定的资质条件，到各级政府建设行政主管部门申请，经审查认证后，由资质管理部门颁发《建筑企业资质证书》。只有取得了资质证书的建筑企业，才能在规定的范围内承包工程，开展经营活动。

建筑企业资质管理加强了对建筑活动的监督管理，起到了维护建筑市场秩序、保证建设工程质量的作用。《建筑业企业资质管理规定》将建筑企业资质分为施工总承包、专业承包和劳务分包三个序列。

施工总承包企业，可对工程实行施工总包或对主体工程实行施工承包。承担施工总承包的企业可对所承接的工程全部自行施工，也可将非主体工程或劳务作业分包给具有相应专业承包资质或劳务分包资质的建筑企业。

专业承包企业可以承接施工总承包企业分包的专业工程或建设单位按照规定发包的专业工程。专业承包企业可以对所承接的工程全部施工，也可将劳务作业分包给具有相应劳务分包资质的劳务分包企业。

获得劳务分包资质的企业，可承接施工总承包企业或专业承包企业分包的劳务作业。

施工总承包资质、专业承包资质、劳务分包资质序列按照工程性质和技术特点分别划分为若干资质类别。各资质类别按照规定的条件划分为若干等级，如表1-1所示。建筑企业应当按照其拥有的注册资本、净资产、专业技术人员、技术装备和已完成的建筑工程业绩等条件，向企业注册所在地县级以上地方人民政府建设行政主管部门申请资质。中央管理的企业直接向国务院建设行政主管部门申请资质。

建筑企业资质等级类别 **表1-1**

序列	序号	企业资质等级类别	等级划分
施工总承包资质	1	房屋建筑工程施工总承包企业	特级、一级、二级、三级
	2	公路工程施工总承包企业	特级、一级、二级、三级
	3	铁路工程施工总承包企业	特级、一级、二级、三级
	4	港口与航道工程施工总承包企业	特级、一级、二级、三级
	5	水利水电工程施工总承包企业	特级、一级、二级、三级
	6	电力工程施工总承包企业	特级、一级、二级、三级
	7	矿山工程施工总承包企业	特级、一级、二级、三级
	8	冶炼工程施工总承包企业	特级、一级、二级
	9	化工石油工程施工总承包企业	特级、一级、二级
	10	市政公用工程施工总承包企业	一级、二级、三级
	11	通信工程施工总承包企业	一级、二级、三级
	12	机电安装工程施工总承包企业	一级、二级

续表

序列	序号	企业资质等级类别	等级划分
专业承包资质	1	地基与基础工程专业承包企业	一级、二级、三级
	2	土石方工程专业承包企业	一级、二级、三级
	3	建筑装修装饰工程专业承包企业	一级、二级、三级
	4	建筑幕墙工程专业承包企业	一级、二级、三级
	5	预拌商品混凝土专业承包企业	二级、三级
	6	混凝土预制构件专业承包企业	二级、三级
	7	园林古建筑工程专业承包企业	一级、二级、三级
	8	钢结构工程专业承包企业	一级、二级、三级
	9	高耸构筑物工程专业承包企业	一级、二级、三级
	10	电梯安装工程专业承包企业	一级、二级
	11	消防设施工程专业承包企业	一级、二级、三级
	12	建筑防水工程专业承包企业	二级、三级
	13	防腐保温工程专业承包企业	一级、二级、三级
	14	附着升降脚手架专业承包企业	一级、二级
	15	金属门窗工程专业承包企业	一级、二级、三级
	16	预应力工程专业承包企业	一级、二级、三级
	17	起重设备安装工程专业承包企业	一级、二级、三级
	18	机电设备安装专业承包企业	一级、二级、三级
	19	爆破与拆除工程专业承包企业	一级、二级、三级
	20	建筑智能化工程专业承包企业	一级、二级、三级
	21	环保工程专业承包企业	一级、二级、三级
	22	电信工程专业承包企业	一级、二级、三级
	23	电子工程专业承包企业	一级、二级、三级
	24	桥梁工程专业承包企业	一级、二级
	25	隧道工程专业承包企业	一级、二级
	26	公路路面工程专业承包企业	一级、二级、三级
	27	公路路基工程专业承包企业	一级、二级、三级
	28	公路交通工程专业承包企业	设5个分项，不分等级
	29	铁路电务工程专业承包企业	一级、二级、三级
	30	铁路铺轨架梁工程专业承包企业	一级、二级
	31	铁路电气化工程专业承包企业	一级、二级、三级
	32	机场跑道工程专业承包企业	一级、二级
	33	机场空管工程及航站楼弱电系统工程专业承包企业	一级、二级
	34	机场目视助航工程专业承包企业	一级、二级
	35	港口海岸工程专业承包企业	一级、二级
	36	港口装卸设备安装工程专业承包企业	一级、二级

续表

序列	序号	企业资质等级类别	等级划分
专业承包资质	37	航道工程专业承包企业	一级、二级、三级
	38	通航建筑工程专业承包企业	一级、二级、三级
	39	通航设备安装工程专业承包企业	一级、二级
	40	水上交通管制工程专业承包企业	不分等级
	41	水工建筑物基础处理工程专业承包企业	一级、二级、三级
	42	水工金属结构制作与安装工程专业承包企业	一级、二级、三级
	43	水利水电机电设备安装工程专业承包企业	一级、二级、三级
	44	河湖整治工程专业承包企业	一级、二级、三级
	45	堤防工程专业承包企业	一级、二级、三级
	46	水工大坝工程专业承包企业	一级、二级、三级
	47	水工隧洞工程专业承包企业	一级、二级、三级
	48	火电设备安装工程承包企业	一级、二级、三级
	49	送变电工程专业承包企业	一级、二级、三级
	50	核工程专业承包企业	一级、二级
	51	炉窑工程专业承包企业	一级、二级
	52	冶炼机电设备安装工程专业承包企业	一级、二级
	53	化工石油设备管道安装工程专业承包企业	一级、二级、三级
	54	管道工程专业承包企业	一级、二级、三级
	55	无损检测专业承包企业	一级、二级、三级
	56	海洋石油工程专业承包企业	一级、二级
	57	城市轨道交通工程专业承包企业	不分等级
	58	城市及道路照明工程专业承包企业	一级、二级、三级
	59	体育场地设备工程专业承包企业	一级、二级、三级
	60	特种专业工程专业承包企业	不分等级
劳务分包资质	1	木工作业分包企业	一级、二级
	2	砌筑作业分包企业	一级、二级
	3	抹灰作业分包企业	不分等级
	4	石制作分包企业	不分等级
	5	油漆作业分包企业	不分等级
	6	钢筋作业分包企业	一级、二级
	7	混凝土作业分包企业	不分等级
	8	脚手架作业分包企业	一级、二级
	9	模板作业分包企业	一级、二级
	10	焊接作业分包企业	一级、二级
	11	水暖电安装作业分包企业	不分等级
	12	钣金作业分包企业	不分等级
	13	架线作业分包企业	不分等级

五、建筑企业素质

建筑企业生产经营水平的高低，在市场激烈竞争中的胜负，关键在于自身素质。

(一) 建筑企业素质的概念

素质，通常指事物内在要素的综合质量。建筑企业素质，是指建筑企业内部各要素的综合质量，以及各要素有机结合所形成的企业生存能力和发展能力。也就是说，衡量建筑企业素质高低，一看企业内部各要素的质量，二看建筑企业在建筑市场中的竞争能力。

(二) 建筑企业素质的内在形式

建筑企业素质的内在形式可概括为人员素质、技术素质和管理素质。

1. 人员素质

人员素质是企业素质的核心。人在企业中起着决定性作用，具备高素质的人员才可能构建出良好的企业整体素质。企业人员由领导班子和职工队伍两部分构成。

(1) 领导班子素质　企业是一个复杂的人造系统，须在强有力的控制下才能有效运转。企业经营状况好坏，很大程度上取决于领导班子素质。领导班子素质包括个体素质和集体素质。

1) 领导个体素质　指领导班子内每个成员的素质。作为领导成员应具备较高政治水平，有较强的事业心和责任感，有较强的业务能力和管理能力，富有开拓进取精神，身体健康。领导个体素质在我国人事管理考核上分为德、勤、能、绩、体。

2) 领导集体素质　指领导班子的整体功能。领导个体素质高并不表明领导集体素质高，领导集体素质还取决于领导群体的优化构成。领导班子成员在年龄、知识、专业和能力等方面需有合理的结构，才能协调工作，形成良好的整体功能。

(2) 职工队伍素质　指职工的政治思想、文化、技术、专业知识水平和处理工作的能力。建筑企业是劳动密集型企业，一切活动都须靠广大职工共同完成，职工队伍素质直接影响企业的生产经营状况。建筑企业职工队伍包括工人、技术人员和管理人员，各类人员应有适当的比例。

2. 技术素质

技术素质指建筑企业的施工工艺水平和机械装备水平。施工工艺水平反映建筑企业掌握先进技术的能力，是工程质量的保证。机械装备水平是建筑企业生产能力和生产规模的标志。

3. 管理素质

人员、技术等要素有机结合成企业的综合素质，管理是完成这种结合的有力手段。管理素质是建筑企业协调运行，有效工作的主要保证。管理素质包括管理思想、组织、方法、手段的科学化程度以及管理基础工作的质量。

(三) 建筑企业素质的外在表现

建筑企业素质只有在市场竞争中表现出来，即是在市场竞争中的生存能力和发展能力。

1. 竞争能力

指建筑企业的工程质量、工期、成本、服务、社会信誉等方面在用户中所占地位，反映为市场占有率。市场占有率越高，表明竞争力越强。

2. 应变能力

指建筑企业在多变的经营环境中，做出迅速反应，采取恰当对策的能力。

3. 盈利能力

指建筑企业采取有效手段，降低成本，追求利润最大化的能力。

4. 技术开发能力

指建筑企业开拓市场，在新产品、新技术、新工艺、新机具、新材料的开发，经营管理创新的能力。

5. 经营扩张能力

指建筑企业在市场竞争中，利用自身力量，引进资本和技术，提高劳动生产率，不断扩大生产经营规模的能力。

第二节 建筑企业组织

一、建筑企业组织的概念

组织一词有两种含义：一种指为实现一定目的而建立的群体机构，如企业；第二种指管理活动，是对系统中各要素的组合工作。

建筑企业组织指为实现经营目标，使企业有效运行而建立的管理机构，以及管理机构运行中的各项工作。

建筑企业是一个复杂的人造开放系统，须设置科学的机构才能正常运转。建筑企业从管理职能和管理层次两方面来建立机构。建筑企业的组织从横向划分为若干职能部门，负责各项专门业务工作；从纵向划分为若干层次，实现分级管理。建筑企业组织机构就是由职能部门和管理层次有机结合形成的一个系统。

二、建筑企业的组织原则

为保证企业组织机构设置的科学性，建立组织体系应遵循以下原则：

（一）精干、高效、节约的原则

精干、高效、节约是建立组织机构的基本原则，也是检验组织机构是否科学的主要标准。做到因事设职，因职设人，层次分明，关系清楚，信息迅速传递。从而保证组织高效率、低成本地运作。

（二）统一领导与分级管理相结合的原则

统一领导体现为适度的集权和命令统一。企业必须集中经营决策权、组织指挥权，以保证全企业各环节为共同目标协调一致地工作。统一领导并非将一切权力高度集中，还须将部分权力授予下属机构，让下属在授权范围内独立从事管理工作。分级管理，可以调动下属机构的积极性，让企业有效运转。

统一领导和分级管理是集权和分权的辩证统一。正确处理二者关系的关键是权责一致。建立组织时，各级机构都必须先明确职责范围，然后授予相应权力，使权责一致。

（三）分工与协作相结合的原则

分工是对工作根据其性质不同进行适当划分，配备一定机构和人员进行管理。分工的目的是实现管理专业化，明确工作范围，提高办事效率。社会化大生产要求分工，同时要加强各部门、各层次、各类人员之间工作上的配合，协调一致才能发挥整体功能。

企业组织分工应粗细适当。分工过细，导致机构臃肿，责任不清，不符合精干、高效、节约的原则；分工过粗，不利于管理专业化的发展。分工与协作相结合，要求分工时，注意部门设置，岗位划分合理，明确各部门、各岗位之间的协作关系。

（四）例行与例外相结合的原则

企业生产经营活动中，经常且反复出现的管理工作——例行性管理，企业应依此设立相应的职能机构。企业生产经营活动中，也有偶尔出现的管理工作——例外性管理，不必设置职能机构，一般由领导处理。

例行与例外相结合，要求以例行工作为依据建立业务部门，由业务部门处理大量的经常性（程序化）工作，企业领导则集中精力处理重大决策等例外工作。

三、建筑企业的组织要素

影响企业组织机构设置的因素众多，最主要的有职能部门、管理层次和管理幅度。

（一）职能部门

职能部门又称管理部门，指企业组织中专门从事某项业务的单位。划分职能部门，实现管理专业化分工，可提高工作效率。建筑企业按管理职能分工，设立经营、计划、工程、质量、安全、劳动人事、财务、材料、机械设备、开发等职能部门，这些部门有相对稳定的业务，明确的职权范围，在同级行政领导下开展工作。职能部门划分是否科学，直接影响企业的工作效率和秩序，应尽量做到：

1. 业务量足

各职能部门要有明确的业务范围和足够的业务量，避免无事可做造成人力资源浪费。

2. 功能专一

功能专一可发挥业务人员的专长，提高工作质量和效率。然而功能专一并非只干某项工作，而是把性质相近、联系密切的工作放在一起。当然，职能部门工作范围不能太宽，否则不能功能专一。

3. 权责分明

各职能部门要有明确的职责、职权。职责是部门在企业中地位和作用的体现，也是检查工作成绩的标准；职权是部门完成工作所必须的权力，即履行职责的保障条件。职责、职权是职能部门开展工作的基本要素。

4. 关系明确

管理分工必然要求协作，协作的前提是部门有明确的关系。因而在划分部门时除明确业务外，必须同时明确相关部门的工作关系。

（二）管理幅度

管理幅度又称管理跨度，指一名领导者直接而有效地管理下级人员的数量。管理幅度是有限的，幅度不当会影响工作的正常进行。管理幅度过大，由于领导人精力（经历）的限制，造成顾此失彼；管理幅度过小，会造成领导人能力的浪费。

管理幅度的大小受到诸多因素的影响，主要有：工作能力强弱，如领导人工作能力强，或下属工作能力强，管理幅度可大些，反之则小些；工作责任的大小，若领导人工作责任大，将花去更多的精力，其管理幅度宜小；工作任务的难易，若领导人负责的工作复杂、难度大，处理时很费精力，管理幅度宜小；工作条件优劣，如工作环境、手段、信息等较好，工作效率则较高，管理幅度宜大。

除上述因素外，管理幅度还受到业绩评价，例外工作、接触时间、检查手段等因素的制约。需指出，研究管理幅度，应注意对领导人工作量大小的影响，一般是领导人工作随管理幅度增加而成倍增长，这是因他不仅直接管理增加的下级人员，还要处理增加的下级人员之间的关系。

（三）管理层次

管理层次是指企业最高领导人到基层作业人员分级管理的级数。企业最高领导人受到管理幅度的限制，不可能对每个职工实施直接管理，须借助一定数量的层次实行分级管理，才能有效控制企业。

管理层次体现企业信息上下传递的距离和机构的复杂程度。管理层次与职能部门、管理幅度密切相关。由于各层次均要设置相应的职能部门，管理层次过多导致职能部门总量增加，机构庞大。增加一个管理层次，各级领导的管理幅度就相应减少。

设置管理层次，须综合考虑企业规模、职能部门、管理幅度等因素，做到精干、高效、节约。目前，我国大、中型建筑企业一般分为公司——分公司——项目经理部三个层次；也有设立公司——项目经理部两个层次的。

四、建筑企业组织结构类型

从企业组织结构形式演变看，主要有以下几种类型。

（一）直线制

直线制又称军队式制，指按企业组织中管理层次的垂直系统建立机构的一种组织结构形式。直线制以“命令统一原则”和“监督范围适当原则”建立组织机构，组织机构结构简单，关系清楚，权责明确，指挥统一。但未设具有参谋作用的职能部门，领导管理过多过细，不利于提高管理水平。直线制适用于技术简单、产品单一的小型企业，其结构如图 1-1 所示。

（二）职能制

职能制是在各管理层次设职能部门，各层次领导通过职能部门管理下级的一种组织结构形式。职能制强调管理分专业，注重职能人员的作用，利于提高业务人员的管理水平，但由于多头领导，下级接受多个上级指令，指令不统一时，下级难执行，责任不清。职能制的结构如图 1-2 所示。

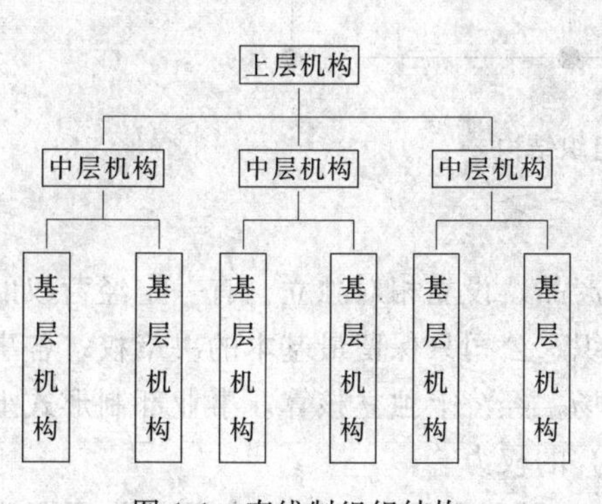

图 1-1　直线制组织结构

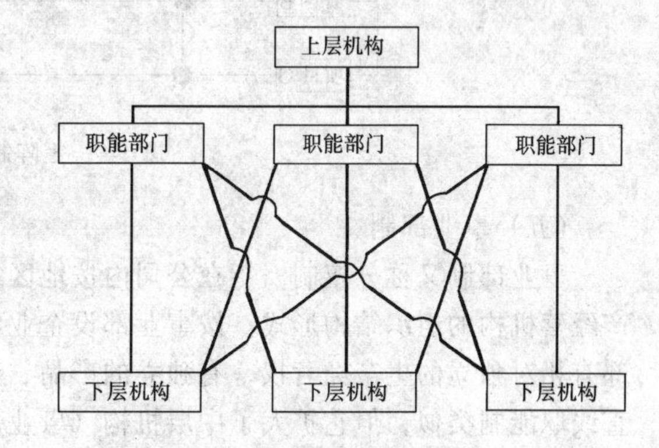

图 1-2　职能制组织结构

（三）直线职能制

直线职能制在各管理层次设职能部门，在各层次间实行直线领导，职能部门作为本层次参谋的一种组织结构形式。直线职能制是将直线制和职能制结合起来的一种组织形式。

它既有管理分工，又有统一指挥的特点，但直线系统指挥权和职能系统指导权不易分清，工作中容易产生矛盾。直线职能制的结构如图 1-3 所示。

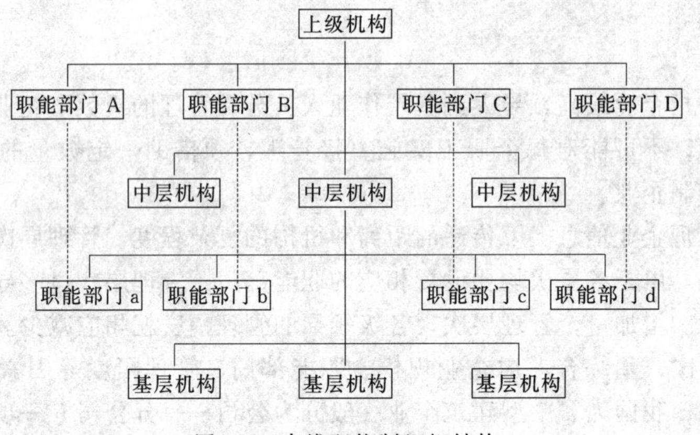

图 1-3　直线职能制组织结构

注：————指挥关系

············业务指导关系

（四）矩阵制

矩阵制　将按职能划分的部门和按项目（产品）划分的机构，以矩阵的形式有机结合形成的组织结构形式。它从纵横两个方向将职能部门和项目交叉组成矩阵，各项目业务人员从职能部门抽调，项目完成后这些业务人员回到原职能部门。

矩阵制的机构灵活，目标明确。按项目组建管理机构，能满足经营业务变化的要求，项目的管理目标明确，建筑业推行项目法施工后，矩阵制较适合建筑企业组织。矩阵制的结构如图 1-4 所示。

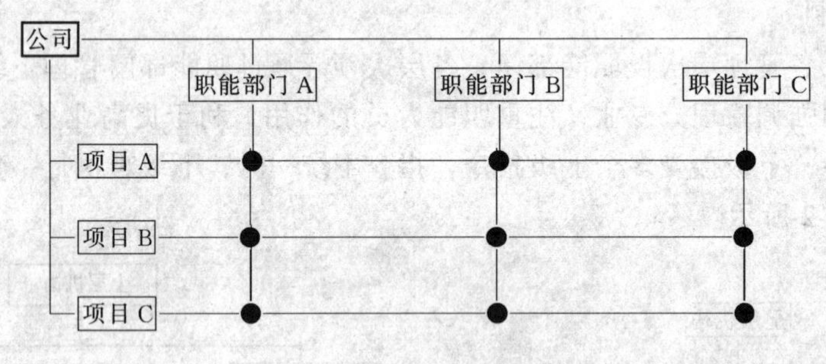

图 1-4　矩阵制组织结构

（五）事业部制

事业部制又称分权制，指在公司内按地区或产品，设立相对独立、有一定经营权的生产经营机构的组织结构形式。按事业部设企业组织，公司只保留最基本的决策权，各事业部有相对独立的生产经营权，有独立的产品、市场，经济上独立核算。事业部制形式上与直线职能制类似，但它扩大了中层机构（事业部）的权力。

事业部制提高了中层机构的灵活性和适应性，利于产品专业化的发展；公司摆脱琐事，集中精力作战略决策和长远规划。但分权后，公司控制能力相对弱化，它适用于市场分散，产品类型多，跨地区的大型企业。

企业组织结构不限于上述五种，还有很多形式，如多维制等。

现代建筑企业极少用单一的组织结构，而根据实际情况将几种组织结构叠加，形成本企业的组织结构。如大型建筑企业，将直线职能制、事业部制、矩阵制融合构成复合型组织结构。

第三节 现代企业制度

一、现代企业制度的概念

（一）企业制度的概念

企业制度指关于企业财产所有权、组织、责任、经营、管理等行为的基本规范和模式。市场经济历经数百年的发展,形成了个人业主制、合伙制和公司制三种基本企业制度。

个人业主制指业主个人出资兴办，业主直接经营的一种企业制度。个人业主制企业的一切收支归业主个人，如果发生资不抵债的情况，业主将用家庭财产抵偿，直至偿清为止，即承担无限责任。

合伙制指由两个或两个以上的个人共同出资，联合经营的一种企业制度。合伙制企业的收入由合伙人分享，债务由合伙人分担，是一种承担无限责任的企业制度。

公司制又称股份制，指以股份形式筹集企业资本，股东按股分红并以其出资额（所持股份）为限对公司承担责任，公司以其全部资产对公司的债务承担责任的一种企业制度，公司制是由股东出资，由股东推举代表负责经营，股东和公司均承担有限责任的一种现代企业制度。

（二）现代企业制度的概念

现代企业制度是以产权制度为核心，以公司制为主要形式的一种企业制度观念。现代企业制度要求企业按公司制规范企业的产权、责任、组织，并形成科学的管理体制。市场经济的发展需要现代企业制度，我国大中型建筑企业已逐步按现代企业制度转变。

二、现代企业制度的特征

在我国，现代企业制度具有以下基本特征。

（一）产权清晰

谁投资，由谁受益并承担风险，这是市场经济的基本准则。企业是独立的法人，拥有法人财产，产权清晰，就是要清楚企业的法人财产是谁投资的，即企业法人财产最终所有权归谁。企业管理机构具体经营法人资产，只拥有经营使用权。

（二）权责明确

现代企业制度要求权责对等。投资人有分享收益、选择管理者的权利，投资可以转让但不能抽回，要以投资额为限对公司承担责任；企业享有由投资形成的法人财产权，依法自主经营、自负盈亏，享有民事权利，承担民事责任，并保证资产的保值增值。

（三）政企分开

政企分开，是针对国有企业而言。国有企业资产属于国家，但政府不能直接经营管理企业资产，也不能干预企业生产经营活动。企业拥有法人财产权，企业管理机构拥有经营权，国有企业承担保值增值的责任，不承担社会职能。政企分开就是要将政府的行政管理职能与资产管理职能分开，资产管理职能由专门的投资管理机构施行，政府不再参与企业的生产经营活动。

（四）管理科学

现代企业制度要求企业建立一套科学的管理体制，有良好的组织管理机构作保证，有科学的内部管理体制作为手段，形成激励和约束相结合的经营机制，实现管理思想、管理组织、管理方法、管理手段现代化。

三、现代企业制度的内容

现代企业制度主要体现在以下几方面。

（一）现代企业产权制度

产权指财产的所有权，以及由此所决定的财产占有、使用、收益、处分等权利的总称。

现代企业产权是关于投放于企业的资产所有权、占有权、使用权、处分权的总和，以及各方利益主体在享有权益的同时应承担责任的规定。

（二）现代企业组织制度

现代企业组织制度是关于企业内部设置机构、划分责权的制度。现代企业制度要求按公司制设立企业，建立科学的组织制度，使权责明确，增强企业活力，提高经营水平。

公司制企业有两种形式：有限责任公司，股份有限公司。两种公司都实行董事会制的组织制度，机构形式如图 1-5 所示。

1. 股东大会（股东会）

有限责任公司成立股东会，股份有限公司成立股东大会。股东大会（股东会）是公司的权力机构。公司的重大决策须经股东大会（股东会）批准或认可。

2. 董事会

公司设董事会，董事会设董事长一人。董事长为公司法定代表人，代理股东管理公司，董事由股东大会（股东会）选举产生。

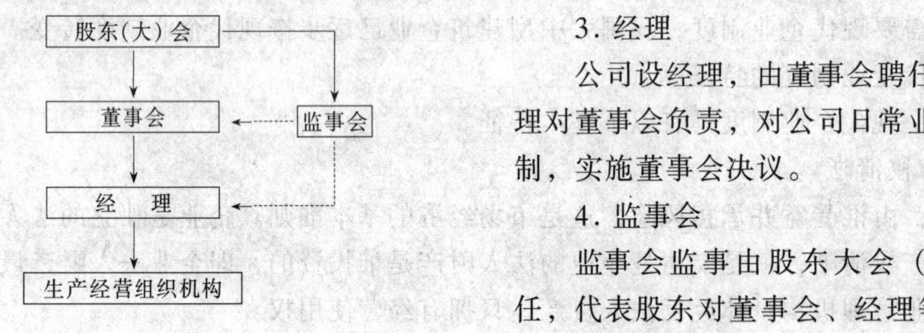

图 1-5　公司制企业的组织机构

3. 经理

公司设经理，由董事会聘任或解聘。经理对董事会负责，对公司日常业务进行总控制，实施董事会决议。

4. 监事会

监事会监事由股东大会（股东会）聘任，代表股东对董事会、经理等进行监督，并向股东报告。

（三）现代企业管理制度

现代企业管理制度是关于企业内部各项管理工作的制度。它主要包括以下制度：

1. 劳动人事制度

劳动人事制度指职工招聘、使用、培训、考核、晋升、辞退、社会保险等方面的制度。现代企业制度要求，企业在劳动人事方面应规范用工制度、劳动合同、社会保障、劳动力市场。

2. 工资分配制度

工资分配制度是关于企业劳动报酬的制度。工资分配上应遵循按劳分配原则，实行同工同酬。一般职工工资主要根据劳动贡献大小确定，经营者的工资与企业资产增值保值和经营效果挂钩。

3. 财务会计制度

财务会计制度指企业在资金运筹、资产、成本费用、收入、利润等方面的管理和会计核算的制度。现代企业制度要求建立与国际惯例接轨的财务会计体系，明确企业在理财方面的权利和责任，完成资本的良好运作，保证资产保值增值。

本 章 小 结

本章较系统地介绍了建筑企业的基础知识。

1. 建筑企业是建筑市场的经营主体，具有明确产权、独立自主、以营利为目的、具有法人资格、市场交易中的地位平等等特征。

建筑企业有多种类型，其中最重要的是按资质分类。建筑企业按资质分为施工总承包、专业承包和劳务分包三个序列，各序列按照工程性质和技术特点分别划分为若干资质类别，各资质类别按照规定的条件划分为若干等级。建筑企业素质包括内在形式和外在表现两个方面。

2. 建立企业组织机构，要正确处理职能部门、管理幅度和管理层次的关系。这三个要素不同组合，构成不同形式的组织机构。处理这三个要素的关系，必须坚持精干、高效、节约，统一领导与分级管理，分工与协作，例行与例外相结合的原则。

企业组织机构的形式主要有：直线制、职能制、直线职能制、矩阵制、事业部制等。现代大型建筑企业的组织机构是在直线职能制、矩阵制、事业部制基础上发展起来的复合型组织结构。

3. 企业制度明确职权的划分。股东会、董事会、经理、监事会构成现代企业制度下公司制的组织制度，再加上党组织的政治核心作用和职工民主管理，形成了我国现代企业组织制度。

复 习 思 考 题

1. 基本概念：企业　建筑企业　建筑企业资质　建筑企业素质　建筑企业组织　企业制度　现代企业制度　职能部门　管理幅度　管理层次　个人业主制　合伙制　公司制

2. 建筑企业有哪些特征？

3. 建筑企业有哪些类型？

4. 建筑企业如何划分资质等级？

5. 建筑企业素质的内在形式如何？怎样表现？

6. 建立企业组织应遵循哪些原则？

7. 设立企业组织机构应考虑哪些要素？

8. 企业组织机构有哪几种形式？

9. 现代企业制度有哪些基本特征？

10. 简述现代企业制度的内容。

11. 简述股东大会（股东会）、董事会、经理、监事会的关系。

第二章　建筑企业管理基础知识

建筑企业经营管理研究建筑企业生产经营活动的规律，并对其实施管理行为，以达到预期目的。本章阐述建筑企业经营管理的性质、职能、体系、基础工作、发展概论等基本知识，为学习更具体的管理知识奠定基础。

第一节　企业经营管理的含义、性质与职能

一、建筑企业管理的概念

管理是指人们在从事某项活动时，为达到预期目的而进行的决策、计划、组织、指挥、协调、控制和激励等活动的总称。管理是人类共同劳动的有意识的产物，就像一个乐队需要指挥一样，离开管理，众多人的共同劳动就无法正常进行。

企业管理是指企业为实现经营目标，对生产经营活动进行的决策、计划、组织、指挥、协调、控制和激励等活动的总称。企业管理是伴随着社会化大生产而逐步形成的一类特殊管理活动。在自然经济条件下，企业尚未出现，管理并不重要，随着生产力的发展，商品经济代替自然经济，企业出现，社会化大生产要求协作劳动，管理成了不可缺少的条件，企业管理理论也随之出现。

企业管理的对象是企业生产经营活动。企业生产经营活动可分为生产活动和经营活动两部分。生产活动是企业内部以生产为中心的活动，包括基本生产过程，辅助生产过程，生产技术准备工作、生产服务工作；经营活动是企业以经营为中心的活动，包括经营战略、市场经营、技术开发、资金筹集等对外和涉及全局的工作。生产活动和经营活动都是为实现企业预期目标而进行的活动，是一个统一的整体，不能截然分开。

企业经营管理有两种理解。广义的经营管理就是指企业管理；狭义的经营管理是指企业经营活动的管理。为阐述方便，本教材不严格区别经营管理广义和狭义的差别。

建筑企业经营管理是指建筑企业为实现目标，对生产经营活动进行的决策、计划、组织、指挥、协调、控制和激励等活动的总称。在现代建筑企业生产经营活动中，需要人力、材料、机械设备、资金和信息等资源，这就要求企业必须通过科学管理，将这些资源优化配置、有机结合、形成有效的生产经营能力。

二、企业经营管理的职能

经营管理的职能是指管理的功能和作用。关于企业经营管理职能有不同的观点。最早提出管理职能的法国学者法约尔将其归为计划、组织、指挥、协调和控制五个功能。在市场经济条件下，企业经营管理应具备以下主要职能。

（一）决策职能

决策职能是指企业在对市场环境分析的基础上，从多个可行方案中选择一个最佳的实施方案的管理活动。随着市场需求变化加快和竞争日趋激烈，决策成为管理最基本、最核

心的职能。

（二）计划职能

计划职能是指为实现决策方案而制定具体实施方案（包括方法、措施、途径）的管理活动。要实现决策目标，就必须对决策方案实施所需的人力、物力、财力等资源从时间、方法、措施和途径上进行周密安排，即编制出详细的实施计划，以指导整个实施行动。

（三）组织职能

组织职能是指为实施计划对生产经营各要素、各环节进行有机组合的管理活动。科学的组织促成企业形成一个更有效的有机整体，确保生产经营活动有序进行。组织职能包括合理设置组织机构，明确各机构的责权，正确配备人员，协调各方关系等内容。组织职能的主要任务是保证企业协调运转。

（四）指挥职能

指挥职能是指对企业人员发布命令，布置工作任务，提出工作要求的管理活动。统一指挥，才能做到各类人员步调一致，保持工作协调有序进行。指挥是经营管理不可缺少的职能。指挥职能包括建立指挥机构，建立信息收集、传递和反馈系统等内容，保证指令正确、畅通下达。

（五）控制职能

控制职能指计划执行过程中，发现、纠正偏差的管理活动。计划执行中出现偏差，可能是计划本身的原因造成，也可能是客观条件发生变化或执行者主观原因造成。控制职能的任务是：实施预见性控制，全面控制，及时发现问题，明确原因，采取纠偏措施。

（六）协调职能

协调职能又称调节职能，指调节企业各方面工作，建立良好的配合关系，保持整体平衡，实现生产经营目标的管理活动。企业平衡包括纵向平衡和横向平衡，内部平衡和外部平衡；协调的目的是要保证这些平衡关系稳定。协调可分为内部协调和外部协调。内部协调又可分为纵向协调和横向协调，纵向协调指上下级机构之间的协调；横向协调指同级机构及部门之间的协调。外部协调指企业与外部环境（市场、中介机构、政府有关部门）之间的协调。

（七）激励职能

激励职能指调动职工积极性和工作热情的管理活动。企业工作离不开人，人的心态直接影响工作效果，也影响其他管理职能作用的发挥。激励包括精神激励和物质激励两个方面。精神激励是对职工精神上的鼓励。物质激励是把职工的付出和报酬紧密结合，从物质上给予鼓励。激励职能就是利用精神和物质手段，激发职工的工作热情，并对失职者惩罚，使职工保护良好的精神状态，勤奋工作。

三、企业经营管理的性质

企业经营管理同企业一样具有自然属性和社会属性。

自然属性是经营管理同生产力、社会化大生产相联系的属性。经营管理是社会化大生产的必要条件，无论什么社会形态，无论何种社会制度，只要存在社会化大生产，投资人为在市场中获得更多的利益，客观上都需要经营管理。

社会属性是经营管理同生产关系、社会制度相联系的属性。经营管理的社会性表明在不同的社会制度中，它将维护不同的社会生产关系。经营管理的社会属性在不同的社会形态下有本质区别。企业经营管理二重性如图 2-1 所示。

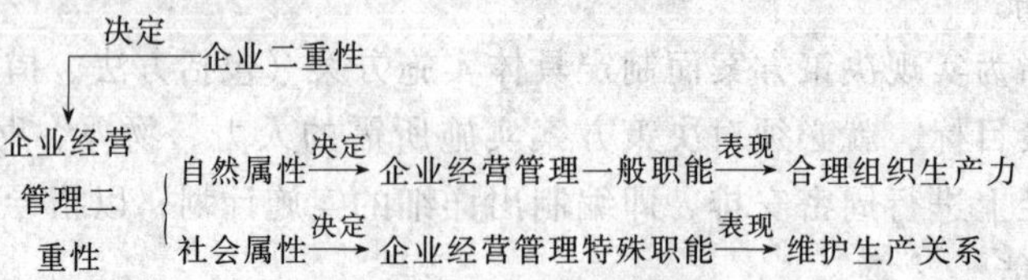

决定
企业二重性

企业经营管理二重性
自然属性 —决定→ 企业经营管理一般职能 —表现→ 合理组织生产力
社会属性 —决定→ 企业经营管理特殊职能 —表现→ 维护生产关系

图 2-1　企业经营管理二重性示意图

第二节　企业经营管理发展概况

企业经营管理在 100 多年的发展历程中，经历了传统管理、科学管理、行为科学、现代管理四个阶段。各个阶段形成的理论构成了现代建筑企业经营的基础。

一、传统管理阶段（18 世纪 80 年代到 19 世纪末）

在这个时期已出现劳动协作，管理成为必要，但因为生产力水平不高，未摆脱小生产经营模式的影响，以经验管理为主。凭经验管理企业是传统管理阶段的突出特点。

二、科学管理阶段（19 世纪末到 20 世纪初）

传统管理阶段经历了近百年的发展，随着生产社会化程度提高，资本规模扩大，生产分工协作要求越来越高，管理工作复杂化、要求经营管理成为一种专门职业。企业中出现了资本所有者与经营管理分离，经营管理者按照资本所有者的意志进行日常管理。职业管理者通过众多人经验总结，使传统管理走向科学管理。

这一阶段的代表性理论有泰罗理论和法约尔理论。

（一）泰罗理论

“科学管理之父”泰罗于 1911 年发表了《科学管理原理》（这是企业管理学最早的代表作）。该书中提出了“科学管理”理论（又称为泰罗制）。它以车间的生产组织管理为研究对象，提出了工时利用的理论。泰罗制要点如下：

1. 工作标准化

实行标准化的工作方法。规范工人的操作、工具、材料、设备、环境，省去多余不合理的操作动作。

2. 工作定额

通过测定分析工人的工时消耗，制定劳动消耗定额，用劳动定额管理工人。

3. 计件工资

实行有差别的计件工资，按劳付酬，以刺激工人的劳动积极性。

4. 工人培训标准化

用标准方法训练工人，使工人掌握标准操作工艺。

5. 区分计划职能与作业职能

将计划与作业职能分开，使计划制订更周密，计划制订者与执行者相互监督和制约。

6. 职能制

实行管理的专业分工，按职能制原理建立企业组织机构。

7. 例外工作原则

对例行工作制定出规范化的处理方法，主要管理者集中精力研究经营战略等重大问题和处理例外工作。

科学管理理论主要研究企业的生产管理，很少涉及企业经营问题。对生产管理研究作出过贡献的还有：吉尔布勒斯，动作研究创始人；福特，流水生产线创始人，进一步探讨了标准化生产；甘特，横道图编制作业计划的发明人。

（二）法约尔理论

“经营管理之父”法约尔与泰罗同时代，主要研究企业经营问题。1916 年发表《一般管理与工业管理》一书，提出企业活动划分、管理五功能学说、管理十四条原则等理论。

1. 划分企业活动

法约尔对企业活动进行全面分类，分为六个方面：

（1）技术（生产）活动；

（2）商业（购买、销售）活动；

（3）财务（资本的筹集和运用）活动；

（4）安全（财产和人身保护）活动；

（5）会计（货物盘存、资产负债表制作、成本核算、统计等）活动；

（6）管理（计划、组织、指挥、协调、控制）活动。

2. 管理五功能学说

法约尔提出管理具有五种基本职能：计划、组织、指挥、协调、控制。

3. 管理十四条原则

法约尔将管理应遵循的原则概括为十四条：

（1）管理分工，专业化管理；

（2）指令统一，一个下级只接受一个上级的指令；

（3）权责一致；

（4）纪律严明；

（5）指挥统一，一项活动由一人指挥；

（6）集体利益高于个人利益；

（7）报酬公平；

（8）集权管理；

（9）分层管理，适度分权；

（10）定岗、定人、定物，工作铁序稳定；

（11）上级对下级公平；

（12）工作人员稳定；

（13）鼓励创造精神；

（14）团结协作，讲求集体精神。

人们将泰罗理论和法约尔理论并称为古典理论。它的主要贡献有：第一，明确了管理的重要性；第二，分析了管理过程，明确了各项管理职能；第三，提出了实现管理职能的原则；第四，提出了管理的重要组织形式——职能制。但古典理论仍有局限：第一，只研究怎样管理人，将人看作“经济人”或生产工具；第二，倾向于独裁式管理，过分强调组织形式和成文的规章制度；第三，把企业看作封闭系统，较少考虑外界环境的影响。

三、行为科学阶段（20 世纪初到 20 世纪 40 年代）

行为科学运用人类学、社会学、心理学、经济学、管理学等学科的理论和方法，研究人与人之间的相互关系、人类行为的规律，人产生行为的原因，是一门综合性的边缘科学。

古典理论强调用标准的方法约束工人，不注意调动人的主观能动性。行为科学重点从人的方面探讨管理思想和方法，改变了管理学的基本思想，创建了新的管理理论。

（一）人类行为规律

行为科学研究表明，人类行为不同于其他动物的行为，有其独特的规律。

1. 主动性

在人与物质世界的关系中，人是主动的。个人在社会中的行为，经常是自发的，自觉自愿的，外力必须通过内因才能影响他的行为，外来命令如果违背本人意愿，便无法产生真正的自觉行为。管理中，不能仅靠行政命令、物质刺激来提高劳动效率，应调动他们的主动性和积极性。

2. 目的性

人类行为都有一定目标。为达到一定目标，外部给予推动力满足人的内在需求，促动人的行为，这就是激励。管理中，须使成员与集体的目标保持一致，若各行其事，集体目标就难以实现。

3. 持久性

行为是为达到目的而产生。行为受目的支配，在目的未实现前不会终止，也许会改变行为的方式，由外显行为转为潜在行为，但会不断接近目标。管理中，应满足人的某些目的，使其与集体目标一致。

4. 可塑性

人所处的环境会影响他的行为。在人的目的未产生前，使他所处的环境发生变化，将其注意力引向另一方面，产生与环境相应的目的。管理中，可用环境条件的改变引导人产生企业需要的目的，即产生企业需要的行为。

5. 动机性

任何一种行为的产生都有起因。为达到个人目的，由个体内部产生一种行为的原因，即是动机。按性质可分为生理性动机和心理性动机。起源于身体内部生理平衡变化需要的是生理性动机，如饥饿、睡眠等；源于心理因素和社会因素影响的是心理性动机，如工作成就、兴趣、理想等。

一个人有时同时想做几件事，即同时出现几个动机，即多重动机，如图 2-2 所示。

在出现多重动机时，各动机强度一般不同，行为总是由最强烈的动机决定。当最强烈动机得到满足后，次强动机上升为优势动机要求得到满足。

管理中，为调动人的劳动积极性，应针对其最强烈动机采取相应办法。

（二）人际关系学说

二十世纪初，美国人梅奥在西方电器公司霍桑工场研究人与环境、个人与团体的关系、个人气质对工作效率的影响，发现影响工作效率的重要因素是工作中形成的人际关系。

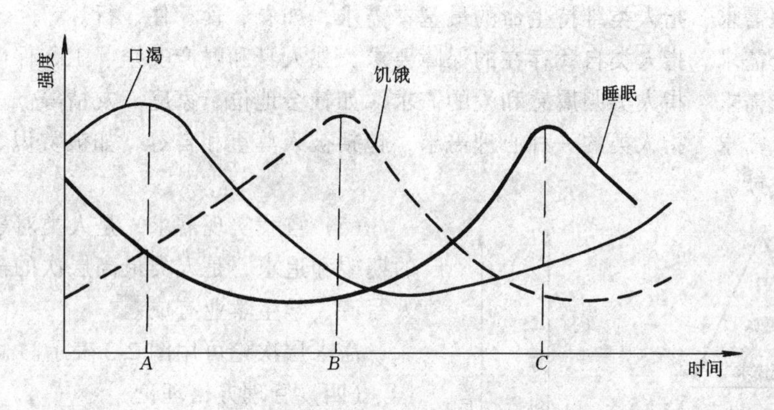

图 2-2　多重动机示意图

梅奥在 1933 年出版的《工业文明人的问题》一书中提出了人际关系学说，为行为科学奠定了基础。人际关系学说对人性的看法与古典理论截然不同。古典理论强调严格管理出效率；人际关系学说认为应从人的行为本质中激发动力，才能提高工作效率。两者主要区别如表 2-1。

人际关系学说与古典理论的主要区别　　表 2-1

区别要点	古典理论	人际关系学说
对人的看法	经济人，金钱是刺激积极性的唯一动力	社会人，积极性除受物质因素影响外，还受社会和心理因素影响
人与生产的关系	生产效率仅受工作方法和条件制约	生产效率主要取决于工人的态度，即生活中形成的人际关系
组织管理	只注意正式组织，如规章制度、组织机构、职权划分	除正式组织外，还有非正式组织，它的影响有时要超过正式组织
领导方式	统一指挥，独裁领导	善于沟通和倾听职工意见，使正式组织的经济需求与非正式组织的社会需求取得平衡

（三）需求层次论

美国心理学家马斯洛在研究人的行为产生的原因时发现，动机决定人的行为，动机是由人的欲望和需求产生的。管理中，应将职工个人需求与企业需求结合起来，才能达到目的。马斯洛在需求层次论中提出了三个假设、五个需求。

1. 三个基本假设

（1）人的需求影响行为。人是有需求的动物，人的需求要看他已有什么决定，只有尚未满足的需求才影响他的行为。

（2）人的需求分为若干层次。人的需求可归纳为若干类，依据重要程度，人的需求按等级排列。

（3）较低层次的需求得到满足后，较高层次的需求要求得到满足，但可能有跳跃。

2. 五个需求

（1）生理需求　指人类维持生命的最基本需求，如衣、食、住、行。

（2）安全需求　指人类自我存在的保障要求，如人身和财产安全、工作保障。

（3）社交需求　指人类归属感和爱的需求，如社会地位、家庭、友情等。

（4）尊重需求　指人类的一种心理需求，包括被人尊重和自尊，如被赏识、名誉、独立、自由、成就。

（5）自我实现需求　是人类对事业、前途的期望和追求，是人类最高层次的需求，如诗人写诗、学生学业有成。

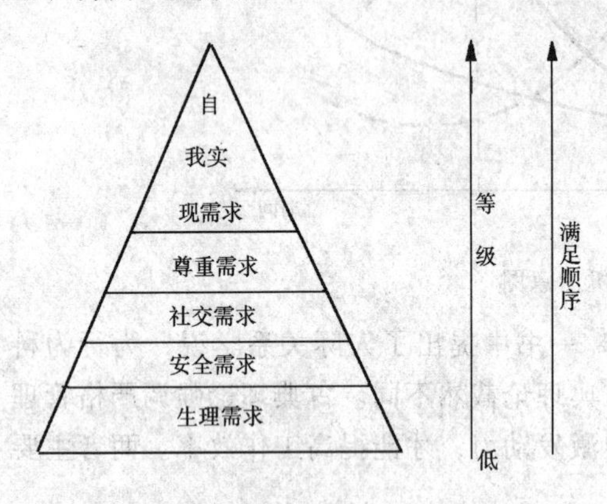

图 2-3　需求层次论示意图

需求层次论可用图 2-3 表示。

（四）管理方格理论

美国行为科学家罗伯特·布莱克在研究领导者行为时，认为领导者应从对工作和人的关心程度两方面分析自己的行为，努力造就理想型管理者。

管理方格如图 2-4 所示。1-1 方格是贫乏管理，对生产和人很少关心；9-1 方格是任务型管理，很关心工作，不关心人；1-9 方格是俱乐部式管理，重视人，但不关心工作；9-9 方格是理想型管理，对生产和人都很关心，能使企业活动与个人需求有效结合。其他方格介于上述管理方格之间。

四、现代管理阶段（20 世纪 40 年代以后）

二次世界大战后，随着军工技术转向民用，经济高速发展，企业经营管理进入现代管理阶段，管理理论出现了许多学派。其基本特点是以现代科学技术为手段，将“科学管理”和“行为科学”理论结合而成的一种理论。主要理论分述如下：

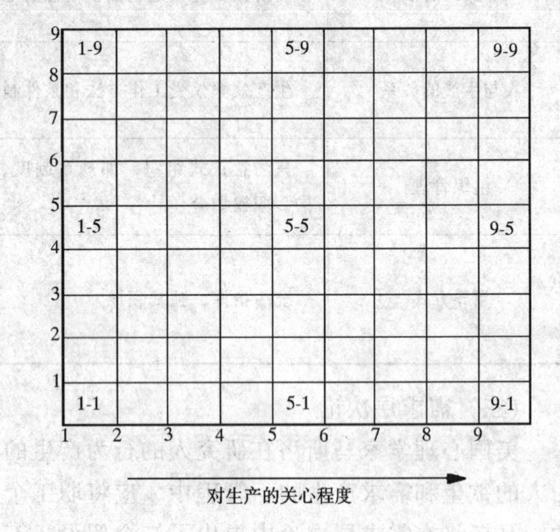

图 2-4　管理方格示意图

（一）系统管理理论

系统是由许多相互作用、相互依存的组成部分（元素）组成的具有特定功能的整体。每一特定系统具有特定功能，没有完全相同的系统。大致可以归纳为自然系统、人造系统、复合系统三大类。

系统管理理论用系统观念研究企业经营管理活动。它从系统分析入手，探讨企业组织体制和管理职能。基本观点为：

1. 企业是一个完整的系统

企业是由相互联系、相互独立的若干子系统构成的功能完善的有机整体。系统内的各部分由管理职能联系，共同工作。

2. 企业是人造的开放系统

企业是人创造的。它同周围环境，如顾客、竞争对手、供应商、政府、工会等有着动态的联系，要根据环境变化不断地自我调节，以适应环境变化和自我发展的要求。

系统理论的核心是强调整体性。

（二）决策理论

决策理论研究企业经营管理中的决策行为。它认为，决策贯穿于企业生产经营活动全过程，管理就是确定某事应该怎样做，不应该怎样做，因此，管理就是决策。在决策中，应遵循“满意利润”的准则。

企业经营管理的主要研究对象是决策问题而不是生产作业。决策失误，生产失去了意义，因为生产效率越高损失越大。这就要求采用新的决策技术，为生产经营活动作出正确选择。

（三）数理管理理论

数理管理理论应用数学方法解决企业决策问题。此理论实质上是科学管理理论的继续和发展，又被称为“管理科学”理论。

数理管理理论用数学方法对企业决策问题着重定量分析。解决问题的程序为：

(1) 提出问题；

(2) 将问题转化为数学模型；

(3) 求解数学模型；

(4) 检查模型及其解的实际意义；

(5) 拟定方案的实施措施；

(6) 决策方案实施。

（四）经验管理理论

经验管理理论认为，应以成功企业的管理经验为基础，将其提炼、总结后作为指导企业经营管理的理论和方法，不拘泥于某种管理理论和方法，他山之石可以攻玉。

（五）权变理论

权变理论认为应根据企业内外条件采用不同管理方式，管理中没有普遍适用的好方法，应据实际情况应变。特别要注意下述应变。

1. 企业组织机构模式的应变

企业应据生产经营活动的特点选择企业组织结构模式。

2. 管理方法的应变

企业应据组织结构模式选择相应的管理方法。

3. 领导方式的应变

企业应据职工所从事工作的性质分别采取不同的领导方式。

领导是一种行为，也是一种艺术。领导人可以任命或选举，但领导行为不能任命或选举。好的领导行为必须根据不同情况选择。领导艺术不是人们特有的某种性格表现，而是多种因素的综合。

领导方式是领导者在行使领导职能时所表现出的行为。领导者在行使领导职能时，有各种各样的领导行为，心理学家列文等经过实验研究，总结出三种基本领导方式，如表2-2所示。

三种领导方式比较表　　表 2-2

比较内容	专制式领导	民主式领导	放任式领导
团体方针决定	一切由领导决定	团体讨论决定，领导者从旁激励和协助	任由团体或个人决定，领导者不参与
团体活动的了解和透视	分段指示工作内容和方法，成员不了解团体活动目标	领导者提供方法让成员选择，成员在讨论中了解工作程序、目标	领导者提供工作条件，成员询问时回答，但不积极回答
工作的分担与同伴的选择	由领导者决定后通知成员	工作分担由团体决定；工作同伴由成员自选	领导者完全不干预
工作参与及工作评价的态度	除示范外，领导者不参与团体作业；据个人好恶赞赏或批评成员工作成果	领导者同成员工作，但避免干涉指挥；客观地赞赏或批评成员的工作成果	除非成员要求，不提出工作上意见，不评价工作成果

专制式领导（独裁式领导）以权威作为发号施令的基础，未考虑人的个性、知识、经验等方面的力量，由领导人决定一切，认为决策是领导者个人的事，评价成员工作缺乏客观依据。民主式领导以人格作为感召力，领导人与成员共同工作、共同决策、成员处于主动地位。放任式领导则事事顺其自然，成员做他们想做的事，实际上领导角色已被放弃，因为没有领导行为。

在目前，除了上面介绍的四个管理阶段及其部分管理理论外，出现了以知识管理为中心的第五代管理（第五阶段管理）。第五代管理——“知识管理阶段”的主要内容有：竞争管理、博弈论管理、创新管理、虚拟管理、模糊管理、人本管理、企业形象管理、全球化管理、风险管理和未来管理。

第三节　建筑企业经营管理体系、特点、基础工作

一、建筑企业经营管理体系

建筑企业经营管理体系指各项经营管理工作构成的系统。它必须依据企业生产经营过程划分各部分的内容。建筑企业生产经营过程可分为供、产、销三个环节，这三个环节互为联系，周而复始地不断循环。

为确保建筑企业生产经营活动顺利进行，一般按下述内容建立建筑企业经营管理体系。

（一）经营预测

经营预测是开展经营工作的必备条件。经过预测，才能了解生产经营活动的变化趋势，建筑市场变化的方向，以便采取具有针对性的措施。

（二）经营决策

经营决策是经营工作的核心。企业根据预测资料，在进一步分析内外条件的基础上作出决策。决策正确与否，决定企业经营的成败。

（三）建筑市场经营

建筑企业生产经营活动的供应与销售是在建筑市场中完成的。建筑企业经营在建筑市

场经营中得到体现。建筑市场经营的主要业务有：寻找目标市场、参加投标、承揽工程任务、签订工程承发包合同，选择恰当的经营方式等。

(四) 计划管理

计划管理是对决策方案进行展开、具体化，使决策方案在人、财、物等方面得到进一步落实，变成指导生产经营活动的行动方案。计划是未来一定时期的行动准则，也是组织生产经营活动、评价生产经营活动成果的依据。

(五) 施工技术管理

施工技术管理是建筑企业生产管理的中心工作，是对工程施工全过程的技术控制。

(六) 质量安全管理

质量管理是以全面控制和提高质量的保证体系，也是完成建筑生产经营活动任务——不断提高建筑产品质量的手段。安全管理是保证施工生产经营中人身安全、财产安全的一种管理活动。

(七) 劳动人事管理

劳动人事管理是研究劳动者、劳动活动、劳动报酬、劳动保护的管理。它利用各种手段，调动职工的劳动积极性，提高劳动生产率。

(八) 材料管理

建筑材料是建筑企业施工生产活动的劳动对象。材料管理的目的在于保证生产顺利进行，降低材料成本。建筑企业材料管理的主要工作是：编制材料计划，采购、运输、保管、发放材料，材料成本核算等。

(九) 机械设备管理

机械设备管理的目的是要保证施工生产需要，降低机械使用费。机械设备管理的主要内容有机械设备的配置、保管、维修、使用、更新等的管理。

(十) 财务管理

财务管理研究企业资金的运动规律，它包括资本管理、资产管理、成本管理、利税管理等。

企业经营管理体系依据生产经营过程设置，这些工作应由专门的职能部门去完成。因此，企业管理工作分为经营管理和生产管理两部分。经营管理又可细分为计划管理和财务管理；生产管理又细分为施工管理、技术管理、材料管理、劳动人事管理、机械设备管理和质量安全管理。

二、建筑企业经营管理的特点

建筑业同工业比较，是一个特殊的行业。建筑产品及其生产有一系列独特性，导致建筑企业经营管理存在许多行业的特点。

(一) 建筑产品的特点

1. 建筑产品的固定性

建筑产品只能在固定的建造地点使用，不能随意搬动。不论是生产过程，还是使用过程，因建筑产品与大地连在一起，只能固定在某一特定的地方。

建筑产品是先订货、后生产，即生产前已确定买方，故买方是固定的。

2. 建筑产品的多样性

建筑产品种类繁多，形式各异，没有完全相同的。因建筑产品按照用户的特定要求生产，用户对产品的规模、功能、形式、价格等要求不同，导致建筑产品类型多样化。由于建筑产品与大地相连，即使用一同套施工图建成的建筑群，也会因地质变化形成不同的建筑产品。

3. 建筑产品形体庞大

建筑产品具有多种功能，内部要容纳众多的人和物，需占据很大的空间。

4. 建筑产品使用寿命长

建筑产品经久耐用，使用寿命长。不论何种结构类型，交付使用后，少则几十年，多则上百年才会丧失使用功能。

（二）建筑产品生产的特点

1. 生产流动性

建筑产品的固定性，导致生产流动性。在建筑产品生产中，工人和设备必须在产品之间流动（平面空间流动）；在同一建筑产品生产过程中，工人和设备还必须在产品的不同部位流动（立面空间流动）。

2. 生产单件性

建筑产品的多样性，决定建筑产品不可能组织批量生产，只能根据用户要求单独设计，根据设计图纸和地质、气象、社会经济环境采用相应的施工方法，即组织单件性生产。

3. 露天高空作业

建筑产品地点固定、体积庞大、其生产只能在露天高空进行，增加了施工难度。

4. 生产周期长

建筑产品体积庞大，构成复杂，手工劳动比重大，工作面受限，因产品地点固定必须按一定程序施工，致使施工速度延缓。因而，建筑产品生产周期长，少则数月，多则几年。

5. 受自然条件影响大

建筑产品生产露天高空作业，受气候影响大。建筑产品地点固定，施工活动受水文地质影响大。

（三）建筑企业经营管理的特点

1. 建筑环境多变

建筑产品生产的流动性，使建筑企业的管理环境常处于变动之中，尤其是施工项目的管理环境更是多变。不同的施工地点，不同的工程，水文地质、气候等自然条件差异很大，地方政策、用户心理、物资供应、运输条件、价格、协作条件也有较大差异。多变的环境，致使预见性和可控性差，增大了经营管理工作的难度。

2. 管理对象不稳定

建筑产品的固定性，多样性，使建筑产品无法批量生产，造成建筑企业经营管理的对象不稳定。另外，建筑市场受国家固定资产投资政策的影响，市场需求随投资规模和投资方向变动，需求起伏较大，加剧了建筑企业管理对象的不稳定。这就要求建筑企业经营管理有较强的环境适应能力和应变能力。

3. 管理机构变动大

为适应多变的经营环境，管理对象不稳定等特点，建筑企业要根据施工对象的具体情况组成一次性的项目管理机构。

三、建筑企业经营管理的基础工作

企业经营管理的基础工作，是为有效地开展生产经营工作，实现企业经营目标，而提供资料、基本手段的各项工作。基础工作是开展企业经营管理的前提条件，离开了基础工作，企业经营管理工作就失去了工作的基本条件，无法开展工作。基础工作的完善程度，是企业经营管理水平的重要标志之一。

建筑企业经营管理主要有下列几项基础工作。

（一）标准化工作

1. 标准化工作的含义

标准，是衡量事物的准则。企业标准化工作所谈的标准，则是指为保证生产经营活动正常进行，对活动中的例行事件，按一定程序和形式颁发的统一规定。

标准化工作，指为标准的制订、贯彻执行而开展的一系列活动。

2. 标准的分类

（1）按颁发部门和适用范围分

可分为国际标准、国家标准、部颁标准、地方标准、企业标准。

（2）按标准的性质分

可分为技术标准、经营管理标准。技术标准是对产品生产、经营、使用中技术上的各种规定、准则。如建筑安装工程施工及验收规范、施工操作规程等。经营管理标准是企业经营管理应当遵守的各种工作制度、规程、准则。如企业会计准则、消耗定额、岗位责任制。

3. 标准化工作的作用

（1）它是衡量产品质量的依据

标准化工作确定了产品质量的技术标准，它是检验产品质量的依据。

（2）它是维护正常生产秩序的手段

建筑产品的生产和经营是一项社会化大生产活动，必须有行动准则。才能协调众多人的劳动过程。标准化工作订立了工作规范以保证生产经营过程正常有序进行。

（3）它是控制消耗的依据

标准化工作制订的消耗定额，是考核生产过程中消耗水平的依据，能避免和降低不合理的消耗，进而达到降低成本的目的。

（4）它是安全生产的保障

利用标准化工作制订的安全生产标准，可以防止生产活动中同类事故的发生。

（二）定额工作

1. 定额的含义

定额，指在一定生产技术组织条件下，生产经营活动中人力、物力、财力的消耗、占用或利用的数量标准。

定额是企业经营管理中的重要标准之一，用途很广泛。它不仅是一项基础工作，也是一种重要的管理手段。建筑企业在编制计划、控制消耗、投标估价、经济分析等都必须以定额为依据。

2. 定额分类

建筑企业的定额是一个庞大的体系，可从不同角度划分，每一大类又可分为若干小类。例如：消耗定额中的材料消耗定额，可按适用范围分为概算材料消耗定额、预算材料消耗定额、施工材料消耗定额。建筑企业常用定额可按性质分为三大类定额。

(1) 消耗定额

它包括劳动消耗定额、材料消耗定额、机械设备台班消耗定额、间接费用（消耗）定额等。

(2) 占用定额

它包括流动资金占用定额、材料储备定额、设备维修周期定额等。

(3) 利用定额

它包括工时利用定额、材料利用定额、机械台班定额，资金利用定额等。

在开展定额工作时，应建立科学的定额体系；做到先进合理的定额水平；定额内容要完整；当基本条件发生变化时，应对原定额进行及时修订，以保证适用性。

（三）计量工作

1. 计量工作的含义

计量指用一种标准的单位量，去度量某种事物的量值。例如，用千克测定某种物质的质量，用兆帕测定某种材料（如混凝土）的强度等。

计量工作，是指用一定的科学方法进行的测试、检验、测定、分析等工作。原始数据反映的情况，要利用一定的计量手段才能获得。计量工作对企业各项活动的量和质进行测定分析，反映生产经营状况，为经营管理工作提供真实可靠的数据资料。计量工作是建筑企业经营管理最基础的工作。

2. 计量工作的基本要求

(1) 计量器具要准确

准确的计量器具，是获得可靠数据资料的一种保证。

(2) 计量方法正确

计量器具要按照规定方法使用，科学的计量方法才能保证计量的准确性。

(3) 严格计量规程

凡需计量的，都要严格按照规定方法，采用准确的器具计量，不能以估计、测算代替器具计量。

(4) 采用通用标准

计量单位、符号、术语应严格执行国家颁发的通用标准。

(5) 完善计量机构

设置和完善计量机构，配备专业人员，负责组织全企业的计量工作。

（四）信息工作

1. 信息工作的含义

信息，指各种数据、消息、资料。例如市场情况、原始记录、会计报表、统计报表、施工日志、经营计划等。信息是社会赖以生存和发展的基本条件，是企业重要的生产经营要素，是企业经营管理工作有效运转的基础条件。

信息工作，指企业生产经营活动中，对所需信息进行的收集、整理、加工、传递、存贮等管理工作。信息工作的基本要求：全面、准确、及时。

2. 建筑企业信息工作的主要内容

(1) 原始记录和原始凭证

原始记录是对事件情况的最初记录。例如考勤表、施工日志、事故报告单、质量验收记录等。原始凭证是在各项活动中发生或完成时取得或填制的书面证明。例如发票、收据、领料单、施工任务书等。原始记录和原始凭证是反映企业生产经营活动情况的第一手资料，它反映了企业生产经营活动的最初状况。

(2) 统计工作

统计工作是企业收集、处置信息资料的主要手段。它由统计设计、统计调查、统计整理、统计分析四个工作阶段构成。

统计为企业掌握生产经营状况提供依据，是企业经营管理重要的基础工作；是检验经营成果、揭示生产经营规律的重要手段。

(3) 经济技术信息

统计主要反映企业内部情况，经济技术信息反映外部环境情况。

经济信息是反映社会经济状态的各种信息资料。例如市场情况、经济政策、竞争对手等方面的资料。

技术信息是反映科学技术发展动态的信息资料。例如施工工艺、建筑材料、建筑结构、施工机械等方面的资料。

经济技术信息是企业了解外部环境状况的主要手段，它直接影响建筑企业的经营战略、技术开发、市场经营策略等。

(4) 科技档案

科技档案是企业技术工作和成果的记录。建筑企业科技档案主要包括工程交工资料和技术资料。交工资料在工程交付使用前属于企业的科技档案，交工时移交给建设单位；技术资料是建筑企业保存的各类科技档案。

科技档案记录了企业过去科技工作的成果、经验、教训、对于企业将来开展科学研究、推动技术进步，提高产品质量有重要帮助。

(五) 规章制度的建立和健全工作

1. 规章制度的含义

规章制度是单位和个人参与某项活动应遵守的行为准则。包括各项活动的要求、规章、规程、程序、方法、标准等。

规章制度作为一种管理办法，具有规范性、稳定性和强制性等特点。规章制度对于规范企业工作，协调部门间的关系，维持正常工作秩序，提高工作效率具有重要的保障作用。

2. 规章制度的种类

建筑企业的规章制度有很多，可分为社会性规章制度和企业内部规章制度。

(1) 社会性规章制度

社会性规章制度是政府主管部门颁发的各种法规、政策性制度。主要有：

1) 技术制度　包括设计规范、施工及验收规范、材料检验及验收标准、质量检验及评定标准、施工操作规程、安全技术规程等。

2) 财务会计制度　如会计准则、财务通则、会计制度、现金管理结算办法等。

3）经营管理制度　如企业法、公司法、经济合同法、招投标法、建筑企业资质等级管理规定、定额等。

(2) 企业内部规章制度

企业内部规章制度，指企业为实现生产经营目标而制定的各种规定、标准、办法、条例等。主要有下述几类。

1）经营方面的制度　如决策工作制度、合同管理制度、预结算工作制度等。

2）生产技术方面的制度　如施工管理制度、技术管理制度、质量及安全制度等。

3）财务会计方面的制度　如财务稽核制度、凭证传递程序等。

4）生活福利方面的制度　如工资分配制度、医疗保健制度等。

5）其他方面的制度

(六) 职工培训工作

职工培训是对职工进行思想、文化、技术、业务理论的教育和基本技能的训练，达到提高职工素质的目的。

建筑企业经营管理成败，很大程度上取决于人的素质。加强经营管理基础工作，必须从提高职工素质做起，才能收到事半功倍的效果。

第四节　企业经营管理现代化的特征

在知识经济时代，知识经济的浪潮正以巨大的力量改变着人类社会，也改变着企业经营管理。企业作为一个开放的、复杂的、巨大的人造系统——与社会系统之间的信息、能量、物质方面的交换和联系日益密切。在技术飞速发展、市场瞬息万变、需要多样化、交货期短、优良品质及完善的售后服务等复杂、多变、竞争激烈的经济环境中，企业的生存与发展面临严峻的考验，企业管理也面临着新的问题，特别是以往用单一的技术、方法就解决的问题，如今这样却难以奏效或取得好的效果。这要求企业经营管理在管理思想、管理组织、管理方法、管理手段方面跟上现代化的步伐。

一、管理思想现代化

管理思想是指管理过程中的指导思想。管理思想现代化是指企业经营管理中，应该树立现代意识，尊重现代经济的客观规律，按客观规律办事。管理思想现代化是实现经营管理现代化的核心，有了具备现代知识的人，才可能实现经营管理现代化。现代意识和现代观念构成了思想现代化。

(一) 人才意识

人才意识，就是要求尊重人才，尊重知识，选好人才，用好人才，注意解决人的思想情感问题，调动人的工作热情。人是任何一个企业最重要的宝贵资源。在知识经济时代，知识成了生产、经营的的首要要素，而只有人具有知识，才能使用知识。因此，人才意识、人本管理比以往显得更为重要，成了知识经济时代管理的核心内容。

(二) 市场意识

市场意识，要求企业经营管理遵循市场经济的一般规律，研究市场需求的变化，在市场竞争中获得良好的收益。企业是市场的主体之一，企业生产的产品要到市场中进行交换，企业生产所需的生产要素也要到市场中去取得，要求企业认识市场，利用市场，才能达到目的。企业经营管理具备了市场意识，就可以建立一系列现代经营观念。如：用户观念、竞争观念、开拓观念、服务观念、应变观念、盈利观念、扩张观念等。

（三）系统观念

系统观念，就是用系统科学原理来管理企业的思想。系统观念要求把企业看成是一个由许多既有分工，又紧密联系、相互依存的要素组成的整体，用集合性、相关性、目的性、环境适应性的理论分析解决经营管理中的问题。

（四）控制观念

控制观念，指按控制论的基本原理管理企业的思想。要求企业明确经营管理目标体系；完善协调功能，保证各部分正常秩序；建立信息反馈系统，及时发现和纠正偏差。

（五）能级观念

能级是对能量的分级。能级观念是建立企业组织、进行人事管理的一个重要思想。它要求将企业中的人分成不同能量等级，以便恰当安排工作，做到人尽其才，避免滥竽充数或大材小用。同时，企业内的各个层次也分为不同能级，才能让各个管理层次发挥应有的作用。

（六）知识经济观念

世界经济正进入一个新时代，即“知识经济”时代。在这个新时代，经济上呈现出两个趋势：一是高新技术的迅速发展，正彻底改变人类的生活方式和工作方式，而经济的持续增长也依赖于科技进步；二是全球经济一体化，因特网的建立，形成了全球单一电子市场的基础，资源配置、产品销售、都在世界范围内进行。知识经济时代，管理的核心就是对知识的管理。

二、管理组织现代化

管理组织现代化指根据企业生产经营特点，遵循科学的管理规律，建立企业组织管理机构，使劳动组织及产、供、销各环节的衔接合理化。它包括：科学地划分管理层次和管理部门，选择适合建筑企业流动施工的组织机构形式；明确各职能机构的权力和职责，使责权统一；建立和健全科学的企业管理制度。

三、管理方法现代化

管理方法现代化要求企业选择和采用符合企业自身特点的科学的管理方法。运用系统论、信息论、控制论原理，采用法律方法、经济方法、行政方法、数学方法、教育（激励）方法，结合预测技术、决策技术、目标管理、线性规划、网络技术、价值工程等管理技术，实现管理方法现代化。

四、管理手段现代化

管理手段指管理中收集、处理信息资料的手段。管理手段现代化要求企业装备和运用先进的现代管理手段，主要包括：

（一）装备现代信息处理手段

电子计算机运算快、准确、存贮量大，能快速完成信息处理。计算机在企业财会、预结算、劳动人事、材料设备等管理中大量使用。计算机与电子信息网络的联接、管理软件的开发成功构成了现代管理系统。

（二）装备现代通讯手段

信息社会，市场环境变化大，并且快，企业必须运用现代通讯手段，才能准确、及时地了解和掌握企业经营管理所需的各种信息，以提高决策的正确程度。建筑企业，由于流动施工，分散经营，更需要现代通讯工具。

（三）装备现代检测手段

科学技术的发展，对质量提出了更高的要求。在企业的施工生产、技术、质量、材料等管理活动中，必须具备先进的检测手段，才能得出高质量的检测结论，才能帮助提高产品质量，生产出高质量的产品。

管理手段是多方面的，例如交通运输工具、生产监控设备也应实现现代化。

本章小结

本章较系统地介绍了建筑企业经营管理的基础知识。

1. 建筑企业经营管理是指建筑企业为实现经营目标，对生产经营活动进行的决策、计划、组织、指挥、协调、控制和激励等工作的总称。决策、计划、组织、指挥、协调、控制和激励构成了企业经营管理的职能。企业的二重性决定企业经营管理也具有二重性，即自然属性和社会属性。

2. 企业经营管理在100多年的发展历程中，经历了传统管理、科学管理、行为科学、现代管理四个阶段。目前有人还提出当今已进入知识管理时代。管理发展的各阶段，形成了许多管理理论。

3. 建筑企业经营管理根据生产经营过程的特点和需要，建立了由各种管理活动组成的经营管理体系。建筑企业具有许多行业特点。建筑产品具有固定性、多样性、体积庞大、使用寿命长等特点。建筑产品生产具有流动性、单件性、露天高空作业、生产周期长、受自然条件影响大等特点。建筑产品及其生产的特点使得建筑企业经营管理环境多变，管理对象不稳定，管理机构变动大，这就要求抓好建筑企业经营管理基础工作，为经营管理工作提供依据、手段和条件。主要基础工作是：标准化工作、定额工作、计量工作、信息工作、规章制度的建立和健全工作、职工培训工作。

4. 随着企业经营管理的发展，现代管理出现了许多与过去不同之处，主要表现在管理思想、管理组织、管理方法、管理手段等方面。管理思想上出现了许多新的观念、意识；管理组织上要求根据环境变化设立相应的组织机构；管理方法多种多样，强调适用，没有最好，只有更好；管理手段智能化。

复习思考题

1. 基本概念：管理　企业管理　建筑企业经营管理　行为科学　系统　领导方式　建筑企业经营管理体系　标准　定额　计量　信息　规章制度　管理思想

2. 企业经营管理有哪些职能？

3. 简述企业经营管理的二重性。

4. 传统管理阶段有何特点？

5. 简述泰罗理论的要点。

6. 法约尔怎样划分企业活动？管理有哪些功能？

7. 人类行为有哪些规律？

8. 人际关系说怎样看待企业中的人和非正式组织？
9. 需求层次论有哪些假设？哪几种需求？
10. 系统思想的核心是什么？
11. 决策准则是什么？为什么说管理就是决策？
12. 有哪几种领导方式？它们有何特点？
13. 建筑产品及其生产有何特点？建筑企业经营管理有什么特点？
14. 建筑企业经营管理有哪些基础工作？
15. 企业管理现代化具有哪些特征？

第三章　建筑市场经营

建筑企业生产的建筑产品，必须进入建筑市场交换才能称为建筑商品，交换成功才完成了建筑市场经营活动。要正确选择经营方式，充分了解市场，才能作出正确的决策。本章介绍建筑市场经营的基本知识。

第一节　建　筑　市　场

一、市场基础知识

(一) 市场的含义、构成、特征

1. 市场的含义

市场是社会分工和商品经济的产物。由于社会分工，不同的生产者分别从事不同产品的生产，为满足自身和他人的需求而交换各自的产品，需要寻找一个适当的地点来进行交换。随着社会生产的发展，社会分工越来越细，商品交换日益频繁，交换关系越来越复杂，交换的领域也逐渐扩大，市场的概念已打破了时间和空间限制，它的内涵也不断丰富和完善。

对市场有广义和狭义两种理解。狭义的市场仅指有形市场；广义的市场包括有形市场和无形市场。

有形市场，是商品买卖双方发生交易行为的固定场所。它是最早意义上的市场形式。例如农贸市场、百货商场、汽车商城。无形市场，是指没有固定交易场所，依靠广告、中间商及其他形式，沟通买卖双方，实现商品交换的场所。例如某些技术市场、房地产市场。

广义的市场是指不同需求者通过买卖方式实现商品相互转移的商品交换关系的总和。市场的概念随着市场经济的发展而发展，可从不同角度理解市场。

(1) 市场是商品交换的场所

市场里必须汇集商品、商品交易者，这是商品交换的必要条件。没有一定的场所，不能汇集商品和交易者，交换就无法进行。这里所指场所，不仅是一块场地，还包括设立在该场地上的各种服务和从事商品流通的机构。

(2) 市场是商品交换关系的总和

交换关系的总和，指参与商品或劳务的现实或潜在的交易活动的所有买卖之间的交换关系。它是生产与流通、供给与需求之间各种经济关系的总和，是价值实现、使用价值转移的枢纽。

(3) 市场表现为对某种商品的消费需求

企业的一切生产经营活动最终都是为了满足消费者和用户的需求。需求主导市场，哪里有未满足的需求，哪里就有市场。了解市场，并设法满足需求，成为企业市场经营活动的出发点和取得成功的基本条件。

建筑市场主要是一种无形市场。它通过招投标等手段，沟通甲乙双方达成协议，完成建筑商品交易。建筑市场没有固定场所，随建筑工程项目的建设地点和成交方式不同而变化。

2. 市场的构成

市场由许多基本要素组成有机整体，这些要素之间相互联系和相互作用，推动市场的有效运转。市场主要由下述五个要素构成。

(1) 市场主体

市场主体是指在市场中从事交换活动的当事人，包括组织和个人。按照参与交易活动的目的不同，当事人可分为卖方、买方和商业中介机构。买方是持有货币的需求者，目的是要获得所需商品的使用价值；卖方拥有商品，要在市场中将商品使用价值转移给买方，才能去实现获得价值补偿的目的；商业中介机构处于买卖双方之间，起着商品交换的媒介作用，解决供求双方的时空差异，使商品交换顺利进行，获得一定的服务报酬。市场主体包括企业、政府机关、非营利性机构等法人组织，以及居民。企业是市场中最重要的主体。

(2) 市场客体

市场客体是指一定量的可供交换的商品，它包括有形的物质产品和无形的服务，以及各种商品化的资源要素，如资金、技术、信息和劳动力等。市场活动的基本内容是商品交换，若没有交换客体，就不存在市场，具备一定量的可供交换的商品，是市场存在的物质条件。

(3) 市场规则

市场规则是由政府、立法机构、行业协会等按照市场运行的客观要求制订的或市场交易中的惯例，由法律、法规、制度所规定的市场行为准则。主要有以下几项规则：

1) 市场准入规则

市场主体进入市场需遵循一定的法律，具备相应的条件。例如，企业要具备法人资格，技术、规模、环保达到规定标准。

2) 市场竞争规则

公平竞争是保证市场主体能够在平等基础上充分竞争的行为准则。为实现公平竞争，政府必须制定和实施一系列有关市场竞争的规则，防止市场垄断和不正当竞争。

3) 市场交易规则

市场交易规则是关于市场交易行为的准则。在市场交易活动中，各市场主体应按照公开、公平、公正、等价有偿的原则进行交易。

(4) 市场价格

市场价格是商品价值的货币表现。在市场运行的过程中，市场价格具有传导信息的功能、配置资源的功能、促进技术进步达到降低社会成本的功能，是市场机制的一个重要内容。

(5) 市场机制

市场机制指在一定市场形态下，价格、利率、工资、供求、竞争等因素相互制约、互为因果所形成的自动联结系统和调节方式。市场机制是市场经济的基本机制，也是价值规律的作用实现的基本形式。发挥市场机制的作用，使市场具有自我调节的功能，得以健康发展。

3. 市场的特征

市场活动中，交易各方存在实物和价值上的经济联系，这种联系体现了交易各方的经济利益。它决定了市场具有下述五个特征。

（1）平等性

平等性指参与市场活动的主体具有平等的市场地位。平等性体现为市场主体有均等机会进入市场、按市场价格取得所需商品，平等地承担税赋，在法律和经济往来中处于平等地位。交易的平等和自由必须由法律加以保护，才能保证平等交换的契约关系，才能保证市场活动的正常进行。

（2）自主性

企业作为独立的商品生产者和经营者，要自主地对市场供求、竞争和价格变化作出灵活反应。企业的自主性体现为拥有独立的商品生产经营自主权，它表明企业成为真正的市场主体，并由此决定市场活动具有高度自主性。

（3）完整性

市场必须有比较完善的市场体系，才能有效发挥资源配置的功能。完善的市场体系，是供求、竞争和价格机制发挥调节作用的前提。完善的市场体系应具有齐全的商品市场和生产要素市场、众多的买者和卖者、全国范围内的统一市场、价格能真实反映资源稀缺状况、与国际市场密切联系。

（4）开放性

市场经济体制下的市场应是充分开放的市场，任何性质、规模和形式的企业都可以自由参与市场活动。开放的市场是资源合理流动的必要条件，是市场有效发挥作用的前提条件。

（5）竞争性

市场经济实质上是一种竞争经济，竞争是市场运行的突出特点。市场主体平等进入市场，从事交易活动，凭借自身的技术、经济实力开展全方位竞争，经过公平竞争，实现优胜劣汰。

（二）市场的功能、分类和体系

1. 市场的功能

市场功能是市场机体所具有的客观作用。从市场活动的基本内容来看，市场具有五个功能。

（1）交换功能

市场活动的中心内容是进行商品交换，实现商品的使用价值和价值的转移。

（2）调节功能

调节功能是在市场内在机制作用下，自动调节社会经济的运行过程和社会资源在国民经济各部门、各地区、各企业之间的分配，即按照市场要求组织生产经营活动。市场调节功能是通过价值规律、供求规律、竞争规律、价格机制来实现的。

（3）信息导向功能

市场向商品生产经营者、需求者发布各种信息，直接指导他们的经济活动。市场是最重要、最灵敏的经济信息源和汇集点。市场发布的信息主要有供求信息、价格信息、信贷信息、利率信息等。

(4) 配置资源功能

社会资源以市场机制为基础自动实现优化配置。这是由于商品生产者要按市场需求组织生产经营活动，当生产资料需求过多，导致价格上涨，使商品生产成本增加，商品售价提高，这又抑制商品需求，如此反复，实现供求平衡。

(5) 经济联动功能

市场是国民经济的桥梁和纽带，将各部门、各行业、各地区、各企业联系在一起，使各行业的生产、服务与最终的居民消费形成良好的链条结构，以保证国民经济正常运转。市场也是国际社会经济活动交往和汇集的场所，从而推动经济全球化。

2. 市场的分类

从不同的角度观察，有不同形式的市场。市场分类的标准和方法很多，现从以下几个角度观察：

(1) 按社会分工在不同历史时期的发展程度分

1) 古代市场　它是原始的商品经济活动的场所。原始商品经济的特点是商品交换处于物物交换阶段，市场范围较窄，真正的商业尚未形成。

2) 近代市场　社会化大生产得到较大发展，资本主义自由竞争政策得到自由发展的商品经济，市场货币流通已较为发达，社会分工由小区域分工发展到大区域分工，并开始出现国际分工，形成真正的商业。

3) 现代市场　它建立在生产力高度发达的基础上，社会分工向纵深发展，国内国际横向经济联系加强，市场体系完善，市场机制健全。

(2) 按对市场有无宏观控制分类

1) 自由市场　是不存在宏观控制，完全让价值规律调节的市场，即处于无政府状态。它以交换主体拥有完全的经营决策权为前提。

2) 计划市场　是由社会中心利用各种手段进行宏观控制的市场。它是自觉运用价值规律进行宏观调节的市场。计划市场的特征是计划与市场的结合，将市场纳入计划的轨道。

(3) 按产品的用途分类

1) 消费品市场　是供居民最终消费的有形物质产品的市场。

2) 生产资料市场　是为企业生产活动提供资金、劳动力、原材料、机械设备、技术和信息等的市场。

(4) 按商品的流通区域或范围分类

1) 城市市场　指商品交换在城市范围内发生的市场。

2) 农村市场　指商品交换在农村发生的市场。

3) 地方市场　指商品交换以地区为活动空间的市场。

4) 全国市场　指商品交换以全国范围为活动空间的市场。

5) 国际市场　指商品交换在全世界内发生的市场，即进行国际贸易的市场。

(5) 按商品流通的时序分类

1) 现货市场　指实物商品及其所有权同时转移的市场。

2）期货市场　期货市场指按一定的规章制度买卖期货合同的有组织的市场。期货市场由期货交易所、场内经纪人、期货佣金商及清算所构成。期货交易是在期货市场上的交易行为。期货交易的目的有两个：一是为“套期保值”，即利用期货市场减小将承受的价格变动的风险；二是为“投机”，即从合同价格与交货时的市场实际价格的差额取得收益。

3）批发市场　它是连接生产者与零售商的市场，即组织商品大批量交易和进一步转售的场所。

4）零售市场　指向消费者出售商品的市场。

（6）按竞争程度分类

1）完全竞争市场　指竞争行为不受任何阻碍和干扰的市场。

2）完全垄断市场　指只存在独一无二的买方或卖方，其他买卖者不可能参加竞争的市场。

3）垄断竞争市场　指买卖者众多，竞争形式多样化，竞争加剧，各垄断体可对部分市场作一定程度的垄断的市场。它介于完全竞争市场和完全垄断市场之间，是市场经济下大量存在的市场类型。

（7）按市场主体的地位分类

1）卖方市场　指卖方处于支配地方，即卖方有优势力量控制的市场。

2）买方市场　指买方处于支配地位的市场。表现为商品供过于求，价格趋降，卖方竞争激烈。

3）均衡市场　指买卖双方力量相互制约下稳定而均衡地运行的市场，即买卖双方达到平衡的市场。

（8）按法律或政府对市场管制分类

1）白市　指交易行为符合法律或政府允许的市场。

2）黑市　指交易行为不合法或被政府所禁止的市场。

3）灰市　指通过非正常渠道完成交易行为的市场，它介于白市和黑市间。

3. 市场体系

市场作为商品流通的领域，必须组织好各种市场活动，才能充分发挥市场的功能。许多相互独立、相互依存的市场，需有机结合起来形成市场体系。在市场体系中，消费品市场处于基础地位，其他市场在某种程度上是为消费品市场服务。下面着重介绍市场体系中的几个市场形态。

（1）消费品市场

消费品市场指为满足个人和社会团体需要而提供产品和劳务的市场。消费品市场状况直接影响人们的消费水平，也直接或间接地影响和制约生产资料市场。消费品市场的繁荣，会直接带动生产资料的生产和流通；消费品需求变化对国民经济发展、产业结构、产品结构都有着重要影响。

（2）生产资料市场

生产资料是劳动手段和劳动对象的总和。生产资料市场指按等价交换原则对生产资料进行交换的市场。生产资料市场为企业提供必要条件。

（3）金融市场

金融市场指货币融通的场所，广义的金融市场包括货币市场、资本市场、黄金市场、外汇市场等；狭义的金融市场则指资金市场，即借贷资本运动的领域。金融市场对资金需求者提供筹资选择，为资金富裕者提供投资途径，有利于中央银行宏观调控。

（4）劳动力市场

劳动力市场指劳动力交换的场所和劳动交换关系的总和。劳动力是生产力的重要内容。劳动力市场为企业和劳动者进行双向选择提供了场所，有利于劳动力资源以及整个社会资源的优化配置。

（5）技术市场

技术市场指技术这种商品交换的场所和交换关系的总和。其业务范围包括技术转让、技术咨询、技术服务、技术培训、技术入股、技术开发、技术出口等。技术市场的交易活动，加速了新技术的传播，提高劳动力的技术素质，加快社会发展进程。

（6）信息市场

信息市场是交流信息的场所。现代社会，信息已深入到社会经济生活的各方面，信息市场的良好动作是其他市场高效运转的重要条件。

（三）市场经济及其特征

1. 市场经济是以市场机制为基础自动实现社会资源配置的一种资源配置方式，是社会化商品经济运行的基本形式。

资源配置是社会经济运行的重要内容，它直接影响国民经济的产业结构、产品结构，国家宏观计划只能用于指导社会经济的运作，但不可能实现对有限的社会资源在各产业、各企业的合理配置，要实现合理配置，须借助于市场和价值规律的力量，达到资源需求与供给的自动耦合。

社会主义市场经济是社会主义基本制度与市场经济相结合的产物。社会主义市场经济作为市场经济的一种形式，一方面具有市场经济内在经济属性的一般共性，另一方面具有社会主义制度的特性，即市场经济与社会主义基本制度相结合而产生的社会属性。社会主义市场经济是它的一般共性和制度特定的统一体，不可缺一。

2. 市场经济的特性

市场经济的特性是市场经济性质的规定性的表现，它的运行具有以下特征：

（1）自主性的市场主体

市场主体按照自身的意愿参与市场活动。

（2）包罗万象的市场客体

市场经济条件下，一切资源都必须进入市场，利用市场机制实现资源优化配置。

（3）完善的市场体系

市场经济条件下，必须按照不同商品的特点建立不同的市场，各类市场相互联系，形成较完善的市场体系。

（4）多种多样的市场形式

市场交易方式随商品特点而变化，要求建立多种多样的市场形式，满足不同市场主体的需求。如建立零售与批发市场、现货与期货市场、租赁与拍卖市场等。

（5）灵活健全的市场机制

市场机制是市场经济运行的核心，要求灵活健全的市场机制发出的市场信号的真实性、市场竞争的公平性、市场关系平等互利、市场环境相对宽松。

(6) 市场运行的有序性

有健全、完善的法律、法规，规范市场行为，保证市场有序地运转。

(7) 符合市场经济规律的政府干预

市场经济具有自我调节功能，但毕竟无法解决市场经济运行中的所有问题，因为它的调节功能是自发的。政府应根据经济运行的情况，采取适当的宏观调控措施，解决市场经济本身不能调和的矛盾，从而规范市场交易环境和秩序，为经济运行创造良好条件。

(8) 健全有效的社会保障系统

有效的社会保障系统，如社会保险、社会福利、社会救济，对稳定政局，维护社会秩序、支持经济建设、帮助企业和劳动者解决突发情况并渡过难关有重要作用。社会保障系统本着“国家、企业、个人共同出资”的原则，进行社会统筹。

(9) 市场经济的开放性

市场经济要求大范围内配置资源，才能实现优化。因为资源在各个小的区域间的贮藏是不均衡的，如中国西部有天然气而东部却没有，东南部有较高的技术而西南没有，这就要求开放市场。市场的开放不限于某一个地区或一个国家内部，目前已进入市场经济全球化，就要求国内市场经济融入国际市场经济中。

二、市场营销

(一) 市场营销的含义

市场营销是个人和群体在市场环境中通过交换满足现实或潜在需求的综合性的经营销售活动过程。市场营销的目的是满足需求，即应以市场需求为导向，组织企业的生产经营活动。市场需求有现实需求和潜在需求，企业不仅要积极满足现实需求，更应着眼于潜在需求，针对需求果断决策，引导消费者将潜在需求转化为现实需求。市场营销的手段是开展综合性的营销活动，即整体营销。外部营销上应把产品策略、定价策略、销售渠道策略、促销策略等四大要素在时间和空间上协调一致，实现最佳的营销组合。同时，企业内部各部门也应在增进企业整体利益前提下，积极配合营销部门实现营销目的。

(二) 市场营销观念

市场营销观念指企业从事生产和经营活动的指导思想，是市场经营活动的行为准则。市场营销观念是否符合市场的实际情况，关系到企业的经营成败，是企业组织市场营销实践的核心和关键所在。

市场营销观念是企业在特定时期内进行营销活动所形成的。随着社会政治、经济和市场环境变化，营销观念也随之变化。市场营销观念大致经历了新旧两种市场营销观念或四个发展阶段。

旧式市场营销观念有：生产型阶段，在1930年以前，生产力水平较低，企业的主要职能是生产产品，形成以生产为中心的市场观念；销售型阶段，在1930～1950年，科技发展，使生产力水平提高，供过于求，销售不畅，企业的主要任务在于扩大销售，工作重心转向经营，但未考虑消费需求，仍然是“以销定产”。

现代市场营销观念有：市场型阶段，1950～1970年，二次世界大战结束，军工技术转向民用，产品更新换代加快，竞争更激烈，企业必须主动了解消费需求，才能销售产品获得满意利润，形成了以消费者为中心的市场观念；社会型阶段，1970年以后，市场经济迅速发展，市场经营趋于社会化，企业不仅满足消费者的需求，还要考虑公众的长远利益。

各种市场营销观念的主要区别见表3-1。

（三）建筑市场经营应具备的观念

建筑企业在建筑市场经营中，应以社会型的市场营销观念来建立自身的市场营销观念。应从以下方面着手。

1. 以用户为中心

市场营销观念比较表 **表3-1**

市场营销观念	重　点	方　法	市场营销策略
生产型	产品	等客上门	扩大产量，获得利润
销售型	产品	引诱购买	扩大销量，获得利润
市场型	消费者	产销组合	满足需求，获得利润
社会型	消费者与社会	产销组合	满足需求，获得利润，增进社会福利

建筑企业以满足消费者需求为生存和发展的前提条件，将用户放在市场经营的中心位置，为用户提供优质服务。

2. 树立企业形象

树立良好的企业形象，提高企业的社会信誉，获得用户的认同，利于竞争。

3. 讲求经济效益

企业生产经营活动的最终目的，是获得利润。利润在生产领域中创造，但要在流通领域中实现。树立良好企业形象，才可能在为用户提供满意的服务中获得更大的利润。

三、建筑市场

（一）建筑市场的含义

建筑市场是进行建筑商品和相关要素交换的市场。建筑市场由有形建筑市场和无形建筑市场两部分构成。有形建筑市场，如建设工程交易中心——工程建设信息的收集与发布，办理工程报建手续、承发包、工程合同及委托质量安全监督和建设监理等手续，提供政策法规及技术经济等咨询服务。无形市场是在建设工程交易中心之外的各种交易活动及处理各种关系的场所。

建筑市场由工程建设发包方、承包方和中介服务机构组成市场主体；各种形态的建筑商品及相关要素（如建筑材料、建筑机械、建筑技术和劳动力）构成市场客体；建筑市场的主要竞争机制是招标投标制；法律、法规和监管体系保证市场秩序，保护市场主体的合法权益。建筑市场是消费品市场的一部分（如住宅建筑），也是生产要素市场的一部分（如工业厂房、港口、道路、水库）。

（二）建筑市场分类

（1）按交易对象分为建筑商品市场、资金市场、劳动力市场、建筑材料市场、租赁市场、技术市场、服务市场等。

（2）按市场覆盖范围分为国际市场和国内市场。

（3）按有无固定交易场所分为有形市场和无形市场。

（三）建筑市场的特点

建筑市场不同于其他市场，这是由于建筑市场的主要建筑商品是一种特殊的商品。建筑市场具有不同于其他产业市场的特点。

1. 建筑市场交换关系复杂

建筑商品的形成过程涉及买方（用户）、地质勘察、设计、施工、分包商、中介机构等单位的经济利益；建筑产品的位置、施工和使用，影响到城市的规划、环境、人身安全。这就要求用户、设计施工单位按照基本建设程序和国家的法律、政策组织实施，确保利益实现。

2. 建筑市场的范围广，变化大

建筑产品遍及社会生活的各领域，有人群生活的地方都需要建筑产品，这为建筑业提供了广阔的市场。但建筑产品的需求，取决于消费者的消费倾向和国民经济的发展状况。建筑市场的消费方向、需求规模随国民经济的发展不断变化。

3. 建筑产品生产和交易的统一性

建筑市场的交易活动与生产活动交织在一起，虽然首先确立了买卖关系、价款支付方式后进行建筑产品的生产，但生产过程中买方常按工程进度支付工程款（建筑产品的部分价款），最后通过竣工结算完成交易。它表明建筑产品生产与交易的统一。

4. 建筑产品交易的长期性和阶段性

建筑产品的生产周期长，需要几个月到若干年。这样长的时间里，政策、市场中生产资料要素的价格也会发生变化，要求建筑产品的价值分阶段实现，即按照工程合同办理各阶段的交易活动，最终实现交易关系。

5. 建筑市场交易的特殊性

（1）主要交易对象的单件性　由于建筑产品多样性致使建筑产品不能实现批量生产，因而建筑市场不可能出现相同的建筑商品，因而建筑商品交易中没有挑选机会——单件交易。

（2）交易对象的整体性和分部分项工程的相对独立性　无论住宅小区、配套齐全的工厂、功能完备的大楼，都是不可分割的整体，所以建筑产品交易是整体的，但施工中需要对分部分项工程验收、评定质量、分期拨付工程进度款，因而建筑市场交易中分部分项工程具有相对独立性。

（3）交易价格的特殊性　建筑产品的单件性要求按单件定价；定价形式多样，如单价制、总额制、成本加酬金等；因建筑产品价值量大，少则数十万元，多则上百亿元，价款给付方式多样，如预付制、按月结算、竣工后一次性结算、分阶段结算等。

（4）交易活动的不可逆转性　建筑市场交易关系一旦形成，设计、施工等承包单位必须按约定进行，工程竣工，不可能退换。因为建筑产品的固定性，不能象工业品那样转给其他区域用户；建筑产品是按特定用户要求进行设计施工、无法满足另外用户的需求，也不能转让，即不可能退换。

6. 建筑市场竞争激烈

（1）价格竞争　价格竞争是市场竞争的主要内容。价格直接影响供求双方的收入、成本和利润。建筑企业应强化管理，降低成本，获取价格竞争优势。

（2）质量竞争　质量是进入市场的准入证。建筑企业应提供高质量的建筑产品，才能获得市场竞争中的立足之地。

(3) 工期竞争　工期直接影响投资效益的发挥，投资人希望投资早日见效。建筑企业应尽可能提高劳动生产率，缩短建设工期。

(4) 企业信誉竞争　企业信誉是企业在用户中树立的形象。良好的企业形象，才会得到社会认同，才可能占有更多的市场份额。

四、建筑市场经营

(一) 建筑市场经营的含义

建筑市场经营又称建筑市场营销，指建筑企业经营销售建筑商品和提供服务以满足业主（用户）需求的综合性生产经营活动。

建筑市场经营的主体是建筑企业和建设单位（用户）。建筑市场经营的最终目的，是达成建筑商品交换，满足用户需求，建筑企业获得利润。建设市场经营是企业生产经营活动中极其重要的一环，只有经过市场经营才能与建设单位达成交易关系，获得工程施工承包权，即建筑商品销售权。

(二) 建筑市场经营的内容

建筑企业进行市场经营，主要开展以下工作。

1. 建筑市场调查

有目的、有计划、系统地收集、整理和分析建筑市场的各类信息，为市场决策提供市场需求、竞争对手和市场环境等方面的资料。

2. 建筑工程投标

在获得市场需求信息后，通过编制标书及有关工作，利用合法竞争手段获取工程项目承包权。

3. 选择经营方式

建筑企业经营方式有很多，建筑企业应根据工程项目特点和建设单位实际情况选择合适的经营方式。建筑企业经营方式是在建筑企业与建设单位达成交易时就应明确的内容。

4. 谈判与签订合同

建筑商品交易是一种期货交易，必须事先签订工程合同，明确双方的权利义务。签订合同的过程就是讨价还价的过程——谈判过程。

5. 索赔和中间结算

建筑产品形成过程中，因种种原因使工程项目出现变更。这些变更会影响价格和工期，这就需要甲乙双方通过协调达到一致意见，这种协调即索赔或签证。按合同规定，非一次性付款的工程项目，要办中间结算，完成部分交易。

6. 竣工结算

建设项目竣工验收后，甲乙双方完成交接，同时结清全部工程价款，建筑商品交易最终完成。(实际完成应待保修期终结，双方脱离直接责任后。)

第二节　建筑企业经营方式

一、经营方式的含义

企业经营方式有两种含义。一种指经营整个企业的方式，又称为企业资产经营方式，它是资产所有者将资产经营管理权转移给企业经营者（职业管理者）经营的方式。第二种指企业经营商品的方式，又称为企业经营形式。这里仅仅讨论经营商品的方式。

建筑企业经营方式，指建筑企业在市场经营活动中向用户提供建筑商品或服务的方式。建设单位一般不能在建筑市场买到满足自己要求的现成的建筑商品，需要与企业订货，即先确定交易关系，后进行生产。建筑企业以什么方式与建设单位交易，又怎样从建设单位获得经营收入，这就是经营方式应解决的问题。

建筑企业要获得工程建设任务，只能在建筑市场经过与建设单位达成交易协议实现。建设单位的工程项目管理方式会因为建设单位不同、工程项目特点不同而变化，建筑企业经营方式也应随之变化。即建筑企业经营方式取决于建设单位工程项目的管理方式。

二、工程建设项目的管理方式

工程建设项目的管理方式，指工程项目建设过程中的管理方式。它表明建设单位通过何种方式与建筑企业交易而获得建筑商品。

工程项目建设过程一般要经历机会研究、可行性分析、计划、勘察、设计、施工、交付使用等环节。这几个环节可概括为计划、设计、施工三大阶段。

计划阶段。根据投资人的意图和能力，编制固定资产投资计划。投资计划要经过可行性分析，确定建设项目的性质、规模、建设地点和时间等。

设计阶段。以计划文件和勘察资料为依据，编制指导建设项目施工的具体的技术经济文件。包括设计施工图纸、估算建设费用、准备施工文件等。

施工阶段。根据计划文件和设计图纸规定的要求，组织人力、物力、财力进行工程建造，将设计的主观意图变成客观现实。

工程项目建设过程中，计划、设计、施工三个阶段密不可分，为顺利完成工程项目建设任务，必须对整个建造过程严格管理。这一系列的管理，各国做法不一，大致有下述几种形式。

（一）自营方式

自营方式，指由业主直接经营，自行组织工程项目的计划、设计、施工的一种方式。

自营方式适用于没有专门的设计、施工单位，或有特殊要求的工程。业主直接经营，能充分调动业主的积极性，各环节关系简单，易于协调。但这种小生产方式不利于提高设计、施工水平，不利于降低工程成本。

（二）发包方式

发包方式，指业主将工程建设项目委托给专门的设计、施工单位完成的一种方式。

发包方式中，业主（建设单位）称发包人，设计、施工单位为承包人。承包人负有按发包人意图设计、施工的义务；发包人负有按合同规定提供设计、施工等必须的资料，获得土地使用权，申请施工许可证，拆除现场障碍物，及时验收工程，办理工程结算的义务。为明确双方的经济责任，承发包双方必须签订工程合同。这种管理方式要求建设单位建立完善的管理机构，或者委托咨询机构代理全过程管理。

发包方式有利于业主花较少精力关心工程建设，有利于降低工程成本，提高工程质量，是普遍采用的一种管理方式。但它在实施过程中，各方关系复杂、不易协调。

（三）成套合同方式

成套合同方式又称为一揽子承包、或交钥匙方式，指业主将工程项目建设的全部工作委托给总承包商，由总承包商负责组织实施的一种方式。

成套合同方式也是一种发包方式，发包人只需向总承包商明示投资数量、投资方向和基本要求，计划、设计、施工全部由总承包商组织完成，竣工后一次性移交给业主。

成套合同方式简化了建设单位的工作，总承包商能够有效地实施管理。但这类工程建设项目一般造价较高，总承包商要承担较大风险。

工程建设项目的管理方式，各国经历了不同的发展阶段。以最典型的英国为例，经历了五个阶段。

第一阶段，由业主直接雇用工匠，组织施工活动。

第二阶段，营造师出现，作为业主代理人管理工匠进行施工，并承担设计工作。

第三阶段，建筑师出现，由建筑师设计、营造师管理工匠进行施工。

第四阶段，承包企业出现，采取发包方式，建筑师、工程师担任业主顾问，负责工程监督。

第五阶段，总承包企业出现，承发包方式进一步发展，开始采用交钥匙方式、菲迪克方式。

三、建筑企业经营方式的类型

建筑企业经营方式归纳为两大类。

(一) 承包经营方式

1. 承包经营方式的含义

承包经营方式，指建筑企业在建筑市场中通过向建设单位承包工程提供建筑商品和服务的方式。当建设单位采用发包性质委托工程建设任务时，建筑企业就可以向建设单位承包工程建设任务。

承包经营方式是建筑企业的主要经营方式，这是由建筑市场的经营特点所决定，或者说是由工程建设项目的管理方式所决定。在众多的工程建设项目管理方式中，除了自营方式外，都是发包性质的管理方式。

2. 承包经营方式分类

(1) 按承包的关系分

1) 总-分包经营方式

总-分包经营方式，指由一家建筑企业向建设单位总承包，然后将部分工程分包给其他建筑企业的一种经营方式。

总-分包经营方式中，总承包商直接与建设单位发生联系，接受委托并对建设单位负责；分包建筑企业不与建设单位发生直接联系，接受总承包商的委托，对总承包商负责。

总-分包经营方式是一种很实用的承包经营方式。在建筑市场经营的实际操作中，很少有一个建筑企业能够承担一个大型工程建设项目的全部任务，只能借助分包形式解决。

总-分包经营方式，从发包方式出现就产生了。它经历了较长时间的发展，形成了较完善的责任分担系统。它具有工程项目施工的全过程的统一指挥者，有利于提高工程质量，有利于降低工程成本，且责任明确。但是工程项目建设的各单位关系复杂，施工中交叉作业多，容易产生矛盾。

2）直接承包经营方式

直接承包经营方式，指建筑企业独立地直接向建设单位承包工程的经营方式。若一个工程建设项目由多家建筑企业共同施工，则各建筑企业分别与建设单位签订承包合同。

直接承包经营方式，由各建筑企业直接受建设单位委托，对建设单位负责，减少了总分包环节，承包层次简单，关系清楚。但各承包建筑企业在同一施工现场施工，由于交叉作业和工艺上的搭接，会出现施工矛盾，难以协调。

3）联合承包经营方式

联合承包经营方式，指由多个建筑企业联合向建设单位承包，各自按投入的资本份额分享利润，共同承担风险的一种经营方式。

参加联合承包经营的企业，经济上各自独立核算，施工中共同使用的机械设备、临时设施、周转材料等，按使用时间分摊费用。这种方式，由于多个企业联合经营，资金实力雄厚，设备齐全，技术及管理上互补，具有较强的竞争力。但需要分清责任，减少矛盾、否则会削弱联营优势。

（2）按承包范围分

1）全过程承包经营方式

全过程承包经营方式，指建筑企业对工程建设项目的计划、设计、施工全面承包的经营方式。它与工程建设项目管理方式中成套合同方式相对应。这种方式要求建筑企业具有较强的技术力量、管理力量和资金实力，主要适用于大型工业项目、成片房屋开发建设工程等。

2）设计-施工承包经营方式

设计-施工承包经营方式，指建筑企业承包勘察设计、工程施工业务的经营方式。设计、施工由一个建筑企业担任，减少了中间环节，有利于加快工程建设进度。但设计与施工之间必须有严格的监督制度，否则容易出质量事故。

3）施工承包经营方式

施工承包经营方式，指建筑企业只承包工程施工业务的经营方式。

施工承包经营方式，又分为施工总承包、专业承包和劳务分包三种形式。

（3）按承包的费用分

1）工程造价总包

工程总价总包，指建筑企业在施工承包中，按工程预算造价包干的经营方式。

工程总价总包，要求建筑企业承担工程施工中的全部工作，建设单位按合同规定的工程造价（或定价方法）支付工程款。

2）工程造价部分承包

工程造价部分承包，指建筑企业只承包工程造价中的部分内容，例如：包人工费和部分管理费，材料和设备由建设单位提供；包人工费、机械费、部分材料费和管理费，部分材料由建设单位供应。

（4）按建立承发包关系的方法分

1）招投标承包

招投标承包，指建设单位通过招标与建筑企业建立承发包关系的经营方式。

2）协商承包

协商承包，指建筑企业通过与建设单位协商建立承发包关系的经营方式。

（二）开发性经营方式

1. 开发性经营方式的含义

开发性经营方式，指建筑企业按城市建设统一规划的要求，将工程项目建成后（形成建筑商品）出租或出售的经营方式。

2. 开发性经营方式的特点

开发性经营方式与承包经营方式比较，具有以下特点：

第一，从事开发性经营的企业必须具有较强的技术力量和房地产市场开发能力。开发性经营企业要自己组织施工，需要技术力量；它还要将建成的建筑商品出租或出售，必须熟悉房地产市场的需求状况，有较强的房地产开发能力。

第二，从事开发性经营的企业必须拥有雄厚的资金。在工程建设过程中要能够垫付全部建设资金，这是与承包经营方式最大的区别。

第三，从事开发性经营的企业，具有双重身份。在工程建设过程中，它既是投资方，又是施工方；工程竣工后，建筑企业将其出售或出租，又是建筑商品销售者，也是房地产开发商。

第四，开发经营的建筑商品必须具有一定的通用性。建筑企业以开发商的身份进行工程建设之前，并不知道最终用户是谁，有什么具体要求，只能按常规设计、施工。具有通用性的建筑商品多数为住宅、商业用房、办公用户、停车场等。

3. 开发性经营方式的业务内容

（1）房地产开发

房地产开发是开发性建筑企业的主要业务。房地产开发，首先要获得土地使用权，然后组织设计、施工、建成后出售或出租，在我国还可进行物业管理。

（2）代建工程

开发性经营建筑企业根据用户要求，代为购买土地使用权，组织设计、施工、建成后移交给用户的一种经营业务，即代建工程。它类似于成套合同方式，但更注意开发性经营，因它在设计、施工前有较明确的目标，其他业务又与房地产开发经营相同。

四、建筑市场经营的主要工作

建筑市场经营活动必须深入到建筑商品生产经营全过程。就建筑企业经营人员的业务范围看，主要开展以下几项工作。

（一）建筑工程投标

建筑企业经营人员首先应收集建筑市场信息，发现工程建设项目，选择投标对象，准备投标文件，向招标单位递交投标书。

（二）工程承包合同的订立和履行

工程项目中标后，经营人员代表企业与建设单位签订工程承包合同，确认交易关系成立。工程项目建设过程中，进行工程项目管理，管理工程承包合同的履约情况。

（三）工程结算

工程结算是建筑商品交易的重要环节。工程竣工后，经营人员应按有关工程竣工的规定向建设单位和有关部门及时报送竣工资料和竣工报告。竣工报告批准后，经营人员按合同约定的时间、方式向建设单位提出工程结算报告，办理工程结算。

第三节　经营预测与决策

建筑企业开展各项活动，在事前都有预测。为保证计划的稳妥，在编制计划前确定活动目标、措施，即进行决策。决策必须以预测提供的资料为依据。

一、经营预测

（一）经营预测的含义

预测是根据事物的历史资料和现实情况，采用经验总结、统计分析、数学模型等科学方法，探求事物发展变化的规律，估计和推断事物未来发展变化的趋势。

经营预测，是对企业经营活动发展变化趋势作的预测。例如建筑市场需求预测，可提供建筑商品的需求估计，为企业生产经营决策提供依据。

市场经营条件下，市场情况变化很大，要求企业了解和把握市场动态，以避免经营管理的盲目性。但对事物进行准确预测很难，一方面由于事物受多种因素的影响，其中有些因素难以把握；其次，预测建立在一定假设的基础上，假设和实际存在差异；第三，预测受到预测方法、预测人员及资料的限制，也影响了预测精度。因而预测结论带有一定的近似性，但仍可作为经营决策的重要参考依据。

（二）预测分类

1. 按预测对象分

（1）社会预测

社会预测是为确定社会发展战略目标，对社会发展趋势作的预测。

（2）经济预测

经济预测是为研究社会经济政策、经济结构及其他经济问题，对社会经济发展趋势作的预测。

（3）技术预测

技术预测是对社会科学技术的发展趋势、方向和可能性作的预测。

2. 按预测范围分

（1）宏观预测

宏观预测指对较大范围的事物的整体预测。如国民经济预测、建筑行业预测。

（2）微观预测

微观预测是指对局部事物的预测。如企业经营预测。

3. 按预测期长短分

（1）长期预测

长期预测指预测期在五年以上的预测。它为了解生产力、服务构成、远景规划提供资料。

（2）中期预测

中期预测指预测期在三年左右的预测。它为企业编制可行的发展计划提供资料。

（3）短期预测

短期预测指预测期在一年或一年以下的预测，它为企业编制当前生产经营计划提供资料。

4. 按预测方法分类

（1）定性预测

定性预测是利用直观资料，依靠人们主观判断和分析，对事物未来状况的预测。

（2）定量预测

定量预测是以占有的历史和现实数据为基础，应用数学统计方法推断事物未来发展状况的预测。

（三）预测的原则

1. 惯性原则

事物的发展有一定的延续性，即事物历史上的运动规律总会在一定程度上延续到未来。这个规律为事物发展的惯性。利用惯性原则，让其延伸到未来，从而推断事物未来发展趋势。预测方法中的时间序列方法就是据此建立的。

2. 类推原则

许多事物存在相似性或类同性。若掌握了某类事物的发展变化规律，就可据此推断其他类似事物发展变化的规律。类推原则是根据相似事物的规律间接估计同类事物的发展变化趋势。

3. 相关性原则

有些事物存在明显的因果关系，即此事物变化会引起另一事物变化。根据这一规律，可建立事物间的因果关系，预测事物产生相应变化的结果。预测方法中的回归分析法就是根据相关原则建立的。

（四）预测的程序

开展预测工作，首先要明确预测要达到的目标，包括结果、时间、精度。其次，收集分析与预测问题相关的资料，包括企业内部资料和外部资料。第三，选择预测方法，即根据资料的特点和预测问题的性质选择适当的预测方法。选择预测方法时，应考虑预测期限、数据资料的特点、预测精度、费用、实用性等因素。然后进行预测，分析预测结果，提出预测报告。预测工作程序如图 3-1 所示。

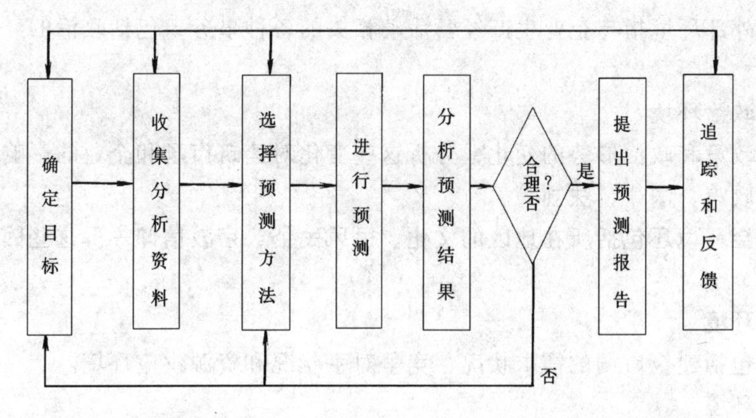

图 3-1　预测程序

(五) 建筑企业经营预测的内容

建筑企业主要从以下几方面进行经营预测。

1. 建筑市场预测

(1) 工程任务来源预测

通过建筑市场需求预测，了解基本建筑投资规模、方向。

(2) 建筑产品的类型及构成比例预测

了解建筑产品的发展动向和企业任务的类型、以便企业调整技术装备和发展方向。

(3) 用户需求预测

了解用户对建筑产品质量、工期、价格、配套性、服务等方面的需求，以便改善企业的经营管理，提高企业信誉。

(4) 竞争形势预测

了解同行动向，推测竞争形势变化，以便采取对策。

2. 资源预测

了解建筑市场对劳动力、劳动手段等资源的供应情况，预测本企业的需求情况，进而推测供需的满足程度，以便采取相应措施。

3. 生产能力预测

摸清企业现有生产能力，推测未来发展趋势，以便确定承包工程的规模。企业生产能力体现在机械设备、生产场所、人员、资金等方面。

4. 技术发展预测

技术发展预测主要是了解技术发展的趋势和状态，以便企业争取主动。主要有施工技术、设备更新、新型材料、管理技术等方面的动态。

5. 财务预测

财务预测为制定财务计划提供依据，如成本预测、利润预测等。

(六) 经营环境分析

经营预测必须了解经营环境状况，因此要分析经营环境。经营环境包括外部环境和内部条件两方面。

1. 企业外部环境分析

建筑企业外部环境指与企业生产经营活动相关的各种事务，包括政治的、经济的、技术的。

(1) 社会政治环境

了解国家政策和政治形势的变化，分析这些变化对建筑市场和企业的影响。如国家的方针、路线、政策、法律、法规等。

企业的社会环境还包括所在地区的文化、民风民俗、宗教信仰等。这些因素都可能影响企业活动。

(2) 经济环境

经济环境包括建筑市场的需求状况、竞争对手状况和资源供应环境。

(3) 技术环境

技术环境指新产品、新技术、新设备、新材料及新科学技术的发展动态。它为企业提高综合生产能力提供信息。

（4）自然环境

建筑企业高空露天作业，地下建筑活动频繁，生产作业条件差，水文、地质、气象等自然条件对建筑企业生产经营活动影响很大，这就要求企业详尽调查施工区域的自然环境，以便采取相应措施，保证生产经营活动顺利进行。

2．内部条件分析

（1）基本情况分析

主要分析领导班子状况、组织机构、职工队伍、基础工作等。

（2）生产能力分析

了解企业现有生产能力可能达到的生产规模。

（3）经营管理水平分析

分析经营管理工作的优势、缺陷、能否正常运转。

（4）科技能力分析

分析科技人员的素质、结构、分布、工作状况、了解本企业科技开发能力。

（5）资金能力分析

分析企业资金数量、构成、利用程度，观察数量是否充足、使用是否合理。

（6）获利能力分析

观察本企业获利能力，以便采取对策，抓住重点，提高经济效益。

（七）经营预测方法

经营预测方法分为定性预测和定量预测两大类。

1．定性预测方法

定性预测方法，也称经验判断法。常用于历史资料不足，影响因素复杂且难以掌握，或对主要影响因素不能定量分析的预测。常用以下方法预测。

（1）个人判断法

个人判断法指预测人员在分析各种资料的基础上，凭个人的知识、经验、判断、推测事物发展变化趋势。

个人判断法能充分利用个人的创造能力，不受外界影响，没有心理压力。但受预测者的知识面、知识深度、占有资料、对预测问题的兴趣影响，带有片面性的可能性较大。

（2）专家会议讨论法

专家会议讨论法，又称集合意见法，是利用会议讨论的形式，交换对事物发展变化趋势的意见，集思广益，形成预测结果的预测方法。

专家会议讨论法的信息量较大，观点较多，提供的方案较具体。但是，专家往往屈服于权威和多数人的意见，预测结论也会受到影响。

（3）德尔菲法

德尔菲法，又称专家调查法，是专家会议讨论法的发展。它对预测事件以匿名方式通过几轮咨询，征求专家意见，最后汇总调查结果，得出预测结论。

德尔菲法采用匿名方式，克服了专家会议讨论易受心理因素影响的缺陷。一般经过四轮信息反馈沟通，能使专家意见趋于一致。用统计方法对专家结论进行处理，有明显的定量性特点。

德尔菲预测法的工作过程如下：

1）准备阶段

确定预测主题，选择专家。

2）预测阶段

设计调查表，组织专家预测，对每一轮预测结果进行处理和反馈。

3）结果处理阶段

对专家预测结论进行分析、处理，得出预测最终结论。

2. 定量预测方法

定量预测方法是依据较完备的历史数据，运用数学方法测算事物未来发展变化趋势。下面介绍两类常用的方法。

（1）时间序列法

时间序列法，按时间顺序排列历史数据，反映某种经济现象随时间变化的规律，利用惯性原则推测事物未来发展变化的趋势。

时间序列法依据事物的过去推断未来，其前提是假设事物过去发展变化的规律同样延续到未来；它承认事物发展中的偶然性，并着手降低偶然因素（不规则因素）的干扰；它撇开了此事物变化与其他事物变化的因果关系。一般情况下，时间序列法求得的预测值只是事物发展结果的反映。

常用的时间序列法有以下几种：

1）算术平均数法

算术平均数法以历史数据的算术平均值为预测值。基本公式为：

$$\overline{X}=\frac{X_1+X_2+X_3+\cdots X_n}{N}=\frac{\sum_{i=1}^{n}X_i}{N}$$

式中 $\overline{X}$——历史数据的算术平均数，即预测值；

X_n——用于预测的历史数据；

N——历史数据的个数。

【例 3-1】 三元建筑公司某年 1～10 月份分别完成施工产值 120、125、130、115、135、140、146、137、142、150 万元。试预测公司 11 月份可能完成的施工产值。

【解】 采用算术平均数法求得：

$$\overline{X}=\frac{120+125+130+115+135+140+146+137+142+150}{10}$$

$$=134\text{（万元）}$$

即公司 11 月份可完成施工产值 134 万元。

注意：算术平均数法不宜用于预测有明显趋势性变化的经济现象，算术平均数法能消除历史偶然因素的影响。

2）加权平均数法

由于各期历史数据对将来的影响程度不同，用权数来表明——加权，即对历史数据乘以一个权数后再平均，即是预测值。基本公式为：

$$\overline{X} = \frac{\sum_{i=1}^{n} X_i F_i}{\sum_{i=1}^{n} F_i}$$

式中　F_i——各期历史数据对应的权数；

$\overline{X}$——加权平均数。

【例 3-2】　资料如例 3-1，试用加权平均法预测 11 月份的施工产值。

【解】　设 F_i 为 1、2、3、4、5、6、7、8、9、10，对应 1～10 月份的施工产值。

$$\overline{X} = \frac{120\times1+125\times2+130\times3+115\times4+135\times5+140\times6+146\times7+137\times8+142\times9+150\times10}{1+2+3+4+5+6+7+8+9+10}$$

$$\approx 138.75\text{（万元）}$$

即该公司 11 月份可完成施工产值 138.75 万元。

对权数取值注意：历史数据越大，越易受偶然因素影响；近期历史数据的权数应增大，但不一定按固定比例递增。

加权平均数法的基本思想是事物越近期的发展变化对将来的影响越大，故越接近预测期的数据，其权数越大。

3）算术移动平均数法

算术移动平均数法假定预测值同相邻预测期的历史数据密切相关，其他各期历史数据对预测值基本无影响。它采用分段平均，逐期推移的办法计算预测值，使预测值与实际更接近。它是算术平均数法的一种改进，基本公式为：

$$S_{t+1} = \frac{1}{n} \cdot \sum_{i=1}^{n} Xi$$

式中　S_{t+1}——第 $t+1$ 期的预测值；

t——预测时的周期数；

Xi——历史数据；

n——移动周期数，$n \geqslant 3$；

i——自然数，取值为 1、2、…n。

【例 3-3】　资料同例 3-1，用移动平均法预测 11 月份施工产值。

【解】　设 4 个数据为一段，则

$$S_{10+1} = \frac{X_7+X_8+X_9+X_{10}}{4} = \frac{146+137+142+150}{4}$$

$$\approx 143.75\text{（万元）}$$

即公司 11 月份可完成施工产值 143.75 万元。

移动平均法除了可用于预测外，还可对统计数据修匀，以降低数据的移动，使数据变化规律明朗化。

现据例 3-1 资料，分别按 3 个月、4 个月计算移动平均数，如表 3-2 所示。

算术移动平均数计算表 表 3-2

t	X_t	S_{t+1}（$n=3$）（万元）	S_{t+1}（$n=4$）（万元）
1	120	—	—
2	125	—	—
3	130	—	—
4	115	125.00	—
5	135	123.33	122.50
6	140	126.67	126.25
7	146	130.00	130.00
8	137	140.33	134.00
9	142	141.00	139.50
10	150	141.67	141.25
11	—	143.00	143.75

从表 3-2 的数据看，修匀后的数据降低了过大幅度的波动，能明显看出施工产值的增长趋势：n 值越大，修匀后的数据变化幅度越小；n 值越小，修匀值越接近上期数据；若 n 值过小，达不到修匀的目的。

显然，移动平均法的关键是选定恰当的 n 值。n 值应视历史数据变化幅度而定，即依据历史数据升降速度而定。如果历史数据出现周期性波动，n 值应与波动周期保持一致。

4）加权移动平均数法

加权移动平均数法是对历史数据加权后的移动平均，克服了算术移动平均法未考虑历史数据对事物发展变化趋势影响程度不同的缺陷。基本公式为：

$$S_{t+1} = \frac{\sum_{i=1}^{n} X_{t-n+i} \cdot F_i}{\sum_{i=1}^{n} F_i}$$

【例 3-4】 资料如例 3-1，试用移动平均法预测 11 月份施工产值。

【解】 设 4 个数据为一段，F_i 分别为 1、2、3、4。

$$S_{10+1} = \frac{146\times1+137\times2+142\times3+150\times4}{1+2+3+4} = 144.60\text{（万元）}$$

即该公司 11 月份可完成施工产值 144.60 万元。

5）指数平滑法

指数平滑法是用指数形式的权数对历史数据进行加权平均的方法。它利用指数作权数，也能对历史数据修匀，使其变化显得更为平滑。基本公式为：

$$S_{t+1} = \alpha X_t + (1-\alpha) S_t$$

式中 S_t——第 t 期预测值；

α——平滑系数（$0<\alpha<1$）；

X_t——第 t 期历史数据。

其中，令 $S_1 = X_1$。

指数平滑数按下列程序进行：

第一步，据预测要求，确定 α 取值。

第二步，据 α、X_t、S_t 计算预测值。

第三步，按各期平均绝对误差最小原则，确定 α 的最终取值，并确定最终预测值。

【例 3-5】　资料如例 3-1，试用指数平滑法预测 11 月份施工产值。

【解】　设 $S_1 = X_1 = 120$，$\alpha = 0.3$ 或 $\alpha = 0.7$ 列表计算得表 3-3。

在表 3-3 中，当 $\alpha = 0.3$ 时，平均绝对误差为 8.86；当 $\alpha = 0.7$ 时，其平均绝对误差为 7.78。由此可知，$\alpha = 0.7$ 时，平均绝对误差最小，故取之，即该公司 11 月份施工产值可达到 147.32 万元。

指数平滑法的关键是确定 α 值。从表 3-3 中可看出，α 值越大，预测值越接近上期历史数据，即反应越灵敏。所以，α 值应根据历史数据的变化速度确定，变化越快，α 的取值越大，反之亦然。

6）平均增长率法

指数平滑法计算表　　　　**表 3-3**

t	施工产值（X_t）	S_{t+1}（$\alpha=0.3$）	S_{t+1}（$\alpha=0.3$）	S_{t+1}（$\alpha=0.7$）	S_{t+1}（$\alpha=0.3$）
1	120	120.00	0.00	120.00	0.00
2	125	120.00	5.00	120.00	5.00
3	130	121.50	8.50	123.50	6.50
4	115	124.05	9.05	128.05	13.05
5	135	121.34	13.66	118.92	16.08
6	140	125.41	14.56	130.17	9.83
7	146	129.80	16.20	137.05	8.95
8	137	134.66	2.34	143.32	6.32
9	142	135.36	6.64	138.89	3.11
10	150	137.35	12.65	141.07	8.93
11	…	141.15	…	147.32	…

某些经济现象呈现明显的长期性趋势变化，而且发展变化的速度基本相同。可用平均增长率法预测其未来值。基本公式为：

$$S_{t+1} = X_t \cdot \left(\frac{X_t}{X_1}\right)^{\frac{1}{n-1}}$$

【例 3-6】　资料如例 3-1，试用平均增长率法计算 11 月份的施工产值。

【解】　已知 $X_{10} = 150$，$X_1 = 120$，$n = 10$

按平均增长率法计算公式得：

$$S_{11} = 150 \times \left(\frac{150}{120}\right)^{\frac{1}{10-1}}$$

$$\approx 153.77\text{（万元）}$$

即该公司 11 月份可能完成施工产值 153.77 万元。

（2）直线回归法

直线回归法是互为因果关系的变量间呈直线变化，利用直线方程使其延伸到未来，通过其中一个变量的变化去计算另一变量变化结果。基本公式为：

$$y = a + bx$$

式中　y——预测值，因变量；

x——与预测值有因果关系的自变量；

a——回归系数，待定的直线截距；

b——回归系数，待定的直线斜率。

直线方程中，只要确定 a、b 的值，x 与 y 的关系就确定了，也就可以画出直线。利用最小二乘法原理，可得到 a 与 b 的计算公式：

$$a = \overline{y} - b\overline{x}$$

$$b = \frac{\sum_{i=1}^{n} x_i \cdot y_i - \overline{x}\sum_{i=1}^{n} y_i}{\sum_{i=1}^{n} x_i^2 - \overline{x}\sum_{i=1}^{n} x_i}$$

式中　x_i——与预测事件有因果关系的历史数据（自变量）；

y_i——预测事件的历史数据（因变量）；

n——用于预测的历史数据组数；

$\overline{x}$—— 自变量的平均值，$\overline{x} = \frac{\sum_{i=1}^{n} x_i}{n}$；

$\overline{y}$—— 因变量的平均值，$\overline{y} = \frac{\sum_{i=1}^{n} y_i}{n}$。

【例 3-7】　资料如例 3-1，试用直线回归法测算 11 月份的施工产值。

【解】　设月份为自变量 x，施工产值为 y，施工产值随时间推移而变化。列表 3-4 计算参数。

回 归 参 数 计 算 表　　**表 3-4**

序号	X_i	Y_i	X_i^2	X_iY_i
1	1	120	1	120
2	2	125	4	250
3	3	130	9	390
4	4	115	16	460
5	5	135	25	675
6	6	140	36	840
7	7	146	49	1022
8	8	137	64	1096
9	9	142	91	1278
10	10	150	100	1500
合计	55	1340	385	7631

计算回归系数：

$$b = \frac{7631 - 5.5 \times 1340}{385 - 5.5 \times 55} \approx 3.16 \quad \left(\overline{x} = \frac{55}{10} = 5.5,\ \overline{y} = \frac{1340}{10} = 134\right)$$

$$a = 134 - 3.16 \times 5.5 \approx 116.60$$

建立回归数学模型（预测模型）：

$$y = 116.60 + 3.16x$$

用回归数学模型进行预测：

$$y_{11} = 116.60 + 3.16 \times 11 = 151.36 \text{（万元）}$$

即该公司 11 月份可完成施工产值 151.36 万元。

直线回归法可预测有线性因果关系的现象。该方法利用直线的无限延伸性，可预测较长时期之后的状态，但事物呈固定直线变化的范围是有限的，时间越长，误差越大。

事物发展过程中将受许多因素的影响，预测值必然存在近似性。各种定量方法计算出的预测值，可作为决策的参考依据，但不是唯一依据。

二、经营决策

（一）决策的含义

决策是为达到某一目的，拟定多个可行方案，从中选择一个理想方案予以实施的过程。

经营决策是对企业经营活动进行的决策，是企业经营活动、生产技术全过程管理的核心。企业只有对各项生产经营活动作出正确决策，才能保证企业目标的实现。决策是执行各种管理职能的基础，贯穿于管理的全过程。诺贝尔经济学奖获得者西蒙认为：管理就是决策，管理的关键在于决策。

在实施决策行为时，首先应明确决策目标；然后有意识地拟定多个可行方案供选择；决策时要对可行方案进行定性和定量分析，选择一个较理想的方案作为执行方案予以实施；在分析评价时，应注意贯彻优化原则。优选方案还应注意选定恰当的评价标准、科学的方法，才能选出满意的方案。

（二）决策分类

企业决策从不同角度观察，具有不同形式：

1. 按决策方案执行期间分

（1）长期决策

它指与企业战略目标和发展方向有关的重大决策。它往往与长期规划和企业外部环境有密切关系。

（2）中期决策

指为实现长期决策而对各阶段作的决策。即确定为保证实现长期决策目标的分阶段目标。

（3）短期决策

它确定实现中长期目标的手段。重点考虑怎样调动企业力量实现分阶段目标。

2. 按决策的重要程度分

（1）战略决策

它是由企业最高决策层对企业全局性、涉及到长远发展等重大问题的决策，如经营目标、产品更新等。

（2）管理决策

它是由企业中层管理人员为实现企业战略目标的决策，如施工方案、计划平衡等。

(3) 实务决策

它是由基层人员针对具体的生产经营活动和管理业务进行的决策，如材料代用、竣工结算等。

3. 按决策状态分

(1) 确定型决策

它指影响决策的因素或自然状态是确定的决策，也称为肯定型决策。即决策方案的运行环境确定，只有一种状态，而且决策者事先已知。

(2) 风险型决策

它指影响决策的因素或自然状态无法确定，但对其出现的概率可以事先估计（或已知）的决策。即决策方案运行环境有两种以上状态可能出现。具体出现哪一种不知道，决策者可以根据有关资料估计出现某种状态的可能性的大小。

(3) 非肯定型决策

它指影响决策的因素或自然状态不确定，并且出现的概率无法知道的决策。即决策方案运行状态有两种以上，哪种状态出现、出现的可能性多大都无法知道。只能凭决策者的知识和经验作出决策。

4. 按决策目标的数量分

(1) 单目标决策

它指对决策方案的选择只考虑一个目标的决策，如保本点决策。

(2) 多目标决策

它指对决策方案的选择要考虑多个目标的决策，如新产品开发决策。

(三) 决策程序

决策工作是一项动态的完整过程，需按一定的程序进行。决策程序如图 3-2 所示。

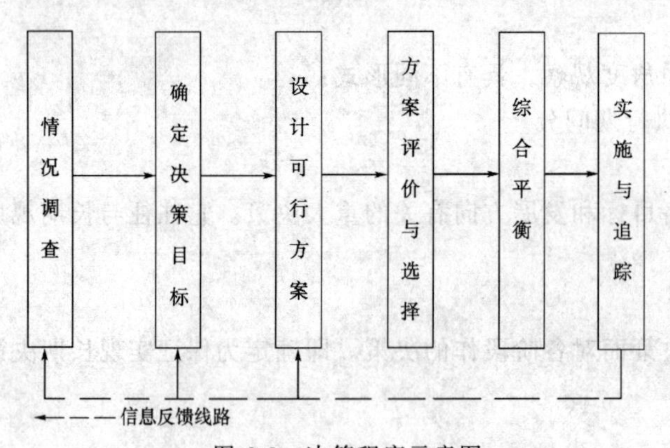

图 3-2 决策程序示意图

1. 情况调查

调查了解与决策有关的信息，包括企业内部和外部条件，为开展决策工作打下基础。

2. 确定决策目标

目标是决策的出发点和归结点，决策必须有明确的目标。一个明确的目标要求可以计算结果、可以规定其时间、可以确定其责任。

3. 设计可行方案

可行方案指能解决某一问题，保证决策目标实现，具备实施条件的方案。为达到决策目标，必须设计多个可行方案，以便选择。

4. 方案评价与选择

对可行方案按照统一标准从经济、技术、社会角度进行全面分析评价，根据评价结果选出满意方案。

5. 综合平衡

落实方案实施的技术组织措施、资金、人力和物资等，分析方案的目标，落实到执行者，使方案实施的各项条件达到平衡。

6. 实施与追踪

执行决策方案，了解决策方案执行过程中的具体情况，并将信息反馈到决策者，以便对决策作出相应调整。

（四）决策方法

1. 确定型决策

确定型决策指自然状态或影响因素肯定的决策。确定型决策必须满足以下条件：

第一，有一个（一组）明确的决策目标；

第二，有两个以上供选择的可行方案；

第三，未来状态只有一个；

第四，各方案未来状态的结果（损益值）可计算出。

（1）单目标决策

单目标决策时，只考虑一个目标，并以这个目标作为决策标准。如低成本，高利润等。

【例 3-8】 三亚建筑公司土哈项目经理部需施工机械一批，使用期一年，从公司基地调运所需机械，需付往返运费 18 万元；这批机械年折旧费 15 万元，年度作业经常费 10 万元；当地租赁这批机械，年租金 25 万元，年度作业经常费 10 万元，造成公司自有机械停置一年损失 5 万元。试决定采用哪种方案。

【解】 从所给资料看，有调运和租赁两种方案。

方案一，调运公司基地机械费用为：

$$18 + 15 + 10 = 42 \text{（万元）}$$

方案二，就地租赁机械费用为：

$$25 + 10 + 5 = 40 \text{（万元）}$$

经比较，采用就地租赁机械方案费用最省，故采用就地租赁方案。

【例 3-9】 高兴建筑公司年固定费用 600 万元，当地工程平均单方造价 800 元/m^2，单方变动成本平均为 640 元/m^2。问公司一年内应完成建筑面积多大的工程才能保本？

【解】 从资料和问题可知，要求确定该公司的保本点（保本经营的规模），这需借助量、本、利分析法来解决。

量、本、利分析法的关键是确定盈亏平衡点的销售量，即保本规模。

设：TR——总收入；

TC——总成本；

F——年固定成本；

C_v——产品单位变动成本；

P——产品销售单价；

Q——销售量；

Q_0——保本销售量。

据题意，得：

$$TR = PQ$$
$$TC = F + C_v Q$$

据盈亏平衡原理，得：

$$TR = TC$$
$$PQ_0 = F + C_v Q_0$$
$$Q_0 = \frac{F}{P - C_v}$$

将题设资料代入上式，得

$$Q_0 = \frac{6000000}{800 - 640} = 37500\ (\mathrm{m}^2)$$

即高兴建筑公司每年完成 37500m² 的工程可以保本。或者说完成施工产值 3000 万元（37500×800＝30000000 元）即可保本。

量、本、利的关系如图 3-3 所示。

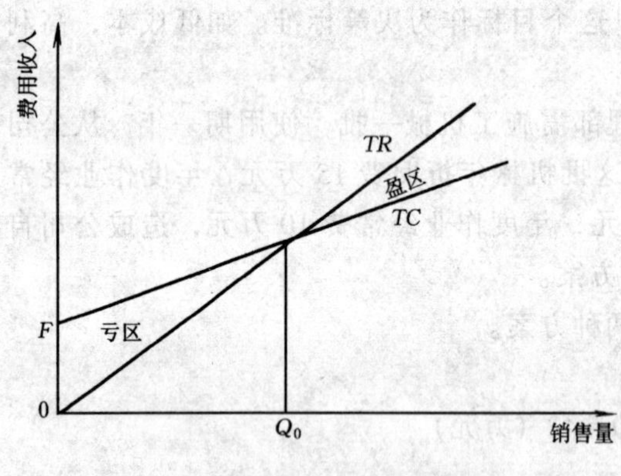

图 3-3　量、本、利分析示意图

（2）多目标决策

多目标决策是在决策过程中考虑多方面制约，经过通盘权衡后才作出决策。在决策时，各目标性质不同，反映目标的指标也各异，且各指标优劣程度各异，这就要求将各项指标转化为能相互比较的综合指标，然后根据综合指标决策。下面介绍两种常用方法。

1）目标评分法

目标评分法是将各方案的各项评价目标分别打分，以总分最多的方案为最优方案的一种决策方法。

目标评分法，首先应确定各项决策目标的重要程度，然后分别打分，计算出总分。若有定性指标，先转化为定量指标，以便计算。其决策步骤为：

第一步，确定各方案评价项目；

第二步，确定各评价项目（指标）的重要程度，并用等级表示；

第三步，确定各评价项目的评价标准；

第四步，对各方案的各评价项目进行评分；

第五步，以等级作权数，乘以各指标的评分数，得到各指标的得分；

第六步，加总各方案得分，比较得分，选定执行方案。

【例 3-10】 大冶公司欲购混凝土搅拌机一台，市场有三种型号供选择，资料见表3-5,要求作出决策。

混凝土搅拌机有关资料表　　表 3-5

序号	指标名称	机型		
		甲	乙	丙
1	买价（万元）	4.0	4.4	3.9
2	运转费（万年/年）	2.5	1.9	2.7
3	维修费（万元/年）	0.8	0.6	1.2
4	台班产量（m^3/台班）	31	35	27
5	拆装方便程度	良	差	一般
6	操作方便程度	较差	较好	好
7	动力消耗（kW/h）	22	20	19

据表 3-5 和公司情况，价格和台班产量最重要，定为 10 级，其余指标等级类推，本例指标最高分为 9 分，最低分为 6 分，居中方案按比例计算。计算结果见表 3-6。

混凝土搅拌机决策方案评分计算表　　表 3-6

序号	指标名称	等级	甲		乙		丙	
			评分	得分	评分	得分	评分	得分
1	买价	10	8.4	84	6	60	9	90
2	运转费	9	6.75	60.75	9	81	6	54
3	维修费	9	8	72	9	81	6	54
4	台班产量	10	7.5	75	9	90	6	60
5	拆装方便程度	7	9	63	6	42	75	52.5
6	操作方便程度	8	6	48	7.5	60	9	72
7	动力消耗	9	6	54	7	63	9	81
	合计	—	—	456.75	—	477	—	463.5

从表 3-6 可知，乙型混凝土搅拌机总得分最高，故选乙型混凝土搅拌机。

2）效益费用分析法

效益费用分析法把目标体系分为两大类，即费用指标 $C(x)$ 与效益指标 $V(x)$，效益费用均用货币指标反映，然后计算效益费用比 $E(x)$。计算公式为：

$$E(x)=\frac{V(x)}{C(x)}$$

在各方案比较中，选 $E(x)$ 最大的方案。

2. 风险型决策

风险型决策也叫概率型决策，它应具备以下条件：

第一，有一个（一组）明确的决策目标；

第二，有两个以上供选择的可行方案；

第三，未来状态有两个以上；

第四，未来状态出现的概率可预先估计；

第五，各方案在不同状态下的结果可以计算出来。

(1) 期望值法

期望值法是将各方案的损益期望值进行比较，选择收益最大或损失最小方案的一种方法。损益期望值，指各状态的概率乘以相应损益值的总和。计算公式为：

$$E(x)=\sum_{i=1}^{n}P_iX_i$$

式中 $E(x)$——某方案损益的期望值；

X_i——某方案在某种状态下的损益值；

P_i——未来状态的概率；

n——未来状态的个数。

【例 3-11】 中华公司拟建一预制构件厂，有三种投资方案。根据预测市场对该类产品需求可能有三种情况，经过测算，其概率和利润见表 3-7。问取哪种方案为宜。

方 案 利 润 表 表 3-7

状态 / 方案	市场情况			期望值
	景气	普通	不景气	
	0.3	0.4	0.3	$E(x)$
小型厂	250	200	180	(209)
中型厂	400	350	150	(305)
大型厂	600	300	100	(330)

据表 3-7，可计算出中华公司三种投资方案的期望利润为：

$$E_{小}=0.3\times250+0.4\times200+0.3\times180=209\text{（万元）}$$

$$E_{中}=0.3\times400+0.4\times350+0.3\times150=305\text{（万元）}$$

$$E_{大}=0.3\times600+0.4\times300+0.3\times100=330\text{（万元）}$$

根据上述计算结果可知，建大厂的期望利润最大，作为推荐方案。

期望值法的关键是确定各种状态出现的概率和预计的损益值，这需要根据大量历史统计数据测算，并结合现在的实际情况进行综合分析后确定。如果这两个值测算误差过大，必然导致决策错误。

(2) 决策树法

决策树法是借助于决策树，让决策人员形象地分析决策问题，计算期望值，从而作出决策的一种方法。

决策树由节点和分枝组成。节点有三种：一是决策节点，用符号“□”表示；二是中间节点（方案节点或状态节点），用符号“○”表示；三是终节点（结果节点），用符号“△”表示。从决策节点引出的分枝称为方案分枝，从方案节点引出的分枝称为状态分枝。

决策树图形的绘制一般从左至右，即从决策节点开始；决策计算从右至左，分级决策，剪去不可取的分枝，留下可取的。剪枝用符号“#”表示。

【例 3-12】 某工地放有一批施工机械。6～9 月暂停使用。这段时间可能遇洪水侵袭，对这批机械的处置有两种方案：

方案一，先运走，用时再运回，需付往返运费用1300元；

方案二，留在原地，又有两种处理方法：其一，花300元筑一平台放置机械，可防高水位，但不能防洪水；其二，顺其自然。

据测算，遇高水位将损失6000元，遇洪水将损失20000元。从历年水文资料可知各状态的概率分别为：正常水位0.73、高水位0.25、洪水0.02。试决策。

【解】 根据资料绘决策树图形，如图3-4所示，并进行决策。

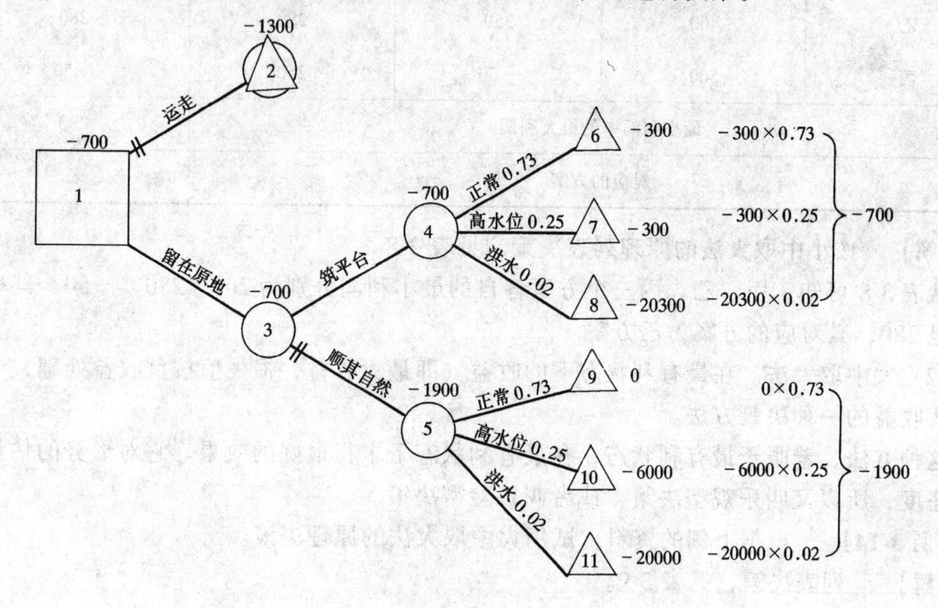

图3-4 决策树图

从图3-4可知，应推荐第二种方案的第一种方法：留在原地并筑一平台放置机械。

3. 非肯定型决策

非肯定型决策，又叫不确定型决策。这类决策一般应具备下列条件：

第一，有一个（组）明确的决策目标；

第二，有两个以上可供选择的可行方案；

第三，有两个以上未来状态；

第四，未来状态的概率无法估计；

第五，各方案在未来状态下的结果可以估算出来。

由于各未来状态出现的概率无法估计，非肯定型决策较之风险型决策更为棘手，尚无一种完美的解决办法。这类决策主要取决于决策人的经验、所持的态度和信心。决策人可能持不同的态度，以不同的原则来选取最优方案，常用的方法有下述几种。

(1) 小中取大法。在最不利状态下的收益（即最小收益，损失值按负收益处理）中选择较大收益的一种决策方法。

这种方法，着眼于最不利状态，在最不利的情况下求得较好的效果。它的立足点是求稳，所以又叫稳健型决策，或者叫保守型决策。

【例 3-13】 某公司拟生产一种新产品，有三个方案，据测算各方案在各状态下的利润如表 3-8，试决策。

方案利润及决策表　　表 3-8

方案	状态			最小利润
	Q_1	Q_2	Q_3	
甲	200	420	350	200
乙	400	350	280	280
丙	500	-50	250	-50
最小利润中的最大利润				280
对应的方案				乙

【解】 按小中取大法的原理列表决策。见表 3-8。

从表 3-8 可知，甲、乙、丙三个方案各自的最小利润分别为 200、280、-50。其中最大的是 280，其对应的方案为乙方案。

(2) 大中取大法。在最有利状态下的收益（即最大收益，损失值按负收益处理）中选择最大收益的一种决策方法。

这种方法，着眼于最有利状态，在最有利状态下求得最好的效果。它对形势的估计持乐观态度，所以又叫乐观型决策，或者叫冒险型决策。

【例 3-14】 根据上例的资料，试用大中取大法的原理决策。

【解】 列表决策，见表 3-9。

方案利润及决策表　　表 3-9

方案	状态			最大利润
	Q_1	Q_2	Q_3	
甲	200	420	350	420
乙	400	350	280	400
丙	500	-50	250	500
最大利润中的最大利润				500
对应的方案				丙

从表 3-9 可知，甲、乙、丙三个方案各自最大利润分别为 420、400、500，其中最大的为 500，其对应的方案为丙方案。

(3) 后悔值法。计算各方案的最大后悔值后，在最大后悔值中选择一个小者的决策方法。

该方法的基本思路是：执行任何一种方案，都可能出现令决策者后悔的状态，为了减少后悔程度，须在各方案最大的后悔值中选择小者。后悔值的计算公式如下：

$$\begin{matrix}\text{其方案在某状态} \\ \text{下的后悔值}\end{matrix} = \begin{matrix}\text{该状态下的} \\ \text{最大收益值}\end{matrix} - \begin{matrix}\text{该方案在该状态} \\ \text{下的收益值}\end{matrix}$$

【例 3-15】 根据表 3-9 资料，用后悔值法决策。

【解】 列表计算后悔值进行决策。见表 3-10。

后悔值计算表 表 3-10

方案	状态			最大后悔值
	Q_1	Q_2	Q_3	
甲	300	0	0	300
乙	100	70	70	100
丙	0	470	100	470
最大后悔值中的最小值				100
对应的方案				乙

表中的数据按后悔值公式计算，例如：

$$\text{甲方案在 } Q_1 \text{ 状态下的后悔值} = 500 - 200 = 300$$

其余类推。

从表 3-10 中计算的结果可知，三个方案的最大后悔值分别为 300、100、470，其中最小是 100，对应的是乙方案。

从上述可知，非肯定型决策在信息资料相同的情况下，采用的决策方法不同，会产生不同的决策结果。因为，各种决策方法实际上体现了决策者的决策思想，不同的人由于知识、经验、胆识不同，将会采用不同的方法，从而产生不相同的结果，所以，非肯定型决策带有较多的主观因素。

除了上述几种方法外，决策方法还有很多。例如：最小损失标准法、最大可能法、机会均等法等。这些方法代表了不同的决策思想。在决策过程中，选用适当的决策方法对决策的成败有很大关系。但不应过分纠缠决策方法，而要全面分析占有的各种决策资料，弄清各方面的条件，才可能作出正确的决策。

三、经营预测、决策实例

据估计，某公司 2003 年可望承担的工程如表 3-11 所示。

据统计，该公司 1987～2002 年的混凝土用量及建筑施工面积如表 3-12 所示。

据统计，该公司 2000～2002 年施工产值的变动见表 3-13 所示。

企业现有 $0.4m^3$ 混凝土搅拌机 10 台，$1m^3$ 混凝土搅拌机 6 台。现需确定该企业 2003 年是否需补充混凝土搅拌机，如需要应补多少台，补什么型号。

两种型号搅拌机的指标见表 3-14 所示。

据题意，此问题应先预测 2003 年混凝土耗用量，再计算搅拌机的需用量并和拥有设备平衡确定出补充量，最后决定补充的型号及数量。

2003 年工程任务情况 表 3-11

工程类别	个数	施工面积（万 m^2）	搭接工程个数
大	8	51	2
小	40	45	10
合计	48	96	12

混凝土用量及施工面积统计 表 3-12

年份	混凝土用量（千 m^3）	施工面积（万 m^2）	年份	混凝土用量（千 m^3）	施工面积（万 m^2）
1987	26	50	1995	41	70
1988	27	52	1996	42	71
1989	29	55	1997	44	73
1990	31	57	1998	48	76
1991	32	60	1999	50	79
1992	34	62	2000	53	82
1993	35	63	2001	56	86
1994	40	68	2002	60	90

施工产值季节变动统计 表 3-13

季 / 年	一季度	二季度	三季度	四季度	全年合计	季平均数
2000	1840	2210	2304	2180	8534	2133.5
2001	2265	2950	2670	2160	10045	2511.25
2002	1640	2940	3310	3800	11690	2922.5
三年合计	5745	8100	8284	8140	30269	—
三年平均	1915	2700	2761.33	2713.33	10090	—
各季比重（%）	18.98	26.76	27.37	26.89	100.00	—

混凝土搅拌机指标 表 3-14

序号	指标名称	机型 0.4m^3	机型 1m^3	序号	指标名称	机型 0.4m^3	机型 1m^3
1	买价（元）	4000	10000	4	装拆方便程度	良好	一般
2	运转费（元/年）	2000	4000	5	动力消耗	18	25
3	维修费（元/年）	800	1000				

（一）预测混凝土耗用量

可根据混凝土和施工面积的关系，利用已估计出的施工面积预测 2003 年混凝土耗用量。从表 3-12 的统计数据可知，混凝土量和施工面积基本呈直线变化，可选用直线回归法预测。

设 x——施工面积；

y——混凝土耗用量。

有

$$y = a + bx$$

$$a = \overline{y} - b\overline{x}$$

$$b = \frac{\sum x_i \cdot y_i - \overline{x}\sum y_i}{\sum x_i^2 - \overline{x}\sum x_i}$$

列表计算有关参数，见表 3-15。

$$\bar{x}=\frac{1094}{16}=68.38$$

$$\bar{y}=\frac{648}{16}=40.5$$

回 归 参 数 计 算 **表 3-15**

序 号	年 份	x_i	y_i	x_i^2	x_iy_i
1	1987	50	26	2500	1300
2	1988	52	27	2704	1404
3	1989	55	29	3025	1595
4	1990	57	31	3249	1767
5	1991	60	32	3600	1920
6	1992	62	34	7444	2108
7	1993	63	35	3969	2205
8	1994	68	40	4624	2720
9	1995	70	41	4900	2870
10	1996	71	42	5041	2982
11	1997	73	44	5329	3212
12	1998	76	48	5776	3648
13	1999	79	50	6241	3950
14	2000	82	53	6724	4346
15	2001	86	56	7396	4816
16	2002	90	60	8100	5400
$\sum$		1094	648	77022	46243

将上述数据代入回归参数计算公式：

$$b=\frac{46243-68.38\times648}{77022-68.38\times1094}=0.8729$$

$$a=40.5-0.8729\times68.38=-19.19$$

将 a 和 b 的值代入待定直线方程，得：

$$y=-19.19+0.8729x$$

据题意，2003 年可望承担施工面积 96 万平方米，故 2003 年混凝土耗用量为：

$$y=-19.19+0.8729\times96=64.61\ (\text{千 m}^3)$$

由于建筑企业的生产存在不均衡性，应以施工高峰期选择机械，因此需测算各季混凝土耗用量。由于没有混凝土各季耗用统计资料，故根据表 3-13 施工产值各季的比重间接测算。见表 3-16。

各季混凝土耗用量测算 **表 3-16**

混凝土 \ 季度	一季度	二季度	三季度	四季度	合 计
比重（%）	18.98	26.76	27.37	26.89	100.00
用量（m^3）	12263	17290	17684	17373	64610

（二）测算搅拌机需用量

根据搅拌机的技术性能和本企业实际管理水平，设两种搅拌机的实际工作参数如表3-17所示。

搅拌机实际工作参数 表3-17

型　号	台　数	季制度工日数	台日利用率（%）	台班产量（m^3/台班）	生产不均衡系数
$0.4m^3$	10	76.5	70	28	0.38
$1m^3$	6	76.5	68	70	0.30

现有设备生产能力 = 10×76.5×0.70×28×0.38 + 6×76.5×0.68×70×0.30
= 12345（m^3/季）

生产能力与施工高峰期三季度的需用量平衡，差异为：17684 − 12345 = 5339（m^3/季）

这说明，生产能力不足，须补充机械。

即补充 $0.4m^3$ 机型需10台［5339/（76.5×0.7×28×0.38）= 9.37台］

或 $1m^3$ 机型5台［5339/（76.5×0.68×70×0.30）= 4.89台］。

（三）选择搅拌机型号

从2003年工程任务情况（表3-11）可知，工地较分散，共有42（48 − 6）个工地需同时施工，现有搅拌机16台，无法满足每工地设1台的需要，势必造成搅拌机的流动，而 $0.4m^3$ 机型装拆较为方便，以选择该机型为宜。

考虑到长远发展，也可用打分的方法进行决策。可以表3-14所列的各项指标（另加台班产量）为决策目标进行综合评分，方法和多目标决策中的评分法相同。评分结果详见表3-18。

决策方案评分计算 表3-18

序　号	指标名称	等　级	$0.4m^3$		$1m^3$	
			评　分	得　分	评　分	得　分
1	买　价	10	10	100	4	40
2	运转费	9	10	90	5	45
3	维修费	9	10	90	8	72
4	拆装方便程度	7	10	70	8	56
5	动力消耗	8	10	80	7.2	57.6
6	台班产量	10	4	40	10	100
7	Σ	—	—	470	—	370.6

从评分结果看，购10台 $0.4m^3$ 机型的混凝土搅拌机可满足高峰期的混凝土需要量，但仍不能达到一个工地一台搅拌机的要求。

本　章　小　结

建筑市场经营主要是建筑企业经营建筑商品的活动。本章主要介绍了建筑市场及其经营方面的知识。

1. 市场是不同需求者通过买卖方式实现商品相互转移的商品交易关系的总和。市场有狭义和广义两种理解。狭义的市场仅指有形市场；广义的市场包括有形市场和无形市场。

2. 市场由市场主体、市场客体、市场规则、市场价格、市场机制五个要素构成。

3. 市场具有平等性、自主性、完整性、开放性、竞争性的特征。

4. 市场经济是以市场机制为基础，通过市场自动实现社会资源配置的一种资源配置方式，是社会化商品经济运行的基本形式。

5. 市场营销是个人和群体在市场环境中通过交换满足现实或潜在需求的综合性的经营销售活动过程。

6. 建筑市场是进行建筑商品和相关要素交换的市场。

7. 建筑市场经营又称建筑市场营销，指建筑企业销售建筑商品和提供服务以满足业主（用户）需求的综合性生产经营活动。

8. 建筑市场经营方式是建筑企业在市场经营中向用户（建设单位）提供建筑商品或服务的方式。建筑企业主要采用承包方式和开发性经营方式。

9. 建筑企业为保证计划的稳妥，应进行决策。而决策又必须以预测提供的资料为依据。预测是根据历史资料和现实情况，采用经验总结、统计分析、数学模型等科学方法，探求事物发展变化的规律，估计和推断事物未来发展变化的趋势。

10. 经营预测的一个重要内容是正确运用预测方法。常用的定性预测方法有个人判断法、专家会议讨论法、德尔菲法等；常用的定量预测方法包括时间序列法和直线回归法两大类。

11. 决策是为达到某一目的，有意拟定多个可行方案，从中选择一个较理想的方案并予以实施的过程。经营决策是对经营活动进行的决策。决策方法取决于自然状态和其他条件，主要介绍了肯定型决策、风险型决策、非肯定型决策。

12. 本章通过实例介绍了经营预测、决策的应用。

复 习 思 考 题

1. 基本概念：市场　市场经济　市场营销　市场营销观念　建筑市场　建筑市场经营建筑企业经营方式　工程建设项目管理方式　自营方式　发包方式　成套合同方式　菲迪克方式　承包经营方式　开发性经营方式　预测　定性预测　定量预测　决策　定量决策　肯定型决策　风险型决策　非肯定型决策

2. 市场有哪些特征、功能、构成要素？

3. 市场经济有何特征？

4. 市场营销观念是怎样演变的？

5. 建筑市场应具有什么样的经营观念？

6. 建筑市场有何特点？

7. 工程建设项目有哪几种管理方式？

8. 承包经营方式有哪些类型？

9. 预测应遵循哪些原则？

10. 简述德尔菲法的基本原理。

11. 简述决策程序。

12. 某公司1992～2002年施工产值指标如下表，试用时间序列法预测该公司2003年可望完成的施工产值。

施工产值统计表

年　份	1992	1993	1994	1995	1996	1997	1998	1999	2000	2001	2002
施工产值（万元）	500	550	530	580	680	670	640	630	640	670	710

计算中所需参数自行确定。

13. 某公司1992～2002年实现利润如下表，完成的施工产值如前表。若2003年有望完成施工产值740万元，试测算该公司的预期利润额。

利润统计表

年　份	1992	1993	1994	1995	1996	1997	1998	1999	2000	2001	2002
利润（万元）	51	56	55	60	69	68.5	66	65	67	69	71.5

14. 某公司拟投资一个项目，投资方案及参数见下表。试用期望值法、决策树法、小中取大法、大中取大法，最小后悔值法决定投资方案。

未来状态	概　率	收益（万元/年）		
		甲（投资500万元）	乙（投资300万元）	丙（投资200万元）
销路好	0.45	180	100	60
销路一般	0.25	60	80	55
销路差	0.3	-40	20	45

第四章 建设工程招标与投标

建筑企业一般通过承包工程项目从事建筑产品经营。建设单位又通过招投标来确定承包单位。本章主要介绍建设工程招投标制度、建设工程招投标的概念、国内外招投标的程序、投标报价策略等内容。

第一节 建设工程招投标概述

一、建设工程招标与投标的概念

(一) 建设工程招标的概念

建设工程招标，是指招标人（或发包人）将拟建的工程对外发布信息，吸引有承包能力的单位参与竞争，按照法定的程序择优选择承包单位的法律活动。

招标人招标目的是引进竞争机制，从众多的投标单位择优选定承包单位。

(二) 建设工程投标的概念

建设工程投标，是指投标人（或承包人）根据所掌握的信息，按照招标人的要求，参与竞争，以获得承包权的法律活动。

投标行为实质是参与竞争的行为，是众多投标单位综合实力的较量，投标单位通过竞争取得承包权。

二、建设工程招投标制

招投标制是在承发包制的基础上发展起来的一种建立承发包关系的制度。建筑商品不同于其他商品可以直接在市场中购买成品，也不可能全部由自己兴建，于是产生承发包制。由买方提出要求，承包者按要求进行加工。最初的承发包制是通过协商建立承发包关系的，能够实现建筑商品的交易，但由于缺乏竞争，不能解决工期、质量、价格的优化问题。招标、投标作为一种商品成交的方式，很自然的和承发包制结合在一起，形成一种带有竞争性质的建筑商品的成交方式，这就是招投标承包制。

招标承包制是一种竞争性质的成交方式，在一定程度上能解决投资者购买目标的优化问题。招标的目的和实质是通过建筑企业的竞争择优选择承包者，投标则是建筑企业之间的竞争。许多行业的竞争表现在商品的竞争，而在建筑市场上的竞争则表现在建筑企业的竞争上。投资者作为建筑商品买方，不是直接选择建筑商品，而是选择提供商品的企业。这种竞争迫使建筑企业加强管理，不但要在工艺、管理、质量、效率等方面显示优势，而且还要注重企业信誉。

自从我国实行招投标制以来，在引进竞争，提高工程质量，控制造价和工期上起到了积极的作用。随着市场机制的建立、健全，建筑市场的不断完善，市场竞争的不断加剧，规范市场行为，创造公平的竞争环境，成为建筑业发展的重要之事。1999 年 8 月 30 日国家颁布《中华人民共和国招标投标法》，以立法的形式明确规定在中华人民共和国境内进行以下项目建设必须招标：大型基础设施、公用事业等关系社会公共利益、公众安全的项目；全部或部分使用国有资金投资或国家融资的项目；使用国际组织或者外国政府贷款、援助资金的项目，包括项目的勘察、设计、施工、监理以及工程建设有关的重要设备、材料等的采购。而对于必须进行招投标的项目，任何单位和个人不得将其化整为零或规避招标；任何地区和部门不得限制招投标活动。

三、建设工程招标的方式

建设工程招标的方式，有以下两种：

（一）公开招标

公开招标，是指招标人以招标公告的方式邀请不特定的法人或者其他组织投标。招标公告包括以下内容：招标人的名称、地址，招标项目的性质、数量、实施地点和时间以及获取招标文件的办法等事项。

公开招标是向不特定的对象发出招标公告，凡符合招标工程的资质要求者均可参加投标。它具有以下特点：涉及面广，竞争性极强，招标工作量大，所耗的时间长。

（二）邀请招标

邀请招标，是指招标人以投标邀请书的方式邀请特定的法人或者其他组织投标。

邀请招标是向特定的对象发出投标邀请书。采用这种方式，一般被邀请企业的信誉较好，可以保证投标工程的质量。一般要求被邀请的企业数量不低于3家。投标邀请书包括的内容与公开招标中的招标公告相同。邀请招标具有以下特点：涉及面窄，竞争性不太强，招标工作量不大，所消耗时间短。

公开招标与邀请招标的主要区别：

1. 发布信息的方式不同　公开招标通过招标公告邀请投标人投标；邀请招标通过投标邀请书邀请投标人投标。

2. 竞争强弱不同　公开招标是向不特定的对象发出公告，面向全社会，只要有竞争能力的法人和其他经济组织都可以参加，竞争性极强。邀请招标是向特定的对象发出邀请书，面向的是事先了解和掌握的法人和经济组织，竞争性相对于公开招标要弱些。

3. 时间和费用不同　公开招标的竞争者多，程序复杂，所耗的时间长，工作量大，费用高；邀请招标的竞争者数量有限，所耗的时间相对短，工作量相对小，费用相对低。

4. 公开程度不同　公开招标必须按照规定的程序和标准进行，透明度强；邀请招标的公开程度相对要弱些。

5. 招标程序不同　公开招标必须对投标单位进行资格审查，审查投标单位是否具有与工程相应的资质条件；而邀请招标对投标单位不必进行资格预审。

四、建设工程招标方法

1. 一次性招标　指建设工程的设计图纸、工程概算、建设用地、建筑许可证等均已具备后，全部工程进行一次性招标的方法。

采用这种方法招标，整个招标工作一次性完成，便于管理。但由于招标前须做好各项准备工作，故前期准备时间较长。特别是大型工程，若采取此法，投资见效期就要向后推延。

2. 多次性招标　对建设项目实行分阶段招标的方法。分阶段可按单项工程、单位工程招标，也可以按分部工程招标。例如：对基础、主体、装修、室外工程等分别进行招标。

这种方法适用于大型建设项目。由于分段招标，设计图纸、工程概算等技术经济文件可以分批供应，工程可以争取时间提前开工，缩短建设周期，早见投资效益。但这种方法往往容易出现边设计、边施工的现象，容易造成施工脱节，引起矛盾。

3. 一次两段式招标　指在设计图纸尚未出齐之前，与数个建筑企业协商进行意向性招标，择优选择一个承包单位，待施工图纸出齐以后再按图纸的正式要求签订合同。

4. 两次报价招标　即在第一次公开招标后选择几个较满意的投标单位再进行第二次招标报价。这种方法适用于建设单位对建设项目不熟悉的情况下，第一次属摸底性质，第二次作为正式报价。

上述招标方法仅是国内外招标中的常用方法，招标中具体采用哪种方法，必须符合当地招标管理部门的规定，在规定的范围内选择。

第二节　建设工程招标、投标程序

一、国内建设工程招标、投标程序

工程招投标的程序一般包括以下几个阶段，即招标、投标、开标、评标、定标。

(一) 招标程序

见图 4-1。

1. 招标单位组建招标工作机构，或者委托具有相应资质的咨询、监理单位代理招标。

组织招标的单位应该具备一定的条件，即：

(1) 具有法人资格或是依法成立的其他经济组织；

(2) 有与招标工作相应的经济、技术管理人员；

(3) 有组织编制招标文件的能力；

(4) 有审查投标单位资质的能力；

(5) 有组织开标、评标、定标的能力。

具备上述条件的建设单位可以组织相应的招标工作机构。不具有 (2) ～ (5) 项条件的单位，必须委托招标机构代理进行招标。

招标代理机构是依法设立、从事招标代理业务并提供相应服务的社会中介组织。招标代理机构应当具备以下条件：

(1) 有从事招标代理业务的营业场所和相应资金；

(2) 有能够编制招标文件和组织评标的相应专业力量；

(3) 有符合法律规定条件，作为评标委员会成员人选的技术、经济等方面的专家库。

2. 向政府招标、投标办事机构提交招标申请书。

招标单位填写“建设工程施工招标申请表”，经上级主管部门批准同意后，报招标管理机构审批。

3. 编制招标文件和标底并呈报审批。

招标人或者招标、投标中介机构根据招标项目的要求编制招标文件。招标文件一般应当载明下列事项：

(1) 投标人须知；

(2) 招标项目的性质、数量；

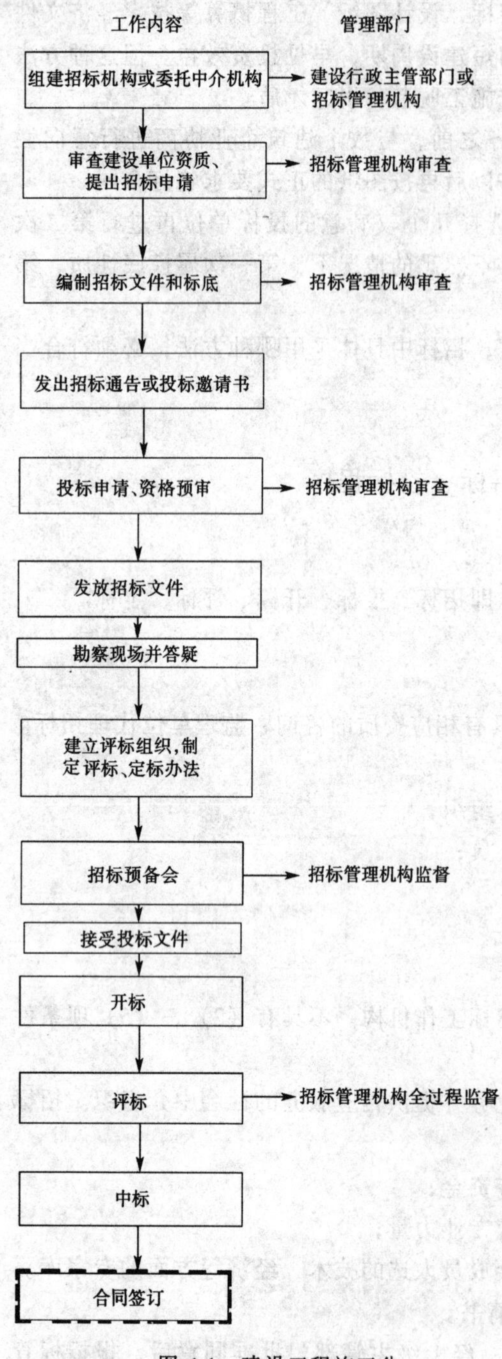

图 4-1 建设工程施工公开招标程序流程图

（3）技术规格；

（4）投标价格的要求及其计算方式；

（5）评标的标准和方法；

（6）交货、竣工或提供服务的时间；

（7）投标人应当提供的有关资格和资信证明文件；

（8）投标保证金的数额或其他形式的担保；

（9）投标文件的编制要求；

（10）提供投标文件的方式、地点和截止日期；

（11）开标、评标、定标的日程安排；

（12）合同格式及主要合同条款；

（13）需要载明的其他事项。

招标文件可以由招标单位编制，也可以委托有资格的咨询单位编制，由招标单位审定。招标文件一经发出，招标单位不得擅自变更其内容或增加附加条件。必要的澄清或修改，应在招标文件要求的提交投标文件截止时间至少 15 日前以书面形式通知所有招标文件收受人，该澄清或修改的内容作为招标文件的组成部分。招标文件不得要求或者标明特定的生产供应者以及含有倾向或者排斥潜在投标人的其他内容。修改或补充文件作为招标文件的组成部分，对投标单位起约束作用。

建设工程进行施工招标时，为了能够指导评标、定标，招标单位应自行或委托有资格的咨询、监理单位编制标底。编制标底的原则有：

（1）根据招标文件，参照国家规定的技术、经济标准定额及规范编制。

（2）标底由成本、利润、税金组成，一般应控制在经批准的总概算及投资包干的限额内。

（3）标底作为建设单位的期望价格，应与市场的实际情况相吻合，既要有利于竞争，又要保证工程质量。

（4）标底应考虑人工、材料、机械台班等价格变动因素，还应包括人工不可预见费、包干费和措施费。

（5）一个工程只编制一个标底。

编制标底的依据：

（1）招标文件的商务条款；

（2）工程施工图纸、工程量计算规则；

（3）施工现场地质、水文、地上情况的有关资料；

（4）施工方案或施工组织设计；

（5）现行工程预算定额、工期定额、工程项目计价类别及取费标准、国家或地方有关价格调整文件规定等；

（6）招标时建筑安装材料及设备的市场价格。

工程标底一经编制，应报招标投标办事机构审定，一经审定应密封，所有接触过标底的人均负有保密责任，不得泄露标底。

4. 发布招标公告或发出投标邀请书。

招标公告和投标邀请书应当载明招标人的名称和地址，招标项目的性质、数量、实施地点和时间以及获取招标文件的办法等事项。

5. 投标单位申请投标。

投标单位通过各种途径了解到招标信息，结合自身实际情况，做出是否投标的决定，向招标单位申请投标。

6. 对投标单位进行资质审查并将审查结果通知各申请投标者。

招标单位收到投标单位的申请后，即进行资格审查。审查投标企业的等级、承包任务的能力、财务偿赔能力及保证人资信等，确定投标企业是否具有投标的资格。

7. 向合格的投标单位分发招标文件及有关技术资料。

8. 组织投标单位踏勘现场并对招标文件进行答疑。

投标单位收到招标文件后，若有疑问或不清楚的问题需澄清解释，应在收到招标文件后7日内以书面形式向招标单位提出，招标单位应以书面形式或投标预备会形式予以解答。

进行答疑的目的在于澄清招标文件中的疑问，解答投标单位对招标文件和勘察现场中所提出的疑问问题。答疑可安排在发出招标文件7日后、28日以内举行。由招标单位对招标文件和现场情况作介绍或解释，并解答投标单位提出的疑问，包括书面提出的和口头提出的询问。

9. 建立评标组织，制定评标、定标办法。

10. 接受投标书。

11. 召开开标会议，审查投标书。

12. 组织评标，决定中标单位。

13. 向中标单位发出中标通知书。

中标人确定后，招标人应当向中标人发出中标通知书，并同时将中标结果通知所有未中标的投标人。

中标通知书对招标人和投标人具有法律效力。中标通知书发出后，招标人改变中标结果的，或者中标人放弃中标项目的，应当依法承担法律责任。

14. 建设单位与中标单位签订承包合同。

建设单位和中标人应当自中标通知书发出30日内，按照招标文件和中标人的投标文件订立书面合同。建设单位和投标人不得订立违背合同实质性内容的其他协议。

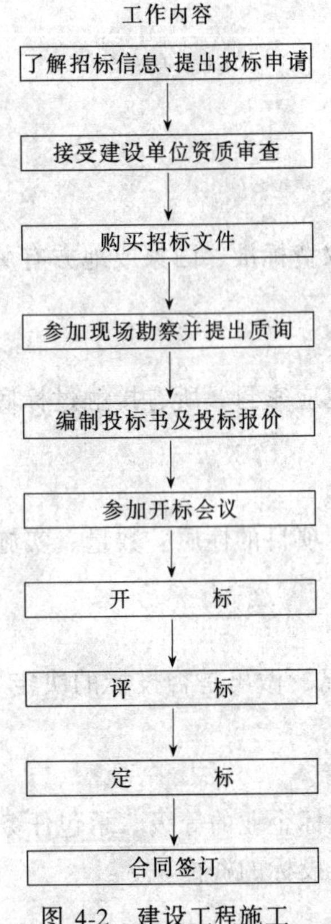

图4-2 建设工程施工投标程序流程图

(二) 投标程序

见图4-2。

1. 投标单位了解招标信息，申请投标。建筑企业根据招标广告或投标邀请书，分析招标工程的条件，依据自身的实力，选择投标工程，向招标单位提出投标申请，并提交有关资料。

2. 接受招标单位资质审查。

3. 购买招标文件及有关技术资料。

4. 参加现场踏勘，并对有关疑问提出质询。

5. 编制投标书及报价

投标书是投标单位的投标文件，是对招标文件提出的实质性要求和条件做出的响应。

投标人应当按照招标文件的规定编制投标文件。投标文件应当载明下列事项：

(1) 投标人资格、资信证明文件；

(2) 投标项目方案及说明；

(3) 投标价格；

(4) 投标保证金或者其他形式的担保；

(5) 招标文件要求具备的其他内容。

编制标书是一件很复杂的工作，投标单位应该认真对待。在取得招标文件后，首先应详细阅读全部内容，然后对现场进行实地考察，向建设单位询问了解有关问题，把招标工程的各方面情况弄清楚，在此基础上完整地填写标书。

投标报价是投标单位给投标工程制定的价格，是投标企业的竞争价格，它反映的是企业的经营管理水平，体现企业产品的个别价值。报价受价值规律的影响，在编制时企业要根据市场的竞争情况，在施工图预算的基础上浮动。报价的高低直接影响企业能否中标，报价过高，投标企业不能中标，过低，又影响企业的利润。报价是由工程成本、风险费、预期利润组成。其中风险费为预防不可预见因素引起价格变动而增设的费用项目。在施工中如发生风险费，则计入相应的成本项目，如果没有发生，则归入企业利润，或按双方约定的合同条款，由双方共享。投标报价的具体工作如下：

(1) 核实工程量

在投标书的编制过程中，投标单位对招标文件应认真分析研究，全面掌握投标人须知，熟悉招标文件中各项要求采用的技术标准、规范、合同条件、计量支付、建设工期等。还必须对工程量进行计算校核。如有错误或遗漏，应及时通知招标单位。工程量是整个报价工作的基础，必须认真对待。各种材料的用量、单价、对报价有直接的影响，所以对材料价格的调查也非常重要。

(2) 如要使报价编制合理准确，不重不漏。还应考虑以下几个费用问题：

1）充分考虑人工、材料、机械台班等价格变动因素，特别是材料市场动态，还应计列各种不可预见的费用等。

2）工程保险费用，一般由业主承担，应在招标文件工程量清单总则中单列；承包人的装备和材料到场后的保险，一般由承包人自行承担，应分摊至有关分项工程单价中去。

3）编制标书所需的费用，如：现场考察、资料情报收集、编制标书、公关等费用。

4）各种保证金的费用，如：投标保函、履约保函、预付款保函等。办理保证金手续费占保证金的4‰～6‰，银行一般要求承包商有足够的现款在账户（且不计利息）上，所以应考虑这种损失。

5）因其他有关要求而增加的费用，如：赶工期增加的费用；工程受交通或土地等条件限制而增加的费用；业主可能提供的材料设备单价、数量及其损耗、短途运输费用、装载车费用、二次搬运费用、仓库保管费用等。

（3）编制施工组织设计或施工方案

施工技术能力、施工组织管理、质量保证、业绩和信誉等在评标中约占30～50分。所以施工组织设计编制的好坏直接影响到投标单位能否中标。因为投标单位报价入围后，如与对手的报价相差不大，那只有从技术评审的各项指标的评分上压倒对手。

高效率和低消耗是编制施工组织设计的总原则，施工组织设计的基本原则包括：连续性原则、均衡性原则、协调性原则和经济性原则，其中，经济性原则是施工组织设计原则的核心和落脚点。因此，在编制施工组织设计时，应注意如下事项：

充分满足技术上的先进性和可靠性，以最大限度地提高劳动生产率，降低施工成本；充分利用现有的施工机械设备，提高施工机械的使用率以降低机械施工成本；采用先进的进度管理手段，优化施工进度计划，选择最优施工排序，均衡施工，尽量避免施工高峰的赶工现象和施工低谷中的窝工现象，机动安排非关键线路上的剩余资源，从非关键线路上要效益。

投标竞争是技术和管理的竞争，技术和管理的先进性就充分体现在其编制的施工组织设计中，先进的施工组织设计可以达到降低成本、缩短工期、确保工程质量的目的。

6. 参加开标会议。

7. 接受中标通知书，与招标单位签订合同。

（三）开标、评标和中标

开标是指招标人按招标文件规定的时间、地点在投标单位、建设项目主管部门或公证人参与下，由招标单位工作人员当众拆封，宣读投标人名称、投标价格和投标文件的其他主要内容的活动。招标人在招标文件要求提交的截止时间前收到的所有投标文件，开标时都应当当众予以拆封、宣读。以下标书无效：

（1）标书未密封；

（2）未加盖单位和法定代表人或委托代理人的印章；

（3）未按规定填写、内容不全或字迹模糊；

（4）逾期送达者；

（5）投标单位不参加开标会议。

评标是指由招标单位依法组建的评标委员会对所有的有效标书进行综合分析评比，从中确定最理想的中标单位。

评标委员会由招标人的代表和有关技术、经济等方面的专家组成，一般要求成员人数为五人以上且是单数，其中经济、技术方面的专家不得少于成员人数的三分之二。

评标主要从三方面评价：

1. 对投标文件的技术方面评估

对投标单位所报的施工方案或施工组织设计（施工进度计划、施工人员和施工机械设备的配备、施工技术能力）、以往履行合同情况等进行评估。

2. 对投标报价的经济方面评估

招标单位进行投标报价评估。在评估投标报价时应对报价进行校核，看其是否有计算上或累计上的算术错误；修改错误原则如下：

(1) 如果用数字表示的数额与用文字表示的数额不一致时，以文字数额为准。

(2) 当单价与工程量的乘积与总价之间不一致时，通常以标出的单价为准。除非评标机构认为有明显的小数点错位，此时应以标出的总价为准，并修改单价。

按上述修改错误的方法，调整投标书中的投标报价。经投标单位确认同意后，调整后的报价对投标单位起约束作用。如果投标单位不接受修正后的投标报价则其投标将被拒绝，其投标保证金将被没收。

3. 综合评价与比较

评标应依据评标原则、评标办法，对投标单位的报价、工期、质量、主要材料用量、施工方案或组织设计、以往业绩、社会信誉、优惠条件等方面综合评定，公正合理择优选定中标单位。

邀请招标的程序与公开招标的程序基本相同，只是在审查投标单位的资质等级上不同，邀请招标不审查投标单位的资质等级，而公开招标必须审查资质等级。其他的程序内容都基本相同，在此不再阐述。

二、国际建设工程招标投标程序

国际工程招标的程序（公开招标）分为三大步骤：对投标者的资格预审；投标者得到招标文件和递交投标文件；开标、评标、合同谈判和签订合同。其程序如图 4-3 所示。

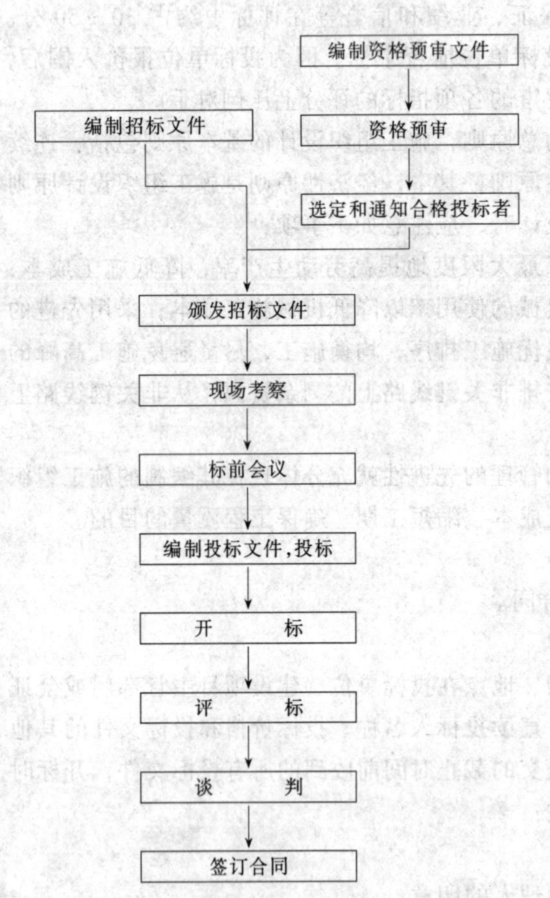

图 4-3　国际建设工程招标、投标程序

(一) 资格预审

为了解投标者的经历和过去履行类似合同的情况，人员、设备、施工等方面的能力，确定有资质的公司名单，淘汰不合格公司，减少评标费用，业主应对投标者进行资格预审，其程序如下：

1. 编制资格预审文件。一般由业主或委托的咨询公司编制，资格预审文件要求内容齐全，不能遗漏某一方面的内容，并用规定使用的语言，明确规定资格预审文件的份数。

2. 发布预审广告，邀请有意参加工程投标的承包商申请资格审查。

资格预审通知的内容包括：业主和工程师的名称，工程所在位置、概况和合同保函的工作范围；资金来源；资格预审文件的发售日期、地点和价格；预期的计划；招标文件的颁发和提交投标文件的计划日期；申请资格预审须知；提交资格预审文件的地点及截止日期、时间；最低资格要求及准备投标的投标者可能关心的具体情况。

3. 出售资格预审文件。

4. 对资格预审文件答疑。投标者若对资格预审文件的内容有疑问，应以书面形式提交业主，业主也以书面形式回答，并通知其他购买资格预审文件的投标者。

5. 报送资格预审文件。投标者应在规定的时间内报送资格预审文件，已报送的文件在规定的截止日期后不得修改。

6. 澄清资格预审文件。业主可就报送的资格预审文件中的疑点要求投标者进行澄清，投标者应如实回答，不允许投标者修改资格预审文件中的实质内容。

7. 评审资格预审文件。由资格预审评审委员会进行评审。

8. 向投标者通知评审结果。业主以书面形式通知所有参加资格预审的投标者评审结果，并在规定的时间内向通过资格预审的投标者出售招标文件。

(二) 招标文件

1. 招标文件的组成

招标文件包括投标邀请书、投标者须知、投标资料表、合同通用条件和合同专用条件、技术规范、投标书及投标书附录和投标保函的格式、货物清单工程量清单表、协议书格式及履约保函格式、预付款保函格式、图纸、说明性注解、资格后审（没有进行资格预审的情况下）、争端解决程序等。

2. 招标文件的编制原则

(1) 应遵守国家的法律和法规，如合同法、经济法、招标投标法等有关法律规定。

(2) 如果是国际组织贷款，必须遵守该组织的各项规定和要求，特别是要注意各种规定的审核和批准程序，应当遵照国际惯例。

(3) 要注意公正地处理业主和承包商的利益，使承包商获得合理的利润。如果不恰当地将风险转移给承包商一方，势必迫使承包商加大风险金，提高报价，最终导致业主增加支出。

(4) 招标文件应正确地、详细地反映项目的客观情况，以使投标者的投标能够建立在可靠的基础上，从而减少履约过程中的争议。

(5) 招标文件包括的内容应该力求统一，尽量减少和避免相互矛盾。招标文件用语力求严谨、明确，以便根据合同条件解决争端。

(三) 标前会议

对于较大的工程项目，在报送投标报价前招标机构要召开一次标前会议，其目的在于澄清投标者对招标文件的疑问，解答问题。标前会议一般在工程所在国按照投标人须知中规定的时间和地点召开，投标单位可以委托代理人参加，或直接要求招标机构将标前会议记录寄给投标人。招标人或招标机构应将标前会议记录和对各种问题的解答或解释整理为书面文件，寄给所有的投标人。一般将这种书面文件作为招标文件的补充。

（四）投标文件

由投标人编制的报价文件，通常分为商务法律文件、技术法律文件、价格法律文件三大部分。商务法律文件是用以证明投标人履行合法手续及为业主了解投标人商业资信、合法性的文件；技术法律文件是用以评价投标人的技术实力和经验的法律文件，包括全部施工组织设计内容；价格法律文件是反映投标单位投标报价的法律文件，是投标文件的核心，关系投标的成败。

国际上（业主要求）趋于将上述三部分文件分装两包，即将商务法律文件和技术法律文件装入一包，称为“资格包”；将价格法律文件装入一包，称为“报价包”。

（五）开标、评标、决标与授标

1. 开标

开标是指在规定的时间、地点由招标机构当众一一唱读所有投标者送来的投标书中的投标者名称和每个投标的报价，以及任何替代投标方案的报价（如果要求或允许报替代方案的话），使全体投标者了解各家标价和自己在其中的顺序的活动。

投标后任何投标者均不允许更改其投标内容和报价，也不允许再增加优惠条件。

2. 评标

通常在招标机构中设置由招标机构组织的专门评标委员会和评审小组进行评标工作。评标不仅只限于评审报价的高低，还审查投标报价的一些细目价格的合理性，审查承包单位的计划安排、施工技术、财务安排等内容。

一般情况下，评审委员会和评审小组的权限仅限于评审、分析比较和推荐。决标和授标的权利属于招标机构和工程项目的业主。

3. 决标、授标、签订合同

决标即决定中标者。一般由招标机构和业主共同商讨决定中标者。如果是政府部门的项目招标，则政府授权该部门首脑通过召开会议讨论决定中标者；如果是国际金融机构贷款的建设项目招标，除借款人做出决定外，还要报送贷款的金融机构征询意见。贷款的金融机构如果认为借款人的决定是不合理或不公平的，可能要求借款人重新审议后再做决定。

授标即向中标者发出通知，接受其投标书，并与中标者签订合同。在中标通知书中直接写明投标者的投标书已被接受，授标的价格、签订合同的时间、地点等。投标者中标后即成为承包商，此时承包商应向业主提交履约保证，用履约保证换回投标保证金。

对于未中标的其他投标者，也应发出未中标通知书，退还投标保证金。

第三节　投标报价策略

一、投标报价策略的含义

投标策略是指企业在投标中采取的对策和各项决策工作。投标策略可以从两方面考虑，一是从企业的角度，即考虑企业的能力及竞争环境，为实现企业经营目标对投标工程所作的选择；二是从某一具体的工程出发，对工程项目的具体投标策略，如标价、工期等。

二、投标决策的准备工作

投标决策的准备工作主要是收集与投标有关的广泛信息，分析企业内外条件，为投标决策提供依据。企业的内部经营管理方面的内容前已介绍，下面主要介绍企业投标的外部环境。

（一）投标信息

在投标竞争中，信息十分重要。没有全面、准确、可靠的信息，很难保证决策的正确性，甚至导致投标竞争的失败。投标企业必须广泛调查研究，通过各种渠道收集与投标工作有关的各种信息。一般收集信息的渠道有：各类咨询机构；行业协会；有关刊物；招标广告；各级建设管理部门；建设单位及主管部门；建设银行（或有关投资银行）；设计单位；建筑企业主管部门等。

对收集的信息进行有针对性的分析：

1. 建筑市场的状况　分析市场的容量、竞争程度及发展动态。

2. 社会环境　分析招标工程所在地的政治、法律、经济制度以及风俗习惯。

3. 自然环境　了解招标工程所在地的气象、水文、地质等情况，分析对施工和费用的影响力。

4. 经济环境　了解招标工程所在地的劳动力数量、技术水平、服务能力；原材料、构配件的供应能力、价格、质量以及运输能力；机械租赁、维修能力；工资、生活水平。分析这些因素对施工和费用的影响。

5. 竞争环境　了解竞争对手的实力、信誉、报价动态，以便分析自己取胜的可能性和必须采取的对策。

6. 报价资料　了解当地报价的各项规定，并和企业水平进行对比分析。

7. 建设单位的信誉　了解建设单位的信誉程度，工程项目的可行性，资金供应能力。

（二）工程业务招揽

工程业务招揽是指建筑企业通过正常业务渠道，为开辟企业经营业务来源所作的调查、宣传、社交等活动。市场竞争激烈，企业不应坐等任务，而应积极采取行动，广揽业务，树立企业形象，创建企业品牌，提高社会知名度。

建筑市场竞争是企业间的竞争，不是建筑产品的竞争。而企业竞争制胜的关键是企业信誉。在投标中建筑企业应依靠信誉来招揽业务。但企业也不能仅依靠信誉，还可以开展一些营销活动来宣传自己，招揽业务。

1. 广告宣传。通过电视、电台、报纸、杂志刊登、播出宣传企业的各种广告；通过宣传企业的产品宣传企业（如房地产现房的销售）；在企业所有车辆及设备上绘制企业标志；通过各种途径介绍企业建设成就；在工地或某些公众场合宣传企业的情况。

2. 公共关系。通过各种途径建立企业与外界的关系，树立企业良好的形象。例如，举办讲座；参加有影响的社会活动；加强与消费者的联系。

3. 通过协会刊物刊登企业名录。

4. 与有关咨询公司签订合同，通过它们介绍寻找业务。

5. 招标广告。广泛注意各种新闻媒介刊出的招标广告，通过招标广告发现机会。

6. 私人联系。通过个人之间的往来，了解业务情况。对于较小规模的工程，有时候建设单位不愿花广告费进行公开招标，私人交往便成为一种招揽业务的广泛而有效的方式。

三、选择投标对象的策略

(一) 定性分析法

建筑企业在分析招标信息的基础上，发现了投标对象，但不一定每一项工程都去投标，应选择一些有把握的工程项目。选择投标对象，一般考虑以下因素：

1. 企业的经营能力　在投标前企业应考虑工程的规模和要求，评价企业的承包能力(包括资金、技术、人员等) 是否与工程的要求符合。切忌选择超过企业经营能力的工程。

2. 企业的经营需要　企业目前经营业务的状况，任务是否饱满，对工程需要的迫切程度。

3. 中标的可能性　了解竞争对手，分析竞争对手的竞争能力，估计本企业中标的可能性。

4. 工程条件　分以下几点分析：

(1) 工程的获利前景　分析工程中标后企业的盈利水平。

(2) 工程的影响程度　分析工程建成后，在社会上可能产生的影响。

(3) 建设单位的信用　分析建设单位的信用程度，避免中标后可能出现的纠纷。

(4) 施工条件　如道路、场地、气象、水文地质、运输能力、协调能力、材料市场等。这些对施工管理和成本都有影响。

5. 时间要求　编制标书需要一定的时间，如投标要求的时间紧，则不宜草率投标。

通过对上述因素的分析后，如果条件好，可考虑投标，如果条件不理想，则不参加投标，或适当提高投标报价，以减少中标后可能的风险。

(二) 定量分析法

1. 综合评分法　此方法和多目标决策中的评分法的原理相同。它将投标工程定性分析的各个因素，通过评分转化为定量问题，计算综合得分，用以衡量投标工程的条件。下面举例说明。

【例 1】　某企业拟对一项招标工程进行定量分析，以确定是否参加投标。

【解】　用综合评分法对前述五个因素评分。

①对每个因素视其重要程度给出一个权数，见表 4-1；

②将各因素的优劣分为三等，分别评为 10 分、5 分、0 分，见表 4-1；

③计算综合得分，评价工程的投标条件。

评标评价表　　　　**表 4-1**

评价因素	权数	评分			得分
		好 (10分)	一般 (5分)	差 (0分)	
1. 经营能力	0.25	10	—	—	2.5
2. 经营需要	0.2	—	5	—	1.0
3. 中标可能性	0.25	10	—	—	2.5
4. 工程条件	0.15	—	—	0	0
5. 时间要求	0.15	—	5	—	0.75
合计	1.00				6.75

从表 4-1 的评分过程可看出，投标条件最好的为 10 分，但这种情况很少。实际工作

中，常根据经验确定一个参加投标的标准分数线，高于此线就参加投标。假定该企业定的投标标准分数线为6.5分，则上例工程可考虑参加投标。

2. 期望值法　企业投标中一般都比较注重经济效益，期望值法以经济效益为目标对投标工程进行选择。

【例2】　某企业拟在A、B、C三个工程中选择一项投标，各种资料见表4-2，试决策应选哪个项目投标？

【解】　用风险型决策中的数学期望值法，计算各工程收益的数学期望值（见表4-2），经比较，应选择C工程投标。此时，企业可能获得11.10万元的收益值。

期望值计算表　　　　表4-2

工程名称	未来状态下的收益值（万元）		期望值（万元）
	中标（0.4）	失标（0.6）	
A	20	−0.5	7.70
B	25	−0.8	9.52
C	30	−1.5	11.1

3. 线性规划法　企业投标工作中常由于经营能力的限制，只能在众多的工程中选择一部分投标。这类问题可用线性规划法解决。

【例3】　某企业在同一时期有8项工程可以投标，其中有5项民用建筑，3项工业建筑。各类工程的预期利润，主要实物工程量及企业的能力见表4-3，试决策在企业的能力范围内，民用建筑、工业建筑各选择多少项投标，企业可获最大利润。

投标工程指标及企业能力　　　　表4-3

项　目	预期利润（千元）	砌砖量（千立方米）	混凝土工程量（千立方米）	抹灰面积（千平方米）
每项民用建筑	50	4.2	0.28	25
每项工业建筑	80	1.8	0.88	0.48
企业能力	—	13.8	3.68	108

【解】　设x_1、x_2分别代表民用建筑和工业建筑的投标数目，y为可能实现的利润总额。按线性规划原理，有：

目标函数

$$y_{max}=50x_1+80x_2$$

约束条件

$$4.2x_1+1.8x_2\leqslant 13.8$$

$$0.28x_1+0.88x_2\leqslant 3.68$$

$$25x_1+0.48x_2\leqslant 108$$

$$0\leqslant x_1\leqslant 5$$

$$0\leqslant x_2\leqslant 3$$

用图解法可解得$x_1=1.73$，$x_2=3.63$。此时利润为：

$$y=50\times 1.73+80\times 3.63=376.9\text{ 千元}$$

但是由于选择的项目不可能是小数，可按整数规划原理求解得$x_1=2$，$x_2=3$。此时利润：

$$y=50\times 2+80\times 3=340\text{ 千元}$$

四、报价的策略

（一）定性分析法

影响报价的因素很多，往往难以做定量的测算，只能进行定性分析。报价的最终目的有两个，一是提高中标的可能性，二是中标后企业能获得盈利。为了达到这两个目的，企业必须在投标中认真分析投标信息，掌握建设单位和竞争对手的情况，采用各种估价技巧，报出合理的标价。对标价高低的定性分析，又称为报价技巧。下面介绍几种国外常用的报价技巧供参考。

1. 扩大标价法　这是一种常用的报价方法，它除了按已知的正常条件编制标价外，对工程中变化大或没有把握的分部分项工程，采用扩大单价或增加风险费的方法来减少中标后的风险，保证企业盈利。但这种报价方法，往往因标价过高而不易中标。

2. 敞口升级报价法　这种报价方法将投标看成与发包方协商的开始，力图先以低价中标，在谈判合同时再与发包方协商，将标价升至合理的水平。具体做法是：首先分析招标文件，找出不明确的或疑难问题，投标中对这些项目报出最低价并在标书中加以注解，使竞争对手无法与自己竞争而中标，获得与发包方协商的机会。然后在谈判合同时根据工程实际条件和标书中的注解说明，通过协商适当升价。

3. 多方案报价法　这种报价方法是在标书中报多个标价。其中一个按原招标文件的条件报；另一些则对招标文件进行合理的修改，在修改的基础上报出价格。例如，在标书中说明，只要修改了招标文件中某一个不合理的设计，标价就可降低多少。用这种方法来吸引发包方，只要修改意见有道理，发包方就会采纳，从而使采用多方案报价法的投标单位在竞争中处于有利地位，扩大了中标机会。这种方法适合于招标文件的条款不明确或不合理的情况，投标企业通过多方案报价，即可提高中标机会，又可减少风险。

4. 亏本报价法　有的时候为了占领市场，投标单位可采取压低标价的方法，不惜亏本，占领市场。但这种方法容易引起市场混乱，在我国招标投标中，多数地区对标价都规定了围绕标底浮动的范围，实质上是在一定程度上限制了这种方法的使用。

5. 服务报价法　这种报价方法和前面介绍的几种不同，它不改变标价，而是扩大服务范围，以取得发包方的信任，争取中标。例如，扩大供料范围，延长保修时间，提高质量等级等。

6. 有些合同和说明书的条件很不公正或不够明确，承包商风险很大；或承包商为早收工程款采取的报价方法。第一种，投标书按说明条款报一个价，再加注解：如果说明书作某些更改，标价可降低15～20%，使报价成为最低。第二种，工程总价不变，前期分项工程适度提高单价，后期分项工程适度降低单价。

报价的技巧还有许多，投标中只有根据实际情况灵活应用，制订出相应的对策，才能取得较好的效果。

建筑企业在投标中不应盲目追求最低的标价，因为评标决标时不只单看标价，而且低标价减少了企业盈利，所以，投标时必须全面分析工程条件，对手情况和自身能力，报出合理的标价。

（二）定量分析法

在投标报价过程中，除了上述报价的定性策略外，还有定量分析方法。常用的定量方法有两类：一是成本定价法；二是竞争定价法。

1. 成本定价法　依据量本利的关系，当企业目标利润决定后，按工程应负担的固定成本、变动成本、工程量、税金，即可计算出标价。

标价 = 固定成本 + 变动成本率 × 工程量 + 税金 + 目标利润

2. 竞争定价法　根据竞争对手和本企业历史上标价的情况，确定出最有利的报价以战胜对手。

本 章 小 结

采用承发包方式经营的建筑企业，一般通过投标的方式获得承包权。招投标制是承发包双方建立承包关系的一种手段和途径。在本章中重点介绍了招投标的程序、国际工程招投标的程序以及投标的策略，包括选择投标对象的策略和投标定价的策略，作标技巧等内容。招标和投标是一项活动的两个方面，招标单位重要的工作是编制招标文件和标底以及进行开标、评标、决标，确定承包单位。而投标单位重要的工作是编制标书和投标报价以便中标。编制标书是建筑企业投标的核心工作，围绕编制标书企业要做大量的调查研究和测算工作。

复 习 思 考 题

1. 基本概念：建筑工程招标　建筑工程投标　招标文件　标底　标书　标价　投标策略

2. 招投标的方式方法有哪几种？试比较它们的区别？

3. 编制标底的原则有哪些？

4. 施工企业进行投标应该做哪些工作？

5. 分析“企业只要信誉好，资质等级高就不愁无工程任务。”这种说法的正误，为什么？

6. 简述国内工程招投标的程序。

7. 简述国际工程招投标的程序。

8. 国际工程招标文件的编制原则

9. 简述投标报价的工作内容。

10. 选择投标对象应考虑的因素有哪些？

11. 了解投标决策中的定量分析方式。

第五章 建设工程合同管理

本章介绍合同的概念、合同的一般原理、建设合同的概念以及勘察、设计合同、施工合同与监理合同的基本内容、FIDIC 合同的内容。重点介绍建设工程施工合同与 FIDIC 合同的主要内容。

第一节 合 同 概 述

一、合同的概念

合同，是指平等主体的自然人、法人、其他组织之间设立、变更、终止民事权利义务关系的协议。

我国 1999 年对合同进行改革，将以前的《经济合同法》、《技术合同》、《涉外合同法》三部合同法规合并为一部合同法即《合同法》

二、合同的订立与履行

（一）合同的订立

1. 合同订立的原则

（1）平等原则

指合同的当事人的权利义务平等，双方的法律地位平等。一方不得将自己的意志强加于另一方，也不得以威胁、强迫的手段与他人签订合同。

（2）自愿原则

指合同当事人根据自己的实际情况，自愿选择订立合同，其他人不得强制要求当事人签订合同。自愿原则表现在签订合同在于当事人的自愿；在订立合同时，有权选择对方当事人；合同履行中双方协商解决合同中的修改、变更或自愿选择解决争议的方式。

（3）公平原则

是指当事人的民事权利与民事义务对等。主要表现在双方的竞争机会平等；承担的责任和权利义务对等；风险分摊均等；违约责任与赔偿损失一致等。坚持公平原则有利于防止当事人滥用权利，保护合同当事人的合法权益，使之更好地履行合同义务。

（4）诚信原则

诚信原则即诚实信用原则。是指双方当事人在行使权利与义务时，应遵循诚实、守信的商业规则，任何只讲求自身的权利，而忽视履行义务的行为都是为社会和法律所不容的。诚实信用原则贯穿于合同的始终，在订立合同过程中，在履行合同中，在合同终止后，在合同没有约定或约定不明确时都应坚持诚信原则。

2. 订立的程序

合同订立的程序一般包括要约和承诺。

（1）要约

要约是指希望与他人订立合同的意思表示，该意思表示应当符合以下条件：

1）内容具体确定；

2）表明一经受要约人承诺，要约人即受该意思表示约束。

要约是希望与他人订立合同，发出要约的一方称要约方，接受要约的一方称受要约方。要约一经发出，到达受要约人时即具有法律效力。要约人要受要约行为的法律约束，在对方做出回答前，要约人不得再向第三人提出同样标的物的要约，否则对第三人造成的损失应负赔偿责任，对方如接受要约，要约人负有签订合同的义务。

（2）承诺

承诺是指完全同意要约人要约的意思表示。也就是承诺的内容必须与要约的内容完全一致，若不一致，受要约人要改变要约的内容，即使仅为一部分，应视为反要约或重新要约。承诺做出后，即具有法律效力，即表明合同成立，双方当事人应共同遵守。

要约和承诺是订立合同的两个步骤，经过承诺合同即成立。

一般双方当事人在订立合同的时候要经过反复的协商，最终达成协议。在协商的过程中即为当事人的反复要约的过程。签订合同经常要经过要约——再要约——重新要约——直至承诺的过程。

另外在订立合同时应注意区分要约邀请和要约。

要约邀请是指希望他人向自己发出要约的意思表示。如寄送的价目表、拍卖公告、招标公告、招股说明书、商业广告等。要约邀请行为一般是一种意向行为，要约人不做出回答或反应，该行为无法律效力。要约与要约邀请最大的区别在于要约具有法律效力而要约邀请没有法律效力。在现实中，应区分两者。

3. 合同订立的内容

合同的内容经当事人协商确定，合同的主要条款包括：

（1）当事人的名称或者姓名和住所。

（2）标的

标的是指合同当事人权利义务所指向的对象，可以作为标的物的有：有形的物如材料、货物；货币；行为如提供的劳务；智力成果如商标、专利技术等。

（3）数量

标的物的计量尺度。数量是以计量单位和数字来衡量标的物的尺度，如产品数量的多少，完成工作量的大小，没有数量就无法确定当事人权利义务的大小。

（4）质量

质量是标的物的具体特征，是标的物的内在素质和外观形态的综合，如商品的品种、型号、规格和工程项目的标准。

（5）价款或报酬

价款和酬金是取得合同标的物的当事人一方向另一方支付的以货币形式表现的代价。价款通常指购销商品所支付的货币；酬金通常指提供劳务所支付的货币。

（6）履行期限、地点和方式

履行期限，是指合同中享有权利一方当事人要求对方履行的时间规定。履行地点，是指合同规定的履行义务和接受义务的地点，履行方式是指合同当事人履行义务的具体方法。

(7) 违约责任

违约责任，是指合同当事人由于过错不能履行或不能完全履行合同时，按照法律规定或合同的规定应承担的法律责任，如支付违约金、赔偿损失、采取补救措施等。

(8) 解决争议的方式

解决争议的方式有协商、调解、仲裁、诉讼等。

(二) 合同的履行

合同订立后当事人应按照合同规定的价款、数量、质量、履行期限等进行履行。

1. 当事人就合同内容约定不明确的，按照以下规则履行：

(1) 质量要求不明确的，按照国家标准、行业标准履行；没有国家标准、行业标准的，按照通常标准或符合合同目的特定标准履行。

(2) 价款或者报酬不明确的，按照订立合同时履行地的市场价格履行；依法执行政府定价或者政府指导价的，按照规定履行。执行政府定价或者政府指导价的，在合同约定的交付期限内政府价格调整时，按照交付时的价格计价。逾期交付标的物的，遇价格上涨时，按照原价格执行；价格下降时，按照新价格执行。逾期提取标的物或逾期付款的，遇价格上涨时，按照新价格执行；价格下降时，按照原价格执行。

(3) 履行地点不明确，给付货币的，在接受货币一方所在地履行；交付不动产所在地履行；其他标的，在履行义务一方所在地履行。

(4) 履行期限不明确的，债务人可以随时履行，债权人也可以随时要求履行，但应当给对方必要的准备时间。

(5) 履行方式不明确的，按照有利于实现合同目的的方式履行。

(6) 履行费用的负担不明确的，由履行义务一方负担。

2. 合同履行的保护措施

为了保证合同的履行，保护当事人的合法权益，在合同履行中需要通过一定的法律手段使受损害一方的当事人能够维护自己的权益。合同法专门规定了当事人的抗辩权和保护措施。

(1) 抗辩权

抗辩权是指一方当事人有依法对抗对方要求或否认对方权力主张的权力，包括同时履行抗辩权和异时履行抗辩权。

1) 同时履行抗辩权　指当事人互负债务，应当同时履行，一方在对方履行债务之前，或在对方履行债务不符合约定时，有权拒绝其相应的履行要求。如合同中约定一手交钱，一手交货，交货方不履行自己的义务交货，则对方可以对抗，不履行自己的义务交钱。

2) 异时履行抗辩权：又包括：先履行抗辩权和不要抗辩权

①先履行抗辩权：指合同中约定了债务履行的先后秩序，在按约定应先履行的一方当事人未履之前，后履行一方有权拒绝其履行请求，先履行一方履行不符合约定的，后履行一方有权拒绝其相应的履行请求的权利。如合同中规定交货后10天付款，交货方不交货，却要求付款方付款，付款方可拒绝交货方要求，或交货质量不符合双方约定，付款方也可拒绝付款。

②不安抗辩权　指当事人互负债务的，合同约定有先后履行顺序的，先履行债务的当事人应当先履行。但是，如果应当先履行债务的当事人有确切的证据证明对方有丧失或者

可能丧失履行债务能力的情形时，可以终止履行自己的义务。按照合同法的规定有以下情形之一的，可以终止履行：

(A) 经营状况严重恶化；

(B) 转移财产，抽逃资金以逃避债务；

(C) 丧失商业信誉；

(D) 有丧失或者可能丧失履行债务能力的其他情形。

一般行使不安抗辩权是有一定条件限制的，主要表现在以下方面：

(A) 要有确切的证据，当事人没有确切的证据自行终止履行，应视为违约，并承担违约责任；

(B) 依法中止履行时，应通知对方；否则，仍应承担违约责任；

(C) 中止履行后，一旦对方当事人提供了担保，就应当恢复履行，否则，视为违约。

(2) 保全措施

为了防止债务人的财产不适当的减少而给债权人带来危害，合同法允许债权人为保全债权的实现采取保全措施。保全措施包括代位权和撤销权两种：

1) 代位权。是指债务人怠于行使其对第三人享有的权力而危及债权人的债权时，债权人为保全自己的债权，请求法院以自己的名义代位行使债务人对第三人的权利。可行使的代位权，必须是非专属于债务人自身的权利，专属人债务人自身的权利，不作为债权，债权人不得行使代位权。一般代位权的行使应通过诉讼程序，不允许在诉讼外行使。

2) 撤销权，又称撤销请求权。是指债务人放弃对第三人的债权、实施无偿或低价处分财产的行为而有害于债权人的债权时，债权人可以依法请求法院撤销债务人所实施行为的权利。一般行使撤销权具有三个条件：

(A) 债务人实施了以明显不合理的低价处理财产的行为；

(B) 债务人实施这一行为明显对债权人的债权造成了伤害；

(C) 债务人实施的明显不合理低价转让行为，受让人应当是明知不合理行为而接受转让。

三、合同的变更和转让

(一) 合同的变更

合同变更是指合同订立以后，在合同没有履行或没有完全履行的情况下，双方当事人对合同进行的修改、补充的行为。合同在履行过程中因为某些条件的变化，经当事人的协商，合同可以变更。

当事人对合同变更的内容约定不明确的，推定为未变更。

(二) 合同的转让

合同转让是指合同的当事人将自己的权利或义务让与给第三人的行为，分为权利转让和义务转让。

1. 合同权利转让

债权人可以将自己的权利全部或部分转让给第三人，但有以下情形之一的除外：

(1) 根据合同性质不得转让；

(2) 按照当事人约定不得转让；

(3) 依照法律规定不得转让。

债权人转让权利的，应当通知债务人。未经通知，该转让对债务人不发生效力。债权人转让权利的，受让人取得与债权有关的从权利，但该从权利专属于债权人自身的除外。

2. 合同债务转让

债务转让是指债务人将自己的义务全部或部分转让给第三人的行为。

债务人转让债务的，应经债权人同意，否则，该转让对债权人不发生效力。债务人转让债务的，新债务人取得与债务有关的从债务，但该从债务专属于债务人自身的除外。

当事人一方经对方同意，可以将自己的权利义务一并转让给第三人。权利义务一并转让的适用于以上规定。

四、合同的终止与解除

（一）合同的终止

合同的终止是指合同当事人双方所确立的合同权利义务关系的消灭。

有以下情形之一的，合同的权利义务可以终止：

1. 债务已经按照约定履行。合同已履行，双方的权利义务关系自然终止。

2. 合同人解除。当事人一方没有履行或没有完全履行合同，另一方认为履行没有必要，双方约定可以解除合同。

3. 债务相互抵销。当事人互负到期债务，该债务的标的物的种类、品质相同的，任何一方可以将自己的债务与对方的债务抵销，但依照法律规定的或者按照合同性质不得抵销的除外。如标的物种类、品质不同的，经双方协商也可以抵销。当事人主张抵销的，应当通知对方。通知到达有效。

4. 债务人依法将标的物提存。债权人无正当理由拒绝受领；下落不明或债权人死亡未确定继承人或丧失民事行为能力未确定监护人时，债务人无法履行债务的，债务人可以将标的物提存有关部门。标的物不适于提存的，或提存费用过高的，债务人依法可以拍卖或者变卖标的物，提存所得的价款。

5. 债权人免除债务的。债权人可以免除债务人的全部或部分债务，合同的权利义务全部或部分终止。

6. 债权债务同归于一人。债权和债务同归于一人的，合同的权利义务终止。如企业合并后权利人和义务人同归于一人。

7. 法律规定或当事人约定终止的其他情形。

（二）合同的解除

1. 双方当事人可以解除合同。解除合同的条件：

（1）当事人协商一致，可以解除合同；

（2）附解除条件的合同，自条件成就时解除权人可以解除合同。

2. 有以下情形之一的，当事人可以解除合同：

（1）因不可抗力致使不能实现合同目的；

（2）在履行期限届满前，当事人一方明确表示或者以自己的行为表明不履行主要债务；

（3）当事人一方迟延履行主要债务，经催告后在合理期限内仍未履行；

（4）当事人一方迟延履行主要债务或者有其他违约行为致使不能实现合同目的；

（5）法律规定的其他情形。

五、合同违约责任

（一）违约责任的概念

合同违约责任是指合同当事人的任何一方违反合同约定，不履行合同或履行合同义务不符合合同约定应该承担的法律责任。

（二）承担违约责任的形式

当事人违约应该承担如下责任：

1. 继续履行

一方违约，另一方认为履行有必要，除了要求对违约部分承担赔偿或其他责任以外，可以要求违约方继续履行合同。

2. 采取补救措施

违约事实发生以后，当事人为了减少损失或损失的进一步扩大，应该采取补救措施。如质量不合格的，进行调换、修理、折价、退货；施工延误进行追赶工期等。

3. 支付违约金

违约金包括法定违约金和任意违约金。法定违约金指按国家法律法规规定的违约金比例计算的违约金；任意违约金指双方当事人约定的违约金比例计算的违约金。

我国违约金具有补偿性。违约金主要是赔偿受损方的经济损失。当约定的违约金不足赔偿造成的损失时，当事人可以请求法院或者仲裁机构予以增加；当违约金高于所造成的损失时，当事人可以请求法院或者仲裁机构予以减少。

4. 赔偿损失

违约造成的损失通过补救措施和支付违约金的方式仍然不能全部解决，违约方应该赔偿损失。这种损失包括直接的经济损失和间接的利润损失。

六、合同纠纷处理

合同纠纷的处理方式有以下几种：

1. 协商

协商是双方当事人出现纠纷时，通过双方的相互谅解，在平等互让的基础上，协议解决纠纷。这种方式解决问题迅速、简便，不费时，不费力，又不伤和气。

2. 调解

调解是指双方不能通过协商解决问题，由第三方作为中间人，通过中间人的说服教育，使双方达成一致。我国推行调解制度。调解可以作为一种独立的解决方式，也可以在仲裁、诉讼中审理前进行调解。

3. 仲裁

仲裁是指双方当事人向仲裁机构提出申请，由仲裁机构解决当事人之间的纠纷的一种方式。一般仲裁机构进行裁决，一经作出裁决即具有法律效力。目前，我国实行一次性裁决制，仲裁机构只裁决一次，即为最终裁决。仲裁机构与法院是两个平行的解决争议的机构，一般当事人按照自愿原则选择仲裁机构，仲裁机构作出裁决后，法院不再受理该案件。当事人一方对已生效的裁决不执行，另一方可以请求法院强制执行。

4. 诉讼

诉讼是指双方当事人通过向法院起诉，由法院解决纠纷的一种方式。我国目前实行两审制，即通过一审和二审两次审判程序来解决当事人的纠纷。法院判决解决纠纷，是具有强制性的法律制裁。当事人一方对已生效的裁决不执行，另一方可以要求法院强制执行。在诉讼中按照法院设定的原则，关于法院受理第一审案件有地域管辖、级别管辖、特殊管辖和指定管辖的权限问题。

第二节　建设工程合同概述

一、建设工程合同的概念

建设工程合同是指承包人进行工程建设，发包人支付价款的合同。建设工程合同除了具有合同的一般特征，还具有自身的特征如下：

1. 合同主体的承包方必须具有一定的资质等级，取得营业执照，具有民事权利能力和民事行为能力的法人，其他经济组织和个人不能签订工程合同。

2. 建设工程合同必须以书面形式签订，双方的口头形式和其他形式无效。

3. 按照国际惯例，各国政府和行业协会制定有合同示范文本。

4. 另外，建设工程由于周期长，资金占有量大，质量又涉及到人民的生命财产和国家财产，建设工程合同从签订到合同履行，都要接受有关部门的监督和检查。

二、建设工程合同的类型

（一）建设工程合同按承包的方式分

1. 项目施工总包合同　由总包企业与建设单位签订的合同。

2. 分包合同　由总包企业与分包企业签订的合同。如单位工程或分部工程分包合同、设备安装工程分包合同等。

3. 联合承包合同　由联合承包企业与建设单位签订的合同。联合体可以是两方联合，也可以是多方联合。

4. 全过程合同　由工程承包公司与建设单位签订的关于工程建设全过程的总承包合同。

（二）按取费方式分

1. 总价合同（又叫投资包干合同）

2. 单价合同（又叫平方米造价包干合同）

3. 成本加酬金合同

（三）按建设工程合同的内容分

1. 工程勘察合同　工程勘察合同是指勘察单位与发包单位为了完成一定的勘察任务，明确双方的权利和义务所签订的协议。

2. 工程设计合同　工程设计合同是指设计单位与发包单位为了完成一定的设计任务，明确双方的权利与义务所签订的协议。

3. 工程施工合同　工程施工合同是指施工单位与发包单位为了完成一定的施工任务，明确双方的权利和义务所签订的协议。

三、建设工程合同的订立

（一）建设工程合同订立的程序

一般合同的订立程序包括要约和承诺两个阶段；建设工程合同的订立程序包括要约邀请、要约、承诺三个阶段。

1. 要约邀请

要约邀请是指希望他人向自己发出要约的意思表示。如招标公告或投标邀请书实质就是要约邀请。招标人希望投标人向自己提出投标，签订合同。

2. 要约

工程合同的签订过程中，投标单位递交投标书的行为是希望通知投标竞争取得中标权，与招标单位签订合同，在投标书中包括合同应具备的主要条款。工程投标活动的实质就是要约行为。

3. 承诺

工程建设的招投标中，定标后确定中标单位，发出中标通知书的行为即为承诺。双方当事人应在规定的时间内签订合同。

（二）建设合同的订立形式

建设合同的订立必须以书面形式订立。其他形式没有经过书面形式的确认无效。书面形式包括标准合同，工程师的各种文字指令、变更书、信件、传真、电报等。

四、建设工程合同的履行

（一）建设工程履行的原则

建设工程合同履行包括以下原则：

1. 全面履行原则

全面履行即按照合同规定的内容进行履行。关于合同的标的、价款、数量、质量、履行时间、履行地点、方式、双方的权利义务等一一履行，合同当事人不能只履行其中的一部分。建设工程的当事人按照合同规定的所有条款完成工程建设任务。

2. 实际履行原则

实际履行是指合同当事人按照合同规定的实际内容进行履行。合同当事人不得随意降低标的物的标准，变更合同内容或以价款代替标的物。不可抗力的发生，致使合同不能实行履行，则按不可抗力履行的原则履行。

（二）不履行建设工程合同的责任

不履行合同即违约。当事人不履行或不完全履行合同时应承担违约责任。在工程合同中承担违约责任的方式如下：

（1）承包方的违约责任

1）因承包人的原因不能如期竣工或按工程师同意顺延的工期竣工。按合同约定偿付逾期违约金。

2）工程质量达不到要求的，负责无偿修理或返工。由于修理或返工造成逾期交付的，偿付逾期违约金。

3）承包人不履行合同义务或不按合同约定履行义务的其他情况。承包人承担违约责任，赔偿因违约给发包人造成的损失。

（2）发包方的违约责任

1）未能按照承包合同的规定履行自己的责任，工期顺延，赔偿承包方的实际损失。

2）工程中途停建、缓建或由于设计变更造成的停工，应采取相应的措施弥补或减少损失，同时，赔偿承包方因此造成的停工、窝工、返工、倒运、人员和机械设备调迁、材料和构件积压的实际损失。

3）工程未经验收，发包方提前使用或擅自动用，由此而发生的质量问题，由发包方承担责任。

4）超过合同规定的日期验收，按合同的违约责任条款的规定，偿付逾期违约金。不按规定拨付工程款，按银行有关逾期付款办法或“工程价款结算办法”的有关规定处理。

（三）建设工程合同履行的担保

合同签订以后应该履行。为了保证合同的履行可以采取担保的方式。合同的担保是指为了保证当事人全面履行，合同双方当事人所采取的具有法律效力的保证措施。担保合同是一种从合同，依附于主合同，主合同履行后，从合同自然失效。合同的担保方式有以下几种：

1.保证

保证是指保证人与债权人约定，当债务人不能履行债务时，由保证人代为履行债务或承担责任的担保方式。建设工程合同中发包方通常要求承包方提供履约担保，承包方通过银行开具履约保函或者要求第三方建筑单位作为保证人，承包方不能履行责任时，由银行或第三方建筑公司履行。

2.抵押

抵押是指合同的债务人或者第三人以自己合法的财产不转移对财产的占有的前提下，作为履行债务的担保，当债务人不能履行债务时，债权人可以将设作抵押的财产通过拍卖、折价或其他的方式从所得的价款中优先受偿。

3.质押

质押是指合同的债务人转移对财产的占有的前提下，将财产作为履行债务的担保，债务人不能履行债务时，债权人将财产通过折价、拍卖等方式从所得的价款中优先受偿。质押一般分为权利质押和动产质押。质押与抵押不同在于质押转移对财产的占有而抵押不转移对财产的占有；质押一般是对容易变现的动产设定而抵押是对不动产而设定。

4.留置

留置是指合同的当事人一方依据合同，事先占有对方的财产，当对方不履行债务时，债权人可将占有的财产留置，依法将财产折价、变卖从所得的价款中优先受偿。留置适合运输合同、加工承揽合同、保管合同等。我国在合同法中明确规定，发包人未按照约定支付价款的，承包人可以催告，经催告后仍然不支付的，除工程性质不宜折价的外，承包人和发包人可以协商将工程折价，或申请法院将工程拍卖。现在合同法中明确规定对建设工程可以行使留置权。

5.定金

定金是指为了证明合同的成立和保证合同的履行，双方约定一方事先向另一方支付一定金额货币的行为。支付定金一方违约无权要求对方退还定金；收取定金的一方违约双倍返还对方。在勘察、设计合同中通常采用定金的形式作为担保方式。

第三节　建设工程施工合同示范文本

一、建设工程合同示范文本制度

为了加强建设工程合同管理，规范合同用语，减少合同中的分歧、纠纷，保证合同的全面性和合法性，建设部和国家工商行政管理局联合发布了一些建设工程合同示范文本。1991年发布了《建设工程施工合同示范文本》，1999年12月对1991年发布的《建设工程施工合同示范文本》进行了修订，1995年发布了《工程建设监理合同示范文本》，1996年发布了《建设工程勘察合同示范文本》和《建设工程设计合同示范文本》。这些文本的出台对建设工程中勘察、设计、施工、监理等行为起到了规范和约束作用，是签订和管理建设工程合同的主要依据。建设单位和承包单位应按照示范文本签订合同。

二、建设工程施工合同的内容

建设工程合同的内容包括合同的一般内容：标的、价款、数量、质量、履行时间、履行地点、方式、违约责任等，还包括以下内容：

1．合同文件的组成部分

建设工程合同文件除合同本身以外，还包括中标通知书、招标文件、工程量清单或合同履行中双方有关工程的洽商、变更等书面协议或文件也作为合同的组成部分。同时还应该明确各组成部分的解释顺序。

2．建设工程的基本情况

该条款包括工程的名称、详细的地址、工程内容、承包范围和方式、建筑面积、建设工期、质量等级。这些内容应该具体明确。同时应明确提前工期或延误工期的奖惩办法。

3．合同双方当事人的责任。见示范文本的内容。

4．建设工程合同价款的支付。

在该条款中应写明约定工程造价的依据，确定工程造价的方式：是按甲乙双方审定的工程预算还是按招标工程的合同价；约定工程造价的调整方式；是实行规定价格还是可调价格，如为可调价格，则应明确可调因素；同时约定调整工程造价的方法。

5．竣工决算

建设工程合同除以上条款以外，还包括违约责任、变更和解除合同条款、工程保险等条款。

三、《建设工程施工合同示范文本》

《建设工程施工合同示范文本》分为三部分：《协议书》、《通用条款》、《专用条款》。

（一）《协议书》

当事人按照《中华人民共和国合同法》、《中华人民共和国建筑法》关于建设工程施工事项经协议所签订的合同，包括以下内容：

1．工程概况。主要反映工程名称、地点、内容、资金来源等基本情况。

2．工程承包范围。

3．合同工期。主要反映工程的开工、竣工及合同工期总日历天数等情况。

4．质量标准。

5．合同价款。

6．组成合同的文件。包括

（1）本合同协议书；

（2）中标通知书；

（3）投标书及其附件；

（4）本合同专用条款；

(5) 本合同通用条款;
(6) 标准、规范及有关技术文件;
(7) 图纸;
(8) 工程量清单;
(9) 工程报价单或预算书。

7. 本协议书有关词语含义与本合同第二部分《通用条款》中赋予的定义相同。

8. 承包人向发包人承诺按照合同约定进行施工、竣工,并在质量保修期内承担质量保修责任。

9. 发包人向承包人承诺按照合同约定的期限和方式支付合同价款及其他应当支付的款项。

10. 合同生效。主要反映合同订立时间、地点,及双方约定的生效时间。

发 包 人:(公章)	承 包 人:(公章)
住 所:	住 所:
法定代表人:	法定代表人:
委托代表人:	委托代表人:
电 话:	电 话:
传 真:	传 真:
开户银行:	开户银行:
账 号:	账 号:
邮政编码:	邮政编码:

(二)《通用条款》

通用条款对所有的施工工程都适用,它反映的是合同中的一般共性内容,详细规定了承包方、发包方的权利与义务。合同当事人根据通用条款的内容,进行增减、修改、补充,可以签订协议条款。其内容包括如下:

1. 词语定义及合同文件。本部分规定合同中的基本用语及涵义以及合同文件构成及解释顺序,语言文字和适用法律、标准及规范。

2. 双方一般权利与义务。本部分规定了甲、乙双方驻工地代表(工程师)的职责及甲、乙双方应完成的工作。

3. 施工组织设计和施工。本部分规定进度计划、开工及顺延开工、暂停施工、工期延误、工程竣工等双方的权利与义务。

4. 质量标准与质量检验。本部分规定了工程质量标准、检验方法;隐蔽工程和中间验收、重新检验、工程试车的做法和责任方承担的责任。

5. 安全施工。本部分规定了安全施工、安全防护、事故处理的做法。

6. 合同价款与支付。本部分规定了合同价款的形式、预付款的支付、工程量的确认、进度款的支付方法。

7. 材料设备供应。本部分规定甲、乙双方分工供应材料设备的方法和责任。

8. 工程变更。本部分规定合同变更的程序以及合同变更后如何确定变更价款。

9. 竣工验收与结算。本部分规定了竣工验收和竣工结算的程序及时间限定。

10. 违约、索赔和争议。本部分规定双方违约的情况,索赔的程序,争议的解决方式。

11. 其他。本部分规定了工程分包、不可抗力、保险、担保、专利技术及特殊工艺、文物和地下障碍物、合同解除、合同生效与终止、合同份数、补充条款等内容。

(三)《专用条款》

专用条款是根据具体的工程实际情况，结合承发包双方的自身条件、能力，施工现场和环境的条件及特点，由当事人按照通用条款的格式，进行修改、补充、增减。由此形成专用条款。它适用于一个具体的工程。是合同个性的表现。

通用条款和专用条款的顺序一致，专用条款中的内容由双方当事人结合实际协商填写。

1. 词语定义及合同文件

2. 合同文件及解释顺序

第四节 FIDIC合同条件

一、FIDIC组织

FIDIC一词是国际咨询工程师联合会（法文 FEDERATION INTERNATIONALE DESINGENIEURS-CONSEILS）的缩写，简称FIDIC。它是各国咨询工程师协会的国际联合会。FIDIC创建于1913年，最初是由欧洲几个国家的独立咨询工程师协会创建的。从创建至今共五版，1988年FIDIC第四版修正版颁布，它的合同文件的组成包括以下：

1.《土木工程施工合同条件》(简称FIDIC“红皮书”)；

2.《业主/咨询工程师标准服务协议书》(简称“白皮书”)；

3.《电气与机械工程合同条件》(简称“黄皮书”)；

4.《设计-建设和交钥匙工程合同条件》(简称“桔皮书”)；

5.《土木工程分包合同条件》；

6.《招标程序》；

7.《咨询公司合资协议》；

8.《分包协议》。

1999年FIDIC又将这些合同条件作了重大修改，颁布以下合同条件文本：

1. 施工合同条件；

2. EPC——交钥匙项目合同条件；

3. 永久设备和设计——建造合同条件。

4. 合同的简短格式

FIDIC条件的标准文本由英语写成。它不仅适用于国际工程，对它稍加修改即可适用各国国内工程。

二、FIDIC合同条件的特点及适用范围

FIDIC合同条件经过30多年的发展和修改，形成了一个科学、严密的体系。它具有以下特点：

1. 国际性和权威性

FIDIC合同条件科学地反映了国际工程中的普遍做法，以及最新的工程管理方法。它

是在总结国际工程合同管理各方面的经验教训的基础上制定的，是国际上最具权威性的合同文件，也是国际招标的工程项目使用最多的合同条件。如世界银行、亚洲开发银行等金融组织的贷款项目，都要求采用FIDIC编制的合同条件。

2. 公正性和合理性

FIDIC合同条件科学公正地反映合同双方的经济责任权利关系。包括公正合理地分配合同范围内工程施工的工作和责任；合理分配工程风险和义务；在确定工程师的权利的同时又要求其公正地行使义务。

3. 适用性广

FIDIC合同条件作为国际工程惯例，具有普遍的适用性。它不仅适用于国际工程，对它稍加修改即可适用国内工程。许多国家将FIDIC合同条件作为蓝本，作一些修改后即作为本国土木工程施工合同条件。

4. 严谨性和完整性

合同条件对施工中可能遇到的各种情况都作了描述和规定。对问题的处理方法和程序都作了严谨而具体、详细的规定。如保函的出具和批准、风险的分配、工程进度款的支付程序、完工结算和最终结算程序、索赔程序、争议解决程序等。

5. 通用性和专用性相结合

FIDIC合同条件包括通用条件和专用条件两部分。将工程的一般性和特殊性相结合，通过条件适合所有工程，专用条件适用具体工程由当事人协商解决。

三、FIDIC合同条件文本结构

国际咨询工程师联合会于1999年出版以下四份新的合同标准格式的第一版：

1. 施工合同条件

推荐用于由雇主设计的、或由其代表—工程师设计的房屋建筑或工程。在这种合同形式下，承包商一般都按照雇主提供的设计施工。但工程中的某些土木、机械、电力或建造工程也可以由承包商设计。

2.EPC/交钥匙项目合同条件

适用于工厂或其他类似设施的加工或能源设备的提供、或基础设施项目和其他类型的开发项目的全过程管理，这种合同条件所适用的项目：(1) 对最终价格和施工时间的确定性要求较高；(2) 承包商完全负责项目的设计和施工，雇主基本不参与工作。在交钥匙项目中，一般情况下由承包商实施所有的设计、采购和建造工作，即在“交钥匙”时提供一个配套、可以运行的设施。

3. 永久设备和设计——建造合同条件等

推荐用于电力或机械设备的提供，以及房屋建筑或工程的设计和实施。在这种合同形式下，一般都是由承包商按照规范设计和提供设备或其他工程（可能包括由土木、机械、电力或建造工程的任何组合形式）。

4. 合同的简短格式

推荐用于价值较低的建筑工程。根据工程的类型和具体条件的不同，此格式适用于较简单的、或重复性的、或工期短的工程。在这种合同形式下，一般都是由承包商按照雇主或其代表——工程师提供的设计实施工程，但对于部分或完全由承包商设计的土木、机械、电力或建造工程的合同也同样适用。

四、FIDIC《施工合同条件》简介

FIDIC《施工合同条件》(1999 年第一版)第一部为通用条件,论述了以下 20 个方面的问题:一般规定,业主,工程师,承包商,分包商,职员和劳工,工程设备、材料和工艺,开工、延误和暂停,竣工检验,业主的接收,缺陷责任,测量和估价,变更和调整,合同价格和支付,业主提出终止,承包商提出暂停和终止,风险和责任,保险,不可抗力,索赔、争端和仲裁。第二部分为专用条件编写指南。上述两部分后还附有投标函、合同协议书及争端仲裁协议书的格式。

(一)合同的法律基础、合同语言和合同文件

1. 合同的法律基础　投标函附录中必须明确规定合同受哪个国家或其他管辖区的"管辖法律"的制约。

2. 合同语言　如果合同文本采用一种以上的语言编写,由此形成了不同的版本,则以投标函附录规定的"主导语言"编写的版本为准。

3. 合同文件　构成合同文件应能互相解释,互相说明。如果合同文件出现含混或矛盾时,由工程师解释。构成合同的文件的优先解释顺序如下:

(1)合同协议书;

(2)中标书;

(3)投标函;

(4)专用条件;

(5)通用条件;

(6)规范;

(7)图纸;

(8)资料表以及其他构成合同一部分的文件。

(二)合同类型

1.FIDIC 施工合同是业主与承包商签订的施工承包合同,它适用于业主设计的房屋建筑工程,也可以有承包商承担部分永久工程的设计。

2.FIDIC 施工合同条件实行以工程师为核心的管理模式,承包商只应从工程师处接受有关指令,业主不得直接指挥承包商。

3. 从合同计价方法角度,FIDIC 施工合同条件属于单价合同。但在增加了"工程款支付表"后,使 FIDIC 施工合同条件同样适用于总价合同。

(三)业主的责任和权利

业主指在投标函附录中指定为业主的当事人或此当事人的合法继承人。业主的主要责任和权利如下:

1. 业主的责任

(1)提供施工场地的责任。业主应在投标函规定的时间内给予承包商进入和占用现场的权利。如果由于业主未能在规定的时间内给予承包商上述权利而使承包商遭受了损失,承包商可索赔工期、费用以及合理的利润。

(2)业主应向承包商说明其资金安排,按合同向承包商支付工程款。如果业主要将资金安排做实质性变动,则应向承包商发出详细通知。

(3)业主选择、任命工程师。业主选择、任命工程师,并与之签订协议,如果业主准

备撤换工程师，必须提前通知承包商并取得同意，否则不能撤换。

(4) 业主应按合同规定向承包商提供由业主提供的设备和材料，并对材料的短缺、缺陷或损坏负责。

(5) 在工程师按合同签发付款证书后，业主应在合同规定时间内向承包商支付工程款。

(6) 业主应承担的风险：

1) 战争、敌对行动（不论宣战与否）、入侵、外敌行动；

2) 工程所在国内的叛乱、恐怖活动、革命、暴动、军事政变或篡夺政权，或内战；

3) 暴乱、骚乱或混乱，完全局限于承包商的人员以及承包商和分包商的其他雇用人员中间的时间除外；

4) 工程所在国的军火、爆炸性物质、离子辐射或放射性污染，由于承包商使用此类军火、爆炸性物质、辐射或放射性活动的情况除外；

5) 以音速或超音速飞行的飞机或其他飞行装置产生的压力波；

6) 业主提前使用或占用永久工程的任何部分，合同中另有规定的除外；

7) 非承包商负责的工程设计错误；

8) 一个有经验的承包商不可预见且无法合理防范的自然力的作用。

发生以上风险导致了工程、货物损失，承包商有责任弥补此类损失或修复此类损害，但可获得工期的延长和费用增加。

2. 业主的权利

(1) 业主有权批准或否决承包商将合同转让或分包给他人。施工合同的签订就是业主对承包商的确认，承包商无权擅自将合同转让或分包他人。

(2) 业主有权将工程的部分分包给指定分包商。指定分包商是由业主指定施工单位或设备的供应商。

(3) 在缺陷通知期内，业主有权指令承包商实施补救缺陷工作。

(4) 由于承包商的原因导致工程的延长或增加付款，业主有权提出索赔。

(5) 承包商严重违约时，业主有权终止合同。

(四) 工程师的责任和权力

工程师是由业主选定的在投标函附录中指明为工程师的人员。工程师应履行合同规定的以及可由合同合理推断的职责和权力。如果要求工程师在行使某种权力之前需获得业主的批准，必须在合同专用条款中规定。工程师的权力和责任如下：

1. 工程师的责任

工程师行使合同中明确规定或必然隐含的赋予他的权力，认真履行合同，协调各方关系。

2. 工程师的权利

(1) 工程师负责解释合同中的含混和矛盾之处，并作出相应的澄清和指令。

(2) 工程师有权决定给予业主或承包商的工期延长和费用赔偿的时间延长量和费用的补偿量。

(3) 工程师可以根据合同在任何时候向承包商发出指令。

(4) 未经工程师的同意，承包商已运至现场的设备中的主要部分不得移出现场。

(5) 工程师有权了解承包商实施工程所采取的方法及安排。未经工程师的同意，承包商不得修改此类方法及安排。

(6) 工程师有权批准承包商的进度计划，或要求承包商修改进度计划。发布开工令、停工令、复工令、赶工令等。

(五) 承包商的责任与权力

承包商是指在业主收到的投标函中指明为承包商的当事人及其合法继承人。当承包商为两个或两个以上的当事人组成的联营体时，他们就合同的履行向业主承担共同的与各自的责任，未经业主同意，不得改变其组成或法律地位。承包商的责任和权力如下：

1. 承包商的责任

(1) 承包商应按照合同规定和工程师的指令对工程进行设计、施工、竣工和修补缺陷。并提供上述工作所需的永久设备、承包商的文件、承包商的人员、物品、消耗品等。

(2) 承包商对一切现场作业和施工方法的完备性、稳定性和安全性负责，并对承包商的文件、临时工程和按合同要求所做的设计负责，即使上述各项工作由工程师批准，如果出现错误也必须由承包商承担责任。

(3) 在收到中标通知函后 28 天内，承包商应按投标函附录中的规定，向业主提交一份履约保证。

(4) 承包商不得擅自将工程分包出去。并且对分包商、分包商的代理人及其人员的行为或违约负连带责任。

(5) 承包商应根据合同的约定或工程师通知的参照系对工程进行放线。承包商在使用前，有义务对业主提供的数据进行校核，并矫正工程定位中的错误。如果上述的差错造成了工程延误或增加额外费用，且此差错对一个有经验的承包商也是无法合理预见的，承包商可提出索赔工期、费用和合理的利润。

(6) 承包商应保障和保护业主免遭由于非业主负责的原因引起的知识产权和工业产权的侵权索赔。

(7) 承包商应按业主批准的承保人及条件办理保险，并在投标函附录中规定的期限内，向业主提交保险已生效的证明。

(8) 承认合同的完备性与正确性。

2. 承包商的权利

(1) 得到各项付款的权力。

(2) 提出索赔的权力。非承包商的原因造成工期的延误或费用的增加，承包商可以向业主提出索赔。

(3) 拒绝指定分包商的权力。

(4) 业主违约，承包商终止合同或暂停施工的权力。

(六) 合同价格及支付

1. 合同价格

合同价格通过实际工程结算价款确定，同时考虑因法规变化、物价变化等原因进行的调整。

2. 预付款

预付款是业主对承包商开工时提供的一笔无息贷款，包括动员预付款和材料预付款。

动员预付款是业主为解决承包商开展施工前期准备工作时资金短缺，而预先支付的一笔款项；材料预付款是业主为帮助承包商解决订购大宗主要材料和设备的资金周转，而预先支付的一笔款项。预付款应从每月的工程支付款中扣除。

3. 保留金

保留金一般按合同规定的百分比从每月支付证书中扣除。保留金的扣留从首次支付工程进度款开始，扣到合同规定的最高限定为止（一般为合同价的5%）。在签发工程移交证后，退还一半保留金；工程缺陷责任期到期后，剩余的保留金全部退还承包商。

4. 中期付款

每月末，承包商应向工程师提交一式6份工程款结算报表，详细说明承包商认为按合同规定到该月自己有权得到的各款项。在收到承包商的报表后28天之内，工程师向业主签发期中支付证书，说明他认为应支付给承包商的金额。在工程师得到承包商的报表起56天之内，业主向承包商支付按期中支付证书中开具的款额。

5. 竣工结算

承包商在收到工程接收证书后84天内，应向工程师提交一式6份竣工报表，详细说明到工程接收证书中注明的日期为止，根据合同已完成的所有工作的价值和他认为应进一步支付给他的款项等内容。工程师在收到承包商的报表后28天内，应向业主签发支付证书，要求业主付款。

6. 最终支付

工程师签发履约证书后56天内，承包商向工程师提交一式6份最终报表草案，详细说明按合同已完成的所有工作的价值和他认为应进一步支付的款项。工程师收到最终报表结清单后28天内，向业主签发最终支付证书，说明最终应支付的总额和还应支付给承包商的余额。在收到最终支付证书起56天，业主向承包商支付最终支付证书中开具的款额。只有最终支付证书得到支付并将履行保证金退还给承包商，结清单才生效。

7. 合同价格的调整

施工承包合同履行过程中，除正常的量方计价外，影响合同价格变动的因素有工程变更、索赔、物价涨落、法规变化等。因此合同价格应作相应调整，并且承包商有权根据变更情况获得费用补偿和工期延长。

（七）合同工期

1. 合同中的“日”指一个公历日，并非工作日；“年”指365天。

2. 开工日期，指在承包商接到中标函后42天之内，工程师按照有关开工的条款通知承包商开工的日期。

3. 竣工时间，指在投标函附录中规定的，从开工日期算起到工程或某一区段完工的日期，包括根据合同得到的所有工期的延长。

4. 工期延长。施工过程中发生的各种情况都可导致承包商的施工不能如期完成。如果事件的原因不属于承包商应承担的责任，承包商有权提出延期。通用条件规定以下任何情况承包商都可向工程师提出工期延长的要求：

(1) 工程变更或合同中包括的某项工程数量发生实质性变化；

(2) 根据合同规定承包商有权获得工期延长的其他情况（包括因无法预见的公共当局的干扰引起的延误）；

（3）异常不利的气候条件；

（4）由于传染病或其他政府行为导致人员、货物的短缺；

（5）由于业主、业主人员或业主的其他承包商延误、干扰或阻碍工程的正常进行。

5. 追赶工期。如果由于承包商的责任致使工程无法按期完工或实际进度落后于计划进度，承包商应按工程师的指令自费采取赶工措施，且无权要求获得工期的延长或费用的增加。

6. 工程暂停。工程师有权指令承包商暂停工程施工。暂停期间，承包商应保护、保管以及保障该部分或全部工程免遭任何损失。对于由非承包商责任引起的工程暂停，承包商有权根据合同获得工期延长和费用补偿。当工程已暂停 84 天以上，承包商可向工程师提出复工请求。如果工程师未在 28 天内给予许可，承包商可认为该工程已删减而不履行这一部分工程或认为业主违约而终止合同，或等待复工令，进一步向业主提出施工索赔。

（八）合同违约责任和解除合同

1. 承包商违约，应承担如下违约责任：

（1）误期损失费。如果承包商未在合同规定的竣工时间内完成合同规定的义务，则业主可向承包商收取误期损失赔偿费。误期损失赔偿费一般不超过投标函附录中规定的限额。

（2）业主终止合同。如果承包商发生下述违约行为，则业主有权终止合同：

1）不能按规定及时提交履约保证或按照工程师规定改正过失；

2）承包商无正当理由不按时开工、延误工期或不及时拆除、移走、重建不合格的工程设备、材料或工艺缺陷，或实施补救工作；

3）承包商未能根据合同履行任何义务，并且在工程师发出改正通知后，仍不履行合同；

4）承包商擅自将工程分包出去或转让合同；

5）承包商证明自己不愿继续按照合同履行义务；

6）经济上无力执行合同，根据法律规定，无力偿还到期债务，如破产、停业清理等；

7）各种贿赂行为。

2. 业主违约，应承担以下违约责任：

（1）暂停工作或降低工作速度。如果业主发生下述违约行为，则承包商可以暂停工作或降低工作速度；

1）业主在接到承包商的请求 28 天之内未能提供合理的证据，向承包商表明他的资金安排，或者业主在资金安排发生实质变更时未能向承包商发出通知提供详细资料。

2）业主在工程师收到承包商支付期中支付证书之日起 56 天内，或在业主收到最终支付证书之日起 56 天内未向承包商支付应支付的款额。对于业主的延误支付，承包商有权根据合同的规定获得延误期的利息，利率采用支付货币所在国中央银行的贴现率加上 3 个百分点计算。对于因业主的上述违约造成的承包商的工期延误和费用增加，承包商有权根据合同获得工期和费用的补偿。

（2）如果发生下述违约行为，则承包商可以终止合同：

1）承包商已向业主发出暂停工作的通知 42 天之后，业主仍未提供合理的资金证明；

2）工程师在收到报表和证明文件后 56 天之后，未能签发相应的支付证书；

3）应付款在合同规定的支付期满后42天之内，仍未支付；

4）业主基本上未执行合同规定的义务。

5）在承包商收到中标函后28天内业主没有按合同规定与其签订合同协议书，或擅自转让合同；

6）对于非承包商责任引起的工程暂停已持续84天以上，并且工程师在收到承包商的复工请求28天之内没有给予许可，而这部分工程又影响到整个工程。

7）业主无力执行合同、破产、无力偿还债务、停业清理。

当上述违约行为发生后，承包商可在向业主发出通知14天后终止本合同。承包商选择终止合同不应影响根据合同他应享有的其他权利。

3. 解除合同关系

在下述情况发生时，合同关系可被解除：

（1）业主有权在他认为适当的任何时候向承包商发出终止合同的通知。合同终止后，承包商的结束工作及可获得的支付与上述业主违约中的规定相同。业主无权为了自己实施工程或安排其他承包商实施工程的目的终止合同。

（2）如果发生不可抗力导致整个工程暂停已持续84天或已累计超过140天，则合同任何一方可向另一方发出终止合同的通知，合同的通知发出7天后终止。此后承包商应尽快停止一切进一步的工作，并移交已获得付款的文件、永久设备及材料、撤离现场上所有其他货物，随后离开现场。

（3）合同双方无法控制的事件或情况的发生，使合同任一方或双方履行合同义务已变为不可能或非法，或按合同适用的法律，合同双方均被解除进一步履约，则本合同终止。

（九）验收和保修责任

1. 竣工验收

工程完工以后应进行竣工验收。工程或区段只有通过了竣工验收，取得相应的工程接收证书后，承包商才能进行竣工结算；工程进入缺陷通知期，照管责任也由承包商转移给业主。竣工检验及工程接收证书的签发过程如下：

（1）承包商应提前21天通知工程师，说明他准备好进行竣工检验的日期。此类检验应在该日期后14天内进行。

（2）承包商在工程或区段已通过竣工检验并且已完成合同规定的所有工作后，向工程师发出申请接收证书的通知。工程师在接到此通知后28天内，如果对检查结果认为满意，向承包商签发接收证书，并说明工程或区段竣工的日期；对检查结果认为不满意，则驳回申请，说明要求承包商完成的补充工作。

（3）如果发生下述情况，则认为工程接收证书已签发：

1）在工程师为某部分工程签发接收证书之前，业主已占用了这一部分工程；

2）由于业主原因妨碍承包商进行竣工检验达14天以上，则认为业主已在竣工检验本应完成之日接收了工程或区段。

（4）在工程接收证书签发的日期之后，由于承包商的原因导致发包方的损失，或在接收证书签发之前由于承包商的责任导致在证书签发之后出现的损失。

（5）承包商在收到工程的接收证书84天内向工程师提交竣工报表，进行竣工结算。

2. 保修（缺陷责任）

（1）工程保修期（又称缺陷通知期），指在投标函附录中规定，它从接收证书中注明的工程或区段的竣工日期开始计算，规定合同通知工程或区段中的缺陷的期限（包括根据合同决定的缺陷通知期的延长）。

（2）承包商的保修责任

1）完成扫尾工作和修补缺陷。在缺陷通知期内，承包商应按工程师的要求完成接收证书中注明的竣工时间时尚未完成的扫尾工作，并补救工程的缺陷或损害。

2）修补缺陷或损害的费用，应由引起这类缺陷、损害的责任方承担。对于以下原因由承包商承担费用；

（A）承包商负责的设计；

（B）承包商提供的永久设备、材料、工艺不符合合同要求；

（C）承包商未履行其他合同义务。

3）缺陷通知期的延长。如果工程、区段、永久设备由于缺陷、损害而不能按预定目的使用，则业主有权获得缺陷通知期的延长，但不得超过 2 年。

4）未能补救缺陷，如果承包商未能在一合理时间内修补缺陷、损害，而按合同规定此类修补费用又应由承包商承担，则业主可以：

（A）自己或聘请他人完成修补工作，由承包商承担费用；

（B）终止这部分工程的合同，收回已支付的全部费用和清理工程所需的其他费用。

（3）签发履约证书。工程师应在最后一个缺陷通知期期满之后 28 天内向承包商签发履约证书。履约证书的签发，标志着业主对工程的接受，之后，业主退还剩余的保留金、履约保证，承包商提交最终报表、结清单，进行最终结算。

（4）提交最终报表和结清单。在履约证书签发后 56 天内，承包商应向工程师提交最终报表草案，与工程师协商后，承包商提交最终报表和清单。

（5）签发最终支付证书。工程师在收到最终报表和结清单后 28 天内，应向业主签发最终支付证书，说明最终应支付的款额以及合同双方最终的债权、债务。

（十）索赔

索赔包括业主向承包商索赔和承包商向业主索赔。一般习惯称承包商向业主索赔称为索赔。

第五节　工　程　索　赔

一、工程索赔的概念

（一）索赔

索赔是指合同执行过程中，合同当事人一方因对方违约或其他过错，或虽无过错但因无法防止的外因致使本方受到损失时，要求对方给予赔偿或补偿的权利。

（二）工程索赔

工程索赔有狭义和广义两种解释。狭义的工程索赔是指承包商向业主提出的索赔；广义的工程索赔既包括承包商向业主提出的索赔，也包括业主向承包商提出的索赔，后者又称反索赔。在实际履行合同中，承包商向业主索赔，业主对承包商的违约是惩罚。在这里介绍承包商向业主提出的索赔。

在市场经济体制下，工程索赔是一种正常现象，是施工合同管理的重要内容，也是监理工程师进行工程项目管理的主要任务之一。

索赔是一门“艺术”，涉及到工程技术、工程管理、法律、财会、公共关系、管理科学等多专业学科知识。参与索赔工作的人员必须具有丰富的管理经验，熟悉施工中的各个环节，通晓各种建筑法规，并具有一定的财务知识。

一般来说，索赔有两种方式：一是（工期索赔），二是（费用索赔）。

二、引起工程索赔的因素

（一）业主违约

业主违约常常表现为业主或其代理人未能按合同规定，为承包商提供应该由业主提供的使承包商得以顺利施工的必要条件，或未能在规定的时间内付款等。

（二）合同变更

一般在合同中均订有变更条款，即业主均保留变更工程的权利。合同变更主要表现为设计变更、施工方法变更、追加或取消某些分项工程等。

（三）合同缺陷

合同缺陷主要表现为合同中的规定不严谨、互相矛盾、遗漏或错误。这种缺陷也包括技术规范和图纸中的问题。在这种情况下，工程师有权作出解释。但如果承包人在执行工程师的解释后引起成本增加或工期延长，承包人可以就此提出索赔，工程师应该给予证明，业主应该给予补偿。

（四）施工条件变化

主要是指在投标时所提供的资料中无法预料的不利的自然条件。如地下水、地质断层、溶洞、沉陷等。这些不利的自然条件，常常导致设计变更、工期延长或成本增加，必然会引起工程索赔。

（五）监理工程师指令

监理工程师指令通常表现为指令承包商加速施工，进行某项工作，采取某项措施或停工等。这种指令（包括错误的指令）而造成的成本的增加、工期延误，承包商理应索赔。

（六）国家政策及法律、法令变更

这些变更主要是指直接影响工程造价的政策、法律、法令，如限制进口、外汇管制、税收、有关收费标准的提高等。无论是国内工程还是国际工程，由于这些变更导致工程造价增加。承包商可以要求索赔。

（七）其他承包商干扰

在同一工程中，业主会选择几个承包商共同承包工程。而这些承包商互相之间无直接的工作关系，他们的承包合同都直接与业主签订。在实际履行合同中，其他承包商都可能未按时间、质量、工序要求完成某项工作，以及各承包商之间协调配合不好等，给自己的工作带来干扰，从而引起索赔。

（八）其他第三方面原因

这种原因主要表现为，因与工程有关的其他第三方面的问题而引起的对本工程的不利影响。如邮电延误、港口压港等。

（九）其他综合因素引起的索赔

以上这些引起索赔的因素，作为承包商要密切关注，进行仔细斟酌，严加推敲，为自己寻找保护性的机会。

三、索赔的分类

(一) 按索赔的目的分

1. 工期索赔

即承包商要求业主延长工期。

2. 费用索赔

即要求业主补偿费用。

(二) 按索赔的当事人分

1. 承包商同业主之间的索赔

2. 承包商同分包商间的索赔

3. 承包商与保险公司的索赔

4. 承包间与供应商间的索赔

(三) 按索赔的依据分

1. 合同内索赔

此种索赔在合同条款中能够找到依据，索赔的解决和处理较顺利。

2. 合同外索赔

此种索赔难以在合同条款中找到依据，但可以从对合同推断或其他的有关条款联系起来论证该索赔是否属合同规定。

3. 道义的索赔

这种索赔无合同和法律依据，承包商认为有补偿的道义基础，而向业主寻求优惠性质的额外付款。一般来说此条难以实施。

(四) 按索赔处理方式分

1. 单项索赔

此类索赔是承包商针对某一事件提出的索赔。

2. 综合索赔

此类索赔指承包商在工程竣工前后，将施工过程中已提出但未能解决的索赔汇总在一起，向业主提出一份综合索赔意向通知书。

四、工程索赔的依据

工程索赔的依据主要是法律、法规及工程建设贯例、招标文件、设计变更，尤其是双方签订的工程合同文件。

由于不同的具体工程签有不同的合同文件，即使同类工程承包商与业主签订的合同文件也不一致。因此，索赔的依据也就不完全相同，合同当事人的索赔权利也不同。

五、施工索赔的程序

施工索赔程序是指从施工索赔事件发生到最终处理全过程所包括的工作内容和步骤。一般可以分为以下几个步骤：

(一) 索赔意向通知

在工程实施过程中，一旦发现索赔或意识到潜在的索赔机会后，承包商要做的第一件事就是在合同规定的时间内，将有关情况及索赔意向书面通知监理工程师（业主），它标志着一项索赔的开始。FIDIC《土木工程施工合同条件》第 53.1 条规定：“在引起索赔事件第一次发生之后的第28天内，承包商将他的索赔意向通知工程师，同时将一份副本呈交业主”。索赔意向的提出是索赔工作程序中的第一步，其关键是抓住索赔机会，及时提出索赔意向。

索赔意向通知，通常包括以下内容：

1. 索赔事件发生的时间、原因和情况的简单叙述；

2. 索赔理由（根据）；

3. 有关索赔证据的资料；

4. 索赔事件的影响分析。

（二）索赔资料的准备

索赔的成功在很大程度上取决于承包商对索赔作出的解释和具有强有力的证明材料。在实际工作中，许多索赔要求都因没有或缺少书面证据而得不到合理的解决。因此，承包商应注意记录和保存有关的文件资料，以备索赔时从中获取证据资料。这些文件资料包括：施工日志、来往信件、气象资料、备忘录、会议纪要、工程照片和工程声像资料、工程进度计划、工程考核资料、工程报告、投标前参考资料和现场勘察备忘录、编制投标书的资料等。

（三）索赔意向通知书的编写

索赔意向通知书表述了承包商的索赔要求和支持这个要求的依据。它决定了承包商索赔的地位，是索赔要求能否获得有利和合理解决的关键。因此索赔意向通知书的编写要做到证据充分，损失计算准确，原因分析深透。正文主要包括：标题、事实与理由、损失计算三部分。

（四）索赔文件的提交

索赔意向通知书编制完成后，应立即向监理工程师（业主）提交。在履行施工合同中索赔事件是常见的，承包商应做到有一项则提出一项，不要等待几项后再来提“一揽子”索赔。提交索赔意向通知书后，承包商要主动催促监理工程师（业主）办理。索赔的关键是“索”，承包商不主动“索”，监理工程师（业主）没有任何义务“赔”。按国际惯例及FIDIC条款规定，承包商应在索赔事件发生后28天内提交正式索赔意向通知书。按我国的合同条件规定，应在索赔事件发生后20天内提交正式索赔意向通知书。

（五）索赔意向通知书的评审

工程师是受业主的委托和聘请，对工程项目的实施进行组织、监督和控制工作。工程师（业主）接到承包商的索赔意向通知书后，应立即仔细阅读其报告，并对不合理的索赔进行反驳或提出的各种质疑作出圆满的答复。

（六）索赔的处理

从递交索赔意向通知书到索赔结束是索赔的处理过程。经工程师（业主）对索赔文件的评审，与承包商进行了充分的讨论后，工程师应提出对索赔处理的初步意见，并参加业主和承包商之间的索赔谈判，根据谈判达成索赔最后处理的一致意见。如果业主和承包商通过谈判达不成一致，则可根据合同规定，将索赔争议提交仲裁或进行诉讼，使索赔问题得到最终圆满解决。当然，在实际处理中，双方应尽最大的可能以友好协商的方式解决索赔问题，不轻易提交仲裁。

六、编制索赔意向通知书应注意的问题

索赔意向通知书是承包商向监理工程师（业主）提出索赔的书面文件，它全面反映了承包商对索赔事件的所有要求和主张，业主也是通过对它的审核、分析和评价作出认可、要求修改、反驳甚至拒绝的依据，它也是双方进行索赔谈判或调解、仲裁、诉讼的基础。因此，索赔意向通知书的表述与内容对索赔的解决有重大影响，承包商必须认真编写索赔意向通知书。

（一）索赔意向通知书的形式和内容

为了使索赔意向通知书简明扼要，有条有理，便于阅读者的阅读和了解，应注意索赔意向通知书的形式和内容的安排。一般可以考虑用金字塔的形式编写。如图 5-1 所示。

（二）编制索赔意向通知书应注意的事项

编制索赔意向通知书应注意以下几点：

1. 实事求是

索赔事件是真实的，索赔的根据和款项应实事求是，不能虚构和扩大，更不能无中生有。使监理工程师（业主）审核后觉得索赔要求合情合理，不应拒绝。否则，会适得其反。

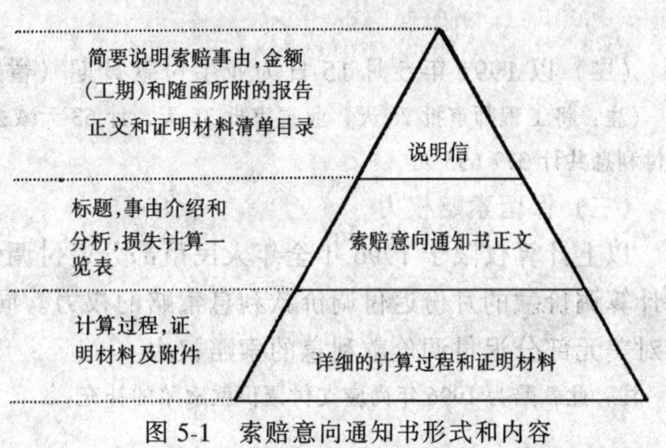

图 5-1　索赔意向通知书形式和内容

2. 说服力强

实事求是的索赔要求，本身就具有说服力，但除此之外，索赔意向通知书中责任分析应清楚、准确，还应引用合同文件中的相关条款，为索赔要求引证合同根据，并附上有关证据材料。

3. 计算准确

作为索赔依据的基本资料和数字的计算应准确无误，计算结果必须反复校核，不能有任何差错。数字计算上的粗枝大叶，容易给人对索赔的可信度造成不好的印象。

4. 简明扼要，组织严密，资料充足，条理清楚

要使索赔意向通知书有说服力，必须注意文字简练、用词严密、条理清楚，各种定义、论述、结论正确，逻辑性强，既能完整地反映索赔要求，又要简明扼要，使业主理解索赔的本质。这样，索赔就有成功的希望。

附索赔案例：

关于某合同业主迟付价格调整款支付利息的索赔

一、情况简介

某合同 1996 年元月开工，1996 年 5 月开始支付工程计量款项。业主以没有相应的正式政府统计部门价格指数为由，对承包商 1996 年全部中间支付证书的申请付款（人民币部分），一直未按合同规定的价格调整公式计算、支付价格调整款。1996 年 8 月临时确定以投标截止日期（1995 年 9 月）为起点，每月递增 1%，作为暂定调价系数向承包商支付价格调整款。1996 年全年共支付2 861 329元。1997 年 4 月，业主与承包商协商确定，各项价格指数以某省统计局提供的“公路施工主要材料及费用价格指数表”为准，并按调价公式计算结果付款。依据某省统计局给出的 1996 年 4 月～12 月份价格指数为计算依据。

承包商向业主提出1996年业主迟付价格调整款应支付利息的索赔意向通知书。

二、索赔的合同依据

合同条件第70.1、70.3、60.2和60.11款规定及投标书附录中规定的“业主支付金额的利率为每天0.022%。

三、索赔计算及计算说明

(一) 1996年4月~12月份某合同人民币部分价格调计算表

此表计算出每月的价格调整系数，应付价格调整金额，尚付调整价款共计9 025 640元。

(二) 以1997年5月15日为业主付款日期（暂定），计算出各月迟付天数

(注：将工程师审批28天，业主审批35天，计63天减去)，以日利率0.022%支付利息，得出各月应付利息共计377 695元。

(三) 保留索赔权力

以上计算仅限于1996年全年人民币部分迟付调价利息，保留对1997年按暂定调价系数计算调价款的月份迟付调价款利息索赔的权力。同时，美元部分调价一直未支付，故保留对美元部分迟付调价款利息的索赔权力。

注：此款赔为1996年尚应支付调价款索赔的补充。

本 章 小 结

通过各种途径获得的承包任务，都必须用合同的形式明确承发包双方的权利与义务关系。在本章中介绍了合同的一般知识，包括合同的订立、履行、解除、变更、终止、合同的措施与保护、违约责任的确定等。建设工程合同作为合同的一种形式，在本章中主要介绍了建设工程合同的订立、履行、工程合同的担保、纠纷处理等。为保证工程合同的有效履行，国家有关部门根据FIDIC合同条件制定了建设工程施工合同示范文本。在示范文本中应该掌握示范文本的构成，以及通用条款中双方的责任如何确定，专用条件等。我国已加入WTO，入世后国际工程增多，为此还应该掌握国际惯例中的FIDIC合同条件，为此在本章中还介绍了FIDIC合同条件，该条件的合同文本组成、施工合同文本的内容；工程索赔的概念、原因、依据、程序、应注意的问题，索赔通知书的形式和内容等。

复 习 思 考 题

1. 合同的内容有哪些？
2. 简述合同订立的程序。
3. 什么是合同中的抗辩权？它包括哪些内容？
4. 合同履行的一般规定是怎样的？
5. 建筑工程合同的履行原则有哪些？
6. 建设工程合同包括的内容有哪些？
7. 建筑工程合同的特点有哪些，与一般合同有何不同？
8. 施工合同文件的构成，并说明他们之间的关系。
9. 合同文件的构成，如何理解其解释顺序？

10.FIDIC 合同条件的特点及适用范围?

11. 工程合同的担保有哪些? 其担保作用是如何体现的?

12.FIDIC 合同文本的构成?

13.FIDIC 合同条件的内容有哪些?

14. 引起工程索赔的因素有哪些?

15. 如何进行索赔?

16. 拟编一份索赔通知书。

第六章　计　划　管　理

在社会主义市场经济条件下，计划仍然是宏观调控的一个重要手段，也是企业指导生产经营活动的重要手段。任何企业的生产经营活动，都离不开计划。本章介绍建筑企业计划管理的基本知识和综合计划的编制。

第一节　计划管理概述

一、计划的含义

（一）什么是计划

计划是重要的管理职能之一，它是基于对客观实际的认识，确定某项活动在未来一定时期内应达到的目标，以及为实现目标所进行的一系列筹划活动的总称。

计划是企业管理活动的首要一环，是一切管理的“龙头”。可以说，没有计划，就根本谈不上管理，更无法管理好企业。

（二）什么是计划管理

计划管理是指利用计划这种手段，对企业生产经营活动进行计划的编制、平衡、协调、控制、考核等一系列活动的总称。

计划管理分为三个阶段，即计划的编制阶段、计划的实施阶段、计划的检查分析阶段。这三个阶段进行周期性循环，相互之间也有渗透。

（三）什么是全面计划管理

计划是建筑企业经营管理活动的依据，而计划管理则是企业管理的首要环节，是一种综合性的管理工作。在建筑企业管理体系中，全面计划管理与全面质量管理、全面劳动人事管理等并列。全面计划管理，可以概括为全企业、全过程和全员性的计划管理，它是企业最高形态的综合性的管理。

全企业的计划管理,是说建筑企业不仅要有综合计划,而且企业内部各职能科室、各级机构乃至个人的工作都应当有计划,构成全企业的计划体系。企业内部单位的计划,是企业综合计划的分解,它服从于企业计划的指导,保证实现企业计划,保证实现企业经营目标。

全过程的计划管理，是说建筑企业生产经营活动的每一个环节都实行计划管理。包括市场调查、参加投标、签订合同、施工准备、正式施工、交工验收、竣工结算、售后服务（回访）等活动都要有计划。

全员的计划管理，是说企业计划管理涉及企业每个职工，人人都要有自己的行动计划，人人都要关心和参与整个企业和具体部门的计划管理工作，用每一个岗位计划的实现来保证全企业计划的实现。

二、计划管理的作用及特点

（一）计划管理的作用

1. 通过计划管理，可以促使建筑企业在国家宏观计划指导下，以经济效益为中心，瞄准市场，生产质优、价廉的建筑产品，提高企业的经济效益和社会效益。

2. 计划管理促使建筑企业把长远目标和近期目标、综合目标和分目标联系起来，使各部门、各层次和职工都有明确的责任，进而保证实现企业的经营目标。

3. 计划编制与综合平衡的过程，就是促使建筑企业系统地分析外部环境和内部条件，挖掘内部潜力以满足市场需要的筹划过程。

4. 通过计划管理，总结管理的经验，不断提高企业和工程计划的管理水平。

（二）计划管理的特点

1. 经营性

计划的编制、实施和控制，都必须从搞活企业经营出发，搞好生产与经营的全面计划管理，以经营推动施工生产，促进企业经营的发展。

2. 多变性

由于建筑产品的特点，决定了建筑产品生产的特点，也决定了经营管理的特点。这些特点，影响企业生产效率，影响计划的稳定性。因此，建筑企业应提高计划的预见性，使施工计划富有一定弹性。

3. 被动性

建筑企业的生产任务承揽受多方面的影响，使企业计划具有被动性。此外，建筑生产消耗资源品种多、数量大、施工周期长，受市场价格等影响因素多，决算最终成本的时间长。这些，都给企业计划管理带来被动局面。

4. 协作性

建筑生产经营方式决定了常常是几个施工单位在一个建设项目甚至一个单位工程上施工。在一个单位工程施工中，又要组织多工种同时施工，进行立体交叉作业。因此，在编制生产经营计划时，应使计划具有灵活性与协作性，满足各种协作条件的要求，合理安排时间和空间，严密组织施工。

三、目标管理

（一）经营目标的含义、内容

1. 经营目标的含义

经营目标是指企业在未来一定时间内，生产经营活动应达到的成果。

经营目标是企业生产经营计划的核心。编制经营计划，首先必须根据企业内外条件，制定切实可行的经营目标；然后才能分析企业实现经营目标存在的差距与问题，在此基础上制订解决的措施，用综合平衡方法编制出计划。

2. 经营目标的内容

建筑企业的经营目标由以下内容组成：

(1) 贡献目标　建筑企业应把对社会的贡献作为自己的首要经营目标，表现为企业在一定时期内为社会提供的建筑产品的数量、质量和上缴的税金等。

(2) 信誉目标　信誉目标也称市场目标，指企业在未来一定时间的经营中，取得社会信任，占有市场方面应达到的目标，体现在建筑市场占有率等方面。在市场经济条件下，企业要想求生存、求发展，必须取得良好的社会信誉，赢得市场。企业信誉是国家、社会和用户（建设单位）对企业评价的综合表现。

（3）利益目标　建筑企业经营目标的中心是全面提高经济效益。利益目标是企业生产经营活动的内在经济动力和最根本目标。主要包括：利润总额、利润率、工资、奖金、职工福利等指标在计划期应达到的要求。

（4）发展目标　建筑企业在生产经营过程中，不仅要求生存，更重要的是要求发展。发展目标表现为扩大生产规模、提高技术装备、提高产品质量、提高企业素质、提高市场占有率等。在不同时期，企业可根据自身实际情况，选择目标发展的重点。

（二）目标管理的含义及特点

1. 目标管理的含义

所谓目标管理，即企业为了实现一定经营目标而进行的目标的制定、实施、检查、总结等一系列活动。

目标管理强调事前控制，把管理的重点从对过程的管理转移到对目标的管理。用目标把企业每个职工调动起来，使之为达到一定成果而努力工作。

2. 目标管理的特点

目标管理和企业的一般管理方法相比较，具有以下特点：

（1）系统性　企业一般管理方法都有一个制定目标、编制计划的环节，但目标管理则更强调目标的系统性。目标管理要求企业形成目标体系，不仅要有企业总目标，还要有各层次、各部门、各环节的分目标。建筑企业的目标，应该是多层次、多部门、多环节的目标系统，并且形成纵横交错的目标网络。

目标管理的总目标和分目标之间的关系，如同系统中的母系统与子系统的关系一样，存在着有机联系，是不可分割的整体。

（2）群众性　目标管理强调员工的参与意识，要求人人都加入目标管理的行列，用目标进行自我控制，为实现目标而工作。在目标管理中，从制定目标开始就要求让员工参与，以提高实施目标的自觉性。目标管理中强调员工自我控制的思想，比一般管理方法中上级、制度的控制，更具有积极的意义。

（3）协作性　目标管理强调的是协作关系，即一方面，上级在分解目标时，除了给下级提出具体要求外，还要为其创造实施目标的充分必要条件，以避免上下脱节；另一方面，分解目标时，还应注意分目标之间的关系，把实施过程中相互的协作工作，作为目标的内容，列入相关的子目标，以使各子目标在执行过程中协调一致。

（三）经营目标制定程序

企业目标直接关系到企业的成长与发展。

建筑企业经营目标决策的实质，是正确处理企业外部环境条件、企业内部条件、企业目标三者不平衡关系，谋求三者之间的动态平衡。经营目标的编制程序如图 6-1 所示。

（四）经营目标的分解与展开

确定经营目标的关键问题是经营目标的分解与展开。所谓目标分解与展开，就是把企业的总目标层层分解为各级组织的分目标，根据各级组织分目标制定对策、措施，并落实到具体的部门和相关人员。

不同的组织机构形式，目标的分解与展开的模式不一样，通常有以下几种形式：

1. 按矩阵图展开（分解）

按矩阵图分解与展开，就是把目标按照工程项目和职能部门两条途径分解给执行单

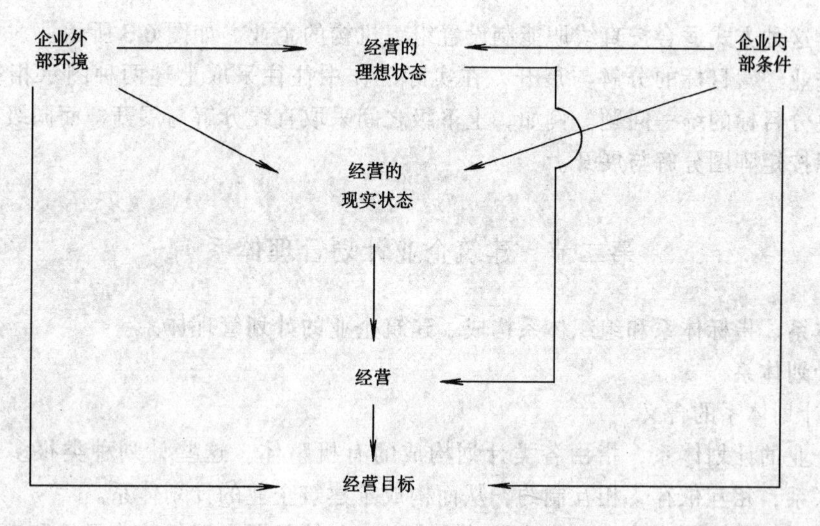

图 6-1 经营目标制定程序

位，分别落实对策和措施。这种方式适合按矩阵制设置组织机构的企业。如图 6-2 所示。

企业总目标					按职能部门展开				
产量	产值	利润	质量		计划	技术	财务	……	……
按工程项目展开	工程项目 1				对策	对策	对策		
	工程项目 2				对策	对策	对策		
	工程项目 3				对策	对策	对策		
	……								
	……								

图 6-2 目标管理矩阵图

2. 按直线图展开（分解）

按直线图分解与展开，就是根据层层落实的原则，将目标按垂直系统逐级分解，直至

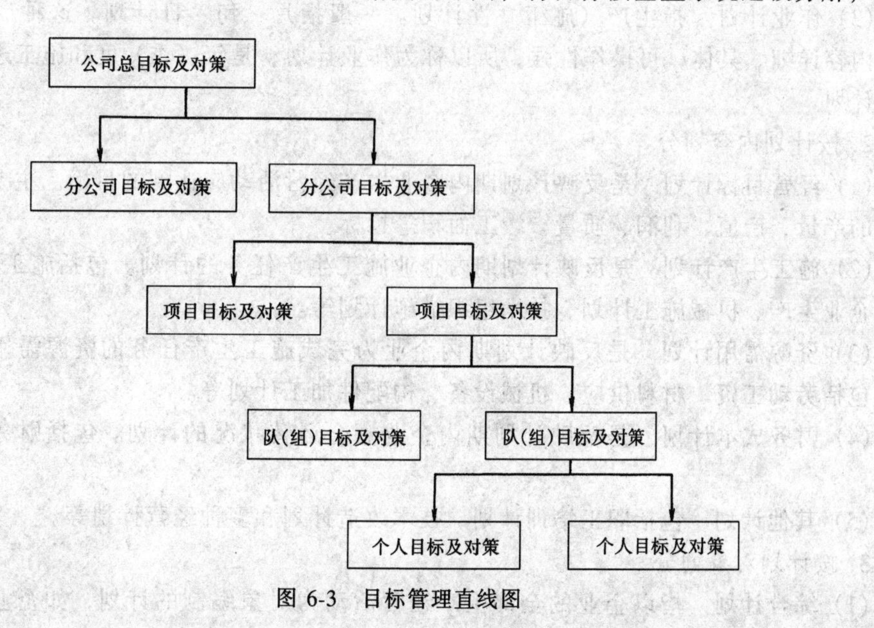

图 6-3 目标管理直线图

员工个人。这种方式适合按直线职能制设置组织机构的企业。如图6-3所示。

建筑企业经营目标的分解与展开，在实际工作中往往采取上述两种图示相结合的方法，以解决分目标的统一问题。例如，上下级之间采取直线分解与展开，而同级各职能机构的分目标按矩阵图分解与展开。

第二节　建筑企业计划管理体系

计划体系、指标体系和组织体系构成了建筑企业的计划管理体系。

一、计划体系

（一）计划体系的含义

建筑企业的计划体系，指由各类计划构成的有机整体。这些计划种类很多，纵横有序，相互联系，相互依存，相互制约，从而构成了建筑企业的计划体系。

建筑企业的计划体系，应以经济效益为中心，坚持长期发展的战略目标和满足当前市场的需求，建立以经营合同计划为核心的经营计划体系。

（二）计划的种类

在社会主义市场经济条件下，按照不同的标准，可以分为以下几种：

1．按计划期划分

（1）中长期计划　指企业的发展方向和经营方针的规划。计划期一般超过一年。如五年计划、施工项目总进度计划、单位工程施工进度计划等。这种计划具有规划性和战略性，由于时间长，不可预见因素多，因此只是一个概略性、原则性、预测性计划。

（2）短期计划　指在企业经营结构不变的情况下所实行的具体经营计划。一般指年度、季度计划。这种计划包括企业的经营目标、施工生产、财务管理等方面。因此具有全面性、综合性、指导性，全企业都必须遵循和落实。这种计划一般又称为年（季）度生产经营计划。

（3）作业计划　指生产（施工）性计划。一般指月、旬、日计划。这种计划的时间短，内容详细、具体，可操作性强，所以称为作业计划，是年（季）度和施工进度计划的实施计划。

2．按计划内容划分

（1）经营目标计划　是反映计划期内企业生产经营活动应达到的目标。主要包括计划期内的产量、产值、利润、质量、竣工面积等指标。

（2）施工生产计划　是反映计划期内企业施工生产任务的计划。包括施工项目产值、附属企业生产、机械施工计划、技术组织措施计划等。

（3）资源需用计划　是反映计划期内企业为完成施工生产任务的资源需用情况的计划。包括劳动工资、材料供应、机械设备、构配件加工计划等。

（4）财务成本计划　是反映计划期内企业资金运转状况的计划。包括财务及成本计划。

（5）其他计划　包括职工培训计划、技术改造计划和多种经营计划等。

3．按计划对象划分

（1）综合计划　指以企业的全部生产经营活动为对象编制的计划，如企业的五年计划、年度计划等。

(2) 施工组织计划　指以施工项目为对象编制的计划，如施工组织设计或施工方案等。

(三) 各类计划之间的关系

1. 不同计划期计划之间的关系

一般而言，较长计划期的计划控制、指导较短计划期的计划，较短计划期计划保证较长计划期计划的实现，两者相辅相成。如，年度计划应在施工组织总设计的指导下编制，季度计划应根据单位工程施工组织设计来编制，据此确保工程项目的完成。

2. 专业计划之间的关系

专业计划是指按计划内容划分的计划。它是综合计划和施工组织计划的具体内容。在众多的专业计划中，经营目标计划是中心，其他计划都是为实现经营目标而设置的。具体说来，施工生产计划是依据计划期内经营目标安排施工生产任务；资源需用计划是依据施工生产任务提出各类资源需用量；财务成本计划则是依据经营目标和施工生产中的技术组织措施，以及企业的资金状况安排资金，控制收支和成本。各专业计划之间的关系如图6-4所示。

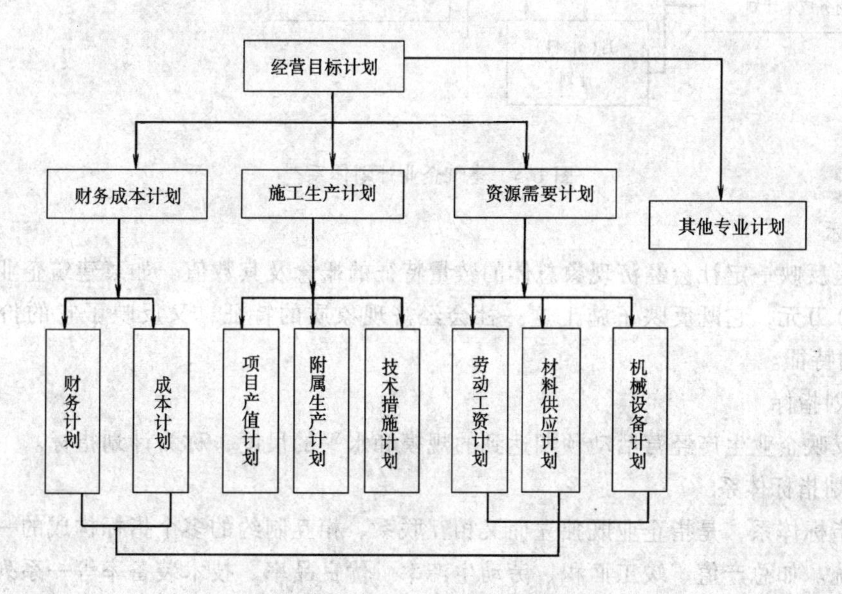

图 6-4　建筑企业专业计划之间的关系

3. 综合计划与施工组织计划之间的关系

综合计划反映企业的全貌，施工组织计划反映某一工程项目的情况。概括地讲，二者之间是整体和局部的关系。

综合计划对施工组织计划有调节和指导作用，施工组织计划的方向和内容又必须与综合计划的总目标基本一致；二者的指标数值统一，但并非简单相加，它们之间存在互为依存、相互保证、相互制约的关系。

建筑企业计划体系如图6-5所示。

二、计划指标体系

(一) 计划指标体系的含义

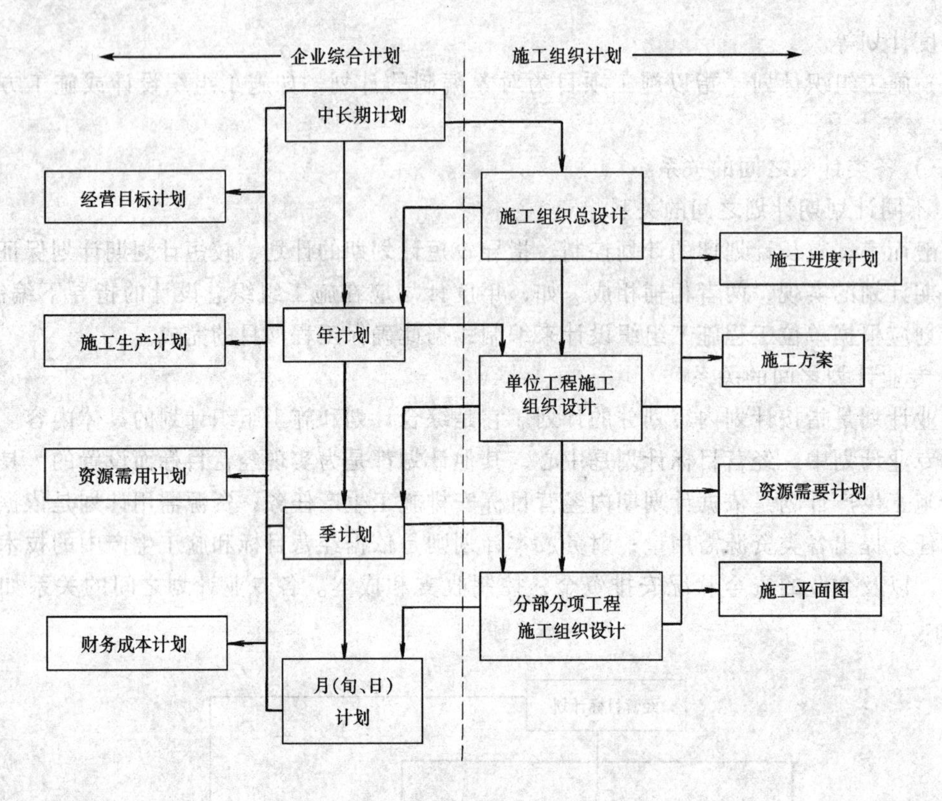

图 6-5 建筑企业计划体系

1. 指标

指标是反映一定社会经济现象总体的数量特征的概念及其数值。如某建筑企业完成施工产值 100 万元，它既反映了施工这一社会经济现象质的特征，又反映了它的价值量为 100 万元的特征。

2. 计划指标

用来反映企业生产经营活动预期达到的规模和水平的尺度，称为计划指标。

3. 计划指标体系

计划指标体系，是指企业既独立而又相互联系、相互制约的多个指标构成的一个完整的计划系统。如总产值、竣工面积、劳动生产率、优良品率、技术装备率等一系列既独立又相互联系的指标，形成了一个符合建筑企业生产经营特点的指标体系。

（二）计划指标的作用

计划指标的作用表现在计划管理的不同阶段，即在计划实施之前，指标反映企业在未来一定时期内生产经营活动将达到的规模和水平，规定了企业经营管理各方面的行动目标；在计划实施过程中，指标是企业控制生产、技术、经济活动的依据；在计划实施完毕后，指标是检查、分析生产经营成果的依据。

（三）计划指标的分类

1. 按指标性质划分

（1）数量指标　当指标内容反映的是标志总量或单位总数时，就称之为数量指标。通常用绝对数表示，如建筑面积、施工产值、工资、物资需用量、人数等。

（2）质量指标　反映的是总体内部与总体单位数目相对应的标志的平均水平或其他数量对比关系。通常用相对数表示，如劳动生产率、优良率、工程成本降低率、设备利用率等。

2．按计量单位划分

（1）实物指标　以实物单位表现的总量指标。如实物工程量、材料消耗量等。

（2）价值指标　以货币单位计量的总量指标。如施工产值、流动资金、利润、人工费等。

3．按作用划分

（1）国家考核指标　用来考核企业生产经营活动的全面情况，是法定的。

（2）企业内部考核指标　是由企业内部自己制定的。

三、计划组织体系

（一）计划组织体系的含义

计划组织体系，指企业为顺利开展计划管理工作，在各管理部门和管理层次中设置的计划机构和计划人员。

建筑企业的计划指标系统十分庞大，涉及到企业的方方面面，因此，必须实行全面计划管理。在纵的方面，应实行分级（层次）管理；在横的方面，应实行分部门管理，这就形成了建筑企业计划管理的组织体系。

（二）计划的分级管理

计划的分级管理实质上是计划管理的分工负责问题。实行计划分级管理的原则是上长（期）下短（期），上粗下细，上控制下实施，即公司一级负责计划的综合平衡，计划定得较粗、较概略，分公司定得较细，较具体，易于操作。

建筑企业计划管理的分工如下：

1．综合计划的管理分工

（1）企业的中长期计划、年度计划、季度计划由公司负责管理。公司一级一般不编制施工作业计划。

（2）分公司一级负责本单位的年度计划、季度计划和月度计划的管理。

2．施工组织计划的管理分工

施工组织计划的管理分工，各个公司不尽相同。其基本原则是：谁组织工程项目的施工，就由谁负责该工程施工组织计划的管理。一般来说，按工程项目的大小和动用施工力量的多少来划分管理范围。

3．专业计划的管理分工

无论是综合计划还是施工组织计划，都是由专业计划组成的。计划既要实行分级管理，又要在同一级中实行分部门管理。计划的管理分工见表6-1所示。

计划的管理分工　　**表6-1**

计划名称	管理部门	计划名称	管理部门
经营目标计划	计划部门	施工生产计划	计划部门
技术组织措施计划	技术部门	材料计划	材料部门
构配件计划	计划部门	机械设备计划	机械部门
劳动工资计划	劳资部门	财务成本计划	财务部门
……	……	……	……

（三）计划机构及人员设置

计划管理实行分级、分部门管理，这就要求各级设立相应的部门及人员进行计划管理。计划机构及人员的设置必须和企业组织机构形成相一致。

下面介绍直线职能制和矩阵制两种形式计划机构和人员的设置。

1. 直线职能制组织形式计划机构和人员的设置

（1）公司设置计划综合管理机构，负责全公司计划的综合平衡、汇总，并具体进行施工生产专业计划的管理；公司其他职能部门设专职（兼职）计划员负责与本部门有关的专业计划的管理。如材料部门的计划人员负责材料计划的管理，劳动人事部门的计划人员负责劳动工资计划的管理。

（2）分公司计划综合管理机构，负责本分公司计划的综合平衡、汇总，并具体进行施工生产计划、技术组织措施计划的管理；分公司其他职能科室设专职（兼职）计划人员，负责相应专业计划的管理。

2. 矩阵制组织形式计划机构和人员的设置

（1）公司一级的计划机构和人员设置，与直线职能制基本一致，但人员更多一些，各工程项目管理机构中的计划人员，编制上都属于公司有关职能部门。

（2）工程项目管理机构中设置综合计划管理部门（人员），负责本工程项目的综合计划管理工作；各职能部门中设专职（兼职）的计划人员负责相关专业计划的管理。工程项目管理机构中的计划人员，业务上都要接受公司有关职能部门的管理，工程完工后回到原来所在职能部门。

第三节　计划的编制、实施与控制

编制计划时必须提高计划工作的科学性、预见性，正确地确定企业的发展方向、规模、速度，紧密结合近期目标与远期目标，使企业各部门、各环节保持正常的比例关系，均衡而有节奏地发展。

一、编制计划的原则、程序

（一）编制计划的原则

为了保证计划任务的完成，编制计划必须遵循下列原则：

1. 遵循客观经济规律，加强调查研究

不断地满足广大人民群众日益增长的物质与文化生活的需要，是社会主义基本经济规律的要求。建筑企业生产经营活动应围绕这一要求，为社会提供满足人民需要的建筑产品。依据社会经济发展客观规律，深入实际，进行全面的调查研究，充分利用有利条件，制定切实可行的企业经营计划。在经营计划的执行过程，要进行认真的调查研究，发现问题及时采取措施，保证计划的指导作用和顺利实现。

2. 统筹兼顾、全面安排，实行积极的综合平衡

企业经营计划的制定和贯彻执行，是一项十分复杂细致的工作，编制时一定要统筹兼顾、全面安排，实行积极的综合平衡。同时，又要照顾到各类专业计划、生产单位与部门计划的相对独立和它们之间的相互协调，使企业经营计划在制订和执行过程中能够正确反映客观经济规律的要求。

3. 坚持科学性与群众性相结合

现代生产是以科学技术为第一生产力的生产，现代计划管理是群众性的计划管理。因此，在编制企业经营计划的过程中，要充分发挥专业计划人员和全体员工两方面的积极性，群策群力，充分激发群众的自觉性，让群众成为计划的主人，为企业经营计划实施奠定群众基础。

4. 坚持计划的严肃性与灵活性

企业经营计划是企业奋斗的目标和行动纲领，具有严肃性。因此，一经确定，必须严肃对待，认真执行。一旦出现必须调整的情况则应采取积极、稳妥措施加以解决。编制计划应留有余地，也要尽可能挖掘内部潜力，在可能条件下，开展多种经营，完成更多的经营和施工生产任务。

（二）编制计划的依据

建筑企业计划的作用不同，因此计划编制的依据也各有不同。

1. 年度计划编制的依据

(1) 国民经济发展规划和上级下达的年度计划。

(2) 工程承包合同。

(3) 企业的中长期计划。

(4) 主要材料、设备供应合同。

(5) 工程初步设计及概算。

(6) 预测资料和决策方案。

(7) 上年计划完成情况。

2. 季度计划编制的依据

(1) 企业年度计划。

(2) 工程项目的施工图和施工图预算。

(3) 施工组织设计。

(4) 施工准备、施工条件落实情况。

(5) 上季度计划完成情况。

(6) 预测资料与决策意见。

3. 月度计划编制的依据

(1) 季度计划。

(2) 有关的技术定额，技术文件和施工资料。

(3) 已会审的设计图纸。

(4) 机械设备、材料、半成品、劳动力等落实情况。

(5) 上月计划完成情况。

4. 日计划编制的依据

(1) 月计划。

(2) 材料、机械设备、半成品、劳动力等落实、进场情况。

(3) 前期计划完成情况。

（三）编制计划的程序

1. 中长期计划的编制程序

企业计划工作的主要目的，是为不同管理层提供依据和指导，中长期计划是以各项经营决策为依据编制的，体现了企业的经营战略，直接关系到企业的发展，这是一项极其复杂、涉及范围极广的主要决策工作。既要考虑企业的外部环境（如市场环境、竞争环境），又要考虑企业的内部条件（如技术因素、管理因素），还要考虑到国际、国内和本地区的因素等。其编制工作一般分为四个阶段，即调查、预测客观条件（建筑市场变化趋势、新技术、新工艺、新成果应用），确定企业生产经营目标，制定经营战略性决策，编制中长期计划。

2. 年（季）度经营计划的编制程序

年（季）度经营计划的编制程序与过程，一般可分为三个阶段：

(1) 准备阶段。这一阶段的工作是提高企业经营计划的科学性的重要条件。主要包括：企业环境分析、企业能力分析和企业成果分析。

(2) 制定目标阶段。这一阶段的工作主要是制定企业的经营战略和方针，确定企业的经营目标和各个部门生产经营环节的具体指标。

(3) 编制计划方案阶段。这一阶段工作分为四步：首先，提出企业计划期经营目标；其次，明确编制计划的指导思想和原则；再次，广泛征求各方意见，提出方案，反复论证、对比，选择最优方案；最后，经过综合平衡，编制计划方案。

3. 月度作业计划的编制程序

月度作业计划由施工队负责编制，分公司汇总，报公司备案，并由公司每月召开一次平衡会，向各单位交待平衡结果与协作配合要求。编制程序一般为“两下一上”、“一上一下”。

二、中长期计划的内容及编制方法

(一) 中长期计划的内容

中长期计划由于计划期长，不确定因素多，因此，具有规划性质。其主要内容有：

1. 经营方针和方向

经营方针指企业的经营思想和总体布局，是企业的行动准则。经营方向指企业未来产品的开发方向。在市场经济条件下，建筑企业必须根据市场的变化，确定自己经营什么产品，才能获取市场最大份额。

2. 经济效益目标

在计划期内，企业经济效益应达到的指标。如利润指标、资产增值指标。

3. 生产的发展速度和规模

建筑企业生产的发展速度要和经济效益指标挂钩，保持同步增长；发展规模主要指总产值和固定资产的多少。发展速度和规模必须依据国民经济的发展和社会对建筑产品的需求情况而定。

4. 技术改造项目的规划

随着建筑企业的发展和建筑业的市场化，建筑业在技术方面竞争日趋激烈。建筑企业要在市场经济中立于不败之地，就必须根据企业的经营方向、发展速度和规模制定出相应的技术改造项目规划。

5. 主要机械设备的更新规划

设备更新是企业维持和发展生产能力的重要措施和保障。

6. 劳动组织的改进规划。

包括职工招聘、录用、组合、结构等。

7. 其他问题

如职工培训、生活福利、资金筹集等。

（二）中长期计划编制方法

由于中长期计划的计划期长，企业的内外条件是变化的，特别是外部环境，很多因素难以准确预测，实施过程中不可能完全不变。因此，要求计划具备一定的弹性，以适应变化的需要。在现代管理中，常用滚动计划方法处理中长期计划的变动和修正不规则变化。

滚动计划是一种动态计划方法，如以五年经营计划的编制为例，第一年计划制定比较详细、具体，与本年度经营计划相吻合，以后几年比较笼统；随着第一年计划的实施，就可以与计划进行对比分析，得到可靠的反馈信息，作为下一年度及以后各年计划的调整依据，使第二年计划变为具体可行；以此类推，可使制定的中长期计划既有战略性的规划作用，又科学可行。

滚动计划的编制如图 6-6 所示。

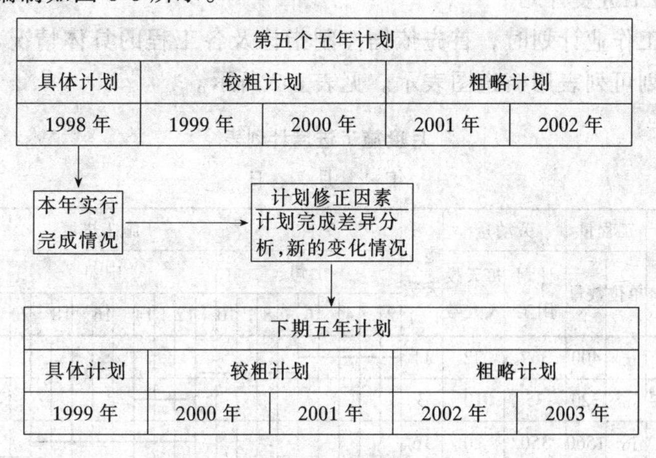

图 6-6 滚动计划方法

三、年（季）度计划编制方法

建筑企业生产经营成果，通常是以年度作为考核期。年度计划的编制方法是多种多样的，但从建筑企业计划体系着眼，从编制指导思想入手，主要还是预测、决策和综合平衡两类方法。预测和决策方法已在第三章作了介绍，本章仅介绍综合平衡基本原理。

（一）综合平衡法的含义

综合平衡法，就是使企业生产经营过程中各环节、各要素之间保持正常比例关系的一种计划方法。建筑企业生产经营各环节、各要素如果不平衡，则无法进行正常活动。综合平衡不仅是编制计划的方法，也是计划管理必须遵守的基本准则。

（二）年（季）度计划平衡的内容

利用综合平衡法编制年（季）度计划，通常进行以下平衡：

1. 产需（产销）平衡

即生产任务与社会需求的平衡，反映为企业的产值、产量必须依据社会对建筑产品的需求量而定。建筑企业在确定施工生产任务时，首先应对建筑市场前景进行预测，编制承揽任务计划，在此基础上再编制出主要的任务指标及各项生产计划。

2. 产供平衡

即生产任务与材料供应的平衡。产供平衡要求施工生产计划和材料供应计划保持一定的比例关系。材料供应计划应根据施工生产计划编制，以从物资上保证生产任务的完成。

3. 生产能力平衡

产需（产销）平衡、产供平衡，解决的是企业生产与社会需求、材料供应的关系，也是使建筑企业生产任务和外部环境达到了平衡。但仅此是不够的，还必须使生产任务与生产能力保持一致。建筑企业的生产能力主要体现在人力、设备、技术、资金上。

四、月度计划编制方法

月度施工作业计划的计划期短，编制依据、条件等比较清楚，进行市场调查与预测的工作量比较小。主要是做好单位内部各方面的平衡工作，如月度作业计划与季度、年度计划的平衡，月度施工进度与工程项目施工进度的平衡，施工进度与实物工程量、各种资源配置的平衡，产量指标与产值指标的平衡等。

（一）编制施工进度计划

编制月度施工作业计划时，首先依据控制指标及各工程的具体情况，编制进度计划。月度施工进度计划可列表用横道图表示。见表 6-2 所示。

月度施工进度计划表 **表 6-2**

编制单位： 年 月 日

序号	单位工程名称	分部分项工程名称	工程量		劳动量		施工天数	施工进度														
			单位	数量	计划用工	每天投入人数		上旬					中旬					下旬				
								2	4	6	8	10	12	14	16	18	20	22	24	26	28	30
1	××1号住宅	砌砖墙	m^3	400	367	32	11															
		屋面找平层	m^2	320	35	10	3															
		内墙抹灰	m^2	1560	350	20	16															
2	××2号住宅																					
3	……																					

在表 6-2 中，

1. 工程量摘自施工预算。无施工预算的，按施工图直接计算工程量。

2. 计划用工指完成某分部分项工程计划，工程量所需的计划工日数。计算公式为：

$$\underset{(\text{工日})}{\text{计划用工}} = \frac{\text{工程量} \times \text{时间定额}}{\text{计划效率}}$$

$$\text{式中} \quad \text{计划效率} = \frac{\text{计划每工产量}}{\text{定额每工产量}} \times 100\%$$

3. 每天投入人数，即每天平均投入工人数，指某工种在计划月度内每天平均投入施工生产的人数。计算公式为：

$$每天平均投入人数=\frac{计划人数\times制度天数\times计划出勤率\times计划出勤工日利用率}{制度天数}$$

$$=计划人数\times计划出勤率\times计划出勤工日利用率$$

4. 施工天数，指某分部分项工程施工的延续时间。计算公式为：

$$施工天数=\frac{计划用工}{每天平均投入人数}$$

5. 施工进度一栏用粗横线表示分部分项工程的施工起止日期。

【例 6-1】 32 号住宅楼砌砖工程量为 400m³，时间定额 1.11 工日/m³，计划效率为 120%，本月计划砖工人数为 40 人，计划出勤率 95%，出勤工日利用率为 85%，按施工组织设计分两个施工段，本月 1 号可开工，试安排月度计划。

【解】

$$计划用工=\frac{400\times1.11}{1.2}=367（工日）$$

$$每天平均投入人数=40\times0.95\times0.85=32（人）$$

$$施工天数=367\div32=11（天）$$

将以上计算结果填入表 6-2 中。

（二）编制施工项目计划

把本月度内将要施工的工程项目汇总，便构成施工项目计划。见表 6-3 所示。

月度施工项目计划表 **表 6-3**

编制单位： 年 月

施工单位	施工项目名称	结构类型	开竣工日期		建筑面积（m²）	计划施工产值（万元）	计划形象进度
			开工	竣工			
××项目部	32 号住宅	砖混	99.2	99.9	4500	320	屋面断水
……	……	……	……	……	……	……	……

在表 6-3 中，

1. 施工单位指编制单位内部的基层单位。

2. 结构类型、建筑面积、开竣工日期等可直接在施工图、施工图预算、工程合同中查找，形象进度可在月度施工进度计划表中查得。

3. 施工产值按施工图预算计算，计算公式为：

$$施工产值=直接费\times（1+综合费率）$$

式中 直接费根据月度施工进度计划表中的工程量，直接在施工图预算中查得；综合费率一般由编制单位自行测算。

（三）编制实物工程量计划

即把施工进度计划表中的工程量汇总。如表 6-4 所示。

月度实物工程量计划表　　　　表 6-4

编制单位：　　　　　年　　月

施工单位	砌砖	土方	安板	垫层	钢筋	安柱	抹灰	…
	m³	m³	m³	m³	t	m³	m²	…
合计 ××项目部 ……								

在汇总此表时应注意：

1. 实物工程量项目应与施工定额项目一致，以便直接套用定额编制资源计划；

2. 为了便于掌握情况，应按施工单位归类。

（四）编制劳动力计划

根据月度施工进度计划表的安排，汇总主要工种劳动力需用量，便构成劳动力计划表。如表 6-5 所示。

月度劳动力计划表　　　　表 6-5

编制单位：　　　　　年　　月

工种名称	计划需用量				现有人数	平衡余（+）差（-）			平衡意见
	合计	上旬	中旬	下旬		上旬	中旬	下旬	
砖工 木工 钢筋工 抹灰工 ……									

编制劳动力计划表时应注意：

1. 因施工作业需要的工种多，因此在表中只汇总主要工种；

2. 劳动力计划表以施工队（组）为单位编制。

（五）编制材料需用量计划

月度材料需用量计划是根据施工进度计划的要求，在施工预算中摘录有关项目，或根据实物工程量计划套材料消耗定额计算其用量。如表 6-6 所示。

月度材料需用量计划表　　　　表 6-6

编制单位：　　　　　年　　月

单位工程名称	材料名称	型号规格	计量单位	计划需用量	计划供应日期			备注
					上旬	中旬	下旬	

（六）编制主要构配件需用量计划

主要构配件需用量计划与材料需用量计划的编制基本相同，都是根据施工进度计划编制的。如表 6-7 所示。

月度主要构配件需用量计划表 表 6-7

编制单位： 年 月

单位工程名称	构配件名称	规格型号	单 位	计划需用量	分旬需用量			备注
					上旬	中旬	下旬	

（七）编制机械需用量计划

月度机械需用量计划是根据施工组织设计和月度施工进度计划的要求，按使用部位对机械规模型号、台数和使用时间组织进场，保证施工生产需要。如表 6-8 所示。

月度机械需用量计划表 表 6-8

编制单位： 年 月

机械名称	型号规格	使用部位		需用量		供应时间		备注
		项目名称	工程量	单位	数量	进场	退场	

机械需用量按下式计算：

$$机械需用量=\frac{工程量}{施工日数\times利用率\times台日产量}$$

（八）编制主要计划指标汇总表

月度主要计划指标汇总表可以全面反映施工生产的全貌。如表 6-9 所示。

月度主要计划指标汇总表 表 6-9

编制单位： 年 月

单位名称	指标									
	开工		施工		竣工		施工产值（万元）	平均人数	全员劳动生产率（元/人）	其 他
	项目（个）	面积（m^2）	项目（个）	面积（m^2）	项目（个）	面积（m^2）				

（九）编制说明

月度施工作业计划的主要内容编制完成后应写编制说明。其主要内容是：说明编制的主要依据、主要计划指标、完成施工生产任务的有利条件和采取的技术管理措施、不利因素分析及注意问题等。

五、计划实施及控制

编制计划仅仅是工作的开始，更为重要的工作在于计划的贯彻执行，在实施过程中进行目标跟踪控制，使计划变成现实。

（一）计划的贯彻执行

在贯彻执行计划过程中应做好以下工作：

1. 认真做好计划的宣传教育工作

2. 按照企业计划体系的特征全面贯彻执行

3. 明确任务、层层落实

4. 调动一切积极因素，组织实现各项技术组织措施

(二) 计划实施中的控制

计划执行中的关键问题，是计划的控制。计划的控制是根据反馈原理进行的，对计划执行情况进行检查和核算，纠正计划执行中的偏差，以确保计划按预定目标顺利实现。计划控制的内容有：工程进度、工程质量、工料消耗、利润和成本控制等。

控制一般分为三种类型：反馈控制、过程控制和预先控制。如图 6-7 所示。

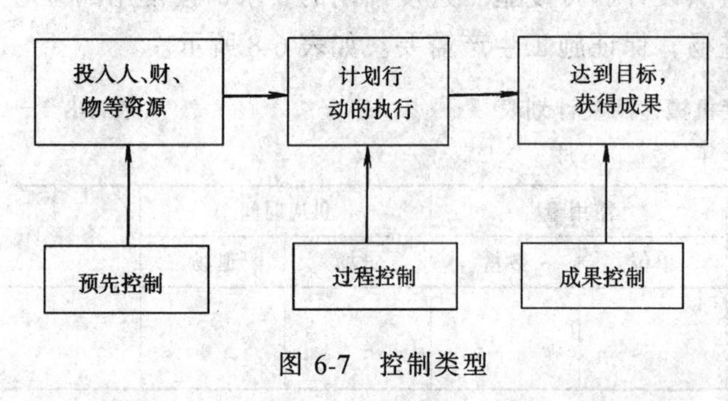

图 6-7 控制类型

反馈控制是针对生产经营活动的结果进行的控制，是一种事后控制；过程控制是针对企业的生产经营活动本身进行控制，是一种事中控制；预先控制是针对企业的生产经营活动的前提条件进行控制，是一种事前控制。从控制效果来看，预先控制最佳。

控制过程一般包括三个步骤，即确定控制标准、根据这些标准衡量执行的情况、以及纠正实际执行情况中偏离标准与计划的误差。

第四节　建设工期经济效益分析

建设项目是固定资产投资项目的简称。包括基本建设项目和更新改造措施项目。基本建设项目，一般指在一个总体设计或初步设计范围内，由一个或几个单项工程所组成，经济上实行统一核算，行政上实行统一管理的建设单位。建设单位将建设资金投入基建项目至全部收回投资经历的时间称为投资周期。投资周期包括建设周期和投资回收期。建设周期指从投资动用开始到形成新的固定资产交付使用所经过的时间。

建设周期是反映基本建设速度和衡量经济效益的重要指标之一。确保工程质量和配套基础上尽可能缩短建设周期，可尽早发挥投资效益，为缩短投资回收期创造条件。建设周期由设计工期和建设工期组成。建设工期由招标时间和施工工期组成。它们的关系是：

投资周期 = 建设周期 + 投资回收期

建设周期 = 设计工期 + 建设工期

建设工期 = 招标时间 + 施工工期

建设项目的形成过程，也是资金的投入过程，各阶段资金的耗用情况如图 6-8 所示。

图 6-8 表明工程实施阶段耗时最多，投入的资金也最多。要求在研究投资周期时，重点首先放在建设周期上，尤其是施工工期。

一、缩短建设工期的经济效果

缩短建设工期，提前投入使用，既能减少固定资产投资占用，节省基建投资资金，形成更多的基建项目，又能为国民经济提前创造更多的物质财富，为人民提前提供生产、休息的场所。一切节约，归根到底是时间的节约。节约劳动时间也就为社会提供了创造更多

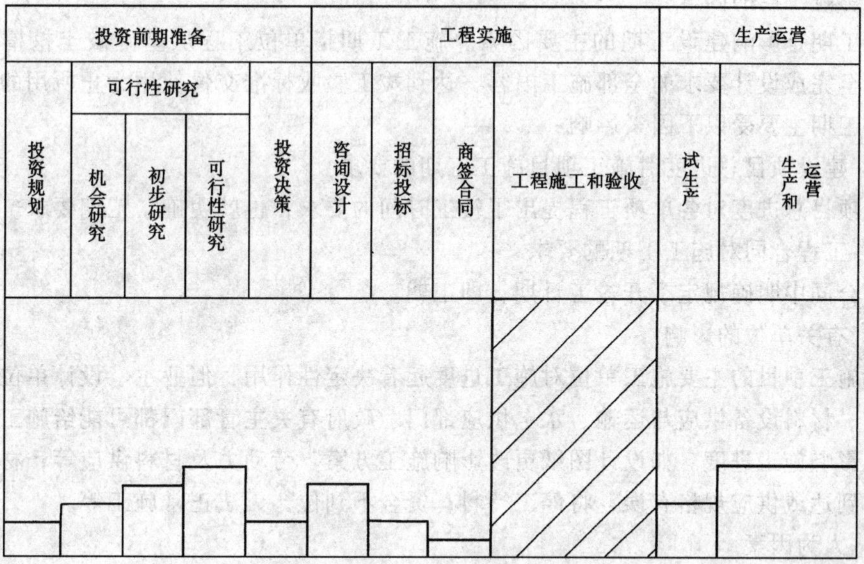

投资前期准备					工程实施				生产运营	
投资规划	可行性研究			投资决策	咨询设计	招标投标	商签合同	工程施工和验收	试生产	生产和运营
	机会研究	初步研究	可行性研究							

图 6-8 投资周期各阶段资金投入情况示意图

财富的条件。公式如下：

$$E_g = E_n \cdot k_g (T_g - T_s)$$

式中 E_g——提前投产的经济效果值；

E_n——标准投资效果系数（此处的标准指大于利率或行业平均投资系数。投资效果系数是投资回收期的倒数。投资回收期指项目投产后的净收益补偿项目总投资所需要的时间。）；

k_g——基建项目的基建投资额；

T_g——基建项目的计划建设周期；

T_s——基建项目的实际建设周期。

【例 6-2】 某工程项目投资总额 5000 万元，计划 3 年建成投产，由于各方支持，管理得当，工期缩短为 2.5 年，标准投资效果系数为 15%，银行贷款年利率为 8%，提前投产所取得的经济效益是多少？

【解】 已知 $E_n = 15\%$，$k_g = 5000$ 万元，$T_g = 3$ 年，$T_s = 2.5$ 年，

代入公式得：

$$E_g = 15\% \times 5000 \times (3 - 2.5) = 375 \text{（万元）}$$

若该项目资金是从银行贷款取得，缩短工期还可减少贷款利息（暂按单利计息、不计算提前投产的收益的存款利息、不计算按 3 年工期建成至回收投资多付利息）：

$$5000 \times 8\% \times 0.5 = 200 \text{（万元）}$$

提前投产的经济效果和少付贷款利息之和为：

$$375 + 200 = 575 \text{（万元）}$$

计算结果表明缩短工期 0.5 年取得的经济效果是 375 万元，为将来少付贷款利息 200 万元，共取得经济效益 575 万元。

二、影响工期的因素

施工工期是影响建设工期的主要因素。施工工期指单位工程从基础破土挖槽（或打桩）开始至完成设计要求的全部施工内容，达到竣工验收标准交付使用为止所用的全部时间。施工工期主要受以下因素影响：

（一）建设项目总进度对施工项目施工工期的要求

建设项目总进度对各单项工程提出了竣工时间的要求，也就明确了工期要求。

（二）工程合同对施工工期的要求

工程合同中明确规定了开竣工日期，即工期。

（三）有关单位的影响

虽然施工项目的主要施工单位对施工进度起着决定性作用，但业主、设计单位、银行信贷单位、材料设备供应与运输、水电供应部门、政府有关主管部门都可能给施工造成某些困难而影响施工进度。如设计图纸更改影响施工方案、劳动力及材料供应等；材料设备不能按时到达或供应规格有误，将停工待料；资金不到位，无法正常施工等。

（四）人为因素

人为造成决策失误、计划不周，指挥不当，控制协调不力，责任不明，行为失误等，将影响施工工期。

（五）材料因素

材料不符合要求，预制构件不能按要求交货等，将造成停工待料。

（六）机械设备因素

机械设备配置不当，机械设备老化，机械设备性能不能满足使用要求、机械设备维修保养不好等，影响工效。

（七）施工工艺及技术原因

施工方案设计不周，施工方案实施不力，工艺方法选择不当、使用不当，执行标准不力，检查不及时，管理点未设计好等，都将造成工期延误。

（八）资金因素

建设单位资金不到位，或结算、索赔中发生矛盾而影响施工。

（九）环境因素

施工中的自然环境，如地质、水文、气象、自然灾害等；工程管理环境，如质量管理体系、管理制度；社会环境，如环保、交通、治安等；劳动环境，如劳动力市场的供应状况、劳动组合、劳动工具；行政环境、政治环境、军事环境等都将影响施工的进行。

为缩短施工工期，应尽可能避免上述因素的影响。

三、延误工期的经济损失

施工工期延误，将拖长建设工期，进而增大基本建设投资，加大基建投资风险，降低社会财富的积累，也增大施工单位的成本。延误工期对基建单位造成的损失计算公式如下：

$$F_s = P_e \times \frac{(1+i)^e - 1}{i} + [k_s \cdot (1+i)^e - k_s] + \frac{k_s}{T} \times e$$

式中 F_s——延误工期的收益损失；

P_e——达到设计能力的年利润额；

e——延误工期时间；

k_s——实际基建投资额；

i——贷款利率；

T——预计折旧年限。

【例 6-3】 某工程实际投资总额 5000 万元，预计投产后年利润 500 万元，该项目资金为贷款，利率为 8%，预计该工程使用 15 年。因施工单位管理不善，延误工期 0.5 年，按工程承包合同规定，施工单位应赔付 30%的损失，问施工单位赔偿金额是多少？

【解】 已知 $P_e = 500$ 万元，$e = 0.5$ 年，$k_s = 5000$ 万元，$i = 8\%$，$T = 15$ 年，代入公式得：

$$F_s = 500 \times \frac{(1+8\%)^{0.5}-1}{8\%} + 5000 \times (1+8\%)^{0.5} - 5000 + \frac{5000}{15} \times 0.5$$

$$= 245.19 + 196.15 + 166.67$$

$$= 608.01(万元)$$

因延误工期 0.5 年造成基建单位经济损失 608.01 万元，施工单位应赔偿

$$608.01 \times 30\% = 182.40\ (万元)$$

施工单位因延误工期 0.5 年，除了向基建单位赔偿外，还造成自身的工程固定成本增大，人工费开支增大，企业信誉受到影响等损失。

四、有利工期分期

（一）工期、质量、成本的关系

施工工期是由建设单位与施工单位根据建设部颁发的工期定额协商决定的工程施工时间长度，并在工程承包合同中加以明确。施工企业在保证实现工期目标的同时，还应保证工程质量、努力降低工程成本。工期、质量、成本的关系如图 6-9、图 6-10 所示。

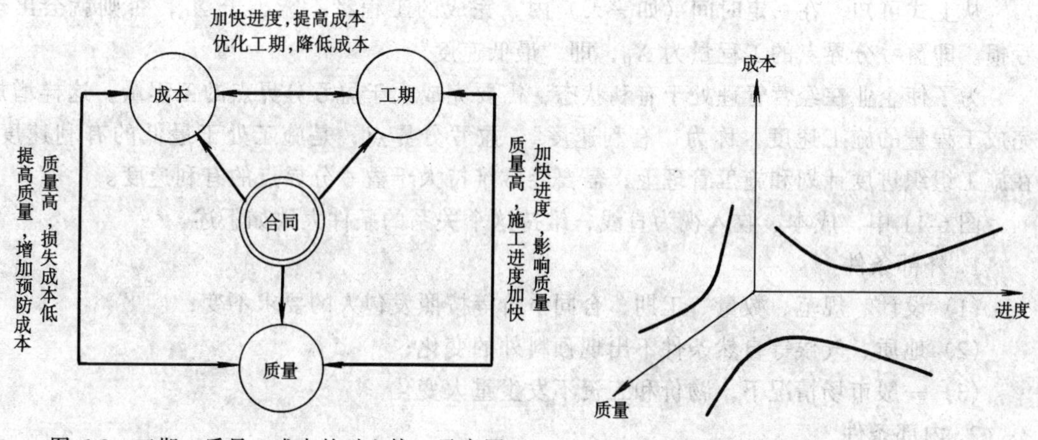

图 6-9 工期、质量、成本的对立统一示意图　　图 6-10 工期、质量、成本的关系示意图

（二）有利速度与经济速度

施工工期在单位时间内就表现为完成工程量的多少，即施工速度。从前述可知，施工速度对工程质量、工期、工程成本有很大的影响。

在工程施工中，随着工程量的变化，工程成本也发生变化。一般情况下，在一定时期内，工程规模和难度不发生突变时，固定资产折旧费和大部分间接费不随工程量增加而增加，即

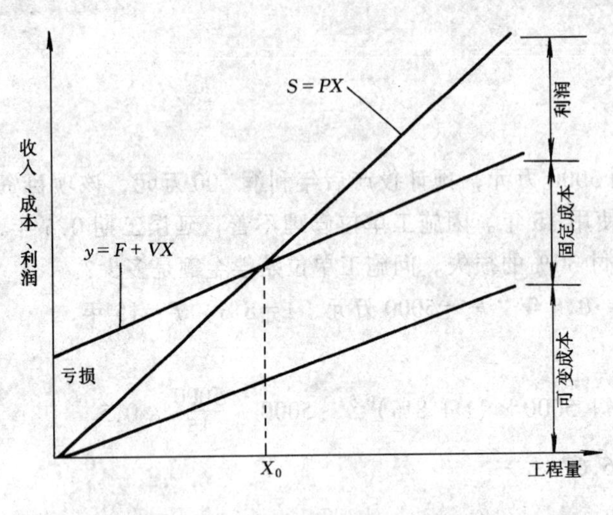

图 6-11　施工活动收支关系图

总额不变，称为固定成本。但由于工程量增多，分摊到单位工程量上的固定成本又减少了，而这时原材料等单位变动成本不变。由此可见，施工速度加快，在保证质量的前提下，可降低成本。工程成本与单位时间完成的工程量可用图 6-11 表示。

从图 6-11 可知，工程量为 X_0 时收入与成本相抵，不亏不盈。而此点由固定成本、变动成本、承包总价三者决定。设 F 为固定成本，V 为单位变动成本、X 为工程量、P 为单位工程量的价格，S 为总收入，y 为总成本。可得收入、成本的方程：

$$S=PX$$

$$y=F+VX$$

当单位时间内完成的工程量为 X_0 时：

$$S=y$$

即

$$PX_0=F+VX_0$$

$$X_0=\frac{F}{P-V}$$

从上式可知，在一定时间（如一天）内，完成的工程量不能小于 X_0，否则就会出现亏损。即盈亏分界点的工程量为 X_0，即"最低速度"。

为了使企业在经营管理处于有利状态，需要完成大于盈亏分界点的工程量。这样增加完成工程量的施工速度，称为"有利速度"。盈亏分界点，是施工处于最低的有利速度。在施工组织进度计划和施工管理上，需要经常维持大于盈亏分界点的有利速度。

图 6-11 中，成本、收入视为直线，维持这个关系的条件大致如下述。

1. 外部条件

(1) 设计、规范、数量、工期、合同单价等按照发包人的要求不变；

(2) 地质、气候等自然条件不出现预料外的变化；

(3) 一般市场情况下，物价和工资不发生重大变化。

2. 内部条件

(1) 施工的临时设施、机械、管理组织等施工规模和方法不发生重大变化；

(2) 不需采用与工程量变化不成比例的工资分配方式；

(3) 材料消耗量与完成的工程量成正比；

(4) 材料的单价和支付的工资标准不发生变化；

(5) 参加施工的工程混合比例不发生重大变化。

为满足上述条件，需进行适当管理。进行管理时，工程施工处于"经济速度"状态下，完成的施工工程量 X 呈上升趋势，证明经常进行了健全的经营管理。完成工程量大于盈亏分界点时，表明施工管理暂时处于有利状态。

（三）突击施工

按经济速度施工，施工速度提高是有限度的。为提高施工速度并超过限度，成本就会迅速上升，成本线不是直线而变成上方为凹形的曲线。这种状态就是“突击施工”。

突击施工，多完成的工程量与成本不成正比例。成本迅速增加的主要原因如下：

1. 采用与增加完成的工程量不成比例的工资制度。如多发奖金、加班费、津贴等。

2. 材料消耗量与多完成的工程不成比例。如隧道工程，每超额掘进 1m，会使炸药用量增加，但可减少支撑材料和混凝土模板使用次数等。

3. 材料供应不能满足施工量的迅速增加，发生停工待料或高价购料。

4. 增加作业班次，固定成本随之增加。

5. 增加临时设施、施工机械、监管人员而扩大施工规模。

6. 抢速度，增大材料不合理的操作损耗、余料损耗。如砌砖时的砍砖损耗、抹灰厚度及落地灰等。

突击施工所形成的工期与成本关系如图 6-12 所示。

（四）工期优化

工期优化主要发生在为保证重点工程按期或提前完工，或某作业阶段必须在规定期限内完工。这时，工期就成为主要的优化目标。其约束条件又分为：

1. 资源不受限制，要求缩短工期

资源不受限制，可采取很多优化措施。如人力、机械等资源重新调配，采用新的施工方法，改变作业方式，围绕关键线路，缩短工期。这种状态是以牺牲资源为代价换取工期的优化方法。

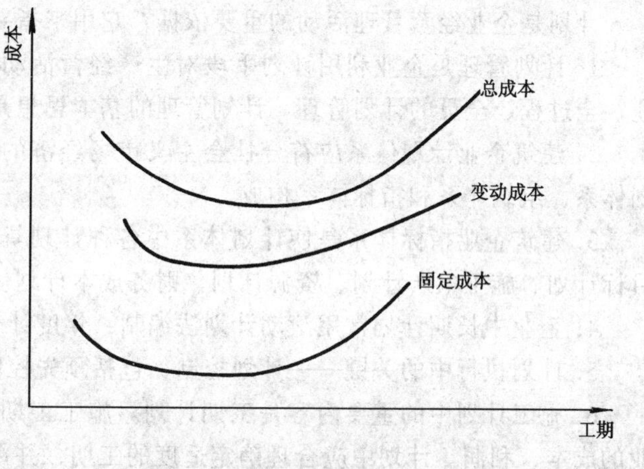

图 6-12　工程成本与工期关系示意图

2. 资源受限制，要求缩短工期，或保证按期完工

在资源受限时，主要靠合理调配组合现有资源，如调整工作顺序解决资源供需矛盾，常把非关键线路上的资源加强到关键线路上，同时注意非关键线路由于资源调用延长工期而转化为关键线路。

3. 施工方案优化——工期优化

在施工方案优化时，不仅要进行常规情况下的技术经济分析，还应考虑对施工方案经济性有重要影响的干扰因素出现的概率，以及施工方案对干扰因素的敏感程度。各施工方案与干扰因素之间的关系表现各异，但都有一定的规律性。通过分析，有的可用数学的函数关系式表达，或用图形表示。单位产品成本法是其中常用的表达形式。图 6-13 是对这种规律性的概括描述。

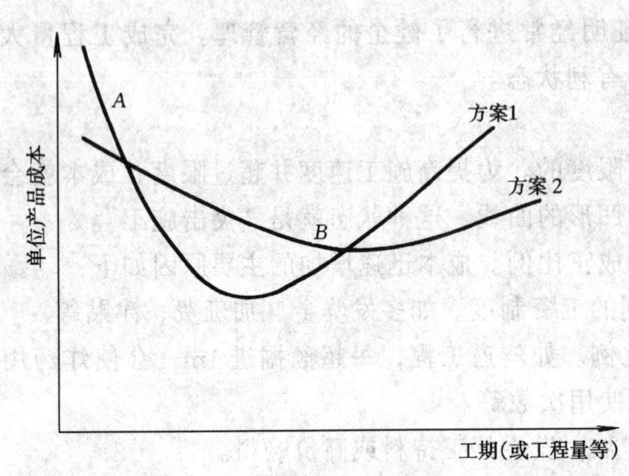

图 6-13　不同施工方案在不同工期时的单位产品成本示意图

在图 6-13 中，横坐标表示工期、工程量、工作面等影响因素；纵坐标表示单位产品成本，如元/m^2、元/m^3。按成本最低原则，图中方案 1 比方案 2 的单位产品成本最低点要低，应选方案 1。但方案 1 较方案 2 的曲线陡峭，说明方案 1 对干扰因素的影响较敏感。如果在选择施工方案时，已知工期等影响因素，若在施工过程中变化可能较大，当达到 B 点以右的区间，宜选方案 2。

工期优化的方案还有很多。在进行工期优化时的前提条件是保证工程质量，努力降低工程成本。

本 章 小 结

计划是企业经营管理活动的重要依据，它用来指导企业的各项活动。

1. 计划管理是企业利用计划手段对生产经营活动进行的管理。全面计划管理指全企业、全过程、全员的计划管理。计划管理的基本思想是对全企业实施目标管理。

2. 建筑企业计划体系应符合社会主义市场经济的客观要求。企业计划管理体系由计划体系、组织体系和指标体系构成。

3. 建筑企业指标体系是使计划体系中各种计划具体化。企业综合计划主要包括经营目标计划、施工生产计划、资源计划、财务成本计划。

4. 企业中长期计划常用滚动计划法编制，年度计划常用综合平衡法编制。

5. 计划执行中的关键——计划控制，包括预先控制、过程控制、反馈控制。

6. 施工计划中的重要内容是工期计划。施工工期不仅影响基建投资效果，也影响企业的成本、利润。计划中应合理确定适度的工期，并严格控制。

复 习 思 考 题

1. 基本概念：计划　计划管理　经营目标　目标管理　计划体系　计划指标体系

2. 计划管理、目标管理有何特点？

3. 建筑企业有哪些主要计划？各类计划间的关系如何？

4. 编制企业计划应遵循哪些原则？

5. 中长期计划、年度计划、月度计划主要有哪些内容？

6. 年度计划应进行哪几方面的平衡？

7. 建设周期、建设工期、施工工期是什么关系？

8. 某工程投资总额 2000 万元，预计投产后年获利 150 万元。现以 8% 的利率贷款 2000 万元。因设计施工原因延误工期 2 年。试确定其经济损失。

9. 投资 4000 万元的某工程，承包商管理得力，缩短工期 1.2 年。基准收益率为 10% 时，可节约多少资金？

第七章　施工技术管理

建筑企业施工生产活动是企业生产经营过程的基本环节，建筑产品必须经过施工过程才能最终完成。施工生产活动又必须以施工技术作为保证。本章简要介绍建筑企业施工技术管理的基本工作。

第一节　施工管理

一、施工管理的任务

施工管理指围绕建筑工程施工而进行的决策、计划、组织、指挥和控制等工作。它是从接受施工任务开始到交工验收为止的全过程中，围绕施工对象而进行的生产事务的组织管理工作。包括基本生产过程和辅助生产过程的管理。它是建筑企业经营管理的重要组成部分。

施工管理目的在于按照施工生产活动的客观规律、工程特点、施工条件及企业具体情况，运用科学方法，合理组织生产要素，保证协调施工，以便低消耗地生产出高质量的建筑产品。施工管理应完成以下具体任务：

（一）准备施工生产所必须的资源，确保正常施工；

（二）采用经济施工方案，对施工质量、工期、成本等进行控制，生产高质量的建筑产品；

（三）检查施工生产过程，掌握施工动态，确保完成任务。

二、施工管理的内容

施工管理贯穿于建筑产品生产的全过程，各阶段有各自的工作内容。施工管理工作可分为施工准备、正式施工、交工验收三个阶段的管理，其主要内容如表 7-1。

施工管理工作的主要内容　表 7-1

施工管理工作阶段	主要工作内容
施工准备	1．调查研究，了解施工现场情况； 2．准备技术经济文件，即编制施工组织设计和施工预算等； 3．现场准备，“三通一平”； 4．设备、材料进场，资金到位； 5．签订内部工程项目管理目标责任合同； 6．提交开工报告
正式施工	1．施工进度管理，确保合同工期； 2．施工平面管理，减少材料二次搬运，做好文明施工； 3．施工过程中的质量、安全、技术、设备管理； 4．施工调度工作，保证施工顺利进行
竣工验收	1．准备、整理交工资料，编制竣工报告； 2．试车检验； 3．工程交工验收； 4．交工后的技术服务工作

三、施工管理的原则

(一) 讲求经济效益的原则

施工生产活动过程，是建筑产品实物形态、工程成本的形成过程，即建筑产品的价值、使用价值的形成过程。施工管理在保证产品合格的同时，还应努力降低工作成本，即采用先进、经济的施工方案，提高经济效益。

(二) 组织均衡生产

施工生产有节奏、按比例进行，有利于提高设备利用率、工时利用率，建立正常的生产秩序，保证产品质量和安全生产，利于降低消耗，降低成本。

(三) 讲求科学方法

科学管理，就是在生产过程中运用符合社会化大生产规律的管理制度和方法，实现多工种协作作业。现代建筑企业从事多工种协作的社会化大生产，不能只凭经验管理，必须形成一套管理制度，用制度控制生产过程。

(四) 组织连续施工

建筑施工生产极易出现施工间隔，造成人力、物力停用浪费。为使施工生产连续不断地进行，要求施工管理统筹安排，科学地组织施工生产过程，充分发挥企业的生产潜力。

四、施工准备工作

施工准备，是施工管理工作的第一阶段，是在施工前为施工创造各种条件的管理工作。施工准备的依据是工程承包合同及施工图纸、现场地形图和土壤地质钻探资料等。其基本任务是为工程顺利施工创造必须的条件，主要管理活动包括：

(一) 调查研究，收集资料

组织好工程施工，必须详细了解工程的各种情况。调查研究、收集资料的目的，是要摸清情况，为编制技术经济文件提供依据。主要内容有：

1. 施工地区的自然条件

如地形、地貌、气候、水文、地质等情况。

2. 施工地区的运输条件、资源能源的供应情况

如现有交通运输设施条件，各种材料的供应状况，以及水电、通讯设施情况。

3. 施工现场情况

如有无障碍物，有无建筑物可作临时设施用。

4. 当地的生活、医疗、文化、教育等的状况

5. 其他条件

如构件加工能力等。

(二) 准备技术经济文件

技术经济文件准备，是通过调查研究，搜集关于工程项目和施工区域的资料，编制合理的施工组织设计，为工程施工建立必要的技术经济条件。

1. 熟悉、审查图纸

设计图纸是施工的依据。建筑企业在接受工程施工任务后首先要熟悉图纸，对图纸进行全面审查，弄清设计意图及工程特点，及时发现问题，参加图纸会审，纠正图纸上的差错。

2. 编制施工组织设计

施工组织设计是指导拟建工程施工准备和施工的基本技术经济文件，是施工准备工作的中心内容。

(1) 施工组织设计的类别　施工组织设计按不同的编制对象可以分为：

1) 施工组织总设计（施工组织大纲）　以建设项目或群体工程为对象编制的施工组织设计。

2) 单位工程施工组织设计　以单位工程或小型单项工程为对象编制的施工组织设计。

3) 分部（分项）工程施工组织设计　以分部（分项）工程为对象编制的施工组织设计。

(2) 施工组织设计的内容　施工组织设计的内容视其编制对象的性质、条件、复杂程度而定，但一般应包括以下内容：

1) 工程概况　用文字或简图叙述工程的基本情况。

2) 施工准备工作计划　列出施工准备工作项目一览表。

3) 施工方案　包括施工程序、施工方法、施工机械以及施工组织措施等。

4) 施工进度计划　用横道图或网络图编排工程计划进度。

5) 资源费用计划　包括劳动力、材料、设备、构配件（半成品）需用量及使用时间等。

6) 施工平面图　对施工阶段现场平面布置的设计。

7) 技术经济指标　指工程进度、质量、安全、成本、利润等的考核指标。

3. 编制施工预算

施工预算是以单位工程为对象，根据施工图纸、施工组织设计以及施工定额等资料编制的经济文件。施工预算的内容主要包括：

(1) 工程量　按定额的分项原则，算出其实物工程量。

(2) 劳动耗用量　根据工程量和施工定额中的劳动定额计算出所需各工种的劳动量（工人数）及人工费。

(3) 材料消耗量　根据工程量和施工定额中的材料消耗定额，计算出工程施工中所需材料的品种、规格、型号、数量以及材料费。

(4) 机械需用量　根据工程量和施工定额中的机械台班定额和施工组织设计选择的机械类型，计算出机械需用量（台班）和机械使用费。

(5) 其他消耗量　如二次搬运费、加工费、间接费的开支等等。

施工预算在施工管理中起着控制消耗的作用，是施工过程各种消耗的支出标准，也是编制工程成本计划的基础。各管理部门必须按施工预算提供的各类资源量控制消耗，最终达到控制成本的目的。

(三) 施工现场准备

按施工组织设计的要求，做好施工现场准备工作。

1. 现场的工程测量工作

包括定位放线、设置坐标网及水平标高基桩。

2. 做好“三通一平”

(1) 道路通。为了使材料、构件、设备等按时进场，必须首先修筑好必要的道路。

(2) 水通。按施工组织设计（或施工方案）的平面布置要求接通给水管线，同时考虑施工排水问题，做好施工污水处理工作。

(3) 电通。按施工组织设计平面图要求，接通电源。

(4) 场地平整。拆除现场的各种障碍物，平整场地，保证施工顺利进行。

对于开发区要求“七通一平”即干道上水、雨水、污水、电力、通讯、煤气、热力管网畅通，场地平整。

3. 搭设临时设施

如工地上用的办公室、宿舍、食堂、库房等。搭建临时设施应精打细算、节约开支。

（四）物资准备

构配件及半成品按施工进度要求，提前加工或订货；各种材料及其他物资按施工平面图要求分批进场，堆放到指定位置；按进度计划组织设备进场，按施工平面图安装就位。

（五）施工队伍的准备

集结施工力量，调整、健全和充实项目经理部；对职工进行计划、技术和安全交底，进行特殊工艺和技术的培训。

（六）资金准备

按工程合同的规定，及时筹集工程备料款及其他资金，保证工程施工的需要。

（七）签订分包合同或内部目标责任合同

根据有关规定，总包单位将一部分工程任务或劳务分包给其他施工单位。总包和分包单位之间必须签定分包合同。分包合同的条款依据分包的工程内容，按工程承包合同管理条例的规定确定。

内部目标责任合同是企业内部工程项目管理责任制的具体形式，由若干经济责任指标和完整的管理办法组成。

（八）申请开工

当工程做好了各项准备工作以后，便可申请开工。

施工准备未做好不准开工。开工必须具备下列条件：

1. 施工图纸经过会审，图纸中问题已解决；

2. 施工组织设计（或施工方案）已批准并进行了交底；

3. 施工图预算已编制和审批，施工预算已编制；

4. “三通一平”已完成，满足开工要求；

5. 材料、半成品和机械设备等供应能满足连续施工要求，基础工程用料绝大部分已进场；

6. 大型临时设施已满足施工和生活需要；

7. 施工机械设备已进场，经检查能正常运转；

8. 劳动力已进场，并经过技术安全和防火教育，安全消防设备已经具备；

9. 永久性或半永久性测量坐标和水准点已设置；

10. 已办理开工许可证。

施工准备工作不仅在准备阶段进行，它随工程进展，在各分部分项工程施工之前，都应做好准备工作。因此，施工准备工作要有计划、有步骤地分阶段进行，贯穿于整个施工过程。施工准备工作的计划常用表 7-2 的格式表示。

主要施工准备工作计划表　　表 7-2

序号	项目	施工准备工作内容	负责单位	涉及单位	要求完成日期	备注

五、正式施工管理

正式施工管理就是对施工现场的施工生产过程的组织和管理。组织施工包括按计划组织综合施工、对施工过程进行指挥、控制和协调。

（一）施工进度管理

施工进度管理就是按施工组织设计编排的进度计划组织施工，控制工程实际进度，及时发现计划与实际的差异，采取必要的措施加以纠正，保证工程按期完成。

1. 落实施工进度计划的执行人

施工进度计划按分部分项工程编排，各分项工程由不同工种的作业班组施工。计划执行前，应对各执行班组交底，提出工期要求。把进度计划分别落实到具体的执行者。

2. 定期检查计划执行情况

建筑工程施工均衡性差，可变因素多，施工中调整进度是常有的事。要在执行过程中通过检查，随时掌握施工进度和各类资源的供应状况，分析进度超前或落后的原因，采取措施加以纠正。

(1) 对照进度计划检查执行情况。

(2) 分析差异的原因。一般有三类原因，一是计划本身不切合实际，无法执行；二是实际环境发生变化无法按原计划执行；三是执行中没严格按计划办事。

(3) 针对差异的不同原因，分别采取措施加以纠正，修正计划或创造条件严格按计划执行。

在调整中注意抓住关键分项工程的进度。在众多分项工程中总是存在一些决定工期的关键分项工程，只要调整关键分项工程的施工时间就能控制总进度。所以，要抓住主要矛盾，保证重点分项工程的完成。

3. 总结经验

施工进度管理是正式施工管理的中心环节。管理过程中要按管理的一般原理对每一循环进行总结分析，找出差距。

（二）施工平面管理

施工进度管理是对施工过程的时间进行管理，施工平面管理则是对施工现场的空间管理。时间和空间是施工过程必不可少的两个基本条件。

施工平面管理是指按施工平面图设计，对施工现场进行管理，保证施工顺利开展、现场文明安全施工。建筑施工现场的情况变化大，平面的利用也在不断变化，施工平面图设计只是大致的安排，需要根据现场的实际情况，不断地调整和修改。

施工平面管理工作主要做的工作有：

1. 检查施工平面图规划的执行情况；

2. 确定大型临时设施工程的位置和使用者；

3. 保证施工用水电、排水沟畅通；

4. 保证道路畅通；

5. 根据施工要求，不断修正施工平面图。

（三）施工质量、安全管理

施工过程管理的一个重要任务是保证工程质量和安全生产，正确贯彻技术政策，推广和开发新技术。

（四）施工调度工作

施工过程管理中，进度管理、施工平面管理、物资管理都需要进行动态平衡，及时纠正偏差，以达到新的协调。施工调度工作是进行动态平衡管理的重要手段。

1. 施工调度工作的内容

（1）检查作业计划执行中存在的问题，找出原因，并采取措施予以解决；

（2）检查督促有关部门对材料、构配件、劳动力、施工机具、运输车辆等的供应；

（3）检查督促施工现场道路、水、电及动力的使用情况，建立正常施工秩序；

（4）迅速准确地传达公司领导对施工的各项决定，发布调度命令，并督促、检查执行情况；

（5）做好天气预报，以便施工现场及时采取防寒防冻、防暑降温、防雨防汛及防风等保证措施；

（6）定期召开施工现场调度会议，检查会议决议的执行情况。

2. 施工调度的方法

（1）会议调度法　在施工现场定期召开调度会，了解施工情况、平衡资源供应。

（2）文件调度法　通过调度文件下达控制的命令。各种追加计划、通知、更正、技术核定等均属于这类文件。

（3）临时调度法　由生产指挥人员根据情况临时调度。

3. 施工调度的原则

（1）统一调度的原则　调度工作不能随心所欲，必须按统一的方法进行，凡不符合手续的调度无效。

（2）以计划为依据的原则　按施工进度等计划进行调整，维护计划的严肃性。

（3）从实际出发的原则　即调度要符合实际情况。

（4）以预防为主的原则　调度工作要走在实际工作的前面，通过调度避免不平衡现象的发生。

（5）树立全局观念的原则　调度中要坚持局部服从全局的观念。

六、交工验收管理

交工验收是工程施工的最后一个环节，也是工程施工管理的最后一个环节。验收是一个法定手续。通过交工验收，甲乙双方办理结算，解除合同关系。对建筑企业来说，交工验收意味着完成了一件最终产品，销售了一件建筑商品。

（一）交工验收时提交的资料

1. 竣工工程项目一览表

包括单位工程名称、面积、开竣工日期、以及工程质量评定等级和竣工图。

2. 图纸会审记录

包括技术核定单、设计修改通知。

3. 施工技术资料

隐蔽工程验收单、工程质量事故的发生经过和处理记录，材料、半成品的试验和检验记录，永久性水准点和坐标记录，建筑物的沉降观测记录等。

4. 质量检验

材料、构件和设备的质量检验合格证或检测依据

5. 施工的试验记录

如混凝土、砂浆的抗压试验、地基试验、主体结构的检查及试验记录等。

6. 施工记录

如地基处理、预应力构件、新材料、新工艺、新技术、新结构的施工记录、施工日志等。

7. 设备安装记录

如机械设备、暖气、卫生器具、电气等工程的安装和检验记录。

8. 其他资料

施工单位和设计单位提供的建筑物使用说明资料；上级主管部门对工程有关技术决定；工程结算资料和签证等等。

（二）交工验收的程序

隐蔽工程验收——分部分项工程验收——单位工程验收——建设项目验收。

施工项目验收程序见图 7-1。

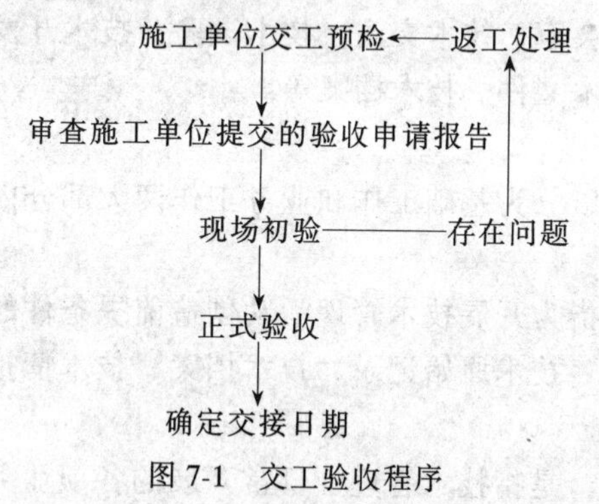

图 7-1　交工验收程序

从交工验收的组织过程看，首先由施工单位组织工程监理人员作交工工程的预先检验；然后由建设单位组织质量监督机构、设计单位、施工单位进行单项工程验收；最后由建设单位组织建设项目初验，合格后向主管部门提出报告，请国家组织验收。

对于工业建设项目，验收前必须进行试车检验，检验的项目如下：

1. 单体试车

按规定分别对机器设备进行单体试车。在实行施工承包方式时，一般由建设单位组织；在全过程承包时，由承包单位组织，建设单位参加。

2. 无负荷联动试车

无负荷联动试车是在单体试车后，根据设计要求和试车规程进行的试车。通过无负荷的联动试车，主要是检查仪表、设备以及介质的通路，如油路、水路、气路、电路等是否

畅通，有无问题，如有问题，及早解决。无负荷联动试车一般由承包单位组织，建设单位参加。

3. 有负荷联动试车

在无负荷联动试车合格后，再由建设单位组织有负荷联动试车，这时需要承包单位参加。这种试车要达到投料运转正常，生产出合格产品，参数符合规定要求，才算合格。试车合格后，在交工验收机构主持下，施工单位、建设单位双方签署交工验收证书。

（三）交工验收的组织

为加强交工验收工作的领导，一般在竣工前，根据项目性质、大小，成立交工验收领导小组或验收委员会负责验收工作。大型建设项目，由国家计委组织验收，其中特别重要的项目，由国家计委报请国务院组织验收。中小型项目，按隶属关系，由国务院主管部门或省、市、自治区负责验收。

（四）工程交接

在交工检验合格后，建设单位同承包单位双方应签定交接验收证书，逐项办理固定资产移交，并根据工程承包合同的规定，办理工程结算手续，至此，双方的经济关系与法律责任即解除。

第二节 技 术 管 理

建筑企业技术管理是对企业生产经营活动过程中各项技术活动和技术工作的基本要素进行的各项管理活动的总称。技术管理是企业生产经营管理的一个重要内容。生产经营过程的技术活动主要是图纸会审，技术交底，技术试验，技术开发等。技术工作的基本要素有：职工、技术装备、技术文件、技术档案等。

一、技术管理的内容

建筑企业技术管理可以分为基础工作和业务工作两大部分内容。

（一）基础工作

技术管理的基础，是指为开展技术管理活动创造前提条件的最基本的工作。包括技术责任制、技术标准与规程、技术原始记录、技术档案、技术情报等工作。

（二）业务工作

技术管理的业务工作，是指技术管理中日常开展的各项业务活动。包括：

1. 施工技术准备工作。如：图纸会审、编制施工组织设计、技术交底、材料及半成品技术检验、安全技术等。

2. 施工过程中的技术管理工作。如：技术复核、质量监督、技术处理等。

3. 技术开发工作。如：科学研究、技术革新、技术引进、技术改造、技术培训、“五新”试验等。

基础工作和业务工作是相互依存的，缺一不可。基础工作为业务工作提供必要的条件，任何一项技术业务工作都必须依靠基础工作才能进行。但搞好技术管理基础工作不是最终目的，技术管理的基本任务必须要由各项具体业务工作完成。

二、技术管理的原则

（一）认真贯彻国家的技术政策、规范、标准、规程技术工作有一定规律性，涉及社会经济的各个领域。为协调各方面工作，国家颁发了一系列技术政策、规范、标准、规程。企业必须认真执行这些技术上的规定，才能保证技术管理工作顺利进行。

（二）尊重科学技术，按客观规律办事

科学技术规律是客观存在的，只有发现它，认识它，掌握它，运用它，才能促进企业技术的发展。

（三）讲求技术工作的经济效益

施工生产中的任何工作方案，都是技术和经济的统一。只有技术上先进，经济上合理，这样的方案才是优选方案。

三、技术管理制度

（一）图纸会审制度

图纸会审，指设计单位、建设单位、监理单位、施工单位共同对图纸进行的审查。图纸会审一般在施工单位初审的基础上进行。施工图纸是施工的依据，会审的目的是为了领会设计意图，熟悉图纸内容，明确技术要求，及早发现并消除图纸中的错误，以便正确无误地进行施工。

图纸会审后，应将会审中提出的问题、修改意见等用会审纪要的形式加以明确，必要时由设计单位另出修改图纸。会审纪要由各方签字后下发，它与设计图纸具有同等的效力，是组织施工、编制预算的依据。

（二）技术交底制度

技术交底是指工程开工前，由上级技术负责人就施工中的有关技术问题向执行者进行交待的工作。技术交底的主要内容是：技术要求、技术措施、质量标准、工艺特点、注意事项等。技术交底的目的，在于把设计要求、技术要领、施工措施层层落实到执行者，做到心中有数，保证施工顺利进行。

技术交底从上到下逐渐进行，交底内容上粗下细，愈到基层愈具体。技术复杂的重点工程，由公司总工程师就施工难点向分公司主任工程师或项目技术负责人、技术职能部门的负责人进行交底；一般工程由分公司主任工程师向项目技术负责人进行全面交底；项目技术负责人对各分部分项工程向执行班组进行具体交底。上述各级交底中，以施工项目向班组交底最为重要，涉及到实际操作。

技术交底的形式视工程的复杂程度，交底内容的详略而定。一般采用口头、文字、图表等形式，必要时也可用样板、实际操作等方式进行。

（三）技术复核与核定制度

1．技术复核

技术复核，是指在施工过程中对重要部位的施工，依据有关标准和设计要求进行的复查、核对等工作。技术复核的目的是避免在施工中发生重大差错，保证工程质量。技术复核一般在分项工程正式施工前进行，复核的内容视具体工程而定。

2．技术核定

技术核定，是指在施工过程中依照规定的程序，对原设计进行局部修改。

在施工过程中，若发现原设计图纸有误，或施工条件发生变化而不能按原设计施工，必须对原设计进行修改，即技术核定。技术核定一定应征得建设单位或其委托的监理单位、设计单位和施工单位的许可方能进行。

技术核定一般采用技术核定单的形式下达，见表7-3。按规定程序签署下达的技术核定单，具有施工图纸等同的效力，必须严格执行。

技术核定单 表7-3

工程编号		图纸编号及名称	
工程名称		变更部位	
变更内容	负责人：	经办人：	
核定意见	负责人：	经办人：	

（四）材料、构配件质量检验制度

凡投入施工生产使用的材料、构配件，均应严格检验，确认合格后方能投入使用。检验标准主要有：国家有关技术标准、规范、设计要求等。其目的是为了保证项目所用的材料、构配件的质量，进而保证工程质量。

（五）施工组织设计管理制度

施工组织设计是指导施工的主要技术经济文件，必须实行严格的分级管理制度。企业应抓好大中型建设项目的施工组织设计文件的审批工作，以确保施工项目的实施。

（六）新技术、新材料、新结构、新工艺、新设备的试验制度

工程中采用新技术、新材料、新结构、新工艺、新设备，应为其创造良好的试验条件。通过试验，确认符合有关技术标准后方能实施。

（七）工程质量检查及验收制度

工程质量检查及验收，是技术管理的重要一环，必须按照技术标准和设计要求严格进行。其目的是加强施工质量控制，避免质量差错造成工程隐患，同时为工程质量等级评定提供依据。工程质量检查及验收制度包括：工程预检制度、工程隐检制度、工程分阶段验收制度、单位工程竣工检查验收制度和分项工程交接检查验收制度等。

（八）其他技术管理制度

除上述几种主要的技术管理制度外，施工项目还可以根据自身情况，制定其他有关技术管理制度。如土建与专业施工协作技术规定、安全防护用品质量检验制度、计量管理办法等。

四、技术标准、规范和规程

建筑技术标准化是加强技术管理的有效方法。建筑技术标准化的规定大致可以分为技术标准和技术规程两个部分。

（一）技术标准

建筑技术标准是由国家委托有关部门制定颁发，对建筑安装工程的质量规格、检验方法等所作的技术规定，属法令性文件。包括：

（1）建筑安装工程施工及验收规范　规定了建筑安装工程各分部、分项工程的技术要求、质量标准及验收的方法、内容等。

（2）建筑安装工程质量检验与评定标准　指根据验收规范对工程质量验收的结果，评定分项工程、分部工程和单位工程质量等级的标准。它包括三部分内容，即质量要求、检验方法和质量等级评定。

(3) 建筑材料、半成品的技术标准及相应的检验标准　规定了常用材料的规格、性能、标准及检验方法等。

(二) 技术规程

建筑安装工程技术规程是建筑施工及验收规范的具体化。它指根据规范要求，对建筑工程的施工过程、操作方法、设备和工具的使用、施工安全技术要求等所作的技术规定。技术规程是指导工人进行技术操作的文件，在施工中必须遵循。它包括：

1. 施工操作规程

规定了各主要工种在施工中的操作方法、技术要求、质量标准、安全技术等。工人在生产中必须严格执行施工操作规程，以保证工程质量和生产安全。

2. 设备维护与检修规程

它是根据各种设备的磨损规律和运转规律制定的，对设备的保养、维护、检修等所作的规定。其目的是保持设备性能完好，减少磨损和损坏，降低机械设备修理费用。

3. 安全技术规程

为保证施工过程中的人身安全和设备的运行安全，对各类设备的安全操作，各工种的安全作业所作的详细规定。

技术标准是制定技术规程的基础。各地区（各企业）应结合本地区（本企业）的实际情况，在保证达到技术标准的前提下，自行制定合适的技术规程，并在生产实践中将二者不断丰富、完善和发展。

五、工程技术档案

工程技术档案指施工活动所用的施工图纸、照片、报表、文字说明和声像资料等技术文件，是施工过程中自然形成的。加强工程技术档案管理的目的，在于不断总结经验，吸取教训，促进技术进步和技术管理水平的提高。

工程技术档案的内容包括两部分：

(一) 有关建筑物合理使用、维护、改建、扩建的参考文件

这部分文件由施工单位编写，在工程交工时，随同其他交工资料一并提交建设单位保存。

(二) 技术总结文件

这部分文件由施工单位编写并保存，供今后施工参考，是施工生产中积累的具有参考价值的文件。主要包括：

(1) 施工日志和施工组织设计；

(2) 施工经验总结；

(3) 新技术、新材料、新工艺、新结构和新设备的试验和使用效果；

(4) 各种试验记录；

(5) 重大质量安全事故的原因分析及处理；

(6) 重要的技术决定、技术管理的经验总结。

六、技术开发与技术经济分析

(一) 技术开发的含义

技术开发，指把科学技术的研究成果进一步应用于生产实践的开拓过程。技术开发的目的是使科学研究成果引入生产实践，把科学技术潜在的生产能力转化为直接的生产能

力，不断以科研成果推动生产持续发展。

技术开发必须走在生产的前面，以新技术推动生产发展。建筑企业只有依靠技术开发，采用新技术、新材料、新工艺、新设备和新的管理技术，才能改善企业的技术状况，提高竞争能力，得到新的发展。建筑企业的技术开发要从施工技术和管理技术两个方面入手解决。施工技术的开发包括施工机械设备的改造、更新换代和施工工艺水平的提高，它是企业内部技术开发的核心；管理技术的开发主要是引进各种先进的管理方法和手段，完善管理制度，它是提高工程质量、降低工程成本、提高劳动生产率的重要途径。

（二）技术开发的程序

技术开发工作应遵循以下程序：

1. 技术预测

建筑企业进行技术开发前，应先调查分析建筑技术发展动态、企业现有技术水平、技术薄弱环节等，预测施工技术的发展趋势。

2. 选择技术开发课题

选择技术开发课题，是技术决策的问题，是技术开发工作的关键环节。课题选择恰当，成功的可能性大。选中的开发课题应做到，既要反映技术发展的方向，又必须经济适用。

选择技术开发课题，应注意以下几点：

（1）应从本企业的生产实际出发，研究和解决生产技术上的关键问题；

（2）必须和本企业的技术革新活动相结合；

（3）充分利用已有技术设备和技术力量，必要时与科研机构、大专院校协作，共同攻关；

（4）要给科研人员创造良好的学习、研究条件和必要的生活条件，使他们能集中精力致力于技术开发工作。

3. 组织研制和试验

开发课题一旦选定，应集中人力、物力、财力，加速研制和试验，按计划取得成果。

4. 分析评价

对研制和试验的成果进行分析评价，提出改进意见，为推广应用作准备。

5. 推广应用

将研究成果用于生产实践，并对推广应用的效果加以总结，为今后进一步开发积累经验。

（三）技术经济分析

施工中拟定的技术组织措施，技术开发中推广的新技术方案，都应该进行技术经济分析，在分析评价的基础上选择最佳方案。技术经济分析是对技术方案从技术和经济角度进行分析评价的工作。技术经济分析是技术决策的基本方法，也是评价技术方案效果的基本方法。

1. 技术方案的评价指标

对方案进行技术经济分析，必须设置一系列指标，以反映方案的技术和经济特征。主要指标有两大类：一类是技术指标；另一类是经济指标。

技术指标反映方案的技术状况，不同性质的技术方案须用不同的技术指标体系。比如技术装备方案，其主要技术指标就有：工作效率、工作质量、安全性能、灵活性、适用性、维修性、耐用性等。

经济指标反映方案的经济效果。主要有成本、资金占用、经济效益等。

表 7-4 列出了施工组织设计方案的技术经济分析指标，仅参考。

施工组织设计方案的技术经济指标分析　　表 7-4

序号	分析项目		指标名称
一	技术指标	施工方案	技术可行性 施工难易程度 机械设备施工率
		进度计划	总工期 交叉作业率 施工连续程度 施工均衡程度
		施工平面图	占地面积 交通运输可靠程度 水电供应保证程度 平面布置对施工的满足程度
二	经济指标		工程总成本 主要材料消耗量 机械设备消耗量 人工消耗量 临时设施费 二次搬运费 环境污染防治费 现场设备利用率 劳动生产率

2. 技术方案分析的程序

(1) 设计方案

有比较才能有鉴别。对技术方案进行分析评价，应设计多个方案比较，从中选择最佳方案。设计方案是技术经济分析的第一步。如果新设计的方案只有一个，则应选择对比方案。对比方案可以是原来已实施过的方案，也可以是其他企业的方案。

设计方案应注意以下几点：

1）技术上可行　即企业有实施方案的技术条件。技术上办不到，再先进的方案也无法实现。

2）方案的目标明确　设计的所有方案都应有共同的、明确的目标。

3）方案具有可比性　设计的各方案，在作用上应是一致的，只是实施后的效果不一样。不能把作用各异的方案放在一起比较。

(2) 设计指标体系

技术经济分析应设计一套指标来反映方案的特征。设计指标应注意以下几点：

1）全面　指标体系要能全面反映技术方案的技术和经济特征。

2）重点突出。在全面反映的基础上抓住重点，突出决策的主要目标，可将各项指标的重要程度排成队。

3）明确　各项指标应有明确的内涵、标准。

4）容易计算　指标能够简单、准确计算。

(3) 计算、比较指标

1）计算指标　按事先规定的计算口径　方法计算各方案的各项指标。

2）比较指标　将各方案计算出的指标加以对比分析，求出对比值。

(4) 综合评价，作出决策

在指标对比的基础上进行综合分析评价，选出最佳方案予以实施。

3. 技术方案的分析评价方法

对技术方案进行分析评价，应采用一定的科学方法。技术方案的分析评价方法，属于决策方法的组成部分。在技术方案的分析评价中，大多数是多目标问题，应采用多目标决策方法。多目标决策最简单易行的方法是综合评分法。

本 章 小 结

本章简要介绍了建筑企业施工技术管理的主要工作。

1. 施工技术管理是建筑企业施工生产活动中的控制工作。施工管理侧重于施工过程的控制，技术管理重点处理施工生产中的技术问题以及企业的技术开发。

2. 施工管理围绕施工准备阶段、正式施工阶段、交工验收阶段的工作展开。各阶段又有相应的业务。

3. 技术管理分为基础工作和业务工作两部分。基础工作主要有制度、标准、规范、档案、信息等；业务工作主要有图纸会审、技术交底、技术复核与审定、安全技术等内容。

4. 除了完成日常业务外，技术管理另一任务是推动企业技术进步，不断进行技术开发，推广和应用新的科研成果。

5. 施工技术管理中采用的各类技术方案必须进行技术经济分析，在分析的基础上择优选定合理的方案予以实施，以保证方案在技术和经济上合理、先进。

复 习 思 考 题

1. 基本概念：图纸会审　技术交底　技术核定　技术开发　技术经济分析

2. 施工管理有哪些主要内容？技术管理有哪些主要内容？

3. 施工管理和技术管理的原则是什么？

4. 开工前应准备些什么技术经济文件？

5. 为什么要进行施工进度和平面管理？

6. 施工调度的方法是什么？

7. 交工验收时建筑企业应提供哪些资料？

8. 为什么要进行技术交底？

9. 技术复核和核定有什么作用？

10. 技术管理工作应遵循哪些制度？

11. 简述技术开发的意义。

12. 应如何对技术方案进行技术经济分析？

第八章　建筑企业质量管理

"质量是企业的生命"，质量管理在建筑企业中有非常重要的地位和作用。本章介绍建筑企业质量管理的基本观念，质量体系的建立，质量管理的统计分析方法，建筑安装工程质量的检查与验收，质量成本分析，以及 ISO9000 族标准和质量体系的建立。

第一节　质量管理的基本概念及基础工作

一、质量管理的含义

(一) 质量的含义

一般意义的质量是指企业最终产品或服务的质量，即产品或服务满足规定或潜在需要的特征和特性的总和。包括其性能、寿命、可靠性、安全性和经济性五个方面，标准是用户对产品或服务的满意程度。这是一种狭义的质量概念。现代质量管理中的质量，不仅包括企业最终产品或服务的质量（对建筑企业而言就是建筑工程质量)，还包括产品或服务形成过程中的工序质量和工作质量。

1. 工程质量

工程质量是指工程满足相关标准规定或合同要求所有明显或隐含能力的特性总和，包括其安全、使用功能、耐久性能和环境保护等方面。

2. 工序质量

工序质量是指工程施工过程中每道工序的质量，即从施工准备、正式施工到交工验收全过程每道工序的质量。只有每道工序的质量高，最终产品的质量才有保证。

3. 工作质量

工作质量是指企业各项经营管理活动的质量。企业生产经营过程是一个有机整体，只有当领导工作、组织管理工作、生产技术工作等管理工作的质量得到全面的提高，才能保证施工过程各道工序的质量，从而提高工程质量。工作质量的高低取决于人的素质。

由此可以看出，工程质量是由工序质量决定的，工序质量受工作质量的影响，工作质量是由人的素质决定的。要提高产品质量，关键是提高人的素质。

(二) 质量管理的含义

质量管理是指企业为了保证和提高产品质量，为用户提供满意的产品而进行的一系列管理活动，包括质量调查、计划、组织、协调、控制、检查、处理、信息反馈等活动。

(三) 全面质量管理的含义

全面质量管理是指企业以质量为中心，以全员参加为基础，综合运用各种管理思想、手段和方法建立质量控制系统的一种现代质量管理模式。

二、质量管理的发展概况

质量管理的发展经历了漫长过程，早在一万年前的石器时代，人们就对制作的石器进行简单的检验。实际上，只要有产品的生产，就有质量意识和质量管理，但现代意义的质量管理理论和方法，始于20世纪20年代，到目前大致经历了三个阶段：

（一）第一阶段

质量检验阶段是从20世纪20年代到40年代。在1924年泰罗（F.W.Taylor）出版了《科学管理原理》一书，明确提出质量检验作为一道工序，从产品生产过程中独立出来。质量检验的目的是避免次品和废品进入流通领域和消费领域，这对提高产品的质量有一定的推动作用。但它属于一种事后的管理方法，无法把质量问题消灭在产品设计和生产过程中，缺乏预防和控制，不利于降低成本。

（二）第二阶段

统计质量管理阶段是从20世纪40年代到60年代。在第二次世界大战期间，美国政府为了提高军品的质量，减少事故，赢得战争的胜利，组织了一批专家和技术人员运用休哈特创立的质量管理控制图和道奇与罗米格提出的抽样检验法等理论制定了三个战时质量控制标准，在全国推广，并在军工企业强制实行，取得显著效果。二战以后，世界各国开始学习、仿效这一方法，并广泛运用于企业产品生产中，标志质量管理进入统计质量管理阶段。这一阶段的主要特点是运用统计方法，找出产品质量的规律，对产品生产过程各工序进行严格控制，从而保证产品质量。与质量检验阶段相比，把事后检查结果改变为在生产过程中寻找影响质量的因素，进行过程控制。但过分强调统计工具，忽视了人的因素和管理工作对质量的影响。

（三）第三阶段

全面质量管理阶段是从20世纪60年代开始直到现在。20世纪60年代以后，随着科学技术的进步，企业生产迅猛发展，社会生活条件的改善，用户对质量的要求越来越高，而产品质量的形成过程也更加复杂。原来的质量检验和统计管理方法，不能适应发展的要求，必须运用系统的观点建立质量体系，对与产品质量有关的所有因素进行全面控制，才能进一步提高产品质量，于是诞生了全面质量管理。1961年美国通用电器公司的菲根堡姆等人提出了这一新概念。

全面质量管理在日本得到很大的发展，依靠它，在20世纪60年代和70年代，虽资源缺乏，但实现了经济腾飞，创造了超常规发展的奇迹。

三个阶段的差异见表8-1。

质量管理三个阶段比较表 表8-1

发展阶段	质量检验阶段	统计质量管理阶段	全面质量管理阶段
时间	20世纪20～40年代	20世纪40～60年代初	20世纪60年代初至今
管理对象	产品质量	产品质量、工序质量	产品质量、工序质量和工作质量
人员与部门	依靠少数技术检验人员	依靠技术和质量检验部门	依靠企业全体职工
管理方法	技术检验方法	技术检验和统计方法	现代管理手段和方法
管理思想	以事后把关为主	从把关发展到生产过程控制	预防为主，重在管理影响产品质量的各项因素
管理目标	使产品符合既定的质量标准	按既定标准控制，少出或不出不合格品	把满足用户需要放在第一位，着眼于生产用户满意的产品

从质量管理的发展过程可以看出，全面质量管理是质量管理的新理论和方法，与质量

检验和统计质量管理相比较，其管理对象更加全面，管理范围更加广泛，特别注重对人的管理，是一个完整的工作体系。

三、全面质量管理的基本观点

(一) 全面管理的观点

全面管理即人们常说的“三全管理”，指全过程、全员、全企业管理。

1. 全过程的质量管理。要求对产品生产过程各阶段都要进行质量管理。对建筑企业要从投标签订合同开始，到施工准备、正式施工、竣工验收、交付使用和售后服务全过程都要进行质量管理。

2. 全员参加的质量管理。由于实行全过程质量管理，企业中每个人都与质量有关系，要求企业每个人都关心质量，保证工作质量，从而保证工序质量和产品质量。

3. 全企业的质量管理。为达到按质、按量、按期生产出用户满意的建筑产品，要求企业所属的各单位和各部门都应围绕保证和提高产品质量开展各项工作，而不仅仅是质量管理部门的事。

(二) 为用户服务的观点

全面质量管理的基本观点之一，是一切为了用户，把用户的利益放在第一位。这里的用户不仅包括企业产品的最终用户，还包括生产过程中各工序的用户，全面质量管理要求每道工序的操作者都把下道工序的操作者作为自己的用户，每道工序的操作者都为下道工序的操作者服务。

(三) 以预防为主的观点

预防为主就是从“事后把关”转移到“事前控制”上来，从管“结果”变为管“原因”，把质量问题消灭在萌芽过程之中，从而避免不合格品的产生，减少不合格品损失，提高工程质量。

(四) 用数据说话的观点

用数据才能准确地反映质量问题，才可能运用数理统计的方法，对产品质量形成过程进行科学的分析，找出影响工程质量的因素，才能有针对性地采取措施，提高工程质量，避免靠感觉处理质量问题。

四、质量管理的基础工作

全面质量管理是对生产经营全过程实施全面控制，这项工作要能顺利开展，必须做好一系列基础性工作，包括：

(一) 标准化工作

质量管理的标准包括技术标准和管理标准。技术标准有产品的质量标准、操作标准、原材料检验试验标准以及各种技术定额等。管理标准有各种规章制度、工作标准、经济定额等。质量管理的标准化工作就是制定和贯彻执行标准的一系列活动。

(二) 计量工作

计量工作是指工程施工中按一定的科学方法进行的测试、检验、测定、分析等工作。计量工作是为用“数据说话”的质量管理提供准确的数据，为质量管理的定量分析奠定基础。

(三) 信息工作

质量信息一般指经整理了的有关质量和质量体系的各种资料、数据、消息、情报等，是企业开展质量管理活动的基础。信息可以来自企业内部，如企业施工中工程的质量状况，质量体系运行现状；也可以从企业外部收集，如用户的要求，国内外同类产品的发展动向等。

（四）质量责任制工作

质量责任制是规定企业各级机构、各个部门、各个岗位的质量责任和相应权力的一种管理制度。通过质量责任制，可以将质量工作层层分解，落实到位，明确责任，在企业内部形成完整的责任保证体系，从而保证企业质量工作的正常开展。

（五）教育培训工作

全面质量管理的一个重要特征是重视对人的管理。人是决定产品质量最重要的因素，所以必须加强对职工的教育培训，一是培养人的质量意识，二是技术业务培训。

第二节　全面质量管理体系

建筑企业全面质量管理体系，简称质量体系。

一、质量体系的含义

（一）质量保证

按 ISO8402—91《质量—术语》标准对质量保证的定义是：为使人们确信某实体能满足质量要求，在质量体系内所开展的按需要进行证实的有计划和有系统的全部活动。对施工企业而言，质量保证是施工企业在质量方针的指导下，为确保建筑安装工程的质量满足需求，对工程建造的全过程实行全面的质量控制，并对其提出完整、准确履行各自质量职能的证据，使需方满意并增强其对工程质量信任感的全部有计划的系统活动。

在产品简单生产时代，生产者同购买者进行直接交易，买方凭自己的经验、感觉来判断产品的质量，一旦成交，买方自己承担风险。在那时不存在严格意义的质量保证。

在商品的社会化大生产时代，市场竞争日趋激烈，用户对生产者提出了更高的要求，生产者为提高其产品的竞争力，纷纷开展质量保证活动。

施工企业的质量保证主要包括：选用用户满意的质量标准，而且企业生产的产品的全部质量特征符合标准的规定；企业推行全面质量管理；企业对产品整个使用寿命周期内保证质量。

（二）质量体系

质量体系是用于开展质量保证活动的一种质量工作系统。

对施工企业而言，质量保证涉及到经营管理各方面工作，需要建立一个工作系统。质量保证体系就是企业为保证工程质量符合要求，并使需方和第三方（质量监督机构）确信为目的，运用系统的理论和方法建立的质量工作系统。

质量工作系统，把企业的各部门、生产经营各环节的质量管理职能组织起来，形成一个目标明确、权责分明、相互协调的整体，从而使企业的工作质量和产品质量紧密地联系起来，产品生产过程中各道工序紧密联系起来，生产过程与使用过程紧密联系起来，企业经营管理各个环节也紧密地联系起来。有了质量体系，企业在施工过程中就能及时地发现质量问题，及时处理质量问题，避免不合格品的产生，增强需方对本企业施工工程质量的信任感，实现全面质量管理的目的。

质量体系是全面质量管理的核心，全面质量管理的实质就是建立质量体系，并使其正常运转。

（三）建立质量体系的目的

1．满足需方对工程质量的要求和期望

按照全面质量管理的观点，质量保证工作绝不仅仅是质量管理或质量检查部门的事。企业必须扭转过去那种单纯着眼于发现、解决施工过程中的质量问题，或局限于对个别工序实施质量控制的被动局面，而必须用全面管理的观点来实施质量保证活动。

2．符合国家有关安全、环境保护等方面的政策和法规

按照国际惯例和国家规定，对涉及人身安全和环境保护方面的工程必须开展严格的质量保证工作。

3．企业掌握施工质量状况的需要

企业必须按照国家颁发的有关规程、标准、技术规范等的要求开展相应的质量管理活动，使本企业领导相信企业的施工正常，工程质量符合要求，并能针对所发现的问题及时采取纠正措施，使企业质量始终处于正常状态。

4．提高企业声誉和占领市场的需要

在竞争日益激烈的建筑市场，施工企业要能立足和发展，必须提高声誉，持久地施工出高质量的、让用户满意的工程。为达到这一目标，企业必须建立质量保证体系。

二、质量体系的运行

质量体系依照科学的程序运转。

（一）质量体系运行的程序

质量体系通常按照 PDCA 循环方式运行。PDCA 循环是一种科学的质量管理方法和工作程序，它分为四个阶段，八个步骤，周而复始地运转。

1．P（Plan）阶段，即计划阶段。分四步。

第一步：分析现状，找出存在的质量问题；

第二步：分析产生质量问题的各种原因或各种影响因素；

第三步：找出影响质量的主要原因或影响因素；

第四步：针对主要原因或影响因素，制定质量改善措施，并预计效果。

这个阶段，在全面质量管理工作流程中是最重要的一个阶段。它的主要任务是分析问题，找出原因，制定改进措施。原因应准确，措施应得当，才能保证后续工作的效果。为保证做到这一点，必须反复明确以下几个问题：

（1）为什么制定这样的计划（why）？

（2）计划的目的是什么（What）？

（3）由谁组织实施计划（Who）？

（4）在什么地方实施计划（Where）？

（5）在什么时候实施计划（When）？

（6）怎样实施计划（How）？

通常把以上六个方面简称为“五 W 一 H”。

2．D（Do）阶段，即实施阶段，这个阶段就是贯彻执行质量计划。实施阶段只有一个步骤，即：

第五步：按制定的措施去实施或执行。

3.C（Check）阶段，即检查阶段。这个阶段要求将实施情况与计划对比，及时发现问题，分析原因，采取措施纠正偏差，保证计划目标的实现。检查阶段也只有一个步骤，即：

第六步：检查计划实施或执行的效果。

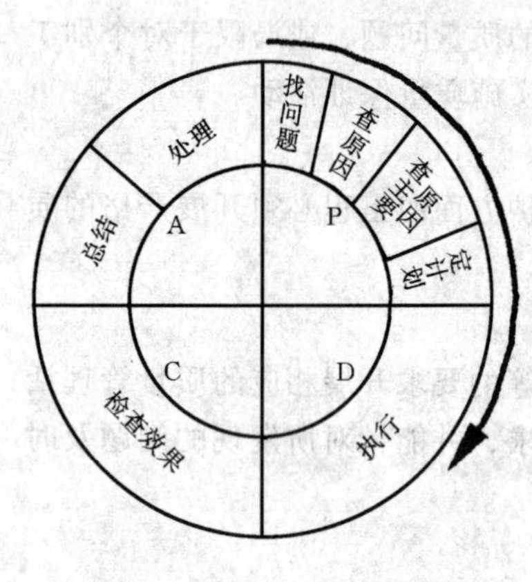

图 8-1　按序转

4.A（Action）阶段，即处理阶段。这个阶段的目的是总结经验，找出差距，把遗留问题转入下一循环。处理阶段有两个步骤，即：

第七步：总结经验；

第八步：处理遗留问题。

（二）质量体系运行的特点

质量体系按 PDCA 循环运行，有下面一些特点：

1. 按序转。PDCA 循环四个阶段是有序的、完整的，同时每个循环过程的处理阶段就是下一循环过程计划阶段的前提条件，这样周而复始的运行，永不停止，如图 8-1 所示。

2. 步步高。PDCA 循环每经过一个循环就解决一两个问题，通过循环不断提高工作质量，保证产品质量稳步上升，如图 8-2 所示。

3. 环套环。PDCA 循环是大环套小环的循环模式，如建筑企业的质量体系，整个企业的质量管理循环可以看成一个大环；分公司的质量管理循环可以看成一个中环，受控于大环；而工程项目部的质量管理循环可以看成一个小环，受控于中环。对班组和个人的质量管理循环则是更小的环。也可以按生产过程或其他管理对象组成大环套小环的循环模式。这种环套环的关系是：大环是小环的依据，小环是大环的具体内容和保证；大环控制小环转动，小环推动大环转动。如图 8-3 所示。

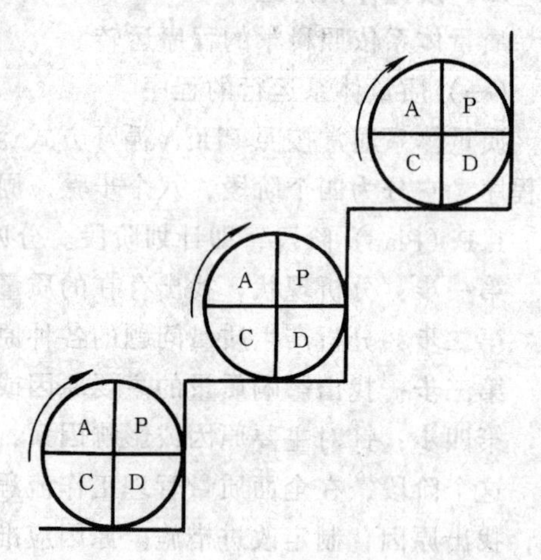

图 8-2　步步高

三、质量体系的内容

质量体系是一个十分复杂的系统，其内容可以从不同的角度去描述。

（一）从构成要素角度划分

质量体系构成要素可概括为组织机构、工作程序、工作制度和资源四个部分。

1. 组织机构

组织机构是质量体系的基本要素，企业要开展质量活动，必须有组织机构作保障。企业各级组织都应设立质量管理部门，不论是公司、分公司还是项目经理部，施工队、班组应设质检员。企业的其他职能部门虽然不直接从事质量管理工作，但应积极支持，参与质量管理，将自己的工作和质量管理结合起来。

2. 工作程序

质量体系的工作程序是 PDCA 循环，通过 PDCA 循环带动质量保证体系运行。

3. 工作制度

工作制度是质量管理的一项基础性工作，是企业规章制度的一个重要组成部分。它主要规定质量管理中应遵循的工作流程和工作方法以及有关各方的工作责任等一些重要和基本的问题。建立质量体系的一项基本内容，就是制定工作制度。这些制度中最重要的是质量责任制，包括各级领导责任制、各职能部门责任制和工人质量责任制等。

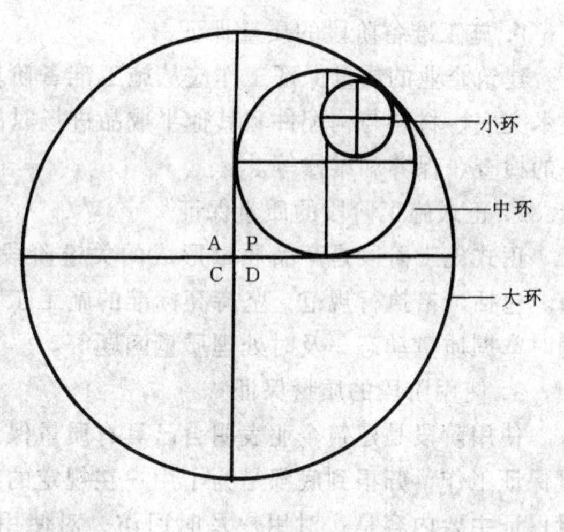

图 8-3　环套环

4. 资源

要开展质量管理工作，必须具备很多条件，这些必备条件叫资源。只有具备充足的资源，质量管理工作才能顺利开展，质量体系才能正常运行。资源主要包括：人才资源、设备资源、技术资源、信息资源等。

（二）从工作性质角度划分

1. 质量教育

按教育对象不同可分为：全员教育和质量管理人员教育。

按教育内容不同可分为：质量观念教育、质量管理知识教育和技术业务培训。

2. 质量计划的制定

质量计划是指质量管理应达到的目标以及如何实现目标。它是质量管理的依据。因此质量计划的制定在质量管理中是非常重要的，不论是整个企业，还是分公司或项目经理部甚至班组，也不论是在质量管理哪个阶段，都应制定质量计划。

3. 质量形成过程的控制

在施工生产过程中，采取各种科学的方法和手段，对质量形成过程实施监控。包括施工班组随时检验工程质量，质量管理部门或人员收集整理质量数据、分析质量现状和问题，找出存在问题的原因，采取纠正措施等。

4. 质量制度的贯彻执行

以质量责任制为核心，全面贯彻执行各项质量管理制度。

5. 工程质量的检查和验收

根据国家颁布的建筑工程质量验收统一标准、施工合同和设计要求，采取科学的检测手段，对原材料、构配件、半成品进行质量检验，对分项工程、分部工程和单位工程进行质量检查和验收。

6. 质量信息反馈

采用科学的手段，对施工各阶段、各环节的质量动态及时反馈给质量控制中心，以便及时采取措施快速处理。

（三）从产品质量形成过程角度划分

1. 施工准备阶段的质量保证

建筑企业的质量保证工作应从施工准备阶段做起，包括：审查图纸、编制施工方案、技术交底、材料与构配件和其他半成品进场时的质量验收、工人的质量教育、施工机械设备的检查、保养和维修等。

2. 正式施工阶段的质量保证

正式施工阶段是产品质量形成的关键阶段，也是建筑企业质量保证最重要的一个环节。包括严格执行规范，坚持高标准的施工工艺，加强分部分项工程的质量检验与验收，随时掌握质量动态，及时处理质量问题等。

3. 使用阶段的质量保证

使用阶段是建筑企业表明自己具有质量保证能力的最终证明。建筑企业所做的一切质量保证工作，归根到底都是为了用户在规定的期限内能正常使用建筑产品。使用阶段的质量保证主要内容是：对用户及时回访，对使用中的质量问题及时处理，调查了解质量信息，为以后的质量管理工作提供依据。

四、质量体系的建立

1. 质量体系的设计

每一个企业都应建立质量体系，但建立质量体系的模式不会完全一样，即使都是建筑企业也不会完全一样。现在企业建立质量保证模式，通常都是按 ISO9000 族标准建立。建筑企业应根据企业实际情况和产品特性选择相应的模式建立质量体系。

2. 建立质量管理机构

建立质量体系并使其正常运转，肯定要有组织机构作保证。建筑企业各级组织都应设立质量管理部门，负责组织内质量管理的组织、协调、检查、控制、教育等工作，明确其他部门和人员的质量责任，使其他部门和人员也参与到质量管理工作中来。

3. 配备专业人员和必需的物质条件

质量管理机构是很容易建立的，但要保证质量体系正常运转，关键是配备专业人员，这些人员既要懂工程技术，能判断工程中的质量问题，又要懂质量管理知识，能运用各种质量管理手段和方法对质量管理过程进行监控。当然质量管理专业人员要正常开展工作，应配备一定的物质条件，如检验工具和设备、技术资料、办公用品、计算机硬件和软件等。

4. 制定质量管理制度

质量管理制度既是全面质量管理的基础工作，又是质量体系的重要组成部分。根据质量管理模式，制定质量管理制度，通过管理制度，明确质量体系中各方面的职责、职权和相互关系，规范运作方式，确保质量保证体系的正常运行。

第三节　质量管理的统计分析方法

建筑企业质量管理常用到统计分析方法。这里简要介绍七种常见的统计分析方法。

一、统计调查表法

统计调查表法是一种利用统计表，调查、反映和分析质量问题的方法。它只能对质量问题作简单，粗略的分析，实际工作中很少单独使用，通常和其他方法结合使用，以便对产生质量问题的原因作深层次的分析。

统计调查表法的类型、格式多种多样，因调查分析目的不同而异。常用的统计调查表法有：

（1）产品缺陷部位统计调查表，用于调查、反映产品缺陷出现的部位；

（2）质量特征分布统计调查表，用于调查、分析产品质量分布特征；

（3）产品质量不合格项目统计调查表；用于分类统计分析影响产品质量的因素；

（4）质量检验统计调查表，用于产品质量的检验；

（5）其他统计调查表。

【例 8-1】 某工地钢筋混凝土工程不合格点增多，试用统计调查表法初步分析质量问题。

【解】 通过调查，对不合格的项目分类统计如表 8-2 所示。

不合格项目统计调查表法 **表 8-2**

批次	混凝土强度	几何尺寸	表面平整	预埋件位移	表面缺陷	露筋
1	3	1	1	0	1	0
2	5	2	0	0	0	0
3	9	1	1	0	0	1
4	4	2	1	1	0	0
5	2	2	0	0	0	0
6	7	0	1	0	0	0
7	3	3	0	0	0	0
8	5	1	0	0	1	0
9	6	4	1	1	0	0
10	6	4	0	0	0	0
合计	50	20	5	2	2	1

从表中可以看出：钢筋混凝土工程的不合格点主要发生在混凝土强度、几何尺寸、表面平整等方面，要分析更深层次的质量原因，需采用其他方法。

二、分层法

分层法又叫分组法或分类法，它是用来分析质量问题产生原因的一种方法。

分层法的关键是根据分层的目的，找出分层标志。分层标志决定了是否能分析质量问题和影响因素，一般来说，分层时，应使同一层内的数据波动尽可能小，而层间的差别尽可能大。

常见的分层方法有：按数据发生的时间分；按生产单位分；按使用的机械设备分；按使用的原材料分；按操作方法分；按操作人员分；按其他方法分。

【例 8-2】 在例 8-1 中，有六个方面造成钢筋混凝土工程质量不合格，试用分层法分析混凝土强度不合格的原因。

【解】 影响混凝土强度的因素很多，但根据调查，很可能是由于水泥的原因。水泥是影响质量的重要因素，施工中使用了两个厂家的水泥，现将水泥按厂家分层分析混凝土强度不合格的原因，见表 8-3。

不合格因素分层分析表　　表 8-3

水泥生产厂家	不合格点数	比重（%）
甲	8	16
乙	42	84
合计	50	100

从表中可以看出，使用乙厂水泥是造成混凝土强度不合格的一个重要因素，应进一步分析水泥质量不合格的原因。

三、排列图法

排列图法是一种寻找主要因素的方法，在质量管理中可找出质量问题主要出在哪些方面，也可以找出影响质量的主要因素。排列图又叫主次因素分析图。是根据数理统计的原理来寻找主要质量因素。在质量管理中，抓住主要矛盾解决质量问题，有“事半功倍”的效果。

（一）排列图的作图方法

1. 列出影响质量的各种因素，根据频数从大到小排列；

2. 计算频率和累计频率；

3. 建立坐标体系；横坐标表示影响因素，左边的纵坐标表示频数，右边的纵坐标表示累计频率，并画出刻度，使总频数的刻度和100%累计频率的刻度在同一水平线上；

4. 绘制频数直方图；

5. 以累计频率描点，连接各点形成累计频率曲线。

累计频率曲线又叫帕累托（Paroto）曲线，排列图又叫帕累托图。

（二）排列图的运用

1. 根据排列图对因素进行分类

(1) 累计频率在0%～80%属A类，为主要因素；

(2) 累计频率在80%～90%属B类，为次要因素；

(3) 累计频率在90%～100%属C类，为一般因素。

2. 制定改进措施

如果A类因素只有一两个，说明已找出主要因素，应针对这些因素制定改进措施。如果A类因素超过两个，说明分类标志有问题，没有找出主要因素，可以重新确定标志再找主要因素。当然对有些现象没有主要影响因素也是可能的。

【例 8-3】　根据表 8-2 作排列图，找出影响质量的主要因素。

【解】　根据表 8-2 计算频率和累计频率，见表 8-4。

频 率 计 算 表　　表 8-4

序　号	因　素	频　数	频率（%）	累计频率（%）
1	混混凝土强度	50	62.5	62.5
2	几何尺寸	20	25	87.5
3	表面平整	5	6.25	93.75
4	预埋件位移	2	2.5	96.25
5	表面缺陷	2	2.5	98.75
6	露　筋	1	1.25	100
合　计		80	100	—

根据上表计算结果，画出排列图，见图 8-4。

根据图 8-4，影响钢筋混凝土工程的主要（A 类）因素是：混凝土强度和几何尺寸。应针对这些因素提出改进措施。

四、频数直方图法

频数直方图是一种分析质量分布状态的方法。又叫质量分布图。

产品在生产过程中受多种因素影响，造成产品质量不稳定，产品质量波动是不可避免的，即使用同一批材料，同一台设备，同一操作者，相同的工艺生产出来的产品也是如此。但是，在正常情况下，产品质量波动是随机的，在一定范围内的频数分布是有规律的，呈正态分布。所以我们可以根据数据作出频数直方图，反映数据的集中程度和波动范围，从而分析质量分布态。

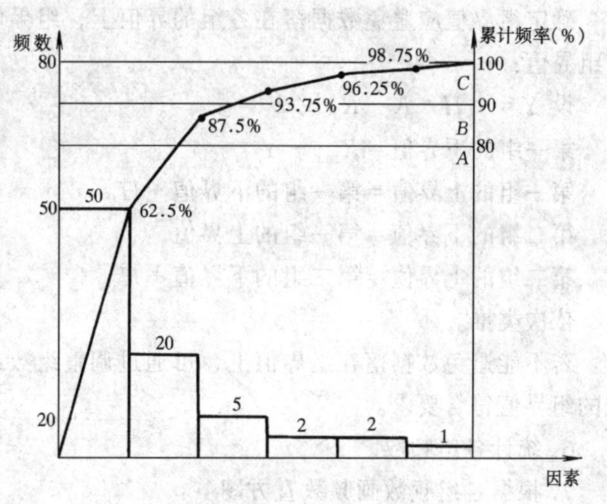

图 8-4 排列图

（一）频数直方图的作法

1. 收集整理数据

根据数理统计的原理，从需要研究的质量问题的总体中按随机原则抽出一部分数据作为样本，通过分析样本来判断总体的情况。样本要能代表总体，应当有足够多的数据，否则样本就不能代表总体或代表性不高。通常情况下，样本的个数不少于 30 个。若数据差异大或要求代表性高，数据就应当多一些。

2. 计算样本数据的极差值（R）

$$R = X_{max} - X_{min}$$

式中 R——极差值；

X_{max}——样本数据中的最大值；

X_{min}——样本数据中的最小值。

3. 确定组数（K）

一般对于一组数据，分组时组数太少，会掩盖组内数据变动情况，不能准确反映质量分布状态；组数太多，又会使各组参差不齐，从而看不出规律，所以分组组数应适当。一般根据表 8-5 的经验值来确定。

分组数 K 值参考表 **表 8-5**

样本数量（n）	分组数（K）	样本数量（n）	分组数（K）
小于 50	5～7	100～250	7～12
50～100	6～10	250 以上	10～20

当组数较少时，组数一般选择单数。

4. 计算组距（H）

一般参照 R/K 来确定。若刚好 $H=R/K$，则 K 组不能包括所有数据，通常应适当扩大组距。扩大组距时常常根据分组的方便程度来确定，但同时又不宜扩大太多。

5. 确定组界值

组界值就是各组的上下界值。确定组界值应注意：一是避免某数据不能归入各组；二是避免某数据可同时归入两个或更多的组。

确定组界值应避免数据落在各组的界值上，组界值应至少提高一级精度。通常这样确定组界值：

设 $Y=(H\times K-R)/2$

第一组的下界值 $=X_{min}-Y$

第一组的上界值 = 第一组的下界值 $+H$

第二组的下界值 = 第一组的上界值

第二组的上界值 = 第二组的下界值 $+H$

依次类推。

若不能避免数据落在组界值上，可通过调整组数或组距来重新确定组界值，以保证确定的组界值符合要求。

6. 统计各组频数

7. 根据各组频数画频数直方图

以横坐标为分组区间，纵坐标为频数，绘出频数直方图。

【例 8-4】 某工地在一个时期搅拌 C30 混凝土，共做试块 100 组，其抗压强度如表 8-6 所示。试绘频数直方图。

【解】 1. 整理数据，找出最大值和最小值。

$$X_{max}=34.7; \qquad X_{min}=27.4$$

2. 计算样本数据极差值。

$$R=X_{max}-X_{min}=34.7-27.4=7.3$$

3. 确定组数。根据表 8-5，取 $K=9$

混凝土试块强度统计表 **表 8-6**

序号	数				据（MPa）					最大	最小
1	32.0	28.7	32.2	31.4	29.5	31.0	31.2	31.7	30.9	31.3	32.2	28.7
2	32.3	32.6	30.1	31.9	32.0	32.7	31.1	31.6	29.4	31.9	32.7	29.4
3	31.4	30.8	31.4	31.1	33.5	32.6	30.9	30.8	31.6	30.4	33.5	30.4
4	32.7	31.1	30.4	31.7	31.6	30.5	29.7	31.3	32	30.8	32.7	29.7
5	32.0	30.3	31.6	27.4	32.6	32.7	30.1	29.9	30.4	30.5	32.7	27.4
6	30.3	30.4	30.6	30.9	31.0	31.4	33.0	31.3	31.9	31.8	33.0	30.4
7	31.0	31.6	31.3	31.6	33.5	34.3	32.0	31.2	30.3	34.7	34.7	30.3
8	31.9	30.9	31.1	31.9	31.3	30.8	30.5	31.4	31.4	31.3	31.9	30.5
9	31.5	30.5	32.6	32.0	30.1	31.7	32.7	29.4	31.7	31.6	32.7	29.4
10	30.4	31.7	30.2	31.3	30.5	30.0	30.8	31.4	29.9	31.9	33.1	30.8

频 数 统 计 表 **表 8-7**

序号	分组区间	频数统计	频数	频率（%）
1	27.315～28.145	一	1	1
2	28.145～28.975	一	1	1
3	28.975～29.805	正	4	4
4	29.805～30.635	正正正正正一	21	21
5	30.635～31.465	正正正正正正下	33	33
6	31.465～32.295	正正正正正一	26	26
7	32.295～33.125	正正	10	10
8	33.125～33.955	T	2	2
9	33.955～34.785	T	2	2
合计			100	100

4. 计算组距。

$$R/K = 7.3/9 = 0.81111$$

可确定 $H = 0.83$

5. 确定各组界值。

$$Y = (H \times K - R)/2 = (0.83 \times 9 - 7.3)/2 = 0.085$$

第一组的下界值 $= X_{min} - Y = 27.4 - 0.085 = 27.315$

第一组的上界值 = 第一组的下界值 $+ H = 27.315 + 0.83 = 28.145$

第二组的下界值 = 第一组的上界值 $= 28.145$

第二组的上界值 = 第二组的下界值 $+ H = 28.145 + 0.83 = 28.975$

依次类推。各组界值见表 8-7。

6. 统计频数，见表 8-7。

7. 绘制频数直方图，见图 8-5。

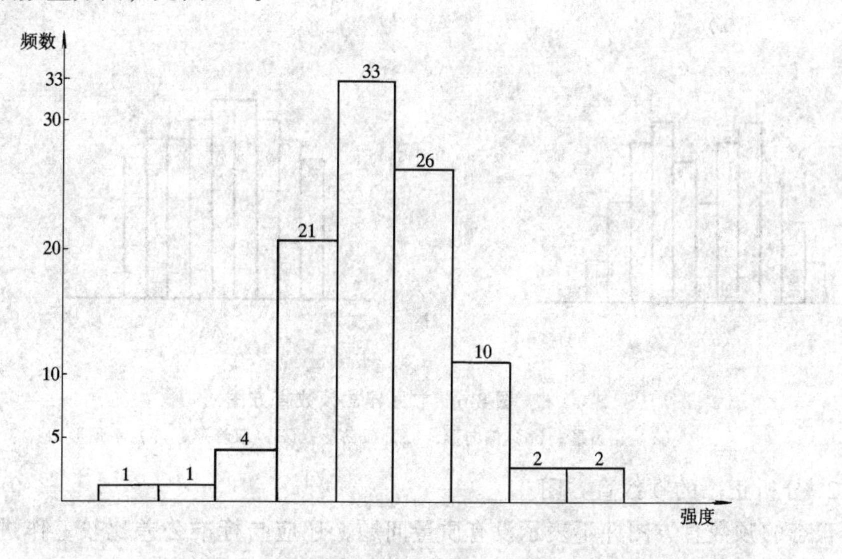

图 8-5 混凝土强度频数直方图

（二）频数直方图的分析

绘制频数直方图的目的是为了通过频数直方图反映质量分布状态。下面介绍常见的分析方法：

1. 分析频数直方图的整体形状

在工艺条件正常的情况下，绘出的频数直方图应当是中间高，两边低，左右基本对称，接近正态分布，如果不是这种图形，要进一步分析原因，采取措施纠正。常见的异常图形如图 8-6 所示：

(1) 锯齿形，如图 8-6*a* 所示。多数是由于分组不当造成，应减少组数，重新作频数直方图，再分析。

(2) 偏向形，如图 8-6*b* 所示。通常是由于对某方面控制太严或工人操作习惯等造成的。如生产中只控制混凝土的最低强度。

(3) 孤岛形，如图 8-6*c* 所示一般是由于生产中出现了异常情况造成。如材料、设备或操作方法发生了变化，由低级工顶班作业等。

(4) 双峰形，如图 8-6*d* 所示。经常是由于用两种不同的材料、设备或水平相差较大的两组工人进行施工，又将两组数据混在一起造成。

(5) 平顶形，如图 8-6*e* 所示。往往是由于施工中存在某种缓慢变化的因素引起。如操作者疲劳，也可能由于测量工具不精确引起。

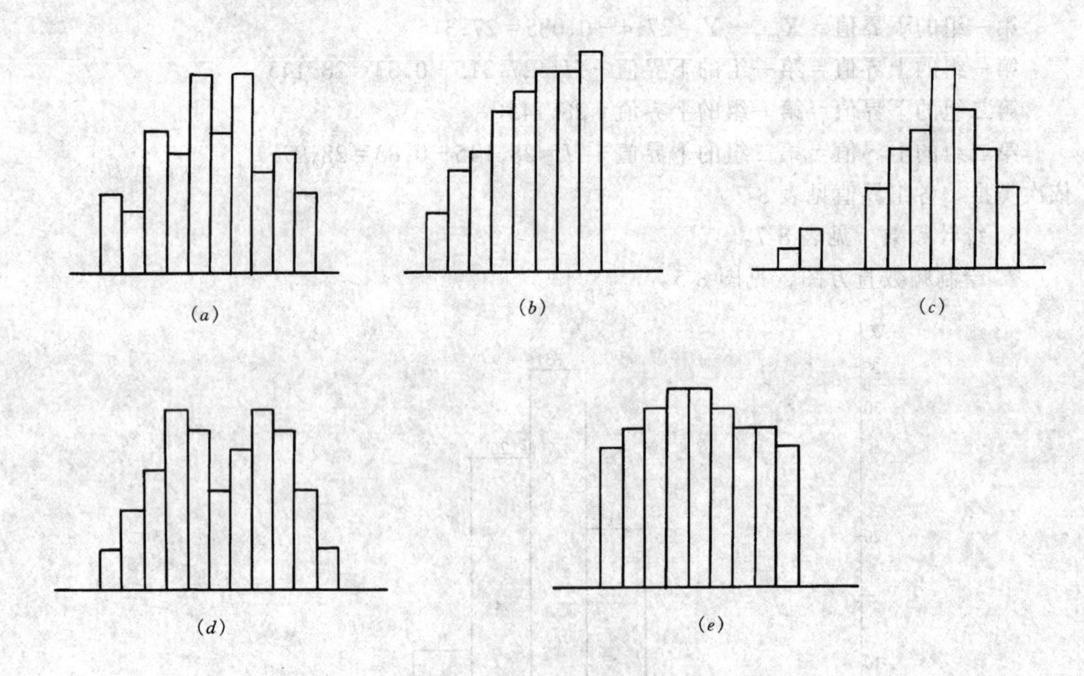

图 8-6　常见异常频数直方图

(*a*) 锯齿形；(*b*) 偏向形；(*c*) 孤岛形；(*d*) 双峰形；(*e*) 平顶形

2. 分析正态的频数直方图

正态的频数直方图并不表示没有质量问题，还应与标准公差比较，作进一步的分析。标准公差（T）是质量标准规定的允许偏差范围。

正态的频数直方图与标准公差相比较，有图 8-7 所示几种情况：

(1) 如图 8-7*a* 所示，B 的中线与 T 的中线基本吻合并且 B 在 T 的中间，两边略有余地，这是理想情况。一般不考虑出现质量问题。

（2）如图 8-7b 所示，B 的中线与 T 的中线基本吻合并且 B 在 T 的中间，但两边余地太宽，说明精度控制过高，虽然不会出现废品，但不经济，应适当放宽质量要求。

（3）如图 8-7c 所示，B 的中线与 T 的中线基本吻合并且 B 在 T 的中间，但两边余地太窄或没有余地，这种情况稍不留意，就会出现废品，应提高质量控制精度。

（4）如图 8-7d 所示，B 在 T 的中间，B 的中线偏离 T 的中线。表明生产的质量控制有偏向一侧的倾向，易出现废品，应采取措施纠正。

（5）如图 8-7e 所示，$B > T$，两边都有超差，肯定有废品，应加大质量控制力度，及时采取措施加以纠正。

（6）如图 8-7f 所示，B 的中线严重偏离 T 的中线，其中一侧已超出公差，这种情况也应及时采取措施加以纠正。

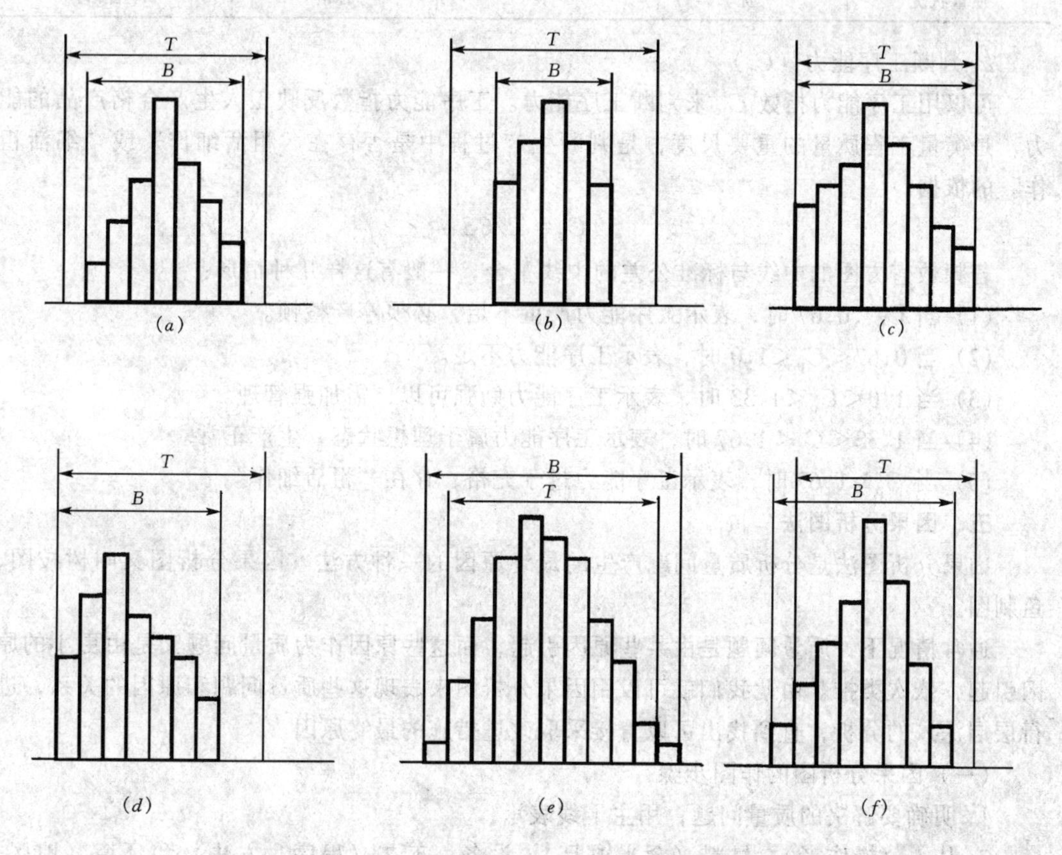

图 8-7　常见正态频数直方图与标准公差相比的类型

（三）样本数据分析

1. 反映产品质量稳定状况

（1）计算样本数据平均值 $\overline{X}$

样本数据平均值是所有样本数据的总和除以样本数据的个数。

$$\overline{X} = \frac{\sum_{i=1}^{n} X_i}{n}$$

（2）样本数据标准差 S

样本数据与其平均数的离差的平方的总和除以样本数据的个数减1的商再开方。

$$S = \sqrt{\frac{\sum_{i=1}^{n}(X_i - \overline{X})^2}{n-1}}$$

(3) 变异系数 C_v

$$C_v = (S/\overline{X}) \times 100\%$$

在国外，判定混凝土强度质量的稳定性，一般根据表8-8确定。

C_v 反映的质量稳定状况 **表8-8**

C_v(%)	≤10	≤10～15	≤15～20	>20
质量状况	优	良	合格	不合格

2. 判断工序能力(C_p)

可以用工序能力指数 C_p 来判断工序能力。工序能力指数反映工人生产合格产品的能力，是衡量工程质量的重要尺度，是判断生产过程中是否存在“粗活细作”或“细活粗作”的依据。

$$C_p = T/6S$$

若频数直方图的中线与标准公差的中线重合，一般有这样几种情形：

(1) 当 $C_p < 0.67$ 时，表示工序能力严重不足，必须停产整顿。

(2) 当 $0.67 < C_p < 1.0$ 时，表示工序能力不足。

(3) 当 $1.0 < C_p < 1.33$ 时，表示工序能力勉强可以，需加强管理。

(4) 当 $1.33 < C_p < 1.67$ 时，表示工序能力属于理想状态，生产正常。

(5) 当 $C_p > 1.67$ 时，表示工序能力过于充裕，存在“粗活细作”。

五、因果分析图法

因果分析图法是分析质量问题产生的最终原因的一种方法。因果分析图又叫树枝图、鱼刺图。

通常情况下，质量问题是由某些原因引起，而这些原因作为质量问题又是由更小的原因引起，依次类推。由此我们就可以用因果分析图来表现这些质量问题和原因的关系，进行层层深入的分析，直到找出可以直接采取改进措施的最终原因。

(一) 因果分析图的作图步骤

1. 明确要解决的质量问题，用主干线表示；

2. 从人（操作者），材料（含半成品），设备，工艺（程序，方法）和环境（地区，气候，地质）五个方面分析影响质量的大原因，用大枝表示；

3. 以大原因为质量问题，分析中原因；用大枝的分枝表示；

4. 以中原因为质量问题，分析小原因；用中枝的分枝表示；

5. 依次类推，层层深入分析，直到可以直接采取措施为止，用不同的小枝表示。

因果分析图的形式见图8-8。

(二) 因果分析图的应用

用因果分析图法，应注意以下问题：

1. 找准原因

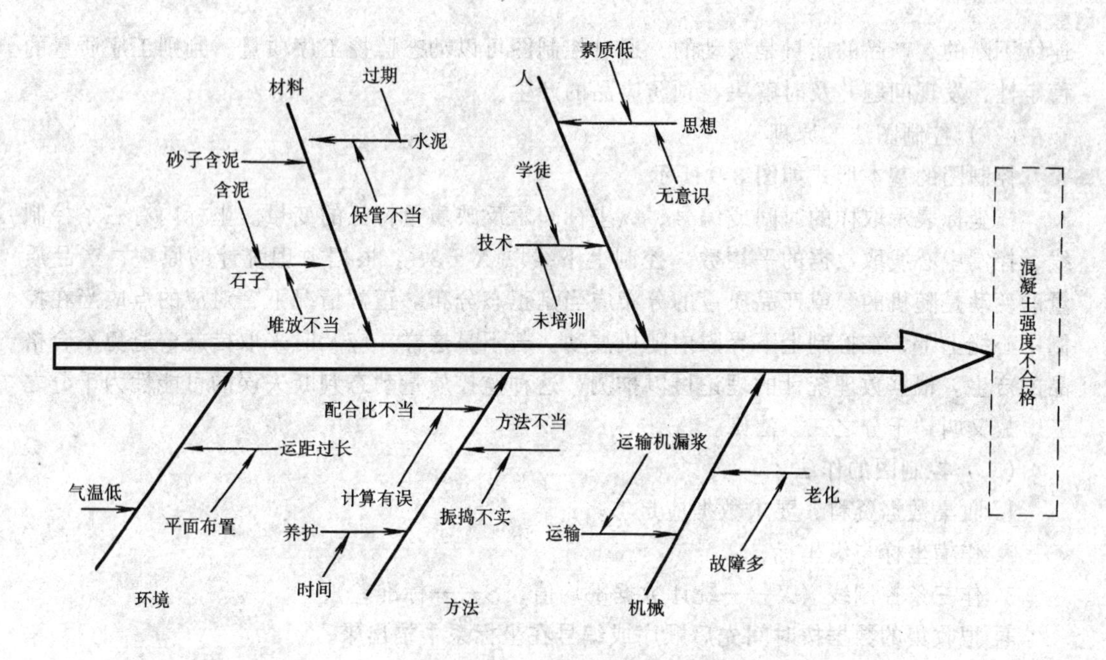

图 8-8　混凝土强度质量问题的因果分析图

因果分析图法的基本准则，是依据因果关系寻找原因。因此，和质量问题没有直接因果关系的因素不能画在图上，否则会得出错误结论。

2. 层层深入

这是因果分析图法的一个重要特点，一定要一查到底，找出质量问题的最终原因，不能半途而废。

3. 找主要原因

找出的最终原因如果很多，则应用分层法或排列图法找出主要原因。

4. 制定改进措施

针对主要原因，制定改进措施。

【例 8-5】　试用因果分析图法分析混凝土强度不合格的最终原因。

【解】　根据混凝土强度与各种因素之间的关系，按照因果分析图法的原理，找出影响质量的最终原因。见图 8-8。

在最终原因中找出主要原因，对主要原因制定相应的改进措施，可以用表格来反映，以便落实，见表 8-9。

质量问题改进措施执行表　　**表 8-9**

序号	质量问题	产生的最终原因	改进措施	执行人	执行时间	效果检查	签名
1	混凝土强度不合格	1.A厂水泥强度等级不稳定 2. 工人未培训	停止使用A厂水泥 对工人培训	材料部 劳人部	3月10日 4月15日	已执行 仅培训60%	李甲 陈乙
2							

六、控制图法

控制图又叫管理图，是分析和控制工序质量分布动态的一种方法。产品的生产过程是连续不断的，产品的质量是波动的，通过控制图可以动态监控工序质量，判别工序质量的稳定性，发现问题并及时解决，预防废品的产生。

（一）控制图法的原理

控制图的基本形式如图8-9所示。

横坐标表示取样的时间或编号，纵坐标表示反映质量特征的变量。坐标内有三条控制线，控制中心线取数据的平均数，控制上下线取 $\overline{X} \pm 3S$。根据数理统计的原理，产品质量的变动是随机的，或产品质量的分布应当是正态分布。正常情况下，对应的点应当在控制中心线上下，在控制上下界限内随机波动。若不是这样，应及时采取措施，避免不合格品的产生。根据数理统计的理论可以推测，这种监控质量动态判断失误的可能性为千分之三，故又叫"千分之三"法则。

（二）控制图的作法

1.收集数据资料，要求数据应足够多；

2.作横坐标与纵坐标；

3.作三条控制线（$\overline{X}$——统计数据平均值，S——标准差）；

4.把收集的数据按时间先后顺序或编号在坐标系中描出来；

5.连点。

（三）控制图的分析

1.数据分布范围分析

数据分布应在控制上下界限内；若数据的点在控制上下界限外，说明波动过大，已出现不合格品，应加强质量控制。

2.数据分布状态分析

数据分布都在控制上下界限内，若是围绕控制中心线随机的分布，这是正常状态或理想状态。如图8-10f所示。

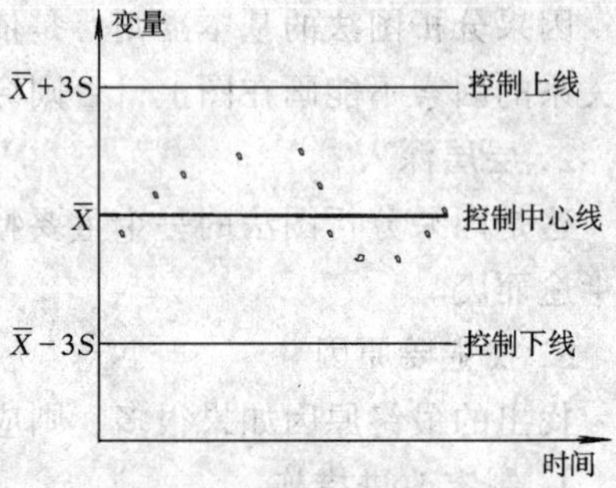

图8-9　控制图

如果出现下列情况，则是异常排列。对异常排列应深入分析找出质量隐患，采取措施，避免不合格品的产生。

（1）数据的点在中心线一侧连续出现7次以上，见图8-10a，可能是由于质量控制实行单向控制造成；

（2）连续11个点中，有10个点在中心线同一侧，见图8-10b，可能也是由于质量控制实行单向控制造成；

（3）连续7个点上升或下降，见图8-10c，一般说明有影响质量的因素在缓慢地变动，若继续发展将会产生不合格品；

（4）连续3个点中，至少有2个点在 $\overline{X} \pm 2S$ 界限以外，见图8-10d，一般说明质量波动过大，很容易产生不合格品；

（5）数据的点呈周期性变化，见图8-10e，说明产品质量变动受周期性变动因素的影响。

七、相关图法

相关图法是利用相关图分析两个变量之间的关系和相关程度、类型的一种方法，是把

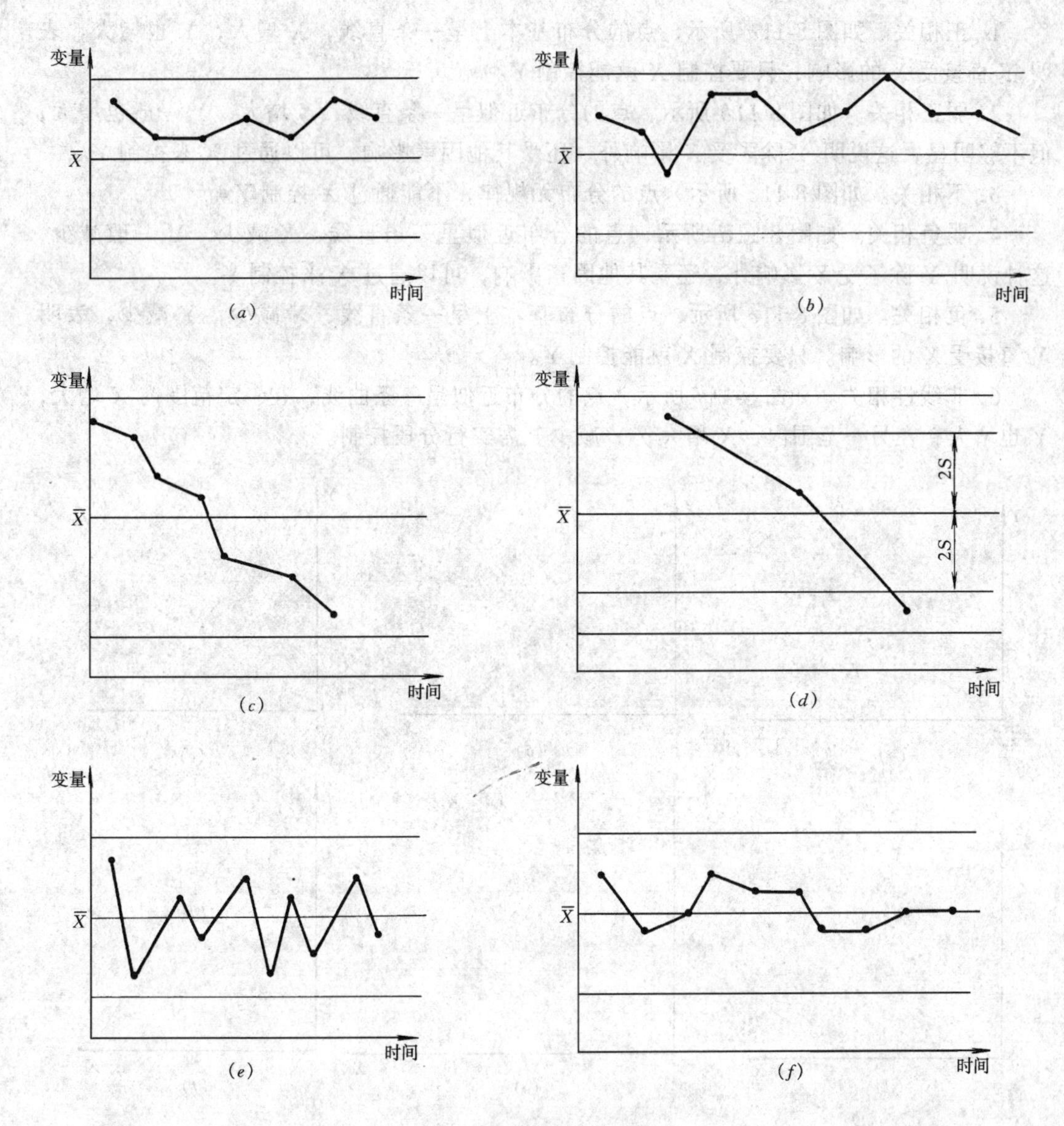

图 8-10　控制图的类型

两个变量对应的数据在直角坐标系中用点来表示，通过点的分布来找出两个变量的相关情况。

根据相关图中的两个因素之间的关系，相关图一般有以下三种：

一是质量特征与影响因素的相关分析，如混凝土强度与养护时间的关系；

二是质量特征与质量特征的相关分析，如混凝土强度与抗冻性的关系；

三是影响因素与影响因素的相关分析，混凝土的水灰比与含砂率的关系。

(一) 相关图的作法

将要分析的两个变量对应的数据在直角坐标内描点即可。

(二) 相关图的分析

相关图一般有以下几种类型：

1. 正相关。如图 8-11a 所示，点的分布基本上呈一条直线，X 增大，Y 也增大，表明 Y 直接受 X 的影响，只要控制 X 就能控制 Y。

2. 弱正相关。如图 8-11b 所示，点的分布近似呈一条直线，X 增大，Y 一般也增大，但不够明显，这说明 Y 除了受 X 影响外，还受其他因素影响，可以通过 X 来控制 Y。

3. 不相关。如图 8-11c 所示，点的分布无规律，不能通过 X 控制 Y。

4. 弱负相关。如图 8-11d 所示，点的分布近似呈一条直线，X 减少，Y 一般减少，这种说明 Y 除了受 X 影响外，还受其他因素影响，可以通过 X 来控制 Y。

5. 负相关。如图 8-11e 所示，点的分布基本上呈一条直线，X 减少，Y 减少，表明 Y 直接受 X 的影响。只要控制 X 就能控制 Y。

6. 非线性相关。如图 8-11f 所示，点的分布近似呈一条曲线，在一定范围内 X 增大，Y 也增大；在另一范围内，X 增大，Y 减少。需实行分段控制。

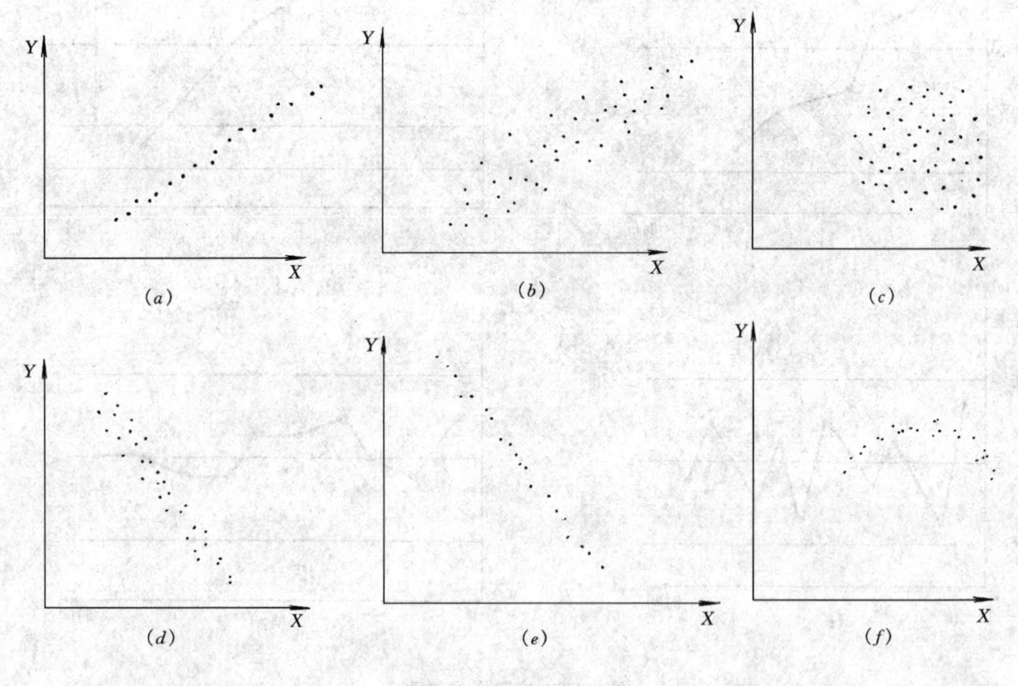

图 8-11　相关图的种类

以上七种统计分析方法在 TQC（全面质量管理）中称为“QC 七工具”。近年，按系统工程原理出现了七种新的质量管理方法，称为“新 QC 七工具”。它包括：关系图法、系统图法、矩阵图法、矩阵数据分析法、矢线图法、过程决策程序图法（PDPC 法）和 KJ 法。

第四节　建筑工程质量检查与验收

建筑工程质量检查与验收是建筑企业质量管理的重要措施。尽管两者的检测方法和手段基本是相同的，但是两者检测的目的和时间是不同的。建筑工程质量检查的目的主要是施工企业掌握质量动态，发现质量隐患，对工程质量进行有效控制，贯穿于施工全过程。

建筑安装工程质量验收则是参与工程建设各方以国家颁发的质量验收统一标准和施工合同为依据，对建筑工程质量进行复验，以书面形式确定是否合格的工作，也适用于分项工程、分部工程和单位工程的质量验收。

一、工程质量检查

（一）检查依据

（1）设计图纸、施工说明书及有关设计文件。

（2）建筑安装工程施工验收规范、操作规程和建筑工程质量验收统一标准。

（3）施工合同。

（4）原材料、构配件质量检验标准等。

（二）检查对象

（1）材料检查。如水泥、钢筋、砖、砂石、防水材料、外加剂等材料的检查。

（2）半成品检查。如商品混凝土、预制构件的检查。

（3）成品检查。如门窗、卫生洁具、灯具等的检查。

（三）检查方法

（1）物理与化学检查。主要依据测量、检验和试验设备、装置，应用物理或化学方法对受检物进行检查而获得检查结果的方法。

（2）感官检查。依靠人的感觉器官来对有关质量特性或特征进行评价、评定的方法。

（四）施工各阶段检查

（1）进货检查（施工前的检查）。指施工前对将要使用的原材料、构配件等的质量进行的检查。

（2）过程检查（中间检查）。包括对施工操作进行检查，预防质量问题，并对发生的质量事故进行及时处理、纠正，对工序质量、隐蔽工程质量和分部分项工程质量的检查等。

（3）最终检查（竣工检查）。主要是对单位工程的质量检查等。

（五）检查工作组织

质量检查工作是一项专业性、技术性和群众性的工作。在检查中，要贯彻全面管理的观点，即全企业、全过程和全员的质量管理，认真执行质量检验标准，贯彻质量责任制，实行以专检为主，群众自检互检相结合的方针。

专业性检查实行定期检查和不定期检查相结合。班组应进行日检，项目质量负责人应随时检查工程质量，分公司和公司应定期检查质量。

（六）抽样检查

在施工生产过程中，不可能对检查对象逐个进行全面检查，一般应采用抽样检查的方法。常见的有两种抽样方法，一是在整体中随机抽样，整体中每一件产品都有同等机会被抽中，常用于产品质量的检查。二是在施工过程中，操作者每隔一定时间或一定批量对生产的半成品或产品的质量进行检查，用于质量控制。一般间隔时间越短或间隔批量越少，样本质量代表整体质量的代表性就越大。在工程施工及验收规范中一般列有抽样检查的技术规定。

二、建筑工程质量验收

（一）评定程序及方法

建筑工程质量验收是参与工程建设各方确定工程质量是否达到合格（用书面形式）标准。交工的建筑安装工程不允许有不合格产品。如果不合格就必须返工，直到达到合格的质量标准为止。

建筑工程的质量验收程序是：先检验批及分项工程，再分部（子分部）工程，最后是单位（子单位）工程的质量验收。按 GB 50300—2001 的规定，建筑工程施工质量验收标准如下：

1. 检验批的质量验收合格应符合下列规定

检验批是指按同一生产条件或按规定的方式汇总起来供检验用的，由一定数量样本组成的检验体。

检验批质量检验的内容有资料检查、主控项目检验和一般项目检验。

质量资料应当完备，这是检验批质量合格的前提。质量资料是根据验收规范要求准备的。

主控项目是对检验批的基本质量起决定性影响的检验项目，必须全部符合有关专业工程验收规范的规定。

一般项目是除主控项目外的检验项目。

2. 分项工程质量验收合格应符合下列规定

只要构成分项工程的各检验批的验收资料文件完整，并且均已验收合格，则分项工程验收合格。

3. 分部（子分部）工程的质量验收合格应符合下列规定

(1) 所含分项工程的质量均验收合格；

(2) 质量控制资料完整；

(3) 地基与基础、主体结构和设备安装等分部工程有关安全及功能的检测和抽样检测结果应符合有关规定；

(4) 观感质量验收应符合要求。

4. 单位（子单位）工程质量合格应符合下列规定

(1) 单位（子单位）工程所含分部工程的质量均验收合格；

(2) 质量控制资料完整；

(3) 单位工程所含分部工程有关安全及功能的检测资料应完整；

(4) 主要功能项目的抽查结果应符合相关专业质量验收规范的规定；

(5) 观感质量验收应符合要求。

当建筑工程质量不符合要求时，应按下列规定进行处理：

(1) 经返工重做或更换器具、设备的检验批，应重新进行验收。

(2) 经有资质的检测单位检测鉴定能够达到设计要求的检验批，应予以验收。

(3) 经有资质的检测单位检测鉴定达不到设计要求，但经原设计单位核定认可能够满足结构、安全和使用功能的检验批，可予以验收。

(4) 经返修或加固处理的分项、分部工程，虽然改变外形尺寸但仍能满足安全使用要求，可按技术处理方案和协商文件进行验收。

(5) 经返修或加固处理仍不能满足安全使用要求的分部工程、单位（子单位）工程，严禁验收。

（二）质量验收的组织工作

(1) 检验批及分项工程应由监理工程师（建设单位项目技术负责人）组织施工单位项目专业质量（技术）负责人等进行验收。

(2) 分部工程应由总监理工程师（建设单位项目负责人）组织施工单位项目负责人和技术、质量负责人等进行验收；地基与基础、主体结构分部工程的勘察、设计单位工程项目负责人和施工单位技术、质量部门负责人也应参加相关分部工程验收。

(3) 单位工程应由建设单位（项目）负责人组织施工（含分包单位）、设计、监理等单位（项目）负责人进行验收。

当参加验收各方对工程质量验收意见不一致时，可请当地建设行政主管部门或工程质量监督机构协调处理。

第五节　质量成本分析

一、质量成本的含义

质量成本是指建筑企业为了保证和提高工程的质量，开展质量管理活动所支付的费用以及因为质量问题而造成的损失之和。

工程的质量与成本之间存在一定关系，一般提高工程质量，会增加质量成本，例如提高混凝土强度等级，需提高水泥等级或增加水泥用量；要提高或保证质量，在很多情况中需增加人工费。因此有必要对产品的质量变化进行经济分析，寻求满足工程质量要求的最低成本。质量成本分析，就是对质量水平变化引起成本变化的分析，目的是在提高产品的质量的同时，找到最佳质量成本。

二、质量成本的构成

要分析质量成本，首先要知道质量成本包括哪些费用。从质量成本的含义可以看出，质量成本包括为保证和提高工程质量所付的费用和因为工程质量不合格而造成的损失两部分。

（一）为保证和提高产品质量所付的费用

1. 预防成本。指为防止质量故障而采取预防性措施所支付的各项费用

(1) 制定质量管理制度、计划、标准等文件的费用；

(2) 质量宣传费；

(3) 质量管理人员工资；

(4) 质量评审费；

(5) 质量奖励费；

(6) 质量信息费；

(7) 质量管理培训费；

(8) 质量改进措施费，等等。

2. 鉴别成本。指为了鉴别产品质量所发生的费用

(1) 材料检验费；

(2) 工序检验费；

(3) 成品检验费；

（4）检验设备使用费。

（二）故障成本

故障成本指因为工程质量不合格而造成的损失。

1. 内部故障成本。指工程在交工前由于自身缺陷而造成的损失以及为处理故障所发生的费用之和，包括：

（1）返修损失费

（2）废品损失费；

（3）停工损失费；

（4）事故分析处理费；

（5）质量罚款损失费。

2. 外部故障成本

（1）诉讼费；

（2）工程保修费；

（3）索赔损失费；

（4）折价损失等。

上述两大类质量成本存在一定关系：增加预防成本和鉴别成本有利于保证和提高工程质量，从而降低故障成本。一般情况下，预防成本和鉴别成本低于故障成本；同时故障成本还可能影响企业形象，给企业造成信誉受损。所以质量管理好的企业常常注意利用必要的预防成本和鉴别成本支出去降低故障成本。但不能盲目提高预防成本和鉴别成本，而是要通过质量成本分析，确定预防成本和鉴别成本适当支出，来有效降低故障成本。

三、质量成本分析

质量成本分析，需要大量的数据资料，包括不同时期的质量水平、质量成本、工程成本、工程售价等等，最需要的是在企业或项目的会计工作中，设立质量成本会计科目，进行质量成本核算。

质量成本分析主要包括以下两个方面：

（一）质量成本与质量水平的关系，找到最低质量成本的质量水平

质量成本和质量水平存在一定关系，（见图 8-12）。预防鉴别成本越高，质量水平也就越高；质量水平越高，故障成本就越低。质量成本是预防成本、鉴别成本和故障成本之和。所以质量成本曲线也就可以确定，质量成本的最低值也可以确定，对应的质量水平也可以确定，见图 8-12 中的 *A* 点。分析的目的就是找到 *A* 点，确定最低质量成本时的质量水平区域。

（二）分析产品成本、销售收入与质量水平的关系，寻求利润最高的质量水平

一般情况下，提高工程质量，会增加工程成本，但售价会相应提高，同时售价的增长比例与工程成本增长比例不一致。它们的关系如图 8-13 所示。

图 8-13 中，横坐标代表工程质量水平，纵坐标代表工程成本和销售价格。曲线 1 代表工程成本与质量水平的关系，曲线 2 代表工程售价与质量水平的关系。显然工程成本和工程售价都会随质量水平的提高而增加，但增长比例不同，质量水平低于 *A* 点或高于 *B* 点，工程售价低于工程成本，都不可取。而若质量水平在 *AB* 之间，则表示工程盈利；同

时两条曲线在此区间的纵向距离越大，表示盈利越多。如图在 M 处的质量水平盈利最多，但实际工作中，M 点很难求得，一般要求质量水平控制在AB之间就行。

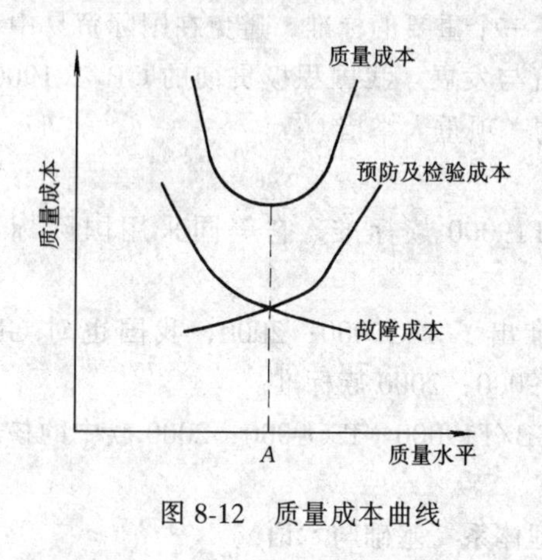

图 8-12　质量成本曲线

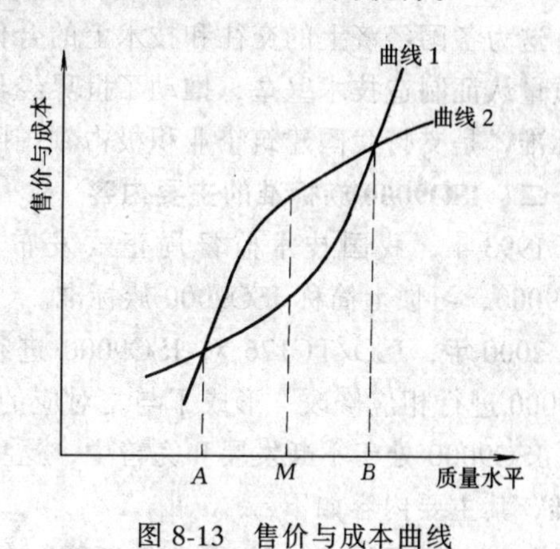

图 8-13　售价与成本曲线

第六节　ISO9000 族标准简介

ISO 是国际标准化组织的简称。1980 年 5 月，ISO 成立了一个专门负责制定有关质量管理和质量保证方面国际标准的委员会（TC176）。为适应全球经济一体化发展的需要，预防在国际贸易中利用质量认证制造技术壁垒，TC176 在总结世界各国质量管理经验的基础上，在 1986 年 6 月正式发布了 ISO8402《质量—术语》国际标准，1987 年 3 月正式发布 ISO9000 族标准。发布后，立即得到世界各国的积极响应和普遍重视，得到了国际社会和许多生产组织的认可和采用。实践证明，实行质量认证制度是企业产品进入国际市场的通行证。

一、实施 ISO9000 族标准的意义

（一）有利于提高企业质量管理水平

建筑市场竞争十分激烈，建筑企业要实现生产经营的根本目的，必须建立在产品有良好质量的前提下才可能实现，质量是产品进入市场非常关键的一个因素。优良的工程质量来源于优质的工作质量和服务质量，优质的工作质量和服务质量要靠质量体系来支持，通过实施 ISO9000 族标准，建立企业质量体系，全面提高企业质量管理水平，提高经营效果，保证企业目标的实现。

（二）有利于维护用户的利益

建筑企业质量管理的直接目的，就是生产出用户满意的产品。通过实施 ISO9000 族标准，建立企业质量体系，全面提高企业质量管理水平，对保证和提高产品质量，维护用户的利益，具有决定性的作用。

（三）有利于企业的质量管理和国际惯例接轨

我国已加入 WTO，随着时间的推移，建筑市场将很快全面对外开放，同时建筑企业的涉外工程会越来越多，在激烈的市场竞争中，建筑企业的质量管理和其他很多方面都必须按国际惯例来做。因此，建筑企业贯彻执行 ISO9000 族标准，建立适合国际建筑市场的质量体系，才有在国际建筑市场的通行证。

（四）有利于世界经济的交流与发展

ISO9000 是一个国际标准，世界上绝大多数国家都发布了等同采用该标准的国家标准，这为各国经济上的交往和技术上的合作提供了一个重要的标准，避免在国际贸易中利用质量认证制造技术壁垒，推动了世界经济的交流与发展。我国积极贯彻的 GB/T 19000 族标准，是支持我国建筑企业积极占领国际市场的一项重大举措。

二、ISO9000 族标准的主要内容

1993 年，我国技术监督局正式发布了 GB/T19000 族标准，它等同采用国际标准 ISO9000，习惯上简称 ISO9000 族标准。

2000 年，ISO/TC176 对 ISO9000 进行修改推出了 ISO9000：2000，我国也对 GB/T19000 进行相应修改，形成了与之对应的 GB/T19000：2000 族标准。

ISO9000 处于不断发展和完善中，这里介绍 GB/T19000—ISO9000：2000 族中的核心标准，其主要内容如下：

（一）GB/T19000—ISO9000：2000《质量管理体系　基础与术语》

GB/T19000—ISO9000：2000《质量管理体系　基础与术语》是介绍质量管理体系的基础知识并规定质量管理体系的有关术语。

质量管理体系的基础知识包括：质量管理的原则；质量管理体系说明；质量管理体系要求和产品要求；质量管理体系方法，过程方法；质量方针；质量目标；最高管理者在质量管理体系中的作用；质量管理体系评价；持续改进和统计技术作用等。

质量管理体系的有关术语定义，包括：有关质量的术语定义；有关管理的术语定义；有关组织、过程产品、特性、合格、文件、检查、审核、测量过程和质量保证的术语定义。共 80 多个。从而统一了质量领域的一些基本概念。

质量术语标准给出的定义，不是在词典中能查到的一般性定义，而是 ISO9000 族标准的定义。在 ISO9000 族标准提到的这些术语都是指这里的标准定义。定义这些术语，便于质量标准的规定和应用，以及在国际交流中的相互理解和沟通。

（二）GB/T19001—ISO9001：2000《质量管理体系　要求》

GB/T19001—ISO9001：2000《质量管理体系　要求》规定了质量管理体系要求，用于组织证实其具有提供满足顾客要求和适用法规要求的产品的能力，目的在于增进顾客满意。该标准以 GB/T19000—ISO9000：2000 为基础，提出了建立质量管理体系的总要求和文件要求；对管理职责、资源管理、产品实现、测量，分析和改进等涉及到产品质量形成各环节、各影响因素、和各方都提出了要求。对需建立质量管理体系的组织应以此为依据。指导组织建立质量管理体系。

（三）GB/T19004—ISO9004：2000《质量管理体系　业绩改进指南》

GB/T19004—ISO9004：2000《质量管理体系　业绩改进指南》提供考查质量管理体系的有效性和效率两方面的指南，该标准的目的是组织业绩改进让顾客及其他相关方满意。

该标准以 GB/T19000—ISO9000：2000 为基础，与 GB/T19001—ISO9001：2000 结构目录一一对应，是一对协调的质量管理标准。GB/T19001—ISO9001：2000 旨在给出产品的质量保证并提高顾客的满意程度，用于企业建立质量管理体系和通过质量认证，是建立质量管理体系的最低标准，重点解决做什么？而 GB/T19004—ISO9004：2000 则通过使用更广泛的质量管理观点，提供了业绩改进指南，用于企业内部建立、完善质量管理体系，重点解决怎么做？

第七节　建筑企业质量体系的建立和运行

我国企业质量体系工作开展相对较晚，最早在机械加工和纺织企业中开展，后来逐步推行到包括建筑业在内的其他各行业中，按照 ISO9000 族标准建立质量体系，对建筑企业具有非常重要的意义，在世界经济一体化进程中显得越来越重要，因此必须介绍建筑企业质量体系的建立以及运行。

一、建筑企业质量体系要素

质量体系要素是构成质量体系的基本单元，它是产生和形成工程质量的主要因素。

建筑企业质量体系要素一般包括：

(1) 领导职责；

(2) 质量体系的原理和原则；

(3) 质量成本；

(4) 任务承揽；

(5) 施工准备质量；

(6) 采购质量；

(7) 施工过程质量；

(8) 工序管理点质量；

(9) 不合格的控制和纠正；

(10) 半成品和成品保护；

(11) 工程质量的检验评定；

(12) 回访与保修；

(13) 工程安全与责任；

(14) 质量文件和记录；

(15) 测量与试验设备控制；

(16) 人员培训；

(17) 统计技术。

建筑企业要根据自身特点，参照以上要素内容，可增加或减少要素，建立和完善企业的质量体系。

二、建筑企业质量体系文件

质量体系文件的编制，是建立质量体系过程中十分重要的一个环节，也是关键的一项工作。质量体系的主要内容是通过质量文件表现出来的。按 ISO9000 族标准编制的文件主要包括：

1. 质量手册

质量手册是质量文件的总纲，它以整个企业为对象，确定企业的质量方针，规定企业质量管理体系的结构，是编制其他质量文件的依据。

2. 质量体系程序

质量体系程序是质量手册的支持性文件，它规定企业质量体系中各要素、各项活动的工作程序和方法。

3．质量计划

质量计划是以工程项目为对象，规定其在质量管理中的工作顺序和工作方法的文件。

4．作业指导书

作业指导书是描述在施工现场，某岗位或个人完成某项工作、任务或作业的文件，是非常具体的文件，是岗位或个人作业的指导文件。

可以看出，上述四个文件是有层次关系的。

三、建筑企业质量体系建立的原则

建筑企业贯彻ISO9000族标准，建立质量体系，应遵循以下原则：

（一）适应环境的原则

建筑企业建立质量体系，选择质量体系要素，首先要了解外部合同环境所需要的质量保证范围和质量保证程度，才能确定质量体系要素的数量和开展质量保证活动的程度，这就是质量体系适应环境的原则。

（二）实现企业目标的原则

企业的各项工作都是围绕企业目标开展的，建立质量体系也一样。从这个角度出发，应选择适当的质量体系要素，建立完善的质量体系，并进行合理的质量职能分解，落实质量责任制；按照有关质量体系文件的规定，使质量体系正常运转；通过质量检查与评定，提高质量体系运转的有效性，提高产品质量，使供需双方在风险、成本和利益三方面达到最佳组合。这就是实现企业目标的原则。

（三）适应建筑工程特点的原则

建筑企业生产的建筑产品具有多样性，用户的要求也具有多样性，决定了企业建立质量体系时，要充分考虑工程的特点，明确了解施工各工序应满足的质量要求、各环节影响质量的因素、控制的范围和程度的要求，从而确定质量要素的项目、数量和要素采用的程度，以保证用户对工程质量的要求。

（四）最低风险，最佳成本，最大利益的原则

质量目标是以市场需求、建筑设计和使用条件等确定的满足社会和用户需求的高度统一。即在保证企业目标的前提下，质量体系要使企业机制处于质量和成本的最佳组合，实现社会效益和企业效益的统一。完善的质量体系是在考虑风险、成本和利益基础上使质量最优化。

四、建筑企业质量体系的建立和试运行

（一）建筑企业质量体系的建立

按照GB/T 19000—ISO9000族标准建立质量体系，一般要经历以下几个步骤：

1．企业领导决策

建立质量体系是涉及到企业内部很多部门参加的一项工作，只有领导充分认识到建立质量体系的重要性，决定建立质量体系之后，这项工作才可能开展。

2．编制工作计划

包括培训教育、体系分析、职能分配、配备设备等内容。

3. 分层次教育培训

组织学习 GB/T 19000—ISO9000 族标准，详细研究与本职工作有直接联系的要素，提出控制要素的办法。

4. 分析企业的特点

结合本企业的特点和具体情况，确定采用哪些要素和采用程度。

5. 落实各项要素

在选好合适的质量体系要素后，要制定实施二级要素所必需的质量活动计划，并把各项质量活动落实到具体的部门和个人。

6. 编制质量体系文件

质量体系文件按作用分为法规性文件和见证性文件两类。法规性文件是用于决定质量管理的原则，阐述质量体系的构成，明确有关部门和个人的质量职能，规定各项活动的目的和要求、内容和程序的文件。见证性文件是用于表明质量体系的运行情况和证实其有效性的文件，是质量体系的见证。

(二) 企业质量体系的试运行

质量体系文件编制完成后，按规定权限进行发布，质量体系即进入试运行阶段。试运行的目的是检查质量体系文件的有效性和协调性，检查体系文件是否符合企业实际情况，是否可操作，并对暴露出来的问题采取措施进行纠正，以达到进一步完善质量体系文件的目的。

在质量体系试运行阶段应做好的重点工作是：人员培训、组织协调和信息管理工作。

五、建筑企业质量体系的认证

质量体系的认证，简称质量认证或合格认证。ISO9000 有关文件对质量认证下的定义是：由经证实确系可以充分信任的第三方对产品、工艺或服务进行正式鉴定，证明其符合规定的标准或其他规范文件的活动。

按 ISO9000 制定的有关标准规定，建筑企业质量认证过程包括：

(一) 申请

企业按 ISO9000 族标准建立质量体系，待运行正常、稳定后就可以向认证机构申请认证。这个阶段是企业质量认证的关键阶段，申请提交的文件包括质量手册和质量体系认证的产品范围。质量手册是用来描述组织申请注册的质量体系满足了质量体系标准(ISO9001)的要求，以及有关补充文件的要求（必要时)。企业只有切实按 ISO9000 族标准建立质量体系，才能使建立的质量体系符合 ISO9000 族标准。

注册认证机构收到组织的申请书和必要的文件之后，经初审决定是否受理，并通知组织。

(二) 质量体系审核

由审核组负责质量体系的审核，包括审查供方质量手册等文件和实施审核。实施审核是证实供方相应产品的有关质量体系与相应质量体系标准的符合性。通过审核提交审核报告。

(三) 注册的审批

注册认证机构根据审核组提供的审核报告及其他有关信息，决定是否批准注册。

（四）注册发证

注册认证机构向核准注册的供方颁发注册证书，并将供方有关信息列入注册名录予以公布。

（五）监督

注册认证机构对供方质量体系实施定期监督审核，确认供方质量体系持续符合规定的要求，各项质量活动仍能得到有效控制。

建筑企业必须按通过的质量体系运行，才能提高和保证产品的质量，才能适应认证机构对企业质量体系和产品质量的监督管理。由此可见质量认证不是一项阶段性的工作，而是一项长期工作。

本章小结

本章系统地介绍了建筑企业质量管理的基础工作、基本观念、统计分析方法、质量体系、建筑工程质量检查与验收、质量成本分析、ISO9000族标准和质量体系的建立等内容。

1.质量管理中的质量不仅指产品质量，还包括工序质量和工作质量。质量管理是指企业为了保证和提高产品质量，为用户提供满意的产品而进行的一系列管理活动。建筑企业质量管理已进入全面质量管理阶段，企业必须坚持全面管理、为用户服务、以预防为主、用数据说话等基本观点。企业要开展好质量管理工作，必须开展好以下基础工作：标准化工作，计量工作，质量信息工作，质量责任制和质量教育工作。

2.质量保证是指企业为使人们确信某实体能满足质量要求，在质量体系内所开展的按需要进行证实的有计划和有系统的全部活动。质量保证的工作程序按PDCA方式循环，每循环一次，就基本解决一两个主要质量问题，从而保证和提高工程质量。在现代市场经济和市场竞争日趋激烈的情况下，建筑企业必须建立质量体系，这是质量管理的核心。

3.质量管理的统计分析方法是进行全面质量管理的基本工具。本章介绍了七种最基本的统计分析方法：统计调查表法，分层法，排列图法，因果分析法，频数直方图法，控制图法和相关图法。

4.建筑安装工程质量检查与验收是建筑工程质量管理的重要措施。建筑安装工程质量检查的目的主要是施工企业掌握质量动态，发现质量隐患，对工程质量进行有效控制。建筑安装工程质量验收则是参与工程建设各方以国家颁发的质量验收标准、设计图纸和施工合同为依据，以书面形式确认建筑安装工程质量是否合格的工作，对促进工程质量的提高，防止不合格工程交付使用具有重大作用。

5.产品质量和成本关系密切，作为管理者总是希望用最低成本支出去获得最佳的质量，这需要质量成本分析。质量成本分析的主要目的有两个：一是寻求成本最低的质量水平；二是寻找盈利最多的质量水平。本章只是介绍解决问题的思路。

6.ISO9000族标准是ISO/TC176制定的。核心内容包括《质量管理体系　基础与术语》、《质量管理体系要求》和《质量管理体系业绩改进指南》实施ISO9000族标准具有重要意义。建筑企业要根据自身情况建立质量体系。

7.建筑企业质量体系按ISO9000族标准建立，会涉及到质量体系要素、文件和其他很多方面的问题。建立好后，还必须通过质量认证，这是企业进入国际、国内建筑市场的通行证。

复习思考题

1. 基本概念：质量　质量管理　全面质量管理　质量保证　质量体系　分层法　排列图法　因果分析图法　频数直方图法　质量检查　质量验收　质量成本　质量认证

2. 质量管理的基础工作有哪些？

3. 简述质量管理的发展概况。质量管理的发展说明了什么？

4. 简述全面质量管理的基本观点。

5. 简述质量体系运行的程序及特点。

6. 质量管理的主要统计分析方法有哪七种？用来分析质量问题有何不同？

7. 质量成本分析的目的是什么？

8. 建筑安装工程质量检查的依据是什么？

9. 建筑安装工程质量验收的程序和标准。

10. ISO9000 族标准包含哪些主要内容？

11. 实施 ISO9000 族标准有何意义？

12. 建筑企业应如何建立质量体系？

13. 某建筑企业对交工的房屋建筑工程的回访调查资料如下：

单位工程质量问题	屋面工程	门窗工程	水电工程	楼地面工程	装饰工程	其他
问题出现频数	24	9	3	2	1	1

试画排列图，并确定主要质量问题。

14. 某工地对生产的 C20 混凝土取得 80 组试块，测得平均抗压强度如下表所示：

行次	混凝土试块抗压强度（MPa）									
1	19.5	22.0	21.4	21.9	21.5	22.1	22.6	22.6	24.1	23.1
2	21.6	21.4	21.5	22.2	22.4	23.4	23.6	22.1	22.1	21.6
3	22.3	21.6	20.1	24.3	23.1	22.4	22.7	21.9	22.5	21.5
4	23.1	23.0	22.4	24.8	22.8	22.8	22.1	23.5	22.7	22.4
5	22.6	22.7	22.3	23.4	22.7	22.1	23.4	21.8	21.6	22.7
6	21.9	21.5	19.7	22.8	20.7	22.5	21.2	22.6	22.4	20.4
7	20.8	20.4	21.7	22.5	20.9	22.3	20.9	22.3	21.3	21.4
8	20.6	21.1	21.5	22.3	20.6	21.52	22.5	21.7	21.5	22.5

要求：

（1）画频数直方图。

（2）对频数直方图整体形状进行分析。

（3）假设混凝土试块抗压强度的标准公差为 18～22MPa，试分析质量问题。

（4）用变异系数对质量状况进行分析评价。

第九章　劳动人事管理

生产力诸因素中，人是第一位的因素。人的劳动活动对企业经营管理工作的质量，起着决定性作用。本章讲述建筑企业劳动人事管理的基本理论，介绍一些常用的管理方法。

第一节　劳动人事管理概述

一、劳动人事管理的含义

建筑企业劳动人事管理，是以企业全体职工为对象的各项管理活动的总称。它是企业经营管理的重要组成部分，其内容除了正确执行国家有关劳动人事的方针、政策、法规外，主要包括：

(一) 劳动者的管理

企业的劳动者，不仅指直接从事生产活动的工人，还包括工程技术人员、经营管理人员和企业的其他成员，也就是企业的全体职工。对劳动者的管理即是对企业全体职工进行的管理，它是企业人事工作的主要内容。

(二) 劳动活动的管理

企业的劳动活动，指建筑产品的物质生产活动。建筑企业的职工，为一定生产目的结合在一起，共同劳动、创造财富。劳动是人使用工具改造自然的有目的、有意识的活动。对人的管理，离不开对他们所从事的活动的管理。

(三) 劳动报酬的管理

市场经济条件下，人参加劳动就应取得一定报酬，职工的报酬是职工劳动成果的体现。如何分配劳动成果，构成劳动人事管理的内容之一。

(四) 劳动保护的管理

保护劳动者的人身安全和健康，是劳动保护的基本内容，再加上劳动保险，组成了劳动者在健康和经济方面的保障系统。

劳动人事管理分为劳动管理和人事管理两部分。“人事”是指人员的录用、培训、考核、晋升、调配等，人事管理主要针对劳动者的管理，而劳动管理主要针对劳动活动的管理。

二、劳动人事管理的意义

劳动者在生产力的基本要素中是最重要的要素，在生产过程中居于主导地位，起着决定性的作用。企业的一切活动，都必须由人去完成。对人的管理，直接影响企业的生存与发展。劳动人事管理的重要意义体现在：

(一) 是社会化大生产的需要

建筑企业劳动者的劳动活动是社会化的协作劳动，建筑产品是协作劳动的产物。许多人共同参加的协作劳动，必须依靠科学的管理。劳动人事管理能协调企业各类人员在生产经营中的关系，保证施工生产的顺利进行。

（二）是提高劳动生产率的重要手段

劳动生产率的水平标志着企业生产能力、竞争能力的强弱。通过劳动人事管理，可以科学地组织劳动过程，充分调动群众的生产热情，从而提高劳动生产率。

（三）是提高经济效益的重要途径

搞好劳动人事管理，可以提高劳动生产率，减少活劳动消耗，从而降低生产成本，达到提高经济效益的目的。

（四）是开发职工能力的有力措施

企业经营管理的首要问题，是充分开发职工的能力，调动他们的积极性和创造性。劳动人事管理利用各种手段，去激发职工的积极行为，使他们进行富有创造性的劳动，增强企业活力。对于劳动密集型的建筑企业，具有更加突出的意义。

（五）是发掘人才的重要手段

企业各个岗位的工作，要求各不相同，企业的职工也各有所长，需要劳动人事管理作出科学的安排，使每个岗位有合适的职工，充分发挥每个人的作用，保证企业各项工作顺利进行。

三、劳动人事管理的任务

建筑企业劳动人事管理的基本任务是：

（一）协调企业生产经营过程中人与人之间的关系

劳动者在生产经营过程中发生的各种关系是否协调，决定着职工队伍整体功能的优劣。劳动人事管理利用各种调节手段，使人与人之间保持协调的关系，形成良好的整体功能，从而提高劳动生产率。

（二）努力提高职工的素质

企业素质的核心是人的素质。劳动人事管理通过对职工的培训，全面提高职工的政治、思想、技术、业务和文化素质，达到提高人的素质的目的。

（三）正确处理国家、企业和职工个人的利益关系

贯彻执行按劳分配原则，恰当处理国家、企业和职工个人三者之间的物质利益关系。

（四）不断改善劳动条件

不断改善劳动条件，是社会主义劳动人事管理的性质决定的。要求正确处理安全和生产之间的关系，保护劳动者在生产过程中的安全和健康。

四、劳动人事管理的特点

（一）系统性

劳动人事管理面向企业经营管理的所有工作，表现出很强的系统性。任何工作上的不协调，都会对整个系统产生不良影响，影响企业的经营管理工作。

（二）情感性

人是有感情的高等动物，行为往往受其情感的支配。同一个人，情绪高涨和低落时的工作效果大不一样。劳动人事管理必须考虑到劳动者的这种特点，采取有针对性的措施去调动人的积极性。

（三）不确定性

人的心理状态和情绪上的变化往往不容易确定。如，这个人有多大的工作能力，对某

项工作有多大的热情等，难以用准确的数据描述，这种现象称为不确定性。人的这个特点，决定了劳动人事管理工作的灵活性。

（四）主观性

劳动人事管理受人的主观愿望支配的程度大。虽然企业制定了许多劳动人事管理的制度，但对于人的思想这一根本问题，是不可能用规范化的方法解决的。劳动人事管理工作中，更多借助于人的经验来管理，容易受到管理者主观意识的左右。

（五）矛盾性

劳动人事管理中，充满了各种矛盾。从企业职工的群体看，上下级之间，同行之间，个人与集体之间，各部门之间，各管理层次之间都可能产生矛盾；从职工个人方面看，感情与理智、能力与资历、愿望与现实等也都存在矛盾。劳动人事管理应千方百计促进矛盾统一的一面，避免相互对立排斥的一面，化不利因素为有利因素，调动职工的积极性。

第二节　劳动者的管理

一、人事管理的内容

建筑企业人事管理是以企业职工为对象的人力资源的规划、开发和利用的综合性管理。其工作内容是：

（一）建立现代企业劳动人事制度；

（二）改善劳动组织，做好定编、定员、定岗工作；

（三）职工任用、考核、培训；

（四）职工奖惩、晋升、辞退。

二、职位区分

职位区分是企业人事管理的基础工作之一，科学地设置职位是任用职工的前提条件。

（一）职位区分的含义

1. 职位

职位是指职工的工作岗位。职位有三个基本要素，即：职务、职权和职责。职务指某个职位上所规定担任的工作；职权指担任这一职务（做这些工作）必须拥有的权力；职责指与担任职务相应的责任。职务、职权和职责是相统一的，职位是这三个要素的统一体。

工作岗位不能因人而设，职位必须以“事”为中心，以岗位为基本点，将岗位上的工作任务分配给每个职工。因此，职位可能由职工长期或短期专任、兼任，也可出现空缺。

2. 职位区分

职位区分是将企业中的全部职位按一定标准进行分类，明确各类职位的职务、职权和职责的一种管理方法。

职位区分的目的，在于理顺职位的关系，按职位的类型进行管理，以提高工作效率。例如：建筑企业的工人职位，就可按工种进行分类，以便制定各工种职位的工作范围、标准等。

（二）职位区分的步骤

1. 职位调查

职位调查指利用各种方法，详细调查、搜集、研究企业各职位的工作内容、数量、时间等，掌握各职位的基本情况的全部工作。

(1) 职位调查的目的　摸清各职位的基本情况，核实职位的数量以及存在的必要性，为职位分类提供依据。

(2) 职位调查的内容

1）企业现有职位的数量和种类。

2）各职位的工作内容、数量、时间、方法和责权情况，各职位在企业经营管理活动中的地位、作用和工作范围，各职位的报酬标准和任职资格等。

3）职位从属部门或机构的要求，各职位之间的相互关系等。

可概括为职位的总体构成（数量、种类），各职位基本情况，各职位的环境三部分。

(3) 职位调查的方法有：书面调查法、直接面读法、实地考察法。

2. 职系区分

在职位调查的基础上，对调查资料分析整理，按业务性质（工种），横向地将职位划分为若干职系。

职系是由工作性质相同的职位组成的一种专门职业，如一个工种。职系区分必须分级进行，首先按工种群将企业全部职位分成若干大类，称为职门；然后按更具体的特征将每个职门分成若干种类，称为职组；每一组再按更小的专门特征分成若干小类，称为职系。一般情况下，职系由工作性质相同或非常近似的职位组成。职系区分就是要对全部职位进行分门、别类、划组和定系。

职系是职位最基本的分类，也是企业劳动人事管理工作的基础。

3. 职位评价

职位评价是指在职系区分完后，按工作难度、责任大小、担任职务的人员所需要的教育程度和技术高低，对各职系的职位进行评价，划分职级的工作。职级指工作性质、工作难易、责任轻重以及资格条件充分相似的若干职位构成的等级。一个职系中包括若干个职级。不同职系中的职级对等关系又称为职等。

企业的所有职位划分为各种职系后，只解决了不同工作性质的职位的分类问题，即职位横向的划分。但同一职系内各职位的工作难度、技术高低、责任大小并不一样；再者，不同职系各职位也有一个对比关系问题，所以在职系区分后还应从纵向分级定等。例如，钢筋工是一个职系，但职位并不一样，因有个级别问题；再如，六级钢筋工和六级抹灰工还有一个级别对比问题。

职位评价的方法有：因素比较法、排列法、分类法、评分法等。

通过职位评价划分出来的职级，是企业确定劳动报酬的主要依据。各职级的工作人员应获得不同的报酬。

三、编制定员

（一）编制定员的含义

编制定员，指企业按国家有关政策及企业的生产规模、技术水平，规定应该配备的各类人员的数量和比例。

在设置职位时，根据职位分类的基本原理，对同一类的职位进行分析，确定其工作内容及权责等。每一类职位（职系和职级）设多少人，就是定员问题。定员决定企业职工规模的大小和各类人员的结构比例，它对企业经营管理有着十分重要的意义。

1. 为合理用人提供了标准

企业用人的第一个问题，就是人员的数量。当根据职位确定了人员数量后，相当于按因事设人的原则，确定用人的标准，减少了职工录用和平衡调配的盲目性。企业实行编制定员，职工的补充和调剂有了统一的数量标准。

2. 避免了人员的浪费

编制定员的基本准则是因事设人，使全体职工都有明确的职位和饱满的工作。只要按定员安排职工的数量，可克服人浮于事的现象，合理地使用职工，发挥每个人的作用。

3. 充分调动职工的积极性

按定员安排工作，各类人员都有固定的岗位，明确的工作范围，相应的职权和责任。工作目标明确，能激发职工的积极性。

（二）编制定员的构成

编制定员确定各类人员的数量和比例。定员构成可分为人员构成和结构比例两部分。

1. 人员构成

建筑企业职工的构成可按不同的标志划分，常按在生产经营活动过程的地位和执行的职能划分为以下几类：

(1) 生产工人　指直接从事物质生产的人员。按照他们参与企业生产过程的性质和方式的不同，又可分为建筑安装工人和附属辅助生产工人。建筑安装工人指直接从事现场施工的生产工人，是企业工人中的主要组成部分。附属辅助生产工人是为建筑安装工程施工直接服务的生产工人，如从事构配件加工、运输、机修作业的生产工人。

(2) 学徒工　指在熟练的生产工人指导下学习技术，享受学工待遇的人员。就其性质而言，学徒工属于后备生产工人。

(3) 工程技术人员　指从事工程技术工作和技术管理工作的人员。

(4) 经营管理人员　指从事行政管理、生产管理、企业经营、财务管理、政治思想等工作的人员。

(5) 服务人员　指服务于职工生活或间接服务于生产的人员，包括食堂、卫生、生活、福利、教育、门卫及各类勤杂人员等。

(6) 其他人员　指长期脱离劳动岗位，与本企业生产经营活动无直接关系，但仍由企业支付工资的人员，包括脱产学习人员，长期伤、病假人员，援外人员等。

2. 人员结构比例

人员结构比例指各类人员、各级人员的构成比例。人员结构是否合理，直接影响职工队伍的整体功能，影响生产经营活动的顺利开展。应重点处理好以下几方面的关系：

(1) 直接生产人员与非直接生产人员的比例　直接生产人员又称为一线人员，主要指生产工人和学徒。非直接生产人员又称为二、三线人员。直接生产人员的比例大，即直接从事生产的人员多，在满足正常管理的前提下应尽量减少二、三线人员，提高管理效率。当然，二、三线人员在生产经营活动中也是不可缺少的，人员配备少，会导致管理工作失控，一线工人无法正常生产，劳动生产率反而会下降。因此，关键是测算出合理的比例。

(2) 各职级人员之间的比例　在每一类人员中，都有不同职级的人员，他们之间的比例也是影响职工队伍素质的一个重要因素。职级结构过高，形成高级工干初级工的活，造成浪费；职级结构过低，又达不到工作的要求。必须根据工作的性质、难度和要求确定出各职级人员之间的比例。

(3) 各工种之间的比例　随着专业化施工的发展，对各工种的技术要求越来越高，工种之间的可容性减少，不能相互串工，要求工种之间保持恰当的比例，否则造成窝工或短缺，严重影响施工生产的进行。

(三) 编制定员的方法

1. 按生产效率定员

根据生产任务、生产效率和出勤率计算定员人数。计算公式为：

$$定员人数 = \frac{生产任务}{生产效率 \times 正常出勤率}$$

凡是有劳动定额的工种，都可用此种方法定员，尤其适合于以手工操作为主的工种。

2. 按设备定员

根据机械设备的数量、看管定额、设备开动班次等计算定员人数。计算公式为：

$$定员人数 = \frac{机械设备台数 \times 设备开动班次}{看管定额 \times 正常出勤率}$$

这种方法适用于以机械操作为主，人机数量关系（有看管定额）固定的工种。

3. 按岗位定员

根据工作岗位的数量确定定员人数。首先设置岗位，然后按岗位确定人数。如门卫、清洁、消防等岗位，以及固定开动的设备岗位，都适合此种方法定员。

4. 按比例定员

根据各类人员之间的比例计算定员人数。其办法是：先确定某一类人员的数量，再根据定员构成比例计算其他相关类别人员的数量。例如，根据技术工人的数量按一定比例定员普通工等。

5. 按组织机构职责分工定员

根据组织机构中所需职位确定定员人数。按工作性质、职责范围划分职位，再按职位定员。这种方法适用于工程技术人员和经营管理人员的定员。

四、人事用工制度

(一) 职工任用的含义

职工任用，指当企业的职位出现空缺时，根据空缺职位的要求和条件，通过一定的途径，选择安排空缺职位工作人员的工作。

新企业，首先要录用一批职工并将他们安排到一定的工作岗位上工作；企业成立以后，由于职工的流动和事业的发展，还需要不断的调整和补充职工。任用的目的，是满足各职位对人的需要，使企业各个工作岗位上都有称职的人员。职位分类和编制定员主要解决了职位的种类和数量，任用则要解决职位和人的结合，将具体的人安排到合适的职位上去。

职位任用的途径有两个，一个从企业外部录用新职工，另一个是在企业已有职工中调剂，满足空缺职位的需要。

(二) 任用的原则

1. 因事设人的原则

任用职工的基本前提是有空缺的职位，即有事需要人去做。不能在没有定编的前提下盲目进人，即根据人的多少设置职位（即因人设事）。

2．德才兼备的原则

德，主要指职工的思想品质、工作态度、生活作风等。才，主要指职工具备的知识、技术水平、工作能力、智力情况等。应尽量做到德才兼备，以保证职工队伍良好的政治素质和技术素质。

3．量才适用的原则

职工任用时，要针对每个人的能力和特点安排工作，尽量使每个人到最适合于他的工作岗位，做到事得其人，人尽其才。

（三）职工录用

1．职工录用的含义

企业职工的任用有内部调剂和外部录用两条途径。职工录用，就是指企业从社会招收（聘）新职工。

2．职工录用的原则

企业应遵循公开招收、自愿报名、全面考核、择优录用的原则。

3．职工录用的途径

（1）在各类学校应届毕业生中录用

（2）在人才市场上招聘

（3）在劳务市场上录用

4．职工招聘程序

企业招聘新职工程序如图 9-1 所示。

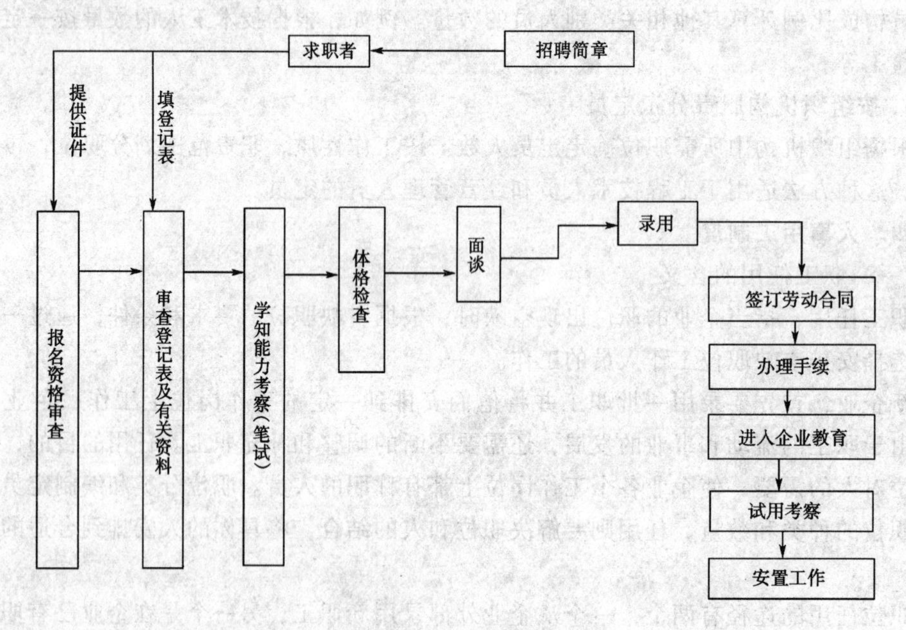

图 9-1　招聘职工程序示意图

（四）劳动合同

职工一经任用，应与企业订立劳动合同，即实行全员劳动合同制。

1. 劳动合同的含义

劳动合同是劳动者与用人单位确定劳动关系，明确双方权利和义务的协议。订立劳动合同，应当遵循平等自愿、协商一致的原则，不得违反法律、行政法规的规定。

劳动合同的订立、变更和解除必须依法进行，符合法律和行政法规的规定，按法定的程序和方法办理。

2. 劳动合同的内容

劳动合同应当以书面形式订立，并具备下列内容：

(1) 劳动合同期限；

(2) 工作内容；

(3) 劳动保护和劳动条件；

(4) 劳动报酬；

(5) 劳动纪律；

(6) 劳动合同终止的条件；

(7) 违反劳动合同的责任；

(8) 当事人认为需要协商约定的其他事项。

五、职工的考核

职工的考核是用科学的方法和客观标准，对职工的思想、品德、工作能力、工作成绩、工作态度、业务水平以及身体状况等进行评价。

(一) 考核的作用

1. 给用人提供科学依据；

2. 激励职工上进；

3. 便于选拔、培养人才。

(二) 考核的内容

日常的人事考核，应抓住三个重点。

1. 工作成绩

不管其经过，重点考核工作的实际成果。工作成绩的考核，以职工工作岗位的责任范围和工作要求为标准，相同职位的职工应以同一个标准考核。

2. 工作态度

重点考核职工在工作中的表现，如职业道德，工作责任心，工作的主动性和积极性等。

3. 工作能力

考核职工具备的能力。职工的工作能力由于受到岗位、环境或个人主观因素的影响，在过去的工作中不一定显示出来，要通过考核去发现。

工作成绩、工作态度和工作能力是职工从事一定工作所表现出来的三个相互联系的要素。对于职工的考核必须从以上三个方面全面考核，缺一不可。

对于干部的考核，还应该从德、勤、能、绩、体五个方面进行全面评价。

德，指干部的思想政治素质。考核内容：贯彻执行党和国家的路线、方针、政策；遵纪守法；坚持原则；实事求是；廉洁奉公；团结协作等。

勤，指干部的勤奋精神。具体考核：纪律性，积极性，责任感、出勤率等。

能，指干部胜任本职工作，完成任务所具备的能力。考核：文化水平，专业知识；业务水平；语言表达能力；文字写作能力；分析判断和决断能力；组织管理能力；预见和反应能力；适应和耐久能力；计划开拓能力等等。

绩，指干部工作的实绩。重点考核：规定任务的完成情况，包括数量和质量；工作中的创造性，包括创新、改革、发明、科研成果等；工作效率。

体，指干部的身体状况。

（三）考核的方法

企业考核职工应按不同对象，采取适当的方法。常用的考核方面有以下几种：

1. 分等法

将全部职工按一定标准进行排队分等，等级越高说明考核的成绩越高。这种方法没有明确的考核标准和依据，只是凭印象将职工分等。

2. 评分法

评分法在分等法的基础上将职工考核的内容分别定出评分标准，然后由领导（或群众）对每一项打分，最后按事先定好的比例计算综合得分，以综合得分确定每个职工的考核等级。

3. 工作标准法

它以各职务的工作标准作为评价依据。首先对职务进行分析，定出工作标准（最好定量化）将职工的实际工作与标准比较，判断其工作的优劣。这种方法有明确的客观标准，比较科学。但许多职务不易制定明确的工件标准，此种方法在应用中有一定局限性。

4. 比较法

对于难以定量的考核项目，采取人与人之间比较，得出相对的比分，达到考核目的。具体做法：先以一个职工作为标准评出分数，然后将其他职工与这个职工比较，打出相应的分。

5. 选择法

对每个考核项目都按等级设标准，并用问号把标准表示出来，考核人员在每个项目中选择一个最适合被考核人员的问句（得小项相应分），然后将小项得分累加计算出考核的总得分。这种方法关键在于各小项的问句要设准，能正确反映工作的性质。例如，“考勤”可设“经常迟到”、“偶然迟到”、“基本不迟到”、“从不迟到”几个问句。

6. 等差图表法

将考核项目按一定标准进行连续分等，考核人员在记分尺上选择一个最适合被考核人员的分数点，作为该项目的考核分数，最后加总得到总分数。见表 9-1。

7. 目标管理法

它是一种潜在有效考核职工业绩的方法。它在考评过程中的关注点从职工的工作态度转到工作业绩上，考评人从法官转换成顾问和促进者，员工成为积极的参与者。目标管理法一般按下程序实施：

（1）确定组织目标；

（2）确定部门目标；

（3）讨论部门目标；

（4）确定个人目标；

职工考核等差图表　　　　表 9-1

职务：

姓名：

考核项目	评级计分					分数
工作质量	4	8	12	16	20	
	太粗糙	不标准	基本标准	标准	很标准	
工作数量	4	8	12	16	20	
	很差	稍差	基本完成	完成	超额	

（5）工作绩效考核；

（6）提供反馈信息。

目标管理法的主要缺点是目标不够明确，不具有可衡量性，与下属共同确定目标较难，从订立目标到评价反馈耗时多。

职工考核是一项复杂工作，操作中会遇到很多困难。首先是考核方法上的困难，尤其是智能考核仍缺乏简单易行的方法。其次是考评人常受人际关系和主观情绪影响，以致出现考评失真。另外，职工中有些人对考核持抵制态度，这些都会给考核工作带来一定阻力，影响考核作用的发挥。

六、职工的培训

（一）培训的含义

职工培训是指对职工进行思想、文化和技术的教育和训练。

职工培训包括教育和训练两层含义。教育的重点是提高职工的思想、文化素质、以及技术理论。训练则着重于技能、方法上的锻炼，提高职工的实际操作能力。职工教育也要进行技能的训练，而职工的训练又离不开文化、技术理论的教育，只是各自的侧重点不同。

（二）培训的种类

1. 按培训的时期划分

（1）就业前培训，也称职前培训　指职工参加工作之前的培训。职前培训一般由专业学校完成。

（2）在职培训　指职工参加工作后的培训。在职培训分为新职工的培训和在岗职工培训两种。

1）新职工培训指参加工作但尚未上岗的职工的培训。

2）在岗职工培训指已经在岗工作人员，由于企业采用新技术、新工艺、新材料、新设备、新方法，需进行知识、技术更新而开展的培训。

2. 按培训对象的范围分

（1）全员培训　是对企业所有在职职工进行的有计划的知识和技能更新的培训，又叫整体培训。

（2）重点人员培训　对急需的岗位上的职工进行培训。

3. 按培训时间的长短分

（1）长期培训　一般指一年以上的培训，主要对在职职工进行学历教育。

（2）短期培训　一般指半年以内的培训，一般只针对某个专题进行培训，通过强化培训使受训者获得某个方面的急需知识，收效较快。

4. 按培训范围分

（1）综合培训　对受培训者的文化、政治、业务、体能进行全面培训，所以又叫全面培训。学历教育中一般都是采取综合培训的方式。

（2）岗位培训　根据不同岗位的要求所进行的定向培训。

七、职工的奖惩

生产诸要素中，人是起决定作用的要素。奖励和惩罚在于通过一定手段鼓励与肯定积极因素，抵制与否定消极因素，使整个职工队伍保持高昂的斗志和奋发向上的精神，努力工作，使企业获得好的经营效果。

（一）奖惩的原则

1. 坚持制度化

奖惩必须实行制度化，谁做出成绩奖励谁，谁犯了错误惩罚谁，这样才能有说服力。

2. 以考核为依据

奖惩不能只凭主观印象，应以考核的结果为依据。必须坚持先考核后奖惩的原则，使奖惩具备科学的依据，避免盲目性。奖惩是激励职工的一种有效手段，但如果使用不当，则会降低作用，甚至收到相反的效果。

3. 精神奖励与物质奖励相结合

职工的需求不是单方面的，包括精神和物质两个方面，而且精神的需要是第一位的。对职工的奖励必须贯彻精神和物质奖励相结合，以精神奖励为主的原则。

4. 惩罚适度

处罚不是目的，而是一种教育的手段。惩罚是促进被惩罚者认清自己的缺点，帮助其改正错误。惩罚必须适度，既对被罚者有震动，但又不能过分挫伤其自尊心，使其产生更加消极的情绪。

5. 奖惩及时

及时地奖励和惩罚才能带来好的效果，过时的奖励往往会使受奖者丧失热情，过时的惩罚也起不到教育的作用。

（二）奖惩的方式

1. 奖励

一般采取口头表扬、定期奖励、正式嘉奖三种形式。

（1）口头表扬　经常性的表扬形式，目的是及时地鼓励职工勤奋工作。

（2）定期奖励　以定期考核为依据，采取精神奖励和物质奖励相结合的方式。这种奖励方式有较科学的依据，范围较宽，能对职工起到较大的促进作用。

（3）正式嘉奖　主要用来鼓励那些对企业，对社会作出了突出贡献的人。通过嘉奖，在职工中树立榜样。

2. 惩罚

惩罚的方式大体可以归纳为三种：

（1）批评　对轻微的违纪行为一般采取批评教育的方式。促使受批评者改正错误。批评可采取个别谈话，小会批评，大会点名等方法，还可令受批评者在一定范围内检讨或者写出书面检查。

（2）行政处分　对比较严重的违纪行为，应按有关规定作出正式处分决定，并记入个人档案。

（3）开除　它是企业行政惩罚中最严重的一种，对于有重大违纪行为的职工，可依法除名。

八、职工的晋升

（一）晋升的含义

晋升指职工因成绩优异而提高其工作职位。职工的晋升有两层含义：一是职务晋升，如助理工程师晋升工程师，工人晋升工长；二是职级晋升，如中级工晋升高级工。

（二）晋升的种类

1. 按晋升与工资的关系分类

（1）职级与工资都晋升　例如：初级上升中级工，工程师升高级工程师。一般是在同一个职系内职级的晋升，职务不发生变化。

（2）职务与工资都晋升　例如：工人升工长、科员升科长。它是在不同职系之间职位的晋升，反映为职务的晋升。

（3）职务晋升、工资不晋升　例如：高级别的工程师晋升为副科长，职务升高了但工资不增加。这发生在不同职系之间的晋升中，即晋升前工资级别已高于晋升后工资级别。

2. 按晋升的幅度分类

（1）常规晋升　根据晋升路线、晋升要求逐级晋升。

（2）破格晋升，即越级晋升　破格晋升，主要是当职工作出了突出的贡献，为鼓励先进而采取的一种晋升手段。

3. 按晋升的方法分类

（1）考试晋升法　对于工作满一定期限，成绩优秀，具有晋升资格的职工，通过考试决定其是否晋升。如工人的考工定级。

（2）综合考查晋升法　对职工的学历、经验、业务水平、工作成绩、政策水平、思想品德等进行综合分析、评价，全面考查后，决定其是否晋升。这种方法适用于管理人员的晋升。

（三）晋升的路线

晋升线路就是职工职位晋升的发展线路，即职工在企业中有可能晋升的职位线路。例如，工人——班长——工长——项目经理……。在建筑企业，每个职工往往有多条晋升线路，即多个发展方向，例如，一位技术人员可以从技术职务方面，也可以从行政方面发展。将职位的发展方向联系起来，就构成职工的发展线路（晋升线路）。

九、职工的辞职与辞退

（一）辞职

辞职指本人提出解除自己职务的要求。辞职分两种情况：第一种是职工要求解除自己现有的职务，回到原职位工作；第二种是职工辞去企业的全部工作，与企业解除劳动合同。

职工辞职是多方面的原因引起的，有些是不能胜任现职务工作的正常辞职；而有些则属于非正常辞职。劳动人事管理工作应认真分析职工辞职的原因，采取果断措施处理。

（二）辞退

辞退是指企业解除职工的工作，终止企业和职工的劳动关系，解除劳动合同。

企业解除劳动合同辞退职工，必须符合法律的有关规定，根据不同的辞退性质采取相应的辞退方式。

1. 直接解除劳动合同辞退

职工有下列性质之一的，企业可直接解除劳动合同：

（1）在试用期间被证明不符合录用条件的；

（2）严重违反劳动纪律或者用人单位规章制度的；

（3）严重失职，营私舞弊，对用人单位利益造成重大损害的；

（4）被依法追究刑事责任的。

2. 有条件解除劳动合同辞退

（1）职工有下列情形之一的，企业可以解除劳动合同，但是应当提前30日以书面形式通知职工本人：

1）职工患病或者非因工负伤，医疗期满后，不能从事原工作也不能从事企业另行安排的工作的；

2）职工不能胜任工作，经过培训或调整工作岗位，仍不能胜任工作的；

3）劳动合同订立时所依据的客观情况发生重大变化，致使原劳动合同无法履行，经当事人协商不能就变更劳动合同达成协议的。

（2）企业濒临破产进行法定整顿期间或者生产经营状况发生严重困难，确需裁减人员的，应当提前30日向工会或者全体职工说明情况，听取工会或者职工的意见，经向劳动行政部门报告后，可以裁减人员。

企业依据条例规定裁减人员，在6个月内再录用人员时，应当优先录用被裁减的人员。

第三节　劳　动　管　理

劳动是劳动力的使用和支出的过程。它是人类制造和使用劳动手段改造自然的有意识的活动。劳动管理，就是对建筑企业职工劳动活动的管理，即施工生产活动中劳动力的组合和使用过程的管理。

一、劳动生产率

（一）劳动生产率的含义

劳动生产率是指劳动者在生产中的劳动效率，反映劳动者生产的合格产品的数量（或价值）与所消耗的劳动时间的比例关系。主要反映劳动者在一定时间内创造价值和使用价值的能力。

劳动生产率有两种表现形式，一种是用单位时间内生产某种合格产品的数量（或价值）来表示，称为正指标；另一种是用生产单位合格产品所消耗的劳动时间来表示，称为逆指标。

劳动生产率的正指标和逆指标存在互为倒数的关系。二者的形式虽然不同，但其内容是完全一样的，都要反映劳动者的劳动成果与劳动消耗量之间的比例关系。劳动生产率的正指标被广泛用于说明建筑企业的劳动生产率水平，它易于理解，常用于编制年度、季度计划；劳动生产率的逆指标一般用于企业内部反映劳动效率，制定劳动定额，安排作业计划，确定编制定员等。

（二）劳动生产率的计算方法

劳动生产率的计算方法很多，下面介绍两种按价值和实物量计算的全员劳动生产率。

1. 用产值计算的劳动生产率

计算公式为

$$\text{全员劳动生产率}=\frac{\text{建筑业总产值或施工产值}}{\text{全部职工平均人数}}$$

2. 用实物量计算的劳动生产率

计算公式为

$$\text{全部职工每人平均竣工面积}=\frac{\text{报告期完成的房屋建筑竣工面积}}{\text{全部职工平均人数}}$$

上述两种计算方法各有优缺点。其中，按产值计算的劳动生产率综合性强，便于不同企业、不同行业的比较，但受物化劳动转移价值的影响大；按实物量计算的劳动生产率可对同一种产品的劳动效率进行较准确的比较，但综合性差，各行业之间缺乏可比性。

（三）提高劳动生产率的意义

1. 提高劳动生产率是发展生产的主要途径

企业发展生产有两条途径：一是通过增加劳动时间来实现，增加劳动力有一定限度，延长工作时间违背了社会主义劳动的基本原则，这条途径不可取；另一条途径，是通过内部挖潜改造或技术进步，在不增加人力的条件下生产出更多的建筑产品，达到发展生产的目的，这是企业发展生产的根本途径。

2. 提高劳动生产率，是降低工程成本的重要方法

提高劳动生产率，降低了单位产品上的劳动消耗量，即减少了劳动的消耗，从而使产品成本降低。

3. 提高劳动生产率，是不断改善职工物质生活的重要条件

随着劳动生产率的提高，社会财富不断增加，企业的收入也不断增加，从而为改善职工的物质生活创造了条件。

（四）提高劳动生产率的主要途径

1. 加速技术改造，推广科学技术应用

劳动生产率的提高，在很大程度上取决于科学技术进步，取决于生产手段的改进。企

业要大力进行技术改造，推行新工艺、新技术、新材料、新设备应用，依靠技术进步提高劳动生产率。

2. 搞好培训工作，提高人员素质

有良好的物质条件，还要依靠人的运用才能形成生产能力。通过培训，提高职工的政治思想素质，端正劳动态度，提高职工的业务素质，增强工作能力。

3. 改善劳动组织，保证协调运转

有好的个体素质，但不一定整体功能就好。人的劳动是一种社会化的协作劳动，依靠相互之间的配合才能产生良好的劳动效果。合理的劳动组织是协作劳动的重要条件。

4. 加强劳动纪律，保证正常生产秩序

严格的劳动纪律，是保证生产顺利进行的重要条件。它可以提高出勤率，保证生产秩序正常，生产工日得到合理利用，从而提高劳动生产率。

5. 做好劳动保护工作，改善劳动条件

改善劳动条件，保护职工安全和健康，减轻劳动强度，激发职工主人翁责任感和生产积极性，从而提高劳动生产率。

6. 正确地实施奖惩制度、调动职工积极性

采取合理的工资制度，奖金制度和必要的奖惩制度，充分利用经济杠杆、调动职工的积极性。

提高劳动生产率的途径是多方面的。劳动人事管理的中心任务是提高劳动生产率。实际上劳动人事管理的所有工作都可以理解为是提高劳动生产率的途径。

二、劳动定额

（一）劳动定额的含义

劳动定额，又称人工定额，指在正常生产条件下，某工种某等级的工人完成单位合格产品（或工作）必要劳动消耗的数量标准。“正常生产条件”指劳动过程中的技术、工艺、材料、环境、管理等条件处于正常状况。因为这些要素的变化，会直接引起劳动消耗量的变化，必须规定一个统一的范围。

劳动定额有两种基本形式。

1. 时间定额

时间定额是指在一定生产技术和组织条件下，完成单位合格产品（或作业）所需消耗的劳动量（或工作时间）。它是某工种的工人班组（在一定技术等级条件下）或个人，在正常生产条件下，完成单位合格产品所需要的劳动时间。

劳动时间包括准备时间，基本生产时间，辅助生产时间，不可避免的作业中断时间，以及工人必需的工间休息时间和结束时间等。

时间定额一般以工日计算，按不同专业、不同技术等级的工人或班组具体规定。公式如下：

$$单位产品时间定额=\frac{一定时间班组作业的工日数}{一定时间班组完成的产量（或作业量）}$$

$$单位产品时间定额=\frac{1}{每工日产量}$$

2. 产量定额

产量定额指在一定生产技术和组织条件下，单位时间内所完成的合格产品（或作业）

的产品数量。它是在正常生产条件下，某工种的工人班组（一定技术等级）或个人，在单位工日内应完成的合格产品数量。公式如下：

$$每工产量=\frac{1}{单位产品时间定额}$$

$$每工产量=\frac{一定时间班组完成的产量（或作业量）}{一定时间班组作业的工日数}$$

显然，时间定额和产量定额是互为倒数的关系。

劳动定额除了上述两种基本形式外，还有看管定额，看管定额指一个工人或一组工人同时应当看管的机械设备的数量。

（二）劳动定额的作用

1. 劳动定额是计划管理的基础

建筑企业编制施工生产计划、劳动工资计划、财务计划，以及填写施工任务书，都要以劳动定额作为依据。例如：在安排施工任务进行劳动力平衡时，根据实物工程量套劳动定额计算出完成任务所需的劳动工日数，才能进行平衡，编制出计划。

2. 劳动定额是合理组织生产的依据

劳动定额规定了完成各项工作的劳动消耗量标准，根据劳动定额可以计算出生产需要的各工种人数，给合理安排劳动力，安排施工进度，组织劳动力的调配等提供了依据。

3. 劳动定额是实行按劳分配的依据

按劳分配的核心是要准确计算出职工付出的劳动量，劳动定额就是计算工人劳动量的标准。在实行计件工资的企业，劳动定额是计算工人工资的主要依据。

4. 劳动定额是企业核算人工费成本的依据

劳动定额是人工费开支的标准，企业成本核算中心必须以劳动定额控制人工费的开支。

5. 劳动定额是计算劳动定员的必要依据。

6. 劳动定额是编制预算定额，确定工程造价的重要依据

（三）劳动定额的编制原则

为保证劳动定额的编制质量和良好的适应性，使其充分发挥作用，在编制时应遵循以下原则：

1. 劳动定额水平先进合理。

2. 选择正常的施工条件。

3. 采用已经成熟并普通推广的先进技术和先进经验。

4. 资料和数据必须真实准确。

5. 定额内容和形式简明适用。

6. 定额项目齐全，粗细适度。

（四）劳动定额编制的主要依据

劳动定额的编制，是一项经济性、技术性、政策性相结合，牵涉面广、工作量大、非常繁杂的工作。它必须建立在有充分科学依据的基础上，才能具有较强的政策性、科学性、适应性。其主要依据有：

1. 经济政策和劳动制度

(1) 建筑安装工人技术等级标准；

(2) 建筑安装工人及管理人员工资标准；
(3) 劳动保护制度；
(4) 工资奖励制度；
(5) 劳动用工制度；
(6) 税收制度；
(7) 工作时间制度。

2. 技术依据

(1) 施工及验收规范；
(2) 建筑安装工程安全操作规程；
(3) 国家建筑材料标准；
(4) 标准或典型设计及有关试验数据；
(5) 施工机械说明书及机械性能；
(6) 现场技术观测记录的标准数据；
(7) 日常工时消耗单项统计和实物量统计资料、数据；
(8) 已采用的新工艺、新材料、新设备等技术资料；
(9) 岗位劳动评价结果。

3. 经济依据

(1) 现行相关定额及其他有关的现行、历史资料和数据；
(2) 日常积累的有关资料、机械台班、能源消耗等资料和数据。

(五) 劳动定额编制程序

劳动定额编制过程，需要事前精心策划，事后认真按计划执行。劳动定额的编制主要经过以下几步：

1. 确定劳动定额编制的目的、项目

2. 拟定正常施工条件

(1) 拟定施工方法
(2) 拟定工作组成（定额项目的工作内容）
(3) 拟定劳动组织
1) 专业工种的配备
2) 人员数量
3) 人员技术等级
(4) 拟定正常的工作现场

3. 拟定施工过程的定额种类（工序定额、单项定额、综合定额）

4. 选择测定的工人或工人班组

5. 实测

6. 整理分析实测资料，形成劳动定额

(六) 工人工作时间分析

工人工作时间指工人在一个工作班内，在生产过程中全部劳动时间的消耗。工作时间由定额时间和非定额时间两部分组成，如图 9-2 所示。

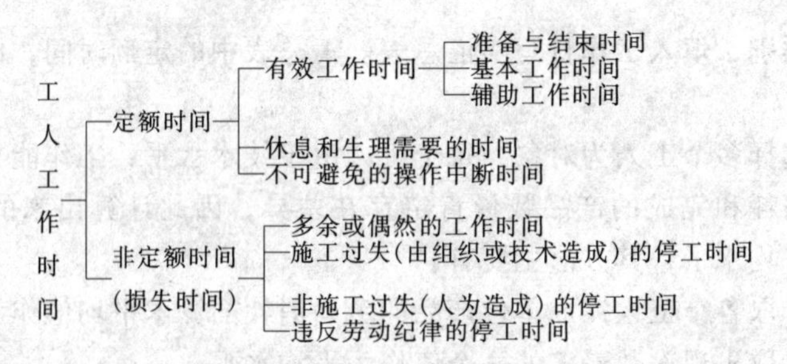

图 9-2 工人工作时间构成

1. 定额时间。指完成某项工作必须消耗的时间。包括:

基本工作时间:直接用于完成某项产品或工作的时间消耗,是定额时间的主要部分。

辅助工作时间:为完成基本工作而进行的各种辅助性工作所消耗的时间。

准备与结束时间:作业前准备工作和作业结束后工作所消耗的时间。

休息和生理需要时间:作业过程中,为恢复体力必需暂时中断工作以及由于生理需要所必须消耗的时间。如工间小休、喝水、吸烟、上厕所等。

不可避免的操作中断时间:作业过程中,由于技术或组织原因必须中断的工作时间。

2. 非定额时间。指与完成生产任务无关的活动所消耗的时间。它是一种时间损失,属于不必要的和无效的时间消耗。定额中不应包括这部分内容,主要有:

多余和偶然工作时间:在正常条件下,多余(不必要)的工作或偶然发生的事件所消耗的时间。

施工过失的停工时间:由于劳动组织或施工组织不当而引起的停工时间。

非施工过失的停工时间:非企业施工原因而引起的停工时间。如气象变化,停水停电等引起的停工时间。

违反劳动纪律的停工时间:由于工人迟到、早退、或其他违反纪律的行为而造成的停工时间。

(七) 劳动定额的制订方法

劳动定额的制订、应根据企业特点选择适当的方法。常用方法有下述几种:

1. 技术测定法

技术测定法是在分析研究施工技术和组织条件基础上,经过现场观察、技术测定得到详细资料,对这些资料分析计算制定劳动定额的方法。技术测定法又分为测时法,写实记录法和工作日写实法三种。建筑企业常用工作日写实法。

工作日写实法是按照工时消耗顺序,对整个工作日或工时利用情况进行实地观察、记录和分析的一种方法。

工作日写实法的程序如下:

(1) 工作时间分析 分析工人工作班内的工作时间消耗情况,以便确定必要劳动消耗。

(2) 准备工作 指了解工人,劳动组织、设备、工具等情况;选择对象;划分项目等。

(3) 写实记录 从工人上班开始,一直到下班结束,将整个工作日内所有的时间消耗都记录下来。写实人员要集中精力,注意工人的每一项活动,判明这些活动属于哪一类消耗,准确填入记录表。

(4) 整理分析 写实记录结束后,要对记录的资料进行整理分析,计算各类时间消耗，判明时间的类别，填入工作日写实汇总表。汇总表中的定额时间，即为劳动定额中的时间消耗。

写实记录要选择多个工人为对象，每个工人由于技术水平，工作能力和工作态度的不同，各类时间的消耗和完成的产品数量肯定存在差异，因此计算出来的劳动定额也不一样。因而要计算平均水平，其方法主要有：

算术平均法：取各个工人完成单位产品的劳动消耗的算术平均值作为平均水平。

最大频数法：取出现次数最多的一个值作为平均水平。

中位数法：将所有测得的劳动消耗值从小到大排列，取中间一个值作为平均水平。

劳动定额一般取平均先进定额。所谓平均先进定额是指介于平均水平和先进水平之间的定额。公式如下：

$$平均先进水平=\frac{2\times 最先进的消耗+平均消耗+最落后的消耗}{4}$$

2. 经验估计法

(1) 经验估计法的含义

指由定额员、技术人员及工人组成估工小组，根据设计图纸、施工工艺规程、产品实物、操作难易程度、本企业的施工条件，凭过去施工生产的经验，估计出完成某项工作所需要的劳动消耗量的方法。

(2) 经验估计法的特点

经验估计法简便易行、工作量小、制定速度快，但是技术依据不足，缺乏系统分析，受估工人的主观因素影响大，精确度较差。故一般只运用于一次性定额。

3. 统计分析法

(1) 统计分析法的含义

指对过去施工的同类工种工程或类似工程的实际工时消耗所积累的统计资料进行整理分析，并结合当前施工生产技术条件的变化来制定定额的方法。统计分析的方法很多，需根据统计资料的数据特征选择恰当的方法。基本思路是：先计算平均数，再计算平均先进数。

(2) 统计分析方法的特点

它以实际统计资料为依据，根据这些资料寻找规律，工作量小。但受过去资料影响大，不易排除资料的不真实性，一般只适合产量大、生产稳定、统计制度健全的工程项目。

4. 类推比较法

(1) 类推比较法的含义

指以同类型或相似类型的产品（或工序）的定额水平作依据。进行对比分析，类推出相似产品（或工序）的劳动定额的方法。

(2) 类推比较法的特点

这种方法比较简便、工作量小，只要比较的对象选择恰当，具有代表性，类推出的定额一般比较合理。但对定额的时间组成分析不够，比较笼统，而且受到对比定额的限制。一般适用于产品品种多、批量小、变化大的单件小批量的产品（或工序）。

实际工作中，以上几种方法应灵活运用，有机结合在一起，才能制定出符合实际条件的定额。一般情况是，常用及主要作业的劳动以技术测定法为主，其他辅助性零星定额可采用类推比较法、统计分析法、经验估计法来制定。

（八）劳动定额的日常管理

1. 建立定额管理制度

劳动部门应制订定额的管理制度，明确定额的修订、解释、补充的权限和范围，保证正确理解和执行定额。

2. 做好定额的补充和修订工作

我国实行建筑安装工程统一劳动定额。制定和修订全国劳动定额的工作，由国务院有关主管部门主持。企业对于定额中的缺项和由于新技术、新工艺的出现而引起的定额变化，要及时进行补充和修订。但在补充和修订中必须按照规定的程序、原则和方法进行。

3. 为工人班组提供执行定额的条件

劳动定额是在正常的施工生产条件下制订的，工人班组也应处于正常施工条件下才能保证完成定额。定额管理部门及其有关管理部门必须为班组提供执行定额的条件，保证定额顺利贯彻执行。

4. 贯彻执行施工任务书制度

施工任务书是企业基层施工单位组织施工生产活动的集中反映，是搞好基层管理工作的重要环节，是考核工效、评定奖励，计件工资的依据，也是企业经济核算的基础。劳动定额管理的主要任务是：通过施工任务书的下达、验收、结算、整理分析，反映企业劳动力的使用情况，提出改进措施和意见。施工任务书是依据施工作业计划签发的，施工任务书中的工程项目名称、规格、计量单位、工作内容、施工条件、质量要求等，必须与劳动定额取得一致，才能准确使用劳动定额、计算出劳动力需用量。

施工作业计划通过施工任务书落实到班组。劳动定额也通过施工任务书贯彻执行。施工作业计划、施工任务书、劳动定额三者相辅相成，环环相扣，不可或缺。

（1）施工任务书的内容。

1）有劳动定额（施工定额）编号、工作项目及内容、质量要求、计量单位、开竣工日期等；

2）限额领料单是班组完成规定工程任务所必须消耗材料的最高限额，是班组领、退材料的凭证，限额领料单的材料数量来自于施工预算，一般与施工任务书同时签发；

3）小组记工单是班组的考勤记录，也是班组分配计件工资或奖励工资的依据；

4）质量要求，工艺标准，技术和安全措施；

5）机械台班定额及实际使用记录；

6）其他，根据需要确定。

施工任务书基本格式如表 9-2 所示。一般施工任务书以分项工程为单位填写，该项任务的限额领料单（表 9-3），考勤表（表 9-4），机械使用记录（表 9-5）与施工任务书合订到一起，作为结算和考核工程直接成本的依据。

（2）施工任务书的签发、验收和结算

施工任务书应以月作业计划为依据。一般以一个班组承担的施工项目按分部分项工程进行签发。任务书一经签发，不宜中途变更，签发时间一般要在施工前 2～3 天，以便班组进行施工准备。

施 工 任 务 书

表 9-2

编号：____号

施工期限	计划	实际
开工	月日	月日
竣工	月日	月日

施工单位________

单位工种________

工种：______队、组长__________年______月______日

劳动定额序号	工作项目及内容	计量单位	任务工程量	劳动定额				实际完成					
				应乘系数	每工产量	时间定额	计件单价	工程量	定额工日数	实际耗用工日数	达到定额（%）	计件工资	超额工资
签发人		质量鉴定	（签章）					验收人	（签章）				
接受人								定额员	（签章）				

结算日期：

限 额 领 料 单

表 9-3

项目名称：

材料名称	规格	单位	定额数量	实际领用						
				月/日	数量	月/日	数量	月/日	数量	合计

施 工 考 勤 表

表 9-4

项目名称：

姓名	级别		合计
合计			

班组长：　　（签字）　　考勤员　　（签字）

年　月　日

机 械 使 用 记 录 表

表 9-5

项目名称：

机械名称	型号及规格	计划台班数	实际使用										
													合计

施工任务书的计划人工和材料数量必须按各省、市施工定额或全国统一劳动定额和企业规定的材料消耗定额计算。

施工任务书一般由工长、施工员或单位工程负责人在开工前结合安排月作业计划时签发，经由施工队长（项目经理）审批后下达。向班组下达施工任务书时，要做好交底工作，通常进行“五交”、“五定”。“五交”即交待规定完成的工程项目、数量和工期，交待施工操作规程，交待质量标准，交待施工定额（劳动定额）的工作内容，交待安全生产和节约材料的措施。“五定”即定人、定时、定质、定量、定责任。目的是做到责任到人，目标明确。

生产班组接受施工任务书后，应组织全体人员进行讨论，合理分工，提出完成任务的保证措施。施工中要随时进行自检、互检，保证工程质量和安全生产，并应正确记载班组出勤情况，做好用工记录等。

班组完成任务后应进行自检，施工员与定额员在班组自检的基础上及时验收工程质量、数量、计算定额完成量，复核实作工日数，并进行材料结算。验收工程量时应会同班组长进行实测实量，如因设计变更等原因增加工程量时，应有技术核定或签证等依据。

施工任务书经过验收后，由施工队定额员进行登记，同时记载有关质量、安全、材料节约等情况，最后经劳资部门审查核实无误，作为结算计件工资或奖金的依据。

施工任务书的运转程序如图 9-3 所示。

5. 劳动定额的统计和分析

统计分析劳动定额执行情况，发现超额完成定额的先进生产者，有助于改善经营管理，挖掘劳动潜力，促进提高劳动生产率；同时，对统计分析资料进行汇总整理，可发现劳动定额水平是否先进合理，为以后制定、修改劳动定额提供依据。

（九）劳动定额的应用

1. 劳动定额构成

（1）文字说明

1）总说明　包括编制依据，各项目共同性的工作内容（如准备、结束、熟悉图纸、领退料、质量自检等)，定额表示方法（包括换算方法），工程质量及安全要求、技术要求、运用条件等。

2）各分册（分部分项）说明　包括工程内容、质量要求、施工方法、工程量计算规则、定额的运用范围、条件及有关规定。

3）分章总说明　包括工作内容，质量安全要求，施工方法说明，工程量计算规则。

（2）定额内容。用表格列出各项目的时间定额和产量定额。例如，砖基础定额的形式如表 10-6。

（3）附录、附表。如超运距加工表、钢筋理论重量表、名词解释、图示等。

2. 劳动定额的套用

按说明中的计算规则及有关规定按图纸计算工程量，套相应定额项目即得所需要劳动时间。

【例 9-1】　某工程按规则计算出厚度为 1 砖的砖基础 100m^3，试套定额计算所需工日数（基础深度 1.4m，有大放脚）。

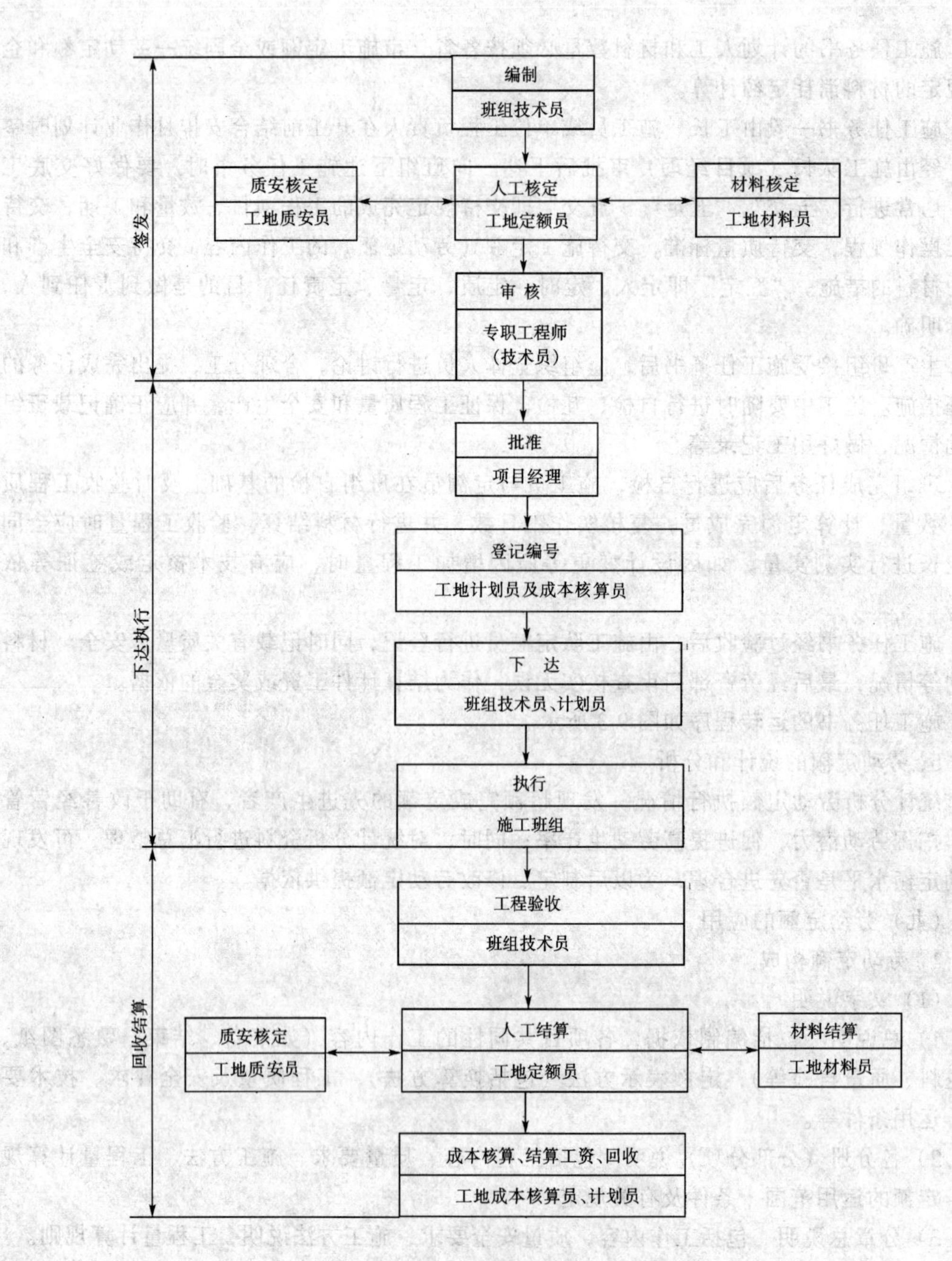

图 9-3 施工任务书运转程序示意图

砖 基 础 **表 9-6**

工作内容：包括清理地槽、砌垛、角、抹防潮层砂浆等。

每 $1m^3$ 砌体的劳动定额

项 目	厚度在			序 号
	1砖	1.5砖	2砖以上	
综合	$\frac{0.956}{1.05}$	$\frac{0.927}{1.08}$	$\frac{0.900}{1.11}$	一
砌墙	$\frac{0.370}{2.7}$	$\frac{0.337}{2.97}$	$\frac{0.309}{3.24}$	二

续表

项目	厚度在			序号
	1砖	1.5砖	2砖以上	
运输	$\frac{0.481}{2.08}$	$\frac{0.481}{2.08}$	$\frac{0.481}{2.08}$	三
调制砂浆	$\frac{0.105}{9.52}$	$\frac{0.109}{9.2}$	$\frac{0.110}{9.12}$	四
编号	1	2	3	

注：1. 垫层以上防潮层以下为基础（无防潮层者按室内地坪区分），其厚度按防潮层处（或上口宽度）为准。围墙以自然地坪以下为基础。

2. 墙基无大放脚时，其砌体部分按混水墙相应项目定额执行。

3. 砌圆形及弧形部分的基础，每 $1m^3$ 砌体增加 0.1 工日。

4. 基础深度以 1.5m 以内为准，如超过者，其超过部分，每 $1m^3$ 砌体增加 0.04 工日。表中的定额含义如下式：

$$\frac{\text{时间定额}}{\text{产量定额}}$$

【解】 综合工日数 = 100×0.956 = 95.6（工日）

其中：砌砖工日数 = 100×0.370 = 37.0（工日）

运输工日数 = 100×0.481 = 48.1（工日）

调制砂浆工日数 = 100×0.105 = 10.5（工日）

3. 劳动定额编号及查阅方法

劳动定额采用四号表示法：第一符号表示定额册号；第二符号表示定额节号；第三符号表示定额项目号；第四符号表示定额子目号。定额编号中除第四符号用汉字表示外，其余均用阿拉伯数字表示。

例如，定额编号 4-2-16-1 砖，其中

4——表示第四册砖石工程；

2——表示第二节；

16——定额项目；

1 砖——定额序号。

4. 使用定额注意事项

（1）熟悉劳动定额使用说明、适用范围、工作内容、质量要求等。做到正确套用定额。

（2）熟悉设计图纸，以便正确计算和套用劳动定额项目。

（3）深入现场了解施工工艺、操作方法、使用机具和材料情况，以及施工条件、劳动组织、工资形式等，以便结算施工任务书和改换分项定额的执行情况。

（4）工程量计算是一项繁重的工作，计算正确与否，直接影响执行定额的准确性。在工程量计算前，一定要仔细核对设计图纸各部位尺寸，工程量计算单位与定额计量单位一致。

三、劳动组织

（一）劳动组织的含义

劳动组织是劳动者在劳动过程中相互结合的方式，以及正确处理劳动者在劳动活动中分工与协作的关系，调整和改善劳动组织形式的管理活动的总称。劳动组织形式即劳动者

在劳动中结合而形成的一种组织；管理活动，即协调劳动者之间的关系，协调劳动者与劳动资料、劳动对象之间的关系，建立、调整和改善劳动组织形式等业务工作。

(二) 劳动组织的原则

1. 劳动组织形式应适应工程项目的特点

建筑产品因具有多样化的特点，在选择组织形式时应结合工程项目特点而定。

2. 劳动组织形式要适应企业经营管理体制的需要

随着企业改革的深入，劳动力来源、劳动用工形式、劳动分配制度、企业组织机构在不断发生变化，劳动组织形式应该与之保持一致。

3. 劳动者之间的比例要适当

各工种工人之间的比例，各技术等级工人之间的比例要适当，才能发挥专业工种所长，又注意工种间的衔接与配合。

4. 劳动者与劳动资料、劳对对象之间的比例要适当

应正确处理劳动者与劳动资料、劳动对象之间的比例关系。否则，就会因为比例失调而导致人力（物力）的浪费或不足，或者完不成任务，影响施工项目的经济效益。

5. 劳动组织保持相对稳定

保持班组相对稳定，利于专业技术工人提高技术水平，利于职工安心工作，利于施工生产调度指挥。

(三) 劳动组织的基本形式

施工项目作业层的劳动组织形式，有专业队（组）和综合队（组）两种基本形式。

1. 专业队（组）

专业队组是按施工工艺需要，由单一技术工种的工人所组成的劳动组织形式。例如：砖工队（组）、钢筋队（组）、抹灰队（组）等。专业队（组）可根据需要配一定比例的辅助工。专业队（组）担负的任务比较单一，专业化程度高，有利于工人钻研技术、提高操作熟练程度，劳动效率较高，施工质量好。但由于分工过细，常不适应交叉作业要求。它适用于专业技术要求较高、专业工程量大的工程项目。

2. 综合队（组）

综合队（组）是按完成一个分部工程或单位工程所需要的、互相联系的各技术工种的工人所组成的劳动组织形式，又称为混合队（组）。综合队（组）由多个工种的工人组成，在队（组）长的统一指导下进行综合施工。综合队（组）具有综合施工能力，易于统一指挥，各工种之间便于协调和配合，有利于交叉作业，队（组）内有较强的控制能力和协调能力，故能简化施工组织。但专业性不强，工人需一专多能，否则将形成浪费。

综合队（组）的大小视工程的具体情况和企业组织机构的形式而定。可以组成大综合队，负责单位工程的全部施工任务，也可以组成小综合队，只负责某一分部工程的施工。

实际工作中，很少采用单一的劳动组织形式，一般根据工程项目特点由上述两种形式结合而成。如对技术复杂、技术水平要求高的作业内容安排专业队（组）施工，对其他的作业内容则安排综合队（组）完成。

四、企业内部劳务市场

(一) 企业内部劳务市场的含义

项目法施工条件下，许多建筑企业实行管理层与作业层分离。管理层负责组建项目经

理部，作业层向项目经理部提供劳务，形成了企业内部劳务市场。企业内部劳务市场，是在建筑企业内部建立的劳动力供需市场，反映为供需双方的经济关系。

企业内部劳务市场不能遵循一般商品市场的交易原则，是一种模拟市场。它实质上是建筑企业劳动力的组织和管理的一种形式，更强调供需双方的经济关系。

用劳务市场对劳动力进行管理，有利于明确经济责任，对劳动力实行综合调配；有利于劳动力的培训，提高整体素质。

（二）企业内部劳务市场的运行

内部劳务市场，由企业劳务部门统一管理，项目经理部不设固定的作业队伍。

1. 企业内部劳务市场劳动力的来源

内部劳务市场的劳动力主要来源于企业自有固定工人，自企业建筑劳务基地成建制招募的合同制工人，其他合同工等。

2. 企业内部劳务市场供需双方的关系

（1）双方的调配关系　企业的全部劳动力由劳务部门统一管理。项目经理部按照施工需要和劳务部门签订合同，任务完成后，解除合同，劳动力退回劳务市场。项目经理部自主决定用工时间、条件、方式和数量，自主决定用工形式等。

（2）双方的经济关系　派到施工项目的劳务队伍可以组成作业队，承包全部或一部分工程的劳务作业，与项目经理部结算劳务费，支付工人劳务报酬和进行各项劳务管理工作；或根据施工项目需要，组合作业班组，由项目经理部统一管理，支付工人劳动报酬，劳务管理部门收取一定的劳务管理费。

五、劳动纪律

（一）劳动纪律的性质

劳动纪律是劳动者在劳动中必须共同遵守的准则。劳动纪律要求每个劳动者按照规定的时间、程序和方法，完成自己承担的任务。

劳动纪律和其他管理手段一样，具有二重性。

劳动纪律的自然属性表现为：人们进行社会活动的必要条件。劳动纪律把从事各种工作的劳动者联合为一个整体，把每个人的活动协调起来，使生产过程有秩序进行。若职工各行其事，企业就无法组织和指挥生产经营活动。

劳动纪律的社会属性表现为在不同社会所维护的生产关系不同。劳动纪律是一种强制性的纪律，是生产资料占有者用来为其创造财富的手段。社会制度不同，即生产资料所有者不同，这种手段服务的目的也不同。

（二）劳动纪律的主要内容

劳动纪律主要包括组织纪律、生产技术纪律和工作时间纪律三方面的内容。

1. 组织纪律

组织纪律指企业劳动组织管理的纪律。包括：遵守国家的政策、法令和规定；遵守企业的各项管理制度，服从组织分配，服从工作调动；按组织的安排积级主动完成和超额完成生产（工作）任务。

2. 生产技术纪律

生产技术纪律指施工生产和技术方面的纪律。包括岗位责任制、技术操作规程、安全生产规程、交接班制度，有关设备、工具、材料、成品的管理制度等。

3. 工作时间纪律

工作时间纪律指上下班及劳动时间方面的纪律。包括：考勤制度、请假销假制度、工作时间内不做与工作无关的事等。

六、劳动保护和劳动安全

（一）劳动保护与劳动安全的意义

劳动保护是指为保护劳动者在劳动过程中的安全和健康而采取的各种措施。如：改善劳动条件、预防和消除职业中毒等。

关心劳动者在劳动中的安全和健康，是社会主义制度所决定的一项基本劳动政策，也是企业经营管理的一条基本原则。企业必须重视安全生产和劳动保护工作，遵守国家在安全生产和劳动保护方面的各项法规。

建筑企业的生产，多属高空露天作业，现场环境复杂，劳动条件差，不安全因素多，建筑业是一个工伤事故发生频率较高的行业。要求全体职工尤其是各级领导必须从思想上重视安全生产和劳动保护工作，在技术和组织上采取有力的措施，保证安全生产，保护职工的安全和健康。

劳动保护是保证生产安全，使生产正常进行的重要手段。一旦发生安全事故，轻者影响生产正常进行，重者造成人身伤亡，损坏设备，停工停产。

劳动保护是调动职工积极性的重要保证。搞好劳动保护工作，让职工在安全卫生的环境中心情舒畅地工作，有利于激发他们的工作热情，提高工作效率，促进生产发展。

（二）劳动保护与劳动安全的内容

劳动保护主要包括安全技术、工业卫生、劳动保护制度三个方面。

1. 安全技术

安全技术指生产过程中，为防止和消除伤亡事故而采取的各种技术组织措施。主要有：机械设备安全，电器设备安全，动力锅炉安全，厂房建筑物安全，建筑安装工程施工安全，噪声、粉尘和空气污染等公害。

建筑企业应特别重视建筑施工的安全技术，坚持使用安全网、安全帽、安全带，防止高空作业人员坠落和落物伤人事故，脚手架和各种超重设备应符合规定，保证安全可靠。

2. 工业卫生

工业卫生指生产过程中，为改善劳动条件，保护职工的身体健康，防止和消除有害有毒物质对职工的影响而采取的一系列措施。主要包括：高温、粉尘、震动、辐射、噪音、毒物等威胁职工健康的防治措施。

3. 劳动保护制度

劳动保护制度是为保护劳动者在生产过程中的安全和健康的有关规程、规定。主要包括两方面的内容：

(1) 国家以法规形式颁布的规程和规定。例如：工厂安全卫生规程、工人、职员伤亡事故报告制度、安全生产责任制度等。

(2) 企业自定的有关安全生产和劳动保护方面的规定和制度。例如：安全操作规程、安全生产责任制度、安全生产的监督和检查制度、工伤事故的调查分析制度、加班加点审批制度、设备维修检修制度、安全教育制度等。

（三）劳动保护与劳动安全的日常管理

1. 建立健全安全生产责任制

安全生产责任制是岗位责任制的组成部分，是企业安全管理的一项基本制度。

安全生产责任制的主要要求是：

(1) 要牢固树立"生产必须安全、安全为了生产"的指导思想，对安全生产和职工在劳动过程中的安全、健康负全面责任，即领导全面负责制。

(2) 设置职能机构或专职人员，负责安全生产和劳动保护的具体业务工作。

(3) 全体职工必须遵守安全生产的规章制度。工人不得违章作业，领导不得违章指挥。

2. 改善劳动条件

对不安全的生产设施，要有计划，有步骤地进行改造，改善劳动条件，消除事故隐患。对于陈旧的设备，有害于职工身体健康、威胁职工生命安全的场所，要重点进行改造。企业在制定技术改造规划时，应把劳动保护的内容列入。

3. 加强安全教育

把安全教育列入职工培训的内容，使职工从思想上重视安全生产，在技术上掌握安全生产的基本知识，操作上掌握安全生产的要领。安全教育的内容包括思想政治教育，劳动保护制度教育，安全技术知识教育，典型经验和事故教育。

4. 安全生产的监督检查

安全生产要贯彻以预防为主的方针，经常检查，及时发现事故隐患，采取措施，把事故消灭在未发生之前。安全生产的监督和检查要形成制度。检查的内容主要包括：安全制度执行情况，安全技术措施落实情况，安全生产管理工作情况。

5. 建立事故处理及报告制度

职工工伤事故，要从调查登记、统计报告、分析处理等方面建立一套完整的处理及报告制度。发生了工伤事故，坚持"三不放过"，即对事故责任者追究其责任不放过；对未认真分析事故原因，找出防范措施不放过；广大职工未受到教育不放过。

6. 发放劳动保护用品

劳动保护用品是安全生产必不可少的物质条件，在劳动保护工作中必须重视。劳动保护用品要按规定定期发放，并检查使用情况，对未按规定使用的职工，要帮助教育，采取措施进行强制执行；对未按规定设防的作业场所，应限定时间设防，否则追究负责人的责任。

七、劳动保险

(一) 劳动保险的含义

劳动保险是国家和企业为保护和增进职工的身体健康，在职工暂时或永久丧失劳动能力时，给予社会保障性物质经济帮助的一种福利制度。劳动保险是一种社会保险制度，企业和职工个人必须依法参加劳动保险，缴纳社会保险费。

劳动保险的对象是劳动者，实施范围限于职工的生育、伤残、病、退休、失业等事件。职工死亡后，其遗属依法享受遗属津贴。

劳动保险是劳动者的一项基本社会权利。在我国，这种权利是通过立法加以保证的。1950 年我国建立了职工的劳动保险制度，以后逐步完善，《劳动法》颁布后形成了一套较完备的劳动保险体系。

（二）劳动保险的科类

1. 劳动事故保险

指对职工在劳动过程中因工作引起的职业病、负伤、致残、死亡事故的保险。

劳动事故保险按事故原因分为：职工疾病保险、职工负伤保险、因工致残保险、因公死亡保险等；按事故责任分为：企业责任保险、职工个人责任保险、共同责任保险等。事故分析后，应由企业技术安全、工会、劳动人事部门三方面组成鉴定专家，经过调查分析，确定责任性质后，再按规定分别付予职工相应的保险金。

2. 健康保险

指对职工非因工的原因引起的疾病、伤害、死亡、生育等事件的保险。

健康保险分为：

（1）疾病伤害保险。指职工疾病与非因工伤害保险，预防性医疗保险。

（2）死亡保险。指职工死亡保险、供养直系亲属死亡保险。

（3）生育保险。女工生育孕产保险，男工配偶生育保险。

3. 退休、退职保险

指对职工因年龄、体弱、疾病等原因，丧失劳动能力而退休、退职时的保险。

退休、退职保险包括退休金保险、退休后的医疗保险、退休后的死亡丧葬保险、遗属补偿保险、退职保险。

4. 失业保险

指对因非主观意愿而暂时失业的职工，给予经济补偿的一种保险。

职工失业有两类原因，第一，企业原因，如企业解散、倒闭、合并而裁减人员等；第二，职工个人原因，如违纪被开除，能力太低被辞退等。

第四节　劳动报酬管理

职工劳动报酬，通过工资、奖金、津贴和福利等体现，处理好职工的物质利益关系，是调动职工劳动积极性的重要工作。

一、按劳分配原则

按劳分配是指按劳动者提供的劳动量（包括数量和质量两个方面）分配个人消费品。它是社会主义的基本分配原则，社会主义企业必须坚持按劳分配。

按劳分配要求有劳动能力的人都必须参加劳动，根据提供的劳动量分配个人消费品。当今社会产品还不够丰富，不能实现按需分配，只能等量劳动相交换，即按劳分配，要体现不同劳动之间的差别，也只能通过按劳分配来适当体现。

二、工资总额的组成

（一）工资的含义

职工的工资，是按照职工提供的劳动量，付给个人的劳动报酬。广义的工资，包括支付给职工的全部劳动报酬。狭义的工资，主要指支付给职工的固定劳动报酬。

（二）工资总额的组成

工资总额指企业在一定时期内直接支付给本单位职工的全部劳动报酬的总和。

工资总额由以下六部分组成：

1. 计时工资

计时工资指按计时工资标准和工作时间支付给职工个人的劳动报酬。

2. 计件工资

计件工资指按计件单价和完成的工作量支付的劳动报酬。

3. 奖金

奖金指支付给职工的超额劳动报酬和增收节支的劳动报酬。

4. 津贴和补贴

津贴和补贴指为补偿职工特殊或额外劳动消耗和因其他原因支付给职工的补偿，以及为了保证职工工资水平不受物价影响支付给职工的物价补贴。

5. 加班、加点工资

加班、加点工资指按规定支付给职工的加班工资和加点工资。

6. 特殊情况下支付的工资

指对职工病假、工伤假、计划生育假、婚丧假、事假、探亲假、定期休假、停工学习，执行国家或社会义务等原因按计时工资标准或计件工资标准的一定比例支付的工资，以及附加工资、保留工资等。

(三) 工资总额的核定

国家对工资总额实行宏观调控，按工资总额和经济效益挂钩的原则核定给企业一定时期内的工资总额，企业在核定的工资总额范围内行自行选择分配方式进行分配。

目前，建筑企业普通实行百元施工产值工资含量包干的方式核定工资总额。即，上级主管部门核定每百元施工产值工资含量包干的指标，企业根据工资含量包干指标和完成的施工产值计算工资总额，并在总额内支付工资。

三、工资制度

工资制度是关于工资标准及支付工资的制度。常见的有以下几种：

(一) 等级工资制

工资制度是根据职工的劳动熟悉程度及从事工作的技术复杂程度，劳动条件好坏，劳动繁重程度和工作责任大小，划分为若干个等级，按等级规定相应工资标准的制度。

等级工资制由工资标准、工资等级表和技术等级标准三部分组成。

1. 工资标准

工资标准又称工资率，指一定工作时间，按不同的工资等级规定支付工资的数额。工资标准一般以月表示，日工资标准和小时工资标准可按下式计算：

$$日工资标准=\frac{月工资标准}{全月法定工作日数}$$

$$小时工资标准=\frac{日工资标准}{每日法定工作时数}$$

$$等级工资标准=一级工资标准\times某级工资等级系数$$

2. 工资等级表

工资等级表用来确定工资等级数目和各等级之间的工资差别，以表明不同技术、不同熟练程度的工作在工资等级上的相互关系。

(1) 工资等级数目　即工资等级的级数，它是根据各行业工作和技术复杂程度决定的。

(2) 工资等级系数　指每级工资标准与最低一级工资标准的比值。即各级工资标准与最低一级工资相比较的系数。可按下式计算：

$$某级工资等级系数=\frac{某级工资标准}{最低一级工资标准}$$

(3) 工资级差　指两个相邻等级之间工资标准的差距。可用绝对金额和相邻等级工资标准的比值表示。

工资级差可分为等比级差、等差级差和无规则级差等形式。

1) 等比级差　各个级差相等，即等级系数是一个等比数列，等级系数数列的公比就是级差。

2) 等差级差　各个级差的绝对值相等，各等级标准工资是一个等差数列，等差数列的公差就是用绝对金额表示的级差。

3) 无规则级差　各级差之间没什么规律，呈不规则变化。

3. 技术等级标准

指按工作的技术复杂程度，劳动繁重程度和责任大小划分的等级，以及对各等级的技术要求。技术等级标准分"应知"、"应会"两部分。

"应知"部分规定某工种某等级工人必须具备的生产操作知识和本专业的技术理论；"应会"是指能独立完成这一等级工人必须具备的熟练操作技能。

现行土木建筑工人技术等级分为初级工、中级工、高级工，各技术等级的标准详见建设部颁发的《土木建筑工人技术等级标准》JGJ42—88。

(二) 岗位工资制

指按职工实际工作岗位确定工资标准的一种制度。凡在某岗位独立操作，达到岗位要求，即可领取本岗位的工资。即一岗一薪制。

岗位工资制适用于专业分工较细，技术要求简单，工作对象和生产工艺都比较稳定的生产部门和工种。即同一岗位的技术要求差异不大，生产效果的好坏，主要取决于工人的积极性、体力、操作熟悉程度和责任心。因此在相同的职位中不再分职级，同一岗同一工资标准。职工经过培训后，能上岗工作，就拿本岗位的工资，只有变动工作岗位或企业调整工资标准，职工才能变动工资。

(三) 结构工资制

结构工资制又称为分解工资或组合工资，按工资的不同作用和不同因素，将工资划分为几部分，通过合理确定这几部分的数额，构成全部工资的一种工资制度。

结构工资一般由基础工资、职务工资、工龄工资、活动工资几部分组成。

基础工资是保障职工基本生活的工资，是维持劳动力再生产所必需的。一般按地区的类别确定其数额。

职务（或技术）工资主要反映工作的复杂程度或责任的大小（或职务高低）。它按劳动熟悉程度，技术复杂程度，劳动条件的优劣，责任大小等因素分成若干等级，规定各级职务的工资标准，体现必要的差别。

工龄工资又称年功工资，主要反映职工参加工作年限长短在劳动报酬上的差别。这部分的工资数额和工龄成正比例关系。

活动工资由浮动工资、奖金、津贴等组成，其数额根据企业经济效益及职工个人工作成绩而定。

（四）最低工资保障制度

最低工资保障制度是为保障职工最基本的物质生活水平而建立的一种制度。用人单位支付给职工的工资不得低于当地最低工资标准。

下列情况不列入最低工资标准：

1.加班加点工资；

2.奖金；

3.津贴与补贴。

建筑企业应按照按劳分配的总原则，结合自身情况制定出符合实际需要的工资制度。不论实行什么样的工资制度，支付给劳动者的工资不得低于当地最低工资标准。

四、工资形式

工资形式指计算劳动报酬的具体形式。建筑企业常采用的工资形式有计时工资、计件工资、包工工资等。

（一）计时工资

计时工资指按劳动者的工资标准，实际工作时间支付劳动报酬的工资形式。

计时工资适用范围广，计算简便。凡是机械化程度与自动化程度较高，或不易根据产品的数量分别计算个人劳动成果的部门和工种，如管理人员、勤杂工人及部分生产工人可以实行这种工资制度。

计时工资只能反映劳动者的技术熟练程度，无法反映在出勤时间相等的情况下劳动繁重程度和劳动时间上的差别，不利于贯彻按劳分配的原则。

计时工资有时工资、日工资、月工资三种形式。职工一月内出全勤时，按月工资标准支付工资，职工缺勤或加班时，按日工资标准减少或增加工资。

（二）计件工资

计件工资指按工人完成产品的数量和质量计算、支付劳动报酬的工资形式。

计件工资能够比较准确地反映出劳动者实际付出的劳动量和提供的劳动成果，能够较好地体现按劳分配的原则；职工工资收入和所完成的工作数量和质量直接、紧密的联系，使职工从个人物质利益上关心自己的劳动成果，促进工人提高技术水平，提高劳动生产率。

计件工资容易出现片面追求产量，忽视安全生产、设备保养等现象。应加强质量安全、材料消耗等的检查和考核工作。计件工资适用面较窄，主要适用于机械化程度较低，依靠手工操作的工作。

计件工资有以下几种形式：

1.无限计件工资

无限计件工资指按照工人单位时间所生产的合格产品的数量，用统一的计件单价计算劳动报酬的一种计件工资形式。即不论职工完成多少工作量，都用同一单价计算工资。它适用于比较成熟的定额项目，或需突击完成的任务。

2.有限计件工资

有限计件工资指规定超额工资最高水平的一种计件工资形式，职工的最高工资水平受到限制，目的是防止因定额不准确而使职工获得过多的超额工资。主要用于定额不成熟，或一次性定额。

3. 超额计件工资

超额计件工资指工人完成定额发给标准工资，超过定额部分按统一单价计算超额工资的一种计件形式。超额计件工资的基本思想是在定额内发标准工资以体现职工在技术、工龄等因素上的差别，超定额部分按统一单价以体现多劳多得的分配原则。它是无限计件工资的派生形式。

4. 累进计件工资

指定额内按一般的单价计算工资；超过定额的部分按更高的累进计件单价计算工资。它对职工有更强烈的物质鼓励作用。适用于劳动强度大、作业条件差、时间要求紧迫的生产任务。

工人班组内部分配计件工资的方法，各地区的做法差别较大，只要能体现按劳分配的原则，能调动绝大多数职工的积极性就行。

(三) 包工工资

包工工资是将单位工程或分部、分项工程的全部施工任务及完成任务所需的人工费以定额为依据包给作业队（组）的一种工资形式。它将工资与工期、质量、安全、工效、物质消耗等多项指标挂钩，有利于提高施工生产的综合经济效益。这种工资形式，作业队(组）有更多的灵活性和自主权。

实行包工工资，关键在开工前对承包工程进行认真的核算，核实所需工资、材料、机械等，并明确工期、质量、安全等方面的具体要求，分清职责、一次包死，超额工资不封顶，达不到定额不保基本工资。

超额工资的做法，各地不一样。有的只包工资部分，同时考核主要经济技术指标；有的除包工资外，还包工程质量、材料费、机械费、周转材料摊销费等，并对材料费、机械费的节约给奖，等等。

五、奖励与津贴

奖励与津贴是职工收入的组成部分，也称为辅助工资。这部分工资的数量经常变动，是基本工资的补充形式。

(一) 奖励

1. 奖励的作用

企业对职工的奖励分精神奖和物质奖两种。物质奖励常以奖金的形式出现，奖励是基本工资的一种补充形式，反映职工的超额劳动报酬。它灵活机动，可以弥补基本工资的不足。

计时工资仅仅反映劳动者的技术能力和工作时间上的差别，不能反映同级职工在同一出勤时间内劳动成果的差别，这时可以用奖金的形式加以弥补。

实行计件工资，虽然能在一定程度上反映职工完成工作的数量和质量上的差别，但未能全面反映职工的劳动态度、责任心、材料节约、安全生产、机械完好、技术革新等，这些可用奖金来弥补。

2. 奖金的种类

(1) 单项奖　企业为加强薄弱环节，突出奖励重点，针对生产经营中特定目标专门设置的奖金。例如：质量奖、安全奖、节约奖、合理化建议奖、技术革新奖等。单项奖的内容单一，目标明确，对于生产中的某些环节，能收到显著的效果。但要注意全局利益，防止顾此失彼。

(2) 综合奖　为考核职工完成各项指标设置的奖励。把职工在生产经营活动中的各个方面和奖金挂钩，按照指标完成情况和劳动态度确定奖金数额。综合奖的条件比较全面，能推动各方面工作的开展，对于各类人员都适用。

(二) 津贴

津贴是基本工资的另外一种补充形式。它对职工在特殊的劳动强度和劳动条件下，付出的额外劳动的补偿。

津贴有以下几种基本形式：

1. 补偿职工额外劳动消耗的津贴

指在法定劳动时间以外从事劳动时给予的补偿，以及少数人在同一劳动时间内比同等级职工支付较多劳动或承担较多责任时给予的补偿。如夜班津贴、加班津贴、班组长津贴等。

2. 保护职工健康的津贴

指在危害职工身体健康和安全的特殊劳动条件下工作的津贴，例如，高空津贴、高温津贴、有害环境的保健津贴等。

3. 弥补生活费额外支出的津贴

指弥补由于各种原因造成职工实际工资收入减少和生活费额外支出增大而建立的津贴。如地区津贴、流动施工津贴、物价补贴、交通费补贴等。

4. 保障职工基本生活的临时性津贴

指职工在国家规定范围内，没有参加本企业劳动，为保障基本生活而支付的津贴。如非职工本人原因造成的停工津贴、职工脱产学习津贴、探亲假期津贴、病假津贴等。

第五节　职工能力的开发和行为激励

劳动人事管理主要目的在于运用各种手段调动职工劳动积极性，提高劳动生产率。职工能力开发是实现劳动人事管理目的的重要手段。

一、职工能力开发

(一) 能力开发的含义

1. 职工能力

职工能力是指职工履行职务的能力。职工能力的高低主要通过实际工作的业绩体现。能力高，能较好地完成工作，否则不可能做出太好的成绩。

职工能力是个综合性的概念，不仅指个人是否具备完成某项工作的能力，还包括这种能力是否能充分发挥。因为只有发挥出来的能力，才能创造成绩、履行职务。强调通过业绩反映一个人的能力，意即在此。

影响职工能力的因素很多，主要有体力、智力、知识、性格、经验、适应能力、工作热情等。职工能力是上述因素有机结合而形成的一种综合能力。

2. 能力开发

能力开发，就是将职工的潜在能力开发出来，让其充分发挥作用。能力开发包括培养职工能力，人的能力不是天生就有的，需要经过后天的不断培养才能形成。

职工能力开发应从这几方面着手：

(1) 充分利用现有人力资源，让每个人都能充分发挥自己的聪明才智，在各自的工作岗位上积极努力工作。

(2) 不断培养职工的能力。通过能力“再培养”，使各类人员不断拥有新的能力。

(3) 引进人才，形成新的能力。企业在发展，现有人员能力不能满足企业发展的要求，需要引进掌握新技术的人才，才能保证企业的活力。

(二) 能力开发的内容

职工能力由许多因素构成，应从这些因素着手进行开发。

1. 体力开发

体力开发指对职工身体素质、耐久力的开发。

2. 智力开发

智力开发指对职工的记忆、观察、想象、思考、判断、理解、分析、创造力等的开发。

3. 知识开发

指对职工文化知识、专业技术知识、经营管理知识的培训。

4. 性格开发

性格不是指某个人的个性，而是指其在工作中再现出来的责任感、积极性、创造性、诚实性、协调性等。

5. 经验开发

对职工在工作中积累起来的经验进行总结和发挥。

6. 适应能力的开发

对职工进行环境的适应性和应变能力的培训。

7. 工作热情开发

积极的工作，才能发挥人的能力。工作热情是职工能力的组成部分，激发工作热情是能力开发的一个重要手段。

二、职工行为激励

职工能力只有发挥出来后，才能产生效果。恰当的激励，可以使职工产生良好的行为，充分发挥自己的工作能力。职工行为激励，是利用各种手段，调动广大职工的积极性。

(一) 激励的方式

1. 工资与奖金

工资与奖金是一种吸引、保持并激励职工努力工作的有效方法。工资与奖金对人的作用并不同，工资和奖金是某些人生活的需要；工资和奖金对另外少数人是取得社会地位的途径。要充分发挥其作用，必须具备以下条件：

(1) 职工把工资和奖金的价值看得很重；

(2) 企业可以保证给工作表现好的职工较好的报酬；

(3) 职工能够通过改进工作，获得更多的报酬；

(4) 企业必须保证工作表现好，获报酬较多的职工免遭非议。

2. 表扬与批评

表扬与批评不仅是建立正常工作秩序所必需的手段，也能加强领导与职工的沟通，对职工的行为起激励作用。

表扬应做到及时、准确、亲切：批评应做到及时、准确、诚恳。表扬与批评，是为及时鼓励职工的工作热情，肯定成绩，及时制止职工的不良行为，纠正缺点。

3. 目标管理

人有了明确的目标后，能激发工作热情和信心。企业实行目标管理，可以将企业的总目标与职工个人的奋斗目标结合在一起，使职工的前途与企业的命运息息相关，促使职工关心、爱护企业，树立责任感，从而提高企业的凝聚力。

4. 工作内容的丰富化

人长期处在特定环境从事简单、重复劳动会感到单调、乏味，引起厌烦情绪，对工作积极性产生负面影响。因此，可从扩大工作内容和丰富业余生活两方面入手消除职工的厌烦情绪，激励职工的劳动行为。

扩大工作内容，指在专业化的前提下，让职工兼做一两种与本岗位工作有联系的其他工作，以改变单调的工作环境和内容，让职工有一种新鲜感，调整工作情绪，产生积极行为。它特别适用于求知欲望较高的职工，可以使他的工作和生活更加充实。

丰富业余生活，指通过业余生活改变工作的单调感，调整情绪，产生积极行为。扩大工作内容的范围是有限的，可以通过工作时间之外的生活丰富化来解决厌烦情绪。如举办乐队、合唱队、舞蹈队、棋类小组、服装表演队等，开展各种类型的学习、互助和娱乐活动，举办运动会、使职工在业余生活中大显身手，从成功中获得乐趣。

5. 理想前途教育

对职工进行共产主义思想教育，让职工树立社会主义道德观念，增强为人类作贡献的思想，用理想和前途去激发职工的工作热情。

(二) 激励的工作方法

管理人员激励下属行为主要有两种方法。一种是工作行为，即完成组织目标为第一需要，鼓励完成任务好的职工，批评差的职工。另一种是关系行为，即为完成任务，通过协调关系达到目的。这两种工作方法可组合成以下几种形式，如图 9-4 所示。

1. 高工作行为、低关系行为

它侧重于用严格的工作标准和规章制度，帮助职工建立正常的工作秩序和劳动纪律，以保证任务的完成和提高操作水平。此法适用于不成熟的职工，通过制度帮助他们成熟起来。

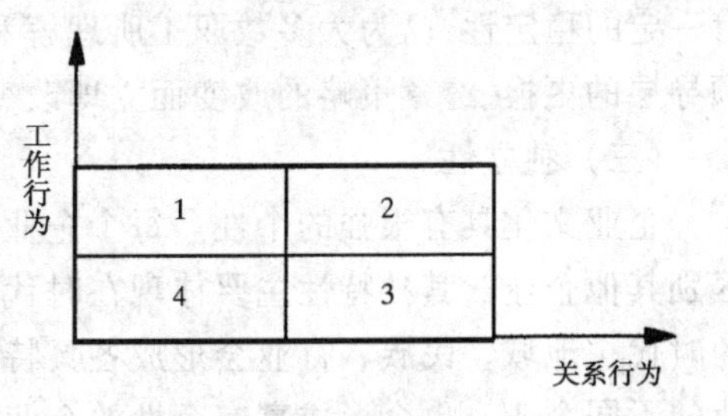

图 9-4 激励的工作方法

2. 高工作行为、高关系行为

它既强调工作上的严格要求，又注意协调职工之间、领导和下级之间的关系。当职工从不成熟向成熟过渡的时候，宜采用此方法。让职工既习惯于严格管理、遵守规章制度和劳动纪律，又注意培养工作的自觉性，搞好关系。

3. 低工作行为，高关系行为

它不直接用强硬的制度去管理职工，而是侧重协调关系，激发工作热情去主动完成任务。它适用于比较成熟的职工。成熟的职工，已经具备了一定的工作自觉性，若过于频繁的指导和过严的管理往往会使职工感到不被领导信任，引起反感，甚至产生对立情绪，影响积极行为。

4. 低工作行为、低关系行为

它在管理制度和关系协调上做的工作都很少，依靠职工自己管理自己。此法适用于完全成熟的职工。完全成熟的职工，了解自己工作的社会价值，了解工作的目标和要求，能自觉遵守纪律，处理好职工之间的相互关系。严格的规章制度、指导、监督及批评、表扬一类协调人际关系的工作都显得多余了。领导的主要精力应放在为职工创造工作条件，待职工有了成果后及时给予表扬和荣誉。

从激励工作方法讨论中可以看出，在激励职工积极行为的时候，应注意培养职工的思想、业务和道德，使其尽快成熟起来，让职工成熟是行为激励成果的体现。

第六节 企 业 文 化

一、企业文化的含义

企业文化，是指企业在长期发展过程中所形成的共同思想、作风、价值观念和行为准则，是一种具有企业个性的信念和行为方式。

企业的物质文化、行为文化、制度文化、精神文化构成企业文化的整体。各层次不同的内容和不同的组合，成为企业间互不相同，各具个性的企业文化。企业文化的实质是提高职工的素质，重视人的社会价值，用一种文化精神去凝聚职工、展示企业、吸引用户。

二、企业文化的特征

企业文化作为一种文化现象，具有以下特征：

（一）整体性

企业文化讲求整体性，企业是一个人造的开放系统，系统思想的核心是整体性，通过树立企业的整体形象去影响、规范每个职工的观念和行为，为实现共同目标而工作。

（二）稳定性

企业文化是在企业的长期发展中形成的，是一个漫长的渐进过程。企业文化形成后，具有一定的稳定性，已为大多数职工所理解和接受。不会因为企业产品的换代、机构的变化、领导层的更换、经营策略的改变而立即改变，只能在发展中逐步完善，具有质的稳定性。

（三）独立性

企业文化具有很强的个性。每个企业都有自己独特的文化，反映企业自身的特点，以区别其他企业。其独特性主要体现在时代性、地域性、民族性、行业性等几个方面，不同的时代、地域、民族、行业会形成各具特色的企业文化。即使同一时代、地域、民族、行业的不同企业，也会形成富有个性的企业文化。

（四）开放性

企业文化的独特性，并不排斥对外开放。相反，优秀的企业文化具有全方位开放的特征，决不排斥先进管理思想和经营观念的影响和冲击，而是努力引进、吸收其他先进的企业文化，促使自身不断完善和发展。企业文化的开放性必然带来外来企业文化和本企业文化、传统企业文化和现代企业文化的交融，企业文化正是在这种碰撞中成熟起来。

三、企业文化的功能

企业文化在企业经营管理中具有重要地位，特别是在劳动人事管理中有极其重要的作用。

(一) 凝聚功能

企业文化要求形成统一的意志和信念。通过重视人的价值，培养人的感情来促进职工内部团结，增加集体观念，把职工紧紧联结起来，形成一个统一整体。从而增加企业的凝聚力，形成群体意识，消除内部的矛盾和冲突，把职工个人的利益、目标和企业的整体利益、目标统一起来，形成强大的整体功能。

(二) 规范功能

企业文化是企业职工在长期交往中思想、感情、心理、风格、习惯的积累，一经形成，又反过来对企业职工的意识和行为起着规范作用。企业文化不仅对职工有着规范作用，对企业各级组织和部门同样有规范作用。它和规章制度有同样的功能，但又为规章制度所不能取代。因为规章制度是一种硬性规定，而企业文化是一种长期形成的精神，职工往往能自觉遵守和执行。

(三) 激励功能

企业文化的一个重要特征是重视人的作用，承认人的价值，发挥人的创造精神。在规范人的意志和行为的同时，不排斥职工个性的存在和发展，企业在大目标的控制之下，努力挖掘人的潜力，调动主观能动性，从精神上激发职工的工作热情，这是其他物质激励手段所不能替代的，它有更深层次的意义，具有稳定的、持久的激励作用。

(四) 宣传功能

企业文化对内具有凝聚、规范、激励等功能，而对外具有强大的宣传功能。企业文化强调整体意识，以一种整体形象不断对外辐射，宣传企业精神，在公众中形成强烈的印象。一个特有的产品标识，一种特有的服务方式，一个统一的现场管理模式，乃至特有的职工精神面貌，都会在社会上起到良好的宣传企业的作用。

四、企业文化结构

市场经济条件下，企业经营管理以资产保值增值为目标。为了全面推动企业各项工作，需要借助企业文化，努力塑造具有本企业特色的企业文化。

企业文化从其内部结构看，包括物质文化、行为文化、精神文化、制度文化几个基本层面。塑造企业文化时，应吸取和借鉴中国传统文化和国外优秀文化遗产，在改造企业环境，优化企业素质，树立企业形象，增加企业活动、完善企业经营管理的过程中，发挥文化的推动作用，促进文化力量与经济力量的结合。在塑造企业文化时，要认真分析企业物质文化、行为文化、精神文化、制度文化的内容和相互关系，把这几个层面有机结合起来，使企业文化发挥整合功能、规范功能、导向功能、凝集功能和激励作用。

(一) 企业物质文化的内容

企业生产经营所创造的物化成果就是企业的产品，它是企业物质文化的首要内容。企业环境、企业建筑物、企业广告等都是企业物质文化的内容。

1. 现代建筑产品的结构

现代产品不再局限于产品特定的物质形态和具体用途，而归结为人们通过交换获得需求的满足，即消费者（或用户）期望的实际利益。产品概念所包含的内容也有较大扩充。产品是指人们向市场提供的能满足消费者（或用户）某种需求的有形物品和无形服务。

有形产品主要包括产品实体及其品质、特色、式样、品牌和包装；无形服务包括可以给买主带来附加利益、心理上的满足感及信任感的售后服务、保证、产品形象、销售者声誉等。

2. 企业环境和企业容貌

企业环境和企业容貌是企业物质文化的重要组成部分。企业环境主要指与企业劳动相关的各种物质设施、企业的建筑物及职工的生活娱乐设施。企业容貌是企业文化的象征，是体现企业个性化的标志。它包括企业名称、企业的象征物和空间布局等。

(1) 企业名称

现代企业很注重以宣传企业名称来树立企业形象，开拓市场。企业名称一般由专用名称和通用名称两类构成。专用名称用来区别同类企业，通用名称说明企业的行业或产品归属。企业名称常以国别、地名、人名、品名、产品功效等形式命名。例如中国银行（国别型）、张裕葡萄酒公司（人名型）、百事可乐公司（品名型）、长明灯泡厂（产品功效型）、重庆灯泡厂（地名型）。

在企业识别要素中，首先应考虑企业名称。中国人历来重“名”，名不仅是一个称呼，一个符号，而且体现企业在公众中的形象。企业命名除上述形式外，还应考虑艺术性，应当尽可能运用寓意、象征等艺术手法，获得公众的认同。

(2) 企业象征物

企业象征物是一种反映企业文化的人工制作物，它可以制成动物、植物或其他造型。一般矗立在人的视觉识别最醒目的地方，如厂门、礼堂、宾馆大厅、商店进门处。日本三菱企业的象征物是由三个菱形组成，这个标志蕴含了三菱“人和”的企业理念，并表达出企业内部所孕育的朝气；三菱企业创始人岩崎弥太郎意识到在企业发展中，最重要的是“人和”，他用三个人形组成一个图案，最后修正为三个菱形的标志。

(3) 企业布局

企业布局是指企业内外空间设计、包括厂容厂貌，商店的橱窗和内部装饰。

企业厂容厂貌，包括绿化、厂房及办公用房造型、交通布局。

3. 企业劳动环境

企业劳动环境优劣，直接影响企业职工的工作效率和情绪。优化企业劳动环境，为企业职工提供良好的劳动氛围，是企业重视职工需要的表现，也是激励人的工作积极性的重要手段。

企业可以运用色彩调节施工现场的劳动环境。例如果绿色的安全网等可以降低人的心理温度、减轻疲劳。除色彩调节外，还可用音乐调节。音乐调节是在工作场所创造一种良好的音乐环境，减轻疲劳和调节情绪。音乐是以声音为媒介，诉诸人的听觉的艺术形式。音乐调节利用音乐节奏、旋律起伏所产生的情绪激发作用调节劳动者的情绪。心理学研究表明，柔和的音乐不但不会分散注意力，反而会提高工作效率；例如悦耳的轻音乐可适当掩盖噪音，对人的神经系统产生良好的刺激，促进细胞兴奋，增强对信息的感受能力和反应速度。在劳动中播放音乐，应注意乐曲节奏旋律选择，应使其与工作节奏相协调，使音乐节奏作为劳动节奏的支撑，把时间上的节奏与空间的身体运动协调，减轻劳动者的疲劳感。

（二）企业行为文化的内容

企业行为文化是企业职工在生产经营、学习娱乐中产生的文化。包括企业生产经营、宣传教育、公共关系活动、文娱体育活动中产生的文化现象。它反映企业经营作风、精神面貌、人际关系，动态反映企业精神、企业价值观。

从企业运作过程看，企业行为包括企业间的行为，企业与政府的行为，企业与公众的行为：从企业行为的人员结构看，企业行为包括企业家行为，企业模范人物的行为，企业职工的行为等。

1. 企业家行为

成功的决策主要来自企业家，成功的企业家在经营决策时总会当机立断，并贯彻执行这个经营战略目标至成功。这就要求企业家在制定决策行为时必须体现宏观性、预见性、创新性、联想性、韧性的统一。

2. 企业模范人物的行为

企业模范人物是企业的中坚力量，是企业价值观的集中体现，他（她）们的行为对于整个企业行为有重大影响。企业模范人物的行为可分为：领袖型、开拓型、民主型、实干型、智慧型、坚毅型、廉洁型等七类，它们并不彼此独立，仅在某一方面有突出表现。

（三）企业精神文化的内容

企业精神文化是企业在生产经营过程中，受社会文化背景、意识形态影响而长期形成的精神成果和文化观念。它包括企业精神、企业经营哲学、企业道德、企业价值观念等意识形态的总和。它是企业物质文化、行为文化的升华。

1. 企业精神

企业精神是企业全体或多数职工共同一致、彼此共鸣的内心态度、意志状况和思想境界。企业精神作为职工群体心理定势的主导意识，是企业经营宗旨、价值准则、管理信条的集中体现，构成企业文化的基石。

企业精神是现代意识与企业个性结合的一种群体意识。通常以厂歌、厂训、厂规、厂徽等形式形象地表达出来。企业精神具有以下特征：

（1）它是企业现实状况的客观反映；

（2）它是全员共有、普遍掌握的理念；

（3）它是稳定性与动态性的统一；

（4）它具有独创性；

（5）它具有务实、求精性；

（6）它具有时代性。

2. 经营哲学

经营哲学是企业经营管理过程中提升的世界观和方法论，是企业在处理人与人、人与物关系上形成的意识形态和文化现象。经营哲学与民族文化传统、特定的社会生产、特定的经济形态、国家经济体制紧密相关。

3. 企业价值观

企业价值观是企业追求经营成功过程中所推崇的基本信念和奉行的目标。不同企业有不同价值观，如致富价值观、利润价值观、服务价值观、育人价值观、经营管理价值观和企业社会互利价值观。不同的价值观分别代表了企业的基本信念和价值取向。

（四）企业制度文化的内容

企业制度文化主要包括企业领导体制、企业组织机构和企业管理制度三个方面。企业领导体制是企业生产发展的必然结果，也是企业文化进步的产物；企业组织机构是企业文化的载体；企业管理制度是企业生产经营管理时制定的，起规范保证作用的各项规定或条例。

企业制度文化是人与物、人与企业运营制度的结合，既是意识形态和观念形态的反映，还有一定物的形式构成。物质文化是制度存在的前提，制度文化又是精神文化的基础和载体。企业家在企业文化的建设过程中，应重视企业制度文化的培育和创新。

五、企业文化建设

企业文化是长期形成的，但并不是自然形成的，而需要人们不断地建设。企业文化的建设，是一项系统工程，需要企业领导和全体职工的共同努力。

（一）企业文化建设的目标

企业文化建设的总目标是建成优秀企业，具体有以下几个方面：

1. 使企业有一个好的形象

通过企业文化建设，在社会上树立起企业的良好形象，为扩展市场奠定文化基础。

2. 使职工有一个好的工作环境

通过企业文化建设，创造一个使人心情舒畅的环境，和谐、团结的人际关系，人人受尊重的风尚。

3. 使职工物质待遇逐步提高

通过企业文化建设，不断提高企业经济效益，从而使职工的物质文化生产要求逐步得到满足，增强企业的凝聚力。

4. 使职工的素质不断提高

通过企业文化建设，全面提高全体职工的素质，挖掘和开发人的潜能，充分发挥职工的积极性和创造性。

（二）企业文化建设的内容

企业文化的建设，应从其内涵着手。

1. 物质文化建设

把各种文化手段用于厂区、现场、设备、产品等的建设上，通过企业文化的物质基础建设，勾画出企业文化的外在形象。

2. 行为文化建设

行为文化建设是通过企业模范人物影响企业职工的行为，形成企业活动中的良好文化现象。

3. 制度文化建设

用企业文化的统一思想去影响、改造企业组织机构、规章制度、经营思想、职工行为，以及各项经营管理工作，形成和塑造具有本企业特色的经营、技术、管理模式。

4. 精神文化建设

企业文化建设的核心和关键是精神文化建设，也是最困难的一项内容。要深入研究和挖掘民族文化的优良成果，处理好传统文化和现实文化、民族文化和外来文化的关系，吸收其他企业文化的优秀内容，结合本国、本地区、本行业、本企业的实际情况，构造出具有特色的，又能充分发挥良好功能的本企业文化。

本 章 小 结

劳动人事管理是以职工为对象的管理活动，包括人事、劳动、报酬、能力开发、企业文化等内容。

1. 劳动者的管理要解决两方面的问题。一是职工的总体数量和结构，通过职位分类，编制定员解决；二是针对职工个人的问题，包括任用、考核、培训、奖惩、晋升、辞职、辞退等。

2. 劳动管理是对职工劳动活动的管理，中心任务是提高劳动生产率。主要内容有：劳动定额、劳动组织、内部劳务市场、劳动纪律、劳动保护、劳动保险等。

3. 企业在确定劳动报酬时必须坚持按劳分配的原则，选择工资制度和工资形式，建立完善的奖金制度和津贴制度，提高职工福利。

4. 职工能力的高低在一定程度上决定了职工队伍整体素质的高低。劳动人事管理的一项很重要的任务是开发职工的能力，激发工作热情。

5. 企业文化是企业统一意志和观念的体现，包括物质文化、制度文化、精神文化、行为文化等方面，精神文化是核心。优秀的企业文化对企业职工会产生强大的凝聚作用、激励作用，对内具有规范功能，对外具有宣传功能。

复 习 思 考 题

1. 基本概念：职位　职位分类　职系　职级　职等　编制定员　任用　录用　劳动合同　考核　岗位培训　晋升线路　辞职　辞退　劳动定额　时间定额　产量定额　劳动组织　劳动保护　劳动保险　工资　奖金　津贴　工资制度　工资形式　等级工资制　岗位工资制　结构工资制　计时工资　计件工资　职工能力　企业文化　物质文化　制度文化　精神文化

2. 劳动人事管理的意义是什么？

3. 劳动人事管理有哪些特点？

4. 企业为什么要进行职位分类？应如何进行？

5. 编制定员有哪些主要方法？这些方法的适应范围如何？

6. 职工任用应坚持哪些原则？

7. 劳动合同有哪些主要内容？

8. 职工考核有哪些主要内容和方法？

9. 职工培训的种类有哪些？

10. 实行奖惩制度应坚持哪些原则？

11. 提高劳动生产率有哪些途径？

12. 劳动定额有哪几种主要的制定方法？各自的适用范围如何？

13. 简述工人工作时间的构成。

14. 劳动组织有什么原则？

15. 什么是企业内部劳务市场？是如何运行的？

16. 为什么要加强劳动纪律？

17. 劳动保护有什么意义?
18. 劳动保险有哪些种类?
19. 国家是如何宏观控制工资总额的?
20. 计件工资有哪几种具体形式?
21. 为什么要实行津贴制度?
22. 职工能力开发有什么意义? 如何激励职工行为?
23. 企业文化有什么特征?
24. 企业文化有什么功能? 如何建设企业文化?
25. 企业文化结构的内容是什么?

第十章　材　料　管　理

建筑材料是建筑产品生产的基本要素之一，材料管理工作为施工生产提供物质保证，也是降低工程成本的重要环节。本章详细介绍建筑企业材料管理工作的基本内容和方法。

第一节　材料管理概述

一、材料管理的含义

（一）物资

建筑企业材料管理工作的对象是材料，而材料是物资的重要组成部分。物资有广义和狭义之分。广义的物资，是物质资料的总称。包括生产资料和生活资料；狭义的物资，主要指生产资料，我国物资管理中的物资，就是指生产资料。

（二）建筑材料

生产资料又分为劳动对象和劳动资料两部分。建筑材料，就是指生产建筑产品所需的各种劳动对象。在建筑企业的实际工作中，习惯上把属于劳动资料的工具、用具、周转材料等归为材料管理的范围。如图 10-1 所示。

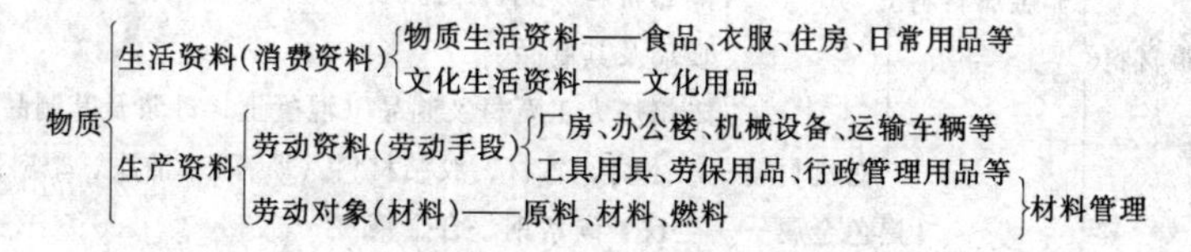

图 10-1　物资构成示意图

（三）材料管理

建筑企业材料管理，指建筑企业对施工生产过程中所需的各种材料的采购、储备、保管、使用等一系列组织和管理工作的总称。材料管理可以分为流通过程的管理和生产过程的管理。流通过程的管理，指材料进入企业之前的管理工作，包括计划、购买、运输、仓储等；生产过程的管理，指材料进入企业后，消耗过程的管理工作，包括保管、发放、使用、退料、回收报废等。

二、材料的分类

建筑业对材料消耗的量很大，房屋建筑工程成本的 70％左右为材料费；建筑用材料有近 80 个大类，3000 多个品种，3 万多个规格，包括冶金、化工、建材、石油、林业、机械、轻工、电子、仪表等 50 多个工农业部门的产品。为管理方便，人们从不同角度进行了分类。

（一）按在施工生产中的作用分类

1. 主要材料

主要材料是指直接用于工程（产品）上，构成工程（产品）实体的各种材料。如砂石材料、硅酸盐材料、钢材、木材等。

2. 结构件

结构件是指事先已经对建筑材料加工，经过安装后能构成工程实体的各种加工件。如金属构件、钢筋混凝土构件、木构件等。

3. 机械配件

机械配件是指维修机械设备所需的各种零件和配件。如曲轴、活塞、轴承等。

4. 周转材料

周转材料是指在施工生产中能多次反复使用，而又基本保持原有形态并逐渐转移其价值的材料。如脚手架、模板、枕木等。

5. 低值易耗品

低值易耗品是指使用期较短或价值较低，达不到固定资产标准的劳动资料。如工具、用具、劳保用品、玻璃器皿等。

6. 其他材料

其他材料是指不构成工程（产品）实体，但有助于工程（产品）实体形成，或便于施工生产进行的各种材料。如燃料、油料等。

（二）按建筑材料物理化学性能分类（图 10-2）

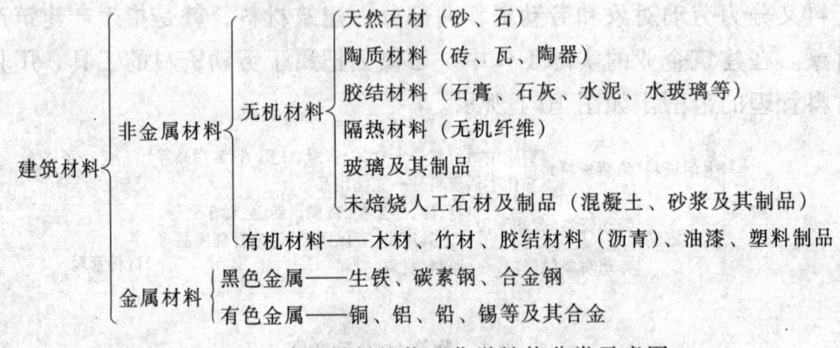

图 10-2　建筑材料按物理化学性能分类示意图

三、材料管理的意义

材料管理是建筑企业经营管理的重要组成部分，在企业生产经营活动中具有十分重要的意义。

（一）材料管理是生产建筑产品的重要物质保证

建筑产品的生产过程，同时也是建筑材料的消耗过程。材料缺货，将影响施工生产的正常进行，甚至导致停工。建筑工程消耗的材料数量多，品种杂，给材料供应工作增加了难度。只有加强材料管理，才能保证施工生产的需要。

（二）材料管理是提高工程质量的重要保障

建筑产品是建筑材料组成的实体，材料的质量，直接影响建筑产品质量。材料管理工作的内容之一，就是要利用各种管理措施，为施工生产提供符合质量要求的建筑材料，从物质上保障工程的质量。

（三）材料管理是降低工程成本的重要手段

材料成本占工程成本的绝大部分，材料费的超支与节余，直接影响工程成本的高低。在材料采购、保管、运输、发放、使用等环节上加强管理，努力减少损耗和浪费，降低材料成本，进而降低工程成本。

（四）材料管理是减少生产经营资金占用，加速资金周转的重要措施

建筑产品生产周期长，材料储备量大，资金占用多。建筑企业在材料上占用的资金，约占全部生产经营资金的一半以上。通过材料管理，在保证施工生产需要的前提下，降低材料储备量，减少储备资金占用，加速资金周转。

（五）材料管理是提高劳动生产率的重要途径

加强材料管理，减少材料多次搬运、再次加工和工程返工等。可避免物质上的浪费、劳动投入，达到提高劳动生产率的目的。

四、材料管理体制

建筑企业材料管理体制，是企业内部各级组织在材料管理工作中，确定管理权限和管理形式的制度。它由供应体制和组织结构组成。

（一）材料供应体制

材料供应体制是指在材料供应工作中，有关各方的权限划分及具体的供应方式。

材料供应的具体方式，大致有以下几种：

1. 建设单位组织供应

建设单位组织供应，即建设单位按照建筑工程施工图预算的材料用量及施工单位有关材料品种、规格、使用时间的计划，将全部材料供应到施工现场。施工单位验收后，凡使用过程中造成的损失和浪费，由施工单位负责。

2. 建设单位和建筑企业分别供应

建设单位和建筑企业签订工程承包合同时，签订材料供应分工协议，明确双方在材料供应中应承担的责任和拥有的权利。施工过程中，双方按照协议明确的分工范围，分别组织材料的供应。

3. 建筑企业供料

建筑企业供料，指由建筑企业组织全部材料的供应，有利于建筑企业对材料统一管理，统一核算，降低材料成本。

4. 物资企业供应

物资企业供应，是将材料供应业务发包给材料公司，由材料公司负责全部材料的供应。

（二）材料组织机构的设置

建筑企业材料管理的组织机构应根据企业组织机构形式和材料供应体制设置。

直线职能制组织机构的企业，一般按照管理层次设置各级材料管理机构和人员。公司设材料部，分公司设材料科，项目经理部设材料组或专职材料管理人员，各班组设兼职领退料员。

矩阵制组织机构的企业，一般按项目设置材料管理机构，公司材料部门只起协调和宏观控制作用。公司材料部门的业务人员深入各项目的材料管理机构，接受项目负责人的领导。各项目的材料管理机构，一般实行集中管理的方式，将供应权集中在项目机构，统一计划、统一采购、统一储备、统一加工、统一供应。

五、材料管理的内容

材料管理可以分为供应过程的管理和使用过程的管理。这两个阶段材料管理的具体工作，就是材料管理的内容。

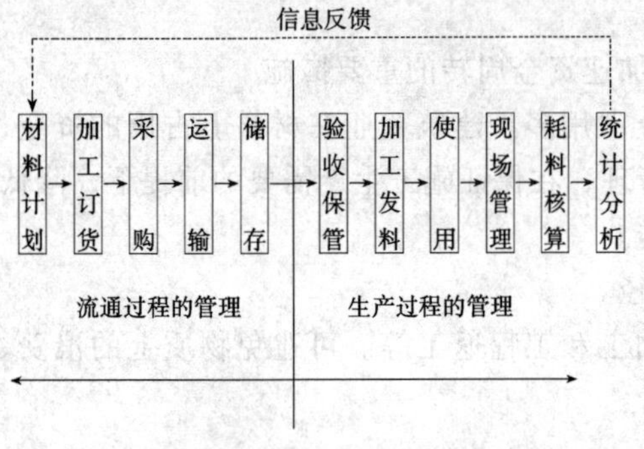

图 10-3 材料管理的内容

材料供应过程管理，又称流通过程的管理。包括材料计划、加工订货、采购、运输、储存等。材料供应管理的目的，是满足施工生产需要，降低材料供应成本。

使用过程的管理，又称生产过程的管理。包括验收保管、加工发料、使用、现场管理、耗料核算、统计分析等工作。使用过程管理的目的是控制消耗量，降低工程成本。

材料管理工作的内容见图 10-3。

第二节 材料消耗定额管理

编制材料计划、组织材料供应、建立材料储备、都需要确定恰当的数量，要求按照定额进行管理。材料定额是材料管理的基础工作。

建筑企业的材料定额，分为材料消耗定额与材料储备定额两大类。

一、材料消耗定额的概念

材料消耗定额，是指在一定条件下，生产单位产品或完成单位工程量，合理消耗材料的数量标准。

材料消耗定额的一定条件是指施工生产技术、工艺、管理水平、材质、工人等因素。要求这些因素处于正常状态，即处于“一定条件”的范围内。

材料消耗定额确定的是完成单位产品（工程量）合理消耗材料的数量标准，即在一定条件下，完成单位产品（工程量）的必要消耗，不含可以避免的浪费或损耗。其次，是合理消耗材料的数量限额。

二、材料消耗定额的作用

材料消耗定额在材料计划、运输、供应、使用等工作中有着重要作用。主要表现在：

（一）是编制材料计划的基础

编制材料计划，必须清楚工程所需各种材料的数量，才能有的放矢地开展工作。施工生产中所需材料的数量，是根据实物工程量和材料消耗定额计算出来的。离开了材料消耗定额，材料计划也就失去了标准和依据。

（二）是控制材料消耗的依据

为了控制材料消耗，建筑企业普遍实行限额用料制度。各种材料的用料限额，由材料消耗定额确定。材料消耗定额是经过多次测算制定，代表了企业材料消耗的平均水平。可以保证在合理的消耗范围内用料。

（三）是推行经济责任制的重要条件

实行经济责任制的重要内容之一，是要确定耗用材料的经济责任。依据材料消耗定额计算工程材料需用量，作为材料消耗的标准，根据承包者耗用材料的节超情况，分别奖励或惩罚。

（四）是加强经济核算的基础

材料核算是建筑企业经济核算的主要内容之一。材料核算中必须以材料消耗定额作为标准，分析工程施工实际材料耗用水平。材料成本的节约或超支情况，找到降低材料成本的途径。

（五）是提高经营管理水平的重要手段

材料消耗定额是建筑企业经营管理的基础工作之一。通过材料消耗定额的管理，促使企业有关部门研究物资管理工作，改善施工组织方法，改进操作技术，提高企业的经营管理水平。

三、材料消耗定额的分类

（一）按用途分类

1. 材料消耗概算定额　指在设计资料不齐全，有较多不定因素的条件下，用以估算建筑工程所需材料数量的定额。材料消耗概算定额、劳动概算定额、机械台班概算定额组成建筑工程概算定额。

材料消耗概算定额，主要用于估算建筑工程的材料需用量，为编制材料备料计划提供依据。材料消耗概算定额主要有以下几种。

（1）万元产值材料消耗定额（简称万元定额）　即每万元施工产值材料消耗的数量标准。它按一定的统计期完成的施工产值和消耗的必要材料数量，经平均计算得到。公式如下：

$$\frac{\text{每万元施工产值}}{\text{某种材料消耗定额}}=\frac{\text{统计期该种材料的总消耗量}}{\text{统计期完成的施工产值}}$$

测定万元定额时，因工程类型各异，每万元施工产值消耗的材料差异较大。使用万元定额时，应分析实际工程的类型，选用相应的定额。此外，还应分析建筑产品价格变动情况，根据变动幅度，对万元定额加以修正。

（2）单位建筑面积材料消耗定额（简称平方米定额）　即每平方米建筑面积材料消耗的数量标准。它是一定统计期竣工工程材料的消耗量和竣工工程面积的比值。公式如下：

$$\frac{\text{每平方米某种材料}}{\text{的消耗定额}}=\frac{\text{统计期竣工工程该种材料的总消耗量}}{\text{统计期竣工工程面积}}$$

建筑工程结构类型不同，所消耗材料的数量不同。因此，测定平方米定额必须区分工程的结构类型，分别制定。平方米定额和万元定额相比较，因不受价格变动的影响，较为准确。但是，平方米定额受施工工艺、材料品种、设计标准变化的影响。使用时仍需根据变化的情况对定额加以调整，才能保证准确、适用。

（3）分部分项工程实物工程量材料消耗综合定额　即单位分部分项工程实物工程量所消耗材料的数量标准。这种定额一般也按照统计资料测算。公式如下：

$$\frac{\text{某分部（分项）工程}}{\text{某种材料消耗定额}}=\frac{\text{统计期该分部（分项）工程消耗该种材料的数量}}{\text{统计期该分部（分项）工程的实物工程量}}$$

分部分项工程实物工程量定额比平方米定额更详细一些，接近于预算定额，只是项目划分得综合一些。

2. 材料消耗预算定额　是由各地方政府主管部门统一制定。用以计算建筑商品价格的定额。材料消耗预算定额是建筑工程预算定额的组成部分。

材料消耗预算定额，反映各地区材料消耗的社会平均水平，具有“统一标准”的作用；是甲乙双方结算材料价款的依据。各单位在使用中，不得更改（有规定的除外）。预算定额确定某一地区社会平均消耗水平，制定时必须依据现行设计标准、设计规范、标准图纸、施工验收规范、质量检验评定标准、操作规程、合理的施工组织设计、施工条件、当地消耗水平等因素，经反复测算后确定。预算定额测定颁发后，只能由颁发单位统一组织修订。材料消耗预算定额一般以分部分项工程为对象确定材料的消耗量。

预算定额主要用于编制施工图预算。如果企业用以编制材料计划，供内部施工生产使用，则可根据实际需要调整。

3. 材料消耗施工定额　是建筑企业内部编制材料计划，限额发料的定额。材料消耗施工定额是建筑工程施工定额的组成部分，是由建筑企业自行编制的材料消耗的数量标准。它是建筑企业管理标准的组成部分。

材料消耗施工定额和预算定额相近，但又有所区别。主要区别是：

(1) 施工定额由企业自行制定，适用于企业内部；预算定额由各地政府主管部门制定，适用于一个地区。

(2) 施工定额按本企业实际的施工条件和生产经营管理水平编制。而预算定额按地区社会平均水平编制。

(3) 施工定额的项目接近操作程序，项目划分一般较细，预算定额重在定价，项目划分一般综合些。

(4) 施工定额主要是材料消耗的实物量，而预算定额强调实物量和价值量的统一。

对建筑企业而言，预算定额决定企业的收入，施工定额是企业计划支出的标准。所以，施工定额的水平必须高于预算定额的水平，即施工定额的材料消耗量应低于预算定额的材料消耗量。

(二) 按材料分类

1. 主要材料（结构件）消耗定额　主要材料和结构件直接构成工程实体，一次性消耗。定额由净用量加一定损耗构成。

2. 其他材料消耗定额　其他材料是建筑产品生产的辅助材料，不直接构成工程实体。其用量较少，但品种多而复杂，一般通过主要材料间接确定，在预算定额中常不列出品种，而只列出其他材料费。

3. 周转材料（低值易耗品）消耗定额　周转材料和低值易耗品可以多次使用，逐渐消耗并转移价值。在定额中，周转材料只列每周转一次的摊销量。使用周转材料消耗定额时，必须注意这个特点。

(三) 按范围分类

1. 建筑工程材料消耗定额　指建筑企业施工用材料的定额。倒如材料消耗概算定额、预算定额、施工定额都属于这一类，是材料管理工作的主要定额。

2. 附属生产材料消耗定额　指建筑企业所属附属企业生产的材料消耗定额。附属企业的生产活动属于工业生产，与施工活动的性质不同，需另外确定消耗定额。

3. 维修用材料消耗定额　指建筑企业生产经营活动中，为保证设备等固定资产正常动转，在维修时消耗各种材料的定额。

四、材料消耗定额的构成

为了清楚材料消耗定额的构成，首先应清楚材料消耗的构成。

（一）材料消耗的构成

建筑工程的材料消耗一般由有效消耗、工艺损耗和管理损耗三部分组成。

1. 有效消耗　指构成工程实体的材料净用量。

2. 工艺损耗　指由于工艺原因，在施工准备过程和施工过程中发生的损耗。工艺损耗又称施工损耗，包括操作损耗、余料损耗和废品损耗。

3. 管理损耗　指由于管理原因，在材料管理过程中发生的损耗，又叫非工艺损耗。包括运输损耗、仓库保管损耗等。

材料消耗构成见图10-4。

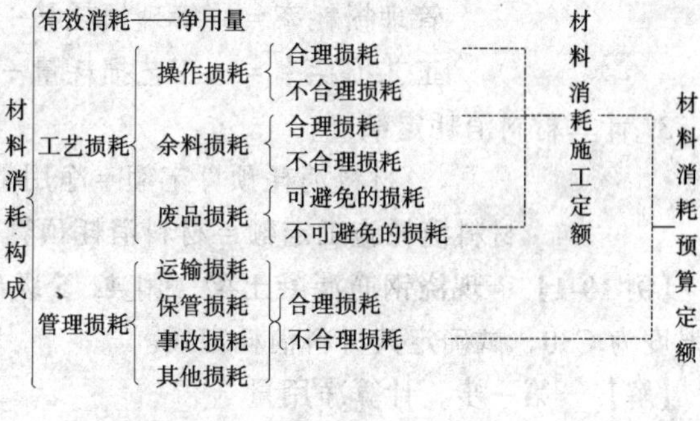

图10-4　材料消耗构成示意图

（二）材料消耗定额的构成

材料消耗定额的实质，就是材料消耗量的限额。一般由有效消耗和合理损耗组成。材料消耗定额的有效消耗部分是固定的，所不同的只是合理损耗部分。

1. 材料消耗施工定额的构成，见下式：

材料消耗施工定额＝有效消耗＋合理的工艺损耗

材料消耗施工定额主要用于企业内部施工现场的材料耗用管理，因而一般不包括管理损耗。当然，这也不是绝对的。随着材料使用单位（工程承包单位）承包范围的扩大，材料消耗施工定额则应包含相应的管理损耗。

2. 材料消耗预（概）算定额的构成

$$\text{材料消耗预（概）算定额} = \text{有效消耗} + \text{合理的工艺损耗} + \text{合理的管理损耗}$$

材料消耗预（概）算定额是地区的社会平均消耗标准，反映建筑企业完成建筑产品生产全过程的材料消耗平均水平。建筑产品生产的全过程，涉及各项管理活动，材料消耗预（概）算定额不仅应包括有效消耗与工艺损耗，还包括管理损耗。

五、材料消耗定额的编制方法

材料消耗定额的制定，包括定质和定量。定质，即确定技术上可靠、经济上合理的施工项目所需材料的品种、规格、质量；定量，即正确测算材料消耗量，确定材料消耗的数量标准。定量是制定材料消耗定额的关键。

材料消耗定额由净用量和损耗量两部分构成。编制定额，就是确定这两部分合理的数量。

（一）技术分析法

技术分析法指根据施工图纸、设计资料、施工规范、工艺流程、设备要求、材料品种、规格等资料，采用一定方法计算材料消耗量的方法。步骤如下：

1. 计算净用量

净用量是组成材料消耗定额的主要内容，一般有两种确定方法：

(1) 分项工程只有一种主要材料，如铝合金门窗制作、安装玻璃窗等，可以直接根据施工图纸计算净用量。

(2) 分项工程由多种材料构成，如砌砖工程、混凝土工程，应先确定各种主要材料的比例，然后根据施工图纸和主要材料比例计算其净用量。

2. 确定损耗率

根据施工工艺、施工规范、材料质量、设备要求、历史资料和管理水平测算损耗率。

管理损耗率 = （管理损耗量 ÷ 消耗总量）× 100%

工艺损耗率 = （工艺损耗量 ÷ 消耗总量）× 100%

3. 计算材料消耗定额

材料消耗预算定额 = 净用量 ÷ （1 - 损耗率）

材料消耗施工定额 = 材料消耗预算定额 × （1 - 管理损耗率）

【例 10-1】 现浇钢筋混凝土梁，用 42.5 级硅酸盐水泥、5～40mm 碎石，要求混凝土强度为 C30，试确定其材料消耗定额。

【解】 第一步，计算净用量

浇注 $1m^3$ 梁的混凝土净用量为 $1m^3$。根据技术要求知 C30 混凝土材料配合比为：42.5 的水泥 366kg、河砂 635kg、碎石 1178kg。

第二步，确定损耗率

根据有关资料得知，现浇混凝土梁的工艺损耗率为 1.2%，水泥管理损耗率为 1.3%，河砂管理损耗率为 1.5%，碎石管理损耗率为 3%。

第三步，计算混凝土梁的材料消耗预算定额

混凝土净用量 = 1/（1 - 1.2%）= 1.012 (m^3)

42.5 水泥定额用量 = 366 × 1.012/（1 - 1.3%）= 375.27 (kg)

河砂定额用量 = 635 × 1.012/（1 - 1.5%）= 652.41 (kg)

碎石定额用量 = 1178 × 1.012/（1 - 3%）= 1229.01 (kg)

第四步，计算混凝土梁的材料消耗施工定额

42.5 水泥定额量 = 375.27 × （1 - 1.3%）= 370.39 (kg)

河砂定额量 = 652.41 × （1 - 1.5%）= 642.62 (kg)

碎石定额量 = 1229.01 × （1 - 3%）= 1192.13 (kg)

(二) 标准试验法

指在试验室用专门仪器设备测试确定材料消耗量的方法。在标准条件下，试验确定的材料消耗量还应按实际条件进行修正。此法适用于砂浆、混凝土、沥青柔性防水屋面等复合材料消耗量的测定。

(三) 经验估计法

指制定定额的人员，参考有关资料，结合现场实际情况，凭经验估计材料消耗量的方法。这种方法简便易行，但准确性差，适合于一次性定额制定。

(四) 统计分析法

指通过分部分项工程材料消耗的统计资料分析，确定材料消耗量的方法。它注重实际消耗水平，不需理论计算。但应尽量避免偶然因素的影响，方能先进合理。

（五）实地测定法

指在一定技术、组织和技术熟练工人操作条件下，通过对实地观察、记录、测定的资料进行分析整理，确定材料消耗量的方法。实地观察，可克服偶然因素的影响，但工作量很大，既费时间，还受测定条件制约。

六、材料消耗定额的管理

材料消耗定额管理是一项重要的技术经济业务工作，不仅影响建筑施工生产的技术经济效果，还会在国民经济范围内引起资源分配的连锁反应。加强材料消耗定额管理工作，应做好以下工作：

（一）配备好材料消耗定额管理人员

材料消耗定额制定后，还应配备人员负责定额解释和业务指导；经常检查定额使用情况，发现问题，及时纠正；做好定额考核工作；收集积累有关定额资料，以便修订调整定额。

（二）正确使用材料消耗定额

使用材料消耗定额受下述因素影响：

1. 工程项目设计要求　当工程项目设计要求与材料消耗定额规定不符时（如抹灰设计厚度为20mm，抹灰定额中规定厚度为18mm），材料消耗量应作增加或减少的调整。

2. 使用材料的质量　实际使用材料的规格、型号等若与定额不同，要进行换算。

3. 工程内容及工艺要求　实际工程内容和工艺要求与定额不同，需要材料数量也不相同，应进行换算。

（三）做好材料消耗定额的制定和补充工作

建筑企业材料消耗定额的制定和补充工作应落实到职能部门，将其作为该职能部门的正常业务工作。这要求有关人员熟悉和研究材料消耗定额的编制原则和方法，对不能满足实际要求的材料消耗定额进行定期修订和补充。

（四）做好材料消耗定额考核工作

加强材料消耗定额考核，可以弄清材料耗用的经济效益。建筑企业要以分部分项工程为主，以限额领料单为依据，考核材料节约或超支情况。主要指标有：

$$\text{某种材料节约量} = \text{定额消耗总量} - \text{实际消耗总量}$$

$$\text{某种材料节约额} = \text{某种材料节约量} \times \text{该种材料单价}$$

$$\text{某种材料节约率（\%）} = \frac{\text{某种材料节约量（或节约额）}}{\text{某种材料定额消耗总量（或消耗总额）}} \times 100\%$$

为综合考核企业材料消耗情况，可对全部材料节超额或节超率进行考核。

第三节　材　料　计　划

一、材料计划的概念

材料计划是对建筑企业所需材料的质量、品种、规格、数量等在时间和空间上作出的统筹安排。

材料计划确定建筑企业在一定时期内材料工作应达到的目标，是企业材料部门的行动纲领，对组织材料供应，提高企业经济效益，具有十分重要的作用。

二、材料计划的种类

(一) 按用途分类

1. 材料需用计划 (简称用料计划)

材料需用计划反映建筑企业生产经营活动计划需用材料的数量等。包括需用材料的数量、品种、规格、时间等。材料需用计划是编制其他材料计划的基础。

2. 材料供应计划 (简称供应计划)

材料供应计划指根据材料需用计划,库存资源和合理储备等条件,经综合平衡后制定的,指导材料申请、订货、采购等活动的计划。它是材料部门组织供应材料应达到的目标。

3. 材料订货计划 (也称订货明细表)

材料订货计划为采购人员向市场采购材料而编制的计划。

4. 材料采购计划 (简称采购计划)

材料采购计划指为保证年度施工生产任务的完成而编制的材料计划。年度材料计划是年度综合计划的重要组成部分。

5. 材料加工计划

材料加工计划指为与加工单位签订加工合同而编制的计划。

6. 材料运输计划

材料运输计划指为组织材料运输工作而编制的计划。

各种计划间的关系如图 10-5 所示。

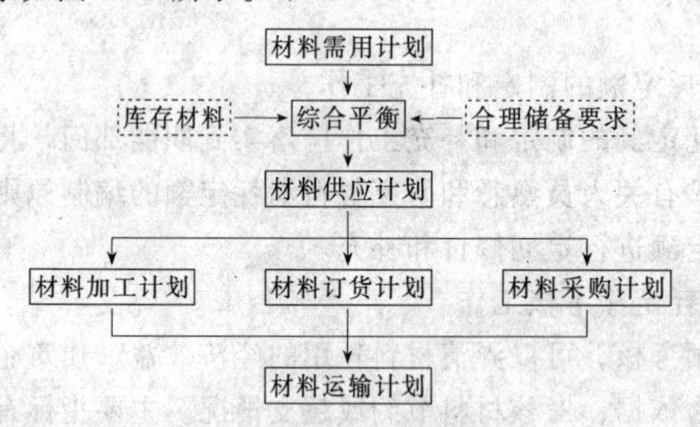

图 10-5 各种材料计划的关系示意图

(二) 按使用方法分

1. 生产用材料计划

生产用材料计划指为完成生产任务而编制的材料计划。包括附属辅助生产用材料计划、经营维修用材料计划。

2. 基本建设用材料计划

基本建设用材料计划指为完成基本建设任务而编制的材料计划。包括对外承包工程用材料计划、企业自身基本建设用材料计划。

(三) 按计划期分

1. 年度材料计划

年度材料计划指为保证年度施工生产任务的完成而编制的材料计划。年度材料计划是年度综合计划的重要组成部分。

2. 季度材料计划

季度材料计划指为保证季度施工生产任务而编制的材料计划。它是年度材料计划在某季度的体现。

3. 月（旬）材料计划

月（旬）材料计划指为保证月（旬）度施工生产任务而编制的材料计划。它是年（季）材料计划的具体实施计划，同时也是月（旬）施工作业计划的组成部分。

（四）按供货渠道分

1. 物资企业供料计划

由物资企业负责供应的材料，企业编制需用计划，直接向物资企业要求供应。

2. 建设单位供料计划

按签订工程合同时的分工，凡属建设单位供应的材料，由建筑企业根据施工进度编制需用计划，要求对方按需求供应。

3. 建筑企业自供料计划

凡按工程合同分工属于建筑企业自己组织供应的材料，按要求分别编制相应的需用、供应、采购等计划。

三、材料需用计划的编制

材料需用计划一般按材料使用方向编制。分为建筑工程材料需用计划、经营维修材料需用计划、技术改造材料需用计划、脚手架及工具性材料需用计划等。下面主要介绍建筑工程材料需用计划（简称工程用料计划）的编制。

主要有以下几种方法：

（一）直接计算法

直接计算法，也就是预算法，即按预算的编制程序分析工程的材料需用量。首先，按施工图纸和定额规定计算出工程量，然后套用材料消耗定额进行材料分析，汇总形成各单位工程材料需用计划；再按施工进度计划确定各计划期需用量及品种等。

直接计算法的一般公式是

某种材料计划需用量=计划建筑安装工程实物工程量×某种材料消耗定额

式中计划建筑安装工程实物工程量是按预算方法计算的在计划期应完成的分部分项工程实物工程量；材料消耗定额应根据计划的用途，分别选用预算定额或施工定额。

材料需用计划编制程序如图10-6所示。

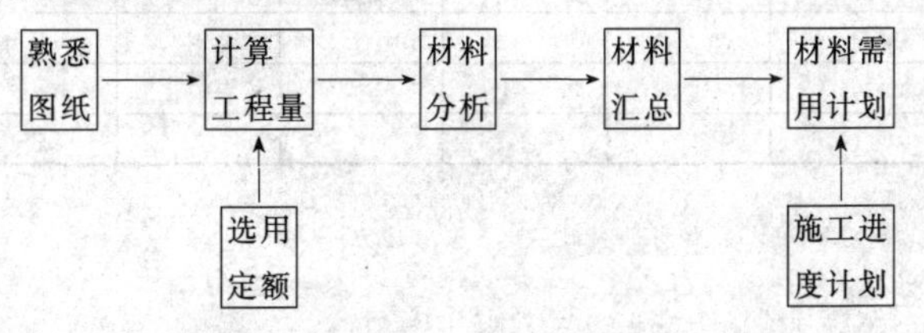

图10-6　材料需用计划的编制程序示意图

在编制材料需用计划时，材料分析以前的工作和预算完全一样。下面示意基本过程，说明各表的编制方法。

1. 材料分析表的编制

根据计算出的工程量，套用材料消耗定额分析出各分部分项工程的材料用量及规格。材料分析表如表10-1所示。

材料分析表 **表 10-1**

工程名称：

编制单位： 编制日期：

序号	分部分项工程名称	工程量		材料名称、规格、数量						
		单位	数量							

审核 编制 共 页第 页

2．材料汇总表的编制

将材料分析表中的各种材料，按建设项目和单位工程汇总即可。表格形式如表 10-2 所示。

材料汇总表 **表 10-2**

编制单位： 编制日期：

序号	建设项目	单位工程	材料汇总				
			水泥	水泥	红砖	钢筋	……
			32.5 级	42.5 级	标砖	$\phi 8$	……

3．材料需用量计划表的编制

将材料汇总表中各项目的材料，按进度计划的要求分摊到各使用期。表格形式见表 10-3。

材料需用量计划表 **表 10-3**

编制单位： 编制日期：

序号	项目名称	材料计划				各期用量			
		名称	规格	单位	数量				
	××工程								
	××工程								
	××工程								

共 页 第 页

（二）间接计算法

间接计算法即是概算法。当工程任务已经落实，但设计资料不全的情况下，为提前备料提供依据而采用的计划方法。

1．概算定额法

概算定额法是利用概算定额编制需用计划的方法。根据概算定额的类别不同，主要有以下几种。

（1）用平方米定额计算。公式如下：

$$\frac{\text{某种材料}}{\text{需用量}}=\frac{\text{建筑}}{\text{面积}}\times\frac{\text{同类工程某种材料}}{\text{平方米消耗定额}}\times\frac{\text{调整}}{\text{系数}}$$

此方法适用于已知工程结构类型和建筑面积的工程项目。

（2）用万元定额计算。公式如下：

$$\frac{\text{某种材料}}{\text{需用量}}=\frac{\text{工程项目计}}{\text{划总投资}}\times\frac{\text{同类工程项目万元}}{\text{产值材料消耗定额}}\times\frac{\text{调整}}{\text{系数}}$$

此方法适用于只知道计划投资总额的项目。

2．动态分析法

动态分析法是利用材料消耗的统计资料，分析变化规律，根据计划任务量估算材料计划需用量的方法。多数预测方法都可用于动态分析法。实际工作中，常按简单的比例法推算。公式如下：

$$\frac{\text{某种材料计}}{\text{划需用量}}=\frac{\text{计划期任务量}}{\text{上期完成任务量}}\times\frac{\text{上期该种材}}{\text{料消耗量}}\times\frac{\text{调整}}{\text{系数}}$$

式中任务量可以用价值指标，也可以用实物指标表示。

3．类比分析法

对于既无消耗定额，又无历史统计资料的工程，可用类似工程的消耗定额进行推算。即用类似工程的消耗定额间接推算。公式如下：

$$\frac{\text{某种材料计}}{\text{划需用量}}=\frac{\text{计划工}}{\text{程量}}\times\frac{\text{类似工程材料}}{\text{消耗定额}}\times\frac{\text{调整}}{\text{系数}}$$

四、材料供应计划的编制

（一）计算供应量

材料供应计划是在需用计划的基础上，根据库存资源及储备要求，经综合平衡计算材料实际供应量的计划，它是企业组织材料采购、加工订货、运输的指南。

材料供应量的计算公式如下：

$$\frac{\text{材料供}}{\text{应量}}=\frac{\text{材料需}}{\text{用量}}-\frac{\text{期初库}}{\text{存量}}+\frac{\text{期末}}{\text{储备量}}$$

$$\frac{\text{期初库}}{\text{存量}}=\frac{\text{编制计划时}}{\text{的实库存量}}+\frac{\text{至期初的预}}{\text{计到货量}}-\frac{\text{至期初的预}}{\text{计消耗量}}$$

$$\text{期末储备量}=\text{经常储备}+\text{保险储备}$$

或 $$\text{期末储备量}=\text{经常储备}+\text{保险储备}+\text{季节储备}$$

上式中，经常储备、保险储备、季节储备在“材料储备管理”中介绍。

【例 10-2】 2002 年 11 月 30 日编次年材料供应计划，有关资料见表 10-4。

材料供应计划平衡表 **表 10-4**

序号	材料名称	单位	现有库存	预计期收支		期初库存量	期末储备量			计划	
				进货	消耗		经常	保险	合计	需用量	供应量
1	×材料	t	20	25	21	(24)	18.21	4.97	(23.18)	205	(204.18)
	……										

【解】 期初库存量＝实际库存＋预计进货量－预计消耗量

＝20＋15－21

＝24（t）

期末储备量 = 经常储备 + 保险储备

$= 18.21 + 4.97 = 23.18$（t）

材料计划供应量 = 计划需用量 − 期初库存量 + 期末储备量

$= 205 - 24 + 23.18 = 204.18$（t）

计算出材料供应量，只完成了材料供应计划的第一步工作，应根据企业实际情况制定具体供应措施，才能构成完整的供应计划。

（二）制定供应措施

1. 划分供应渠道

按照材料管理体制，将所需供应的材料分为物资企业供应材料、建筑企业自供材料，以及由企业内部挖潜、自制、改代的材料等。划分供应渠道的目的，是为下面编制订货、采购等计划提供依据。

2. 确定供应进度

计划期供应的材料，不可能一次进货。应根据施工进度与合理的储备定额，确定进货的批量及具体时间。

【例 10-3】 利用例 10-2 提供的资料确定供应进度。

【解】 第一步：根据经常储备定额计算供应次数（N）及供应间隔期（T_g）

$$N = \frac{204.18}{18.21} \approx 11 \text{（次）}$$

$$T_g = \frac{360}{11} \approx 33 \text{（天）}$$

第二步：确定供应进度。按供应间隔期（T_g）直接推算日历时间即可。以 2 月 2 日第一次进货，33 天为供应间隔期，则供应进度应为 2 月 2 日、3 月 7 日、4 月 9 日、5 月 12 日、6 月 14 日、7 月 17 日、8 月 19 日、9 月 21 日、10 月 24 日、11 月 26 日、12 月 29 日。每批进货量为 18.21t。

以上算法，仅是一种理论算法，实际工作中往往近似取整数进货。如例 10-3，应取每批进货 18.5t，此时同样满足供应需要，因为每批 18.5t，11 次共供应 203.5t，接近计划供应量 204.18t。因四舍五入不能保证 11 次供应总量就是计划供应总量，接近即可。

材料供应计划的表格形式见表 10-5。

×××材料供应计划表　　　　表 10-5

编制单位：　　　　编制日期：

材料名称	规格型号	计量单位	期初预计库存	计划需用量						期末库存量	计划供应量								
				合计	其中						合计	其中					小计	其中	
					工程用料	经营维修	周转材料	机械制造				物资企业	市场采购	挖潜改代	加工自制	其他		第一次	第二次

共　页第　页

五、材料加工订货、采购计划的编制

材料供应计划所列各种材料，需按订购方式分别编制加工订货计划、采购计划。

（一）材料采购计划的编制

凡可在市场直接采购的材料，均应编制采购计划，以指导采购工作的进行。这部分材料品种多，数量大，规格杂，供应渠道多，价格不稳定，没有固定的编制方法。主要通过计划控制采购材料的数量、规格、时间等。材料采购计划表 10-6 的格式供参考。

材料采购计划 **表 10-6**

工程名称：
编制单位：
编制日期：

材料名称	规格	单位	采购数量	供应进度					采购进度				
				第一次	第二次				第一次	第二次			

表中供应进度按供应进度计划的要求填写，采购进度应在供应进度之前。包括办理购买手续、运输、验收入库等所需的时间，即供货所需时间。

（二）材料加工订货计划的编制

凡需与供货单位签订加工订货合同的材料，都应编制加工订货计划。

加工订货计划的具体形式是订货明细表。它由供货单位根据材料的特性确定，计划内容主要有：材料名称、规格、型号、技术要求、质量标准、数量、交货时间、供货方式、到达地点及收货单位的地址、账号等，有时还包括必要的技术图纸或说明资料。有的供货单位以订货合同代替订货明细表。

订货单位按表格要求及企业供应计划等资料，一一填定。编制时，应特别注意规格、型号、质量、数量、供货方式及时间等内容，必须和企业的材料需用计划、材料供应计划相吻合。

第四节　材料采购与运输

一、材料采购

材料采购是为满足企业所需材料的一种经济活动。它包括各类期货材料的加工、订货，日常采购等组织货源的业务工作。

（一）材料采购的原则

1. 遵纪守法的原则

材料采购工作，应执行国家的政策，遵守物资管理工作的法规、法令和制度，自觉维护国家物资管理秩序。

2. 以需定购的原则

材料采购目的，是满足施工生产需要。必须坚持按需订货的原则，避免供需脱节或库存积压的发生。应按需用计划编制供应计划，按供应计划编制加工订货、采购计划，按计划组织采购活动。

3. 择优选择的原则

材料采购的另一个目标，是加强材料成本核算，降低材料成本。在采购时应比质、比价、比供应条件，经综合分析、对比、评价后择优选择供货，实现降低材料采购成本目标。

4. 恪守信誉的原则

材料采购工作是企业经营活动的重要组成部分，体现了企业供应业务和外部环境的经济关系，显示了企业信誉水平。材料采购部门和业务人员应做到信守合同、恪守诺言，提高企业的信誉。

（二）影响材料采购的因素

随着市场的变化、企业施工生产和管理方法的变化，使材料采购受到企业内外诸多因素影响，在组织材料采购时，应综合各方面的因素，力求企业利益最大化。

1. 企业外部因素的影响

（1）货源因素

企业所需材料的货源大致可分为生产厂家、物资流通公司、商业部门三类。各类货源的价格、品种、规格、保证能力不同，必然影响企业材料采购。

（2）供货方信誉因素

供货方在时间、品种、质量、服务上能否保证企业需求，直接影响企业材料采购计划的完成。

（3）市场供求因素

市场供求状态、政策、价格等市场行情会影响采购决策。

2. 企业内部因素的影响

（1）施工生产因素

工程项目设计变更、施工进度计划调整会引起材料需用量变化，这要求调整材料采购计划。

（2）仓储能力因素

仓储能力直接限制采购批量和供应间隔时间。

（3）资金因素

采购批量依据材料需用量和经济订购批量确定，但采购资金的限制也将迫使企业调整采购批量。

除上述因素外，采购人员素质、材料质量等对材料采购也有影响。

（三）材料采购管理制度

材料采购管理制度是材料采购过程采购权的划分和相关工作的规定。采购权原则上应集中在企业决策层。在具体实施时，分别处理。

1. 集中采购管理制度

集中采购，是由企业统一采购材料，通过企业内部材料市场分别向施工项目供应材料。它有利于对材料的指导、控制、统一决策、统筹采购资金、获得材料折扣优惠，降低材料采购成本，但因施工项目分散，难管理，不能发挥就地采购优势。

2. 分散采购制度

分散采购是由施工项目自行组织采购。它能发挥项目部的积极性，因地制宜，适应现场情况变化，但不能发挥集中采购的诸多优势。

3. 混合采购制度

混合采购是对通用材料、大宗材料由企业统一管理，特殊、零星材料分散采购。它汇集了集中采购和分散采购的优点，避其不足，是一种较成熟的采购制度。

（四）材料采购方式

1. 合同订购

对于消耗量大，须提前订货的材料，一般先签订购销合同，确定供需关系，保证供应。

2. 自由选购

市场上随时都能购买到的材料，需方可在市场或生产厂家中自由选购。

3. 委托代购

企业采购力量不足，可以委托代理商代购所需材料，并付一定的代购费。代理商可以代购、代销、代加工、代办运输和调剂物资。

4. 加工订购

如果企业所需材料市场无货源供应，规格特殊，需要委托外单位按要求加工而获得材料的一种订购方式。包括带料加工、成品改制、加工订货等方式。

5. 联营订货

对于消耗量特别大，需求稳定的材料，可以向生产厂家投资联营，包销部分产品，从而使企业拥有稳定的货源。

6. 租赁

对于工具用具、周转材料等可与租赁公司签订租赁合同，支付一定租金后取得这些材料的使用权。

（五）材料采购决策

为保证供应，采购到优质优价的材料，应进行科学的采购决策。包括决定：供货单位、订购时间、订购批量等。

1. 供货单位选择

供货单位选择是保证供应，降低采购成本的重要环节。选择供货单位必须广泛调查研究，最好编制供应单位一览表，以供决策。参见表 10-7。

供应单位一览表 **表 10-7**

材料名称： 编制日期：

序号	供应单位	供应单位地址	产品质量	产品价格	运费	其他费用	货源数量	信用情况	服务措施

（1）选择标准

1）质量适当 供货单位供应的材质必须符合设计要求，还需供货单位有完整的质量保证体系保证材质稳定。应注意不能仅靠样品判定材质，还应从库房中、所供货物随机抽查。

2）成本低 在质量符合要求的前提下，应选择成本低的供货单位。即从买价、包装、运输、保管费等费用综合分析后选择供货单位。

3）服务质量好　除了质量、价格外，供应单位的服务质量也是一条重要的选择标准。服务质量包括信誉程度、交货情况、售后服务等。

4）其他　如企业的资金能力、供应单位要求的付款方式等。

（2）选择方法

1）直观判断法　通过调查、询问、征求意见后，综合分析判断、确定供货单位。

2）综合评分法　将各项选择标准，按重要程度规定权数，对各项选择标准打分后进行加权平均，以最后得分作为选择依据。

【例 10-4】　三 A 建筑公司对三个供货单位进行评定。选择了质量、价格、合同完成率作为评定标准，评分权数分别为 40%、35%、25%。根据上期供货情况（见表 10-8），选择下一期的供货单位。

表 10-8

供应单位	产品质量		单价（元/件）	合同完成情况		备注
	实收数量（件）	合格数量（件）		应交货（件）	实交货（件）	
A	25000	24000	8.30	26000	25000	少交 1000 件
B	20000	19600	8.60	20500	20000	少交 500 件
C	23000	21620	8.50	24500	23000	少交 1500 件

【解】　列表计算各项指标得分。其中，质量以合格率打分；单价以最低为满分，其他按比例计算；合同按完成率打分，见表 10-9。

表 10-9

供应单位	产品质量		单　价		合同情况	
	合格率	得分	比值	得分	完成率	得分
A	0.96	96	1.00	100	0.96	96
B	0.98	98	0.98	98	0.98	98
C	0.94	94	0.99	99	0.94	94

计算各供应单位的最后得分：

据表 10-9 计算

A：$96\times0.40+100\times0.35+96\times0.25=97.4$

B：$98\times0.40+98\times0.35+98\times0.25=98.0$

C：$94\times0.40+99\times0.35+94\times0.25=95.8$

从上述计算结果知：*B* 单位得分最高，应选择 *B* 单位作为供应单位。

3）采购成本比较法　在材质符合要求等其他条件相同的情况下，比较材料成本，以最低者为供货单位。材料采购成本包括原价（买价）、运杂费、采购保管费等，决策时应将各项费用加总比较，不应只看原价的高低。

4）招标法　当采购数量大，供货单位多时，可采用招标方法选择供货单位。具体做法是：采购单位提出招标条件（材料品种、规格、数量、质量、供货时间、供货方式、付款方式等），各供货单位投标，然后由采购单位评标、定标、选中供货单位，签订合同。

5）协商选择法　采购单位选择几家条件较好的供货单位，分别与其协商，根据协商的条件，选择一家较满意的作为供货单位。

2．选择订购时间和订购批量

选择的订购时间、订购批量，直接影响材料供应计划的顺利完成。

订购时间、订购批量与库存量有直接关系。订购时间早了或订购批量大了，会造成库存积压；订购时间迟了或订购批量小了，则会导致供应中断。

(1) 订购时间选择的方法

1) 定量订购法　指库存材料降低到一定量时，就组织订购的方法。这种方法的订购批量固定不变；订购时间随仓库消耗情况确定，只要库存降到一定数量就立即组织订购。

组织订购时的库存量称为订购点库存量，简称订购点。如图 10-7 所示。

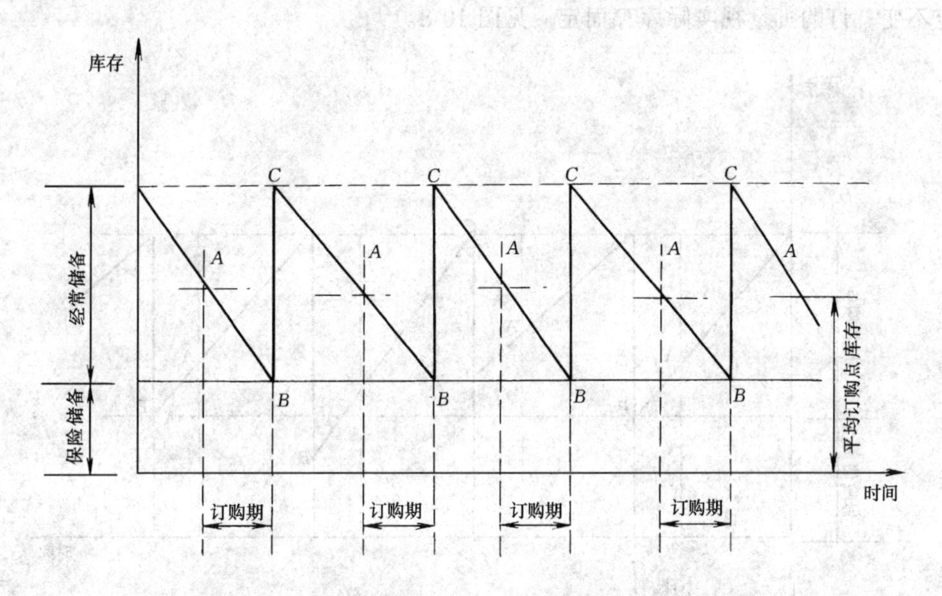

图 10-7　定量订购示意图

从图 10-7 可知，随着生产的进行，库存材料逐渐消耗，当达到订购点 A 时，就立即以经常储备为批量组织订货，所购材料在 B 点时到货入库。此时库存又升至最高储备 C 点。此后照此循环。

订购点由订购期内的材料消耗量和保险储备量组成。公式如下：

$$C_d = T_d \cdot H_r + C_b$$

式中　C_d——订购点库存量；

T_d——订购期；

H_r——平均日耗量；

C_b——保险储备。

其中，平均日耗量（H_r）及保险储备（C_b）在本章第五节材料储备定额中介绍。订购期指提出订货至到货的时间，即临时订货所需时间。包括办理订货手续、运输、加工、验收入库等所需的时间。

【例 10-5】　某工程水泥的年需用量 2050t，保险储备 49.7t。现设订购期为 8 天，试确定订购点。

【解】　将已知的条件代入公式，得

$$C_d = 8 \times \frac{2050}{360} + 49.7$$
$$= 95.26(t)$$

即当库存达到95.26t时应提出订货。

材料实际消耗的速度并不均匀。订购点是按平均消耗量（平均速度）计算得，有可能出现提前到货或误期的现象。实际工作中，应根据材料消耗速度的变化，修正订购点。

2）定期订购法　指按固定的时间间隔订货的方法。采用这种方法的订购时间和周期固定不变；订购批量视实际库存而定。见图10-8。

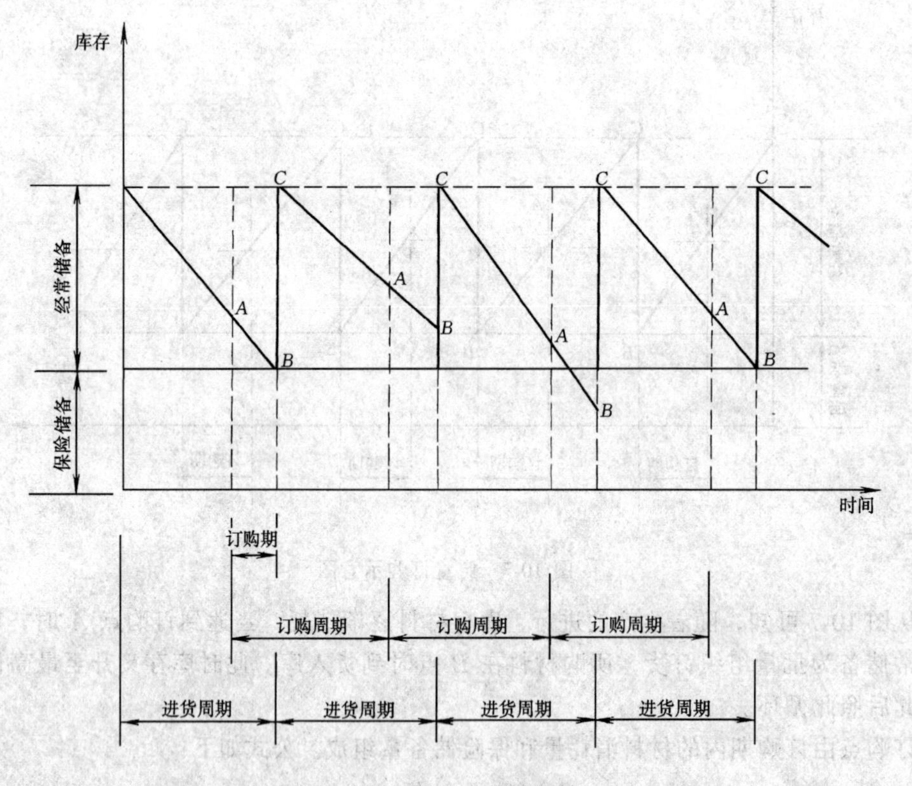

图10-8　定期订购示意图

订购周期取平均供应间隔期（T_g）、订购时间在每期进货时间的基础上，向前推一个订货周期即可。比如按进货周期每月10日进货，订购期为6天，那么订购时间就应为每月4日。

订购批量随订购时库存的多少而变化，公式如下：

$$C_p = C_j + C_b + T_d \cdot H_r - C_s$$

式中　C_p——订购批量；

C_s——实际库存（实际储备）；

其他字母的含义同前述。

图10-8说明，在订购时，库存量为 A 点；当进货时，库存量消耗至 B 点，经补充库存又回到最高储备 C 点。订购批量（C_p）正好是 C 点和 B 点的差值。

【例 10-6】 若经常储备 $C_j=182.1\text{t}$，保险储备 $C_b=49.7\text{t}$，订购期 $T_d=8$ 天，平均日耗量 $H_r=2050/360=5.69\text{t}$。设订购时的实际库存 $C_s=40\text{t}$，求本次订货的订购批量。

【解】 将已知条件代入公式，得

$$C_p = 182.1 + 49.7 + 8 \times \frac{2050}{360} - 40$$
$$= 237.36(\text{t})$$

即本次订购批量为 237.36t。

(2) 订购批量选择

订购批量选择即是在保证施工生产需要的条件下，减少库存积压，降低材料成本的方法。常用经济批量法。公式如下：

$$C_p = \sqrt{2KQ/(PL)}$$

式中 K——每次采购费用；

Q——计划期材料需用量；

P——材料单价；

L——材料采购保管费率。

经济批量适用于计划期材料需用量已定，材料消耗速度不变，能立即补充库存的材料。

【例 10-7】 某工程全年耗用钢材 8000t，每次采购费 200 元，年保管费率为 10%，材料单价 2000 元，要求确定经济订购批量。

【解】 将已知条件代入公式，得

$$C_p = \sqrt{2 \times 200 \times 8000/(2000 \times 10\%)}$$
$$= 4000(\text{t})$$

即每次订购 4000t 最为经济。

订购时间及订购批量，不只是材料采购决策需要确定，仓库控制库存材料也需明确。材料采购决策必须和仓库管理结合起来。

(六) 购销合同

采取订货方式采购材料，供需双方必须依法签订购销合同。

1. 供销合同的含义

供销合同是指物资供需双方，为实现购销业务，明确相互权利义务关系的协议。利用合同保护购销双方的合法利益，督促供销双方履行义务。

2. 签订购销合同的基本要求

(1) 符合法律规定。购销合同是一种经济合同，必须符合《中华人民共和国合同法》等法律、法规和政策的要求。

(2) 主体合法。合同当事人必须符合有关法律规定。当事人应当是法人，有营业执照的个体经营户，合法的代理人等。

(3) 内容合法。不得违反国家的政策、法规，损害国家及他人利益。物资经营单位，其购销的物资，不得超过工商行政管理部门核准登记的经营范围。

(4) 形式合法。购销合同一般应采用书面形式，由法定代表人或法定代表人授权的代理人签字，并加盖合同专用章或单位公章。

3. 购销合同主要条款

(1) 物资名称。应署全名，注明商标、牌号、生产厂家、型号、规格、等级、花色等。

(2) 技术标准。检查物资质量的标准，应注明标准的名称、代号、编号。如有特殊要求，应写明。

(3) 购销数量和计量方法。数量包括总量和分批交货的数量。计量方法按国家规定执行。

(4) 包装标准及包装物的供应、回收。包装标准应按国家标准执行，没有规定的由双方协商。明确包装物的供应与回收方法。

(5) 交货方式与运输方式。交货方式有供方供货、供方代办运输、需方自提等，合同中应明确交货时间、地点。双方还应商定运输路线、运输工具、货运事故处理等。

(6) 接（提）货单位或接（提）货人。接（提）货单位或人可以是需方，也可以是代理经办人，须写清楚。

(7) 交货期限。可按日、旬、月、季交货，双方应明确。

(8) 验收方法。包括数量的清点方法和质量的检验方法。如需他人检验，应注明质量检验单位。

(9) 价格。合同中应明确计价范围、价格水平等。

(10) 结算方法。按国家有关规定执行。

(11) 违约责任。当事人违约，应明确双方的责任、支付违约金的比例。

(12) 合同纠纷的处理方式。

(13) 其他约定事项。

4. 供销合同的管理

(1) 签订合同的管理

1) 必须遵守国家政策、法规，避免签订无效合同；

2) 贯彻平等互利、协商一致的原则，为全面、实行履行合同打下基础；

3) 合同条款力求准确、清楚，避免遗漏、错误、含糊不清的现象。

(2) 履行合同的管理

1) 已签订的合同，应及时分类整理，装订归档，由专人管理；

2) 随时检查合同的履行情况，建立合同登记台账，记录应交、已交、欠交、超交的数量和时间，已交材料的检查验收情况。根据记录分析问题，提出处理意见；

3) 对到期、误期合同，应组织催交催运，追究对方的违约责任；

4) 将合同附本或抄件分送有关业务部门，以便做好履行合同的各项工作。

5. 购销合同文件格式

参见工矿产品购销合同（GF-90-0102）

工矿产品购销合同

供方：＿＿＿＿＿＿　　　　合同编号：

需方：＿＿＿＿＿＿　　　　签订地点：

签订时间：　　年　　月　　日

一、产品名称、商标、型号、厂家、数量、金额、供货时间及数量

产品名称	牌号商标	规格型号	生产厂家	计量单位	数量	单价	金额	交（提）货时间及数量		
								合计		
合计人民币金额（大写）＿＿＿＿＿＿										

二、质量要求及技术标准，供方对质量负责的条件和期限

三、交（提）货地点、方式

四、运输方式及到达站（港）和费用负担

五、合理损耗及计算方法

六、包装标准、包装物的供应与回收

七、验收标准、方法及提出异议期限

八、随机备品、配件工具数量及供应办法

九、结算方式及期限

十、如需提供担保，另立合同担保书，作为本合同附件

十一、违约责任

十二、解决合同纠纷的方式：执行本合同发生争议，由当事人双方协商解决。协商不成，双方同意由仲裁委员会仲裁（当事人双方不在本合同中约定仲裁机构，事后又没有达成书面仲裁协议的，可向人民法院起诉）

十三、其他约定事项

供　　方	需　　方	鉴（公）证意见：
单位名称（章）： 单位地址： 法定代表人： 委托代理人： 电　　话： 电报挂号： 开户银行： 账　　号： 邮政编码：	单位名称（章）： 单位地址： 法定代表人： 委托代理人： 电　　话： 电报挂号： 开户银行： 账　　号： 邮政编码：	经办人： 鉴（公）证机关（章） 年　　月　　日

有效期限：　　年　　月　　日至　　年　　月　　日

监制部门：　　　　　　　　印制单位：

二、材料运输

材料运输是建筑企业使用运输工具完成材料从产地（储备地）向企业（施工现场）转移的过程，它是材料管理工作的重要环节。

（一）运输方式

1. 按运输工具分

（1）铁路运输　铁路运输是长距离运输的主要方式。其货运能力大，运输速度快，运费较低，不受季节影响，连续性强，运行较安全、准点，始发和到达的作业费较高，有整车运输和零担运输方式。

（2）公路运输　公路运输主要依靠汽车运输。其运输面广，机动性强，装卸方便，速度较快，但运量小，运费较高，一般适于中短途运输。在缺少铁路、水路地区，也可以作为长途运输。

（3）水路运输　分海运、河运、湖运几种。水路运输的运量大、运费低，但速度慢，受地理条件和季节的限制，直达率低，中转多。适用于沿海、沿河、沿湖地区运输，以及长距离运输。

（4）航空运输　航空运输的速度快，运量小，运费高。适用于急需、贵重、量少的材料运输。

（5）管道运输　管道运输是一种机械化程度较高的运输方式。运送速度快、损耗小、效率高、费用低。管道运输只适用于易流动的材料，如各种气体、液体、细小份状或粒状材料。如石油、天然气、煤气、自来水的运输。

（6）非机动运输　指人力、畜力、非机动船只的运输。它机动灵活，路况要求低，分布广阔，但运力小且速度慢。只能作为短距离运输的补充力量。

2. 按运输线路分

（1）直达运输　指材料从起运点直接运到目的地。它的运输时间短，不需中转，装卸损耗及费用少。材料运输宜选择该方式。

（2）中转运输　指材料从起运点到中转仓库，再由中转仓库到目的地。建筑企业施工点多，分布面广，材料品种、规格复杂，需要再次分配材料；零星、易耗、量小而集中采购的材料需要再次分配；受现场保管条件限制，近期不用的材料也需中转运输。

在选择具体运输线路时，应根据运输条件、流向等，合理选择运距短的线路，缩短运输时间，节约运输费用。应尽量避免以下几种运输线路：

对流运输：指同种材料在同一线路上或两条平行线路上相向运输。

重复运输：指把经过目的地的材料，经不合理的中转再到目的地。

迂回运输：指没有选择最短运输线路而绕道运输。

过远运输：指舍近求远，购买较远产地的材料，形成不合理的远距离运输。

3. 按装载方式和运输途径分

（1）集装箱运输　集装箱运输指把适于装箱的货物装入集装箱，并以集装箱作为基本装卸、搬运作业单元的一种运输方式。

（2）散装运输　指粉（粒）状货物或液体货物不易进行包装，直接用适当的运载工具进行运输的一种运输方式。如砂、石运输，罐车运输。

（3）混装运输　亦称杂货运输。指同一运输工具同时装载各类包装货物（如桶装、袋装、箱装、捆装等）的一种运输方式。

（4）联合运输　简称联运。指凭一份运送凭证，由两种或两种以上运输方式或同一运输方式的几个运输企业，遵照统一规章和协议，实行多环节，多区段的接力式运输。联运是一种综合利用各种运输工具，多方协同营运的综合性运输方式。

4. 按运输条件分

（1）普通运输　不需要特殊运输工具的运输，如砂、石、标准砖运输等。

（2）特殊运输　需采用特殊结构的车船、特殊措施的运输。

1）超限材料运输　即重量、长度、宽度、高度等任何一项超过运输部门规定的运输。

2）危险品运输　指易燃、易爆、腐蚀、毒害、放射性等物品运输，如汽油、炸药、铀的运输。

（二）运输计划

材料运输工作应按计划进行，运输计划是材料运输的基础。

1. 材料运输计划的种类

（1）按运输方式分

1）铁路运输计划。

2）公路运输计划。又分为交通部门汽车运输计划、自有汽车运输计划、建设单位及协作单位运输计划，乡镇机动车（拖拉机）运输计划等；

3）水路运输计划。按海运、河运、湖运分类编制。

4）非机动车运输计划。

5）航空运输计划。

6）其他运输计划，如联运等。

（2）按计划期分

1）年度（半年度）运输计划；

2）季度运输计划；

3）月度运输计划。

（3）按材料的用料单位分：各工程项目材料运输计划。

2. 材料运输计划的编制原则

（1）经济合理原则。运输材料时，在保证施工生产对材料要求的条件下，选择经济的运输方式，力求降低材料运输成本。

（2）均衡运输原则。合理安排各个时期的运量，做到均衡运输，充分发挥各种运输工具的作用。

（3）统筹兼顾原则。结合施工进度计划的要求和气象、季节、货源等条件，根据材料的急缓程度，统筹安排计划，保证施工生产的需要。

3. 材料运输计划的编制程序

（1）准备工作　收集企业内部施工生产进度计划、材料供应计划、订货合同、材料采购计划等资料；收集企业外部材料起运地、交通条件、运输能力、运输装卸费用等资料，为编制运输计划作准备。

（2）计算运输量　公式如下：

$$货运量（t）=\Sigma（货物单件重量\times货物数量）$$

$$货运周转量（t\cdot km）=\Sigma（货运量\times运输里程）$$

（3）制定运输方案　从运输工具、线路、装卸方式等几方面分析比较，制定合理的运输方案。

（4）分类编制运输计划

1）铁路运输计划　按铁路部门的要求，按期向发运站提出用车计划（见表10-10），报送铁路部门审批。计划批准后，直接到发运站办理货物托运手续。

×年×月份铁路运输计划表 **表 10-10**

提计划的单位：名称______；地址______；电话号码______　20　年　月　日提出　　号码______

到达		发货单位	收货单位	货物		车种及车数				附注	发送		备注
局	车站			名称	吨数	棚	敞		小计		局	车站	

2）公路运输计划　向承运单位报送汽车运输计划（见表10-11），并及时联系落实，办理托运手续。

×年×季（月）度公路运输计划 **表 10-11**

托运单位：

承运单位：　　　　20　年　月　日

材料名称	运输路程			运输量		分期数				备注
	起点	终点	运距	t	t·km	×月份		×月份		
						t	t·km	t	t·km	

3）水路运输计划　按水运部门的要求,按季度或按月报送托运计划,并及时联系落实。

4）航空运输计划　按航空部门要求，报送货物空运计划，及时联系落实。

5）非机动车（船）运输计划　及时与群运部门衔接，办理相关手续。

6）自营车辆运输计划　向本企业运输管理部门报送运输计划。

（三）货物运输业务

1. 托运

托运指发货单位委托承运单位运输货物的经济活动。托运应办理相应的手续。办理托运手续必须做到准确、清楚、分清责任，避免发生纠纷和运输损失。

2. 装货与卸货

装货前应检查运输工具是否完好，材料是否进行了必要包装，贴有明显标记，装货是否符合有关规定。卸货前应检查货物存放地准备否，卸货器材准备否，卸货后应按规定堆放。

3. 接货

托运材料到达后，接货人应逐一检查材料的数量、包装，核对品名、规格，看有无错漏和损坏现象。如发现问题，应当场要求运输部门复查，做好记录，分清责任，待解决问题后再提运。接货完毕，托运业务就算完成，双方解除经济关系。

4. 货运事故处理

货运事故指货物运输过程中发生的货物量差、损坏现象。如丢失、变质、损坏、票货分离等。货运事故发生时，承运方应填写货物运输记录，作为处理货运事故的依据。然后按货运合同和有关部门规定处理。

（四）运输过程的管理

材料运输过程包括选择运输方式、编制运输计划、办理托运、接货验收、运费结算等全部工作。运输过程中，必须加强管理，保证材料安全，及时到达。应做以下工作：

1. 作好运输记录

托运、接货、验收、办理结算，必须将各种资料、证件分类整理、登记、装订成册，以备检查、考核用。

2. 检查运输计划执行情况

根据运输记录，随时检查计划的执行情况，采取措施纠正偏差，保证计划全面实施。

3. 分析事故原因

运输过程中一旦发生事故，必须认真调查研究，查明原因，拟定防范措施，杜绝类似事故的再次发生。

第五节　材料储备管理

建筑材料脱离生产厂家进入建筑企业再生产过程前，以在途、在库、待验等形态处于流转或生产领域的各环节，形成一定数量的材料储备。建筑企业材料储备是为保证施工生产需要，解决材料供需矛盾而建立的材料库存，它是一种生产性储备。

一、材料储备的分类

（一）经常储备

经常储备，又称周转储备，指在正常供应条件下，为保证在两次到货间隔期内施工生产需要而建立的材料库存。

（二）保险储备

保险储备，指材料不能按时到货，或材料不符合使用要求，或消耗速度加快等情况下，为保证施工生产需要而建立的材料库存。

（三）季节储备

季节储备，指由于季节变化引起材料生产或供应中断，为保证施工生产需要而建立的材料库存。

二、材料储备定额

（一）材料储备定额的含义

材料储备定额，指在一定条件下为保证施工生产正常进行，材料合理储备的数量标准。

材料储备定额，是确定能保证施工生产正常进行的合理储备量。材料储备过少，不能满足施工生产需要；储备过多，会造成资金积压，不利周转。建立储备定额的关键，在于寻求能满足施工生产需要，不过多占用资金的合理储备数量。

（二）材料储备定额的作用

1. 它是编制材料计划的依据

建筑企业的材料供应计划、采购计划、运输计划都必须依据储备定额编制。

2. 它是确定订货批量、订货时间的依据

企业应按储备定额确定订购批量、订货时间，保证经济合理。

3. 它是监督库存变化，保证合理储备的依据

材料库存管理中，需以储备定额为标准随时检查库存情况，避免超储或缺货。

4. 它是核定储备资金的依据

材料储备占用资金的定额只能依据材料储备定额计算。

5. 它是确定仓库规模的依据

设计材料仓库规模，必须根据材料的最大储备量确定。

（三）材料储备定额的分类

1. 按作用分

(1) 经常储备定额（周转储备定额） 指在正常条件下，为保证施工生产需要而建立的储备定额。

(2) 保险储备定额 指因意外情况造成材料供应误期或消耗加快，为保证施工生产需要而建立的储备定额。

(3) 季节储备定额 指由季节影响而造成供货中断，为保证施工生产需要而建立的储备定额。

2. 按计量单位分

(1) 相对储备定额 以储备天数为计量单位的储备定额。它用储备的材料相对可以使用多少天来表示储备的数量标准。

3. 按综合程度分

(1) 品种储备定额 按材料品种核定的储备定额。如钢材、水泥、木材储备定额等。它主要用于品种不多但量大的主要材料的储备。

(2) 类别储备定额 按材料目录的类别核定的储备定额。如油漆、五金配件、化工材料储备定额等。主要用于品种多的材料储备。

(3) 综合储备定额 以各类材料综合价值核定的储备定额。主要用于核定储备资金。

4. 按期限分

(1) 季度储备定额 以季度为适用期限的储备定额。它用于耗用呈阶段性、周期性变化的材料。

(2) 年度储备定额 以年度为适用期限的储备定额。它用于消耗稳定、均衡的材料。

（四）材料储备定额的制定

1. 经常储备定额的制定

经常储备条件下，每批材料进货时，储备量最高；随着材料的消耗，储备量随时间逐步减少；到下次进货前夕，储备量降到零。然后，再补充，即进货——消耗——进货，如此循环。经常储备定额，就是指每次进货后的储备量。

经常储备中，每次进货后的储备量叫最高储备量，每次进货前夕的储备量叫最低储备量，二者的算术平均值叫平均储备量，两次进货的时间间隔叫供应间隔期。经常储备的循环过程如图 10-9 所示。

经常储备定额的制定方法有供应间隔期法、经济批量法。

(1) 供应间隔期法 指用平均供应间隔期和平均日耗量计算材料经常储备定额的方法。

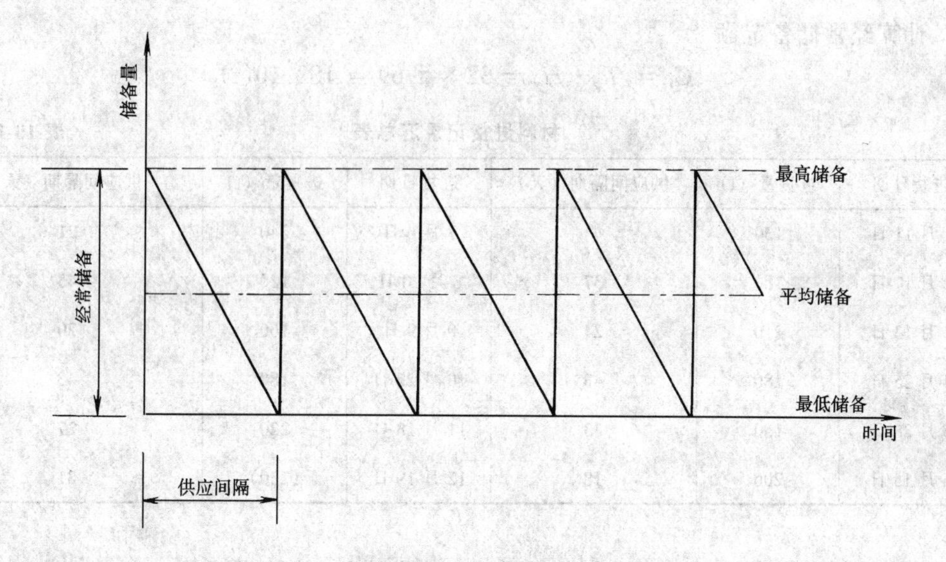

图 10-9 经常储备定额的循环过程示意图

公式如下：

$$C_j = T_g \cdot H_r$$

式中 C_j——经常储备定额；

T_g——平均供应间隔期；

H_r——平均日耗量。

平均供应间隔期（T_g）可以利用统计资料分析推算。公式如下：

$$T_g = \frac{\Sigma t_{ij} \cdot q_i}{\Sigma q_i}$$

式中 t_{ij}——相邻两批到货的时间间隔；

q_i——第 i 期到货量。

平均间隔期就是各批到货间隔时间的加权（以批量为权数）平均值。

平均日耗量按计划期材料的需用量和计划期的日历天数计算。公式如下：

$$H_r = \frac{Q}{T}$$

式中 Q——计划期材料需用量；

T——计划期的日历天数。

【例 10-8】 某企业 2001 年某种材料实际进货记录如表 10-12 所示，2002 年该种材料计划需用量 2050t，根据以上资料编制 2002 年该材料的经常储备定额。

【解】 首先计算供应间隔期

$$T_g = \frac{\Sigma t_{ij} \cdot q_i}{\Sigma q_i}$$

$$= \frac{37\times13+24\times18+43\times21+33\times18+18\times15+21\times20+45\times24+20\times12+43\times16+27\times18+31\times22}{13+18+21+18+15+20+24+12+16+18+22}$$

$$= 32\text{（天）}$$

计算计划年度内平均日耗量

$$H_r = \frac{Q}{T} = \frac{2050}{360} = 5.69(\text{t/d})$$

计算经常储备定额

$$C_j = T_g \cdot H_r = 32 \times 5.69 = 182.10(\mathrm{t})$$

材料进货记录汇总表　　表 10-12

进货日期	进货量（t）	供应间隔期（天）	进货日期	进货量（t）	供应间隔期（天）
1月11日	130		7月6日	240	21
2月17日	180	37	8月20日	120	45
3月13日	210	24	9月9日	160	20
4月25日	180	43	10月22日	180	43
5月28日	150	33	11月18日	220	27
6月15日	200	18	12月19日	(250)	31

(2) 经济批量法　通过经济订购批量确定经常储备定额的方法。

用供应间隔期制定经常储备定额，只考虑了满足消耗的需要，而未考虑储备量的变化对材料成本的影响，经济批量法就是从经济的角度去选择最佳的经济储备定额。

材料购入价、运费不变时，材料成本受仓储费和订购费的影响。

材料仓储费指仓库及设施的折旧、维修费，材料保管费、装卸堆码费、库存损耗、库存材料占用资金的利息支出等。仓储费用随着储备量的增加而上升，即与订购批量的大小成正比。

材料订购费指采购材料的差旅费、检验费等。材料订购费随订购次数的增加而上升，在总用量不变的条件下，与订购的批量成反比。

订购批量与仓储费、订购费的关系如图 10-10 所示。

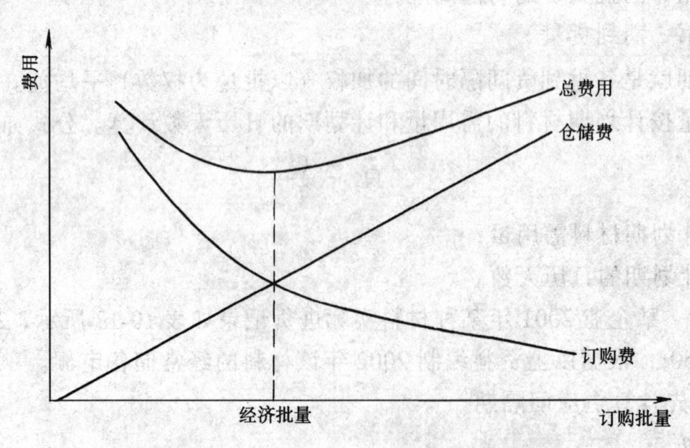

图 10-10　订购批量与费用的关系

经济批量，是仓储费和订购费之和最低的订购批量。则有（符号含义见材料采购决策）：

$$计划期仓储费 = \frac{1}{2} C_j P L$$

$$计划期订购费 = NK = \frac{Q}{C_j}K$$

$$仓储订购总费用 = \frac{1}{2}C_jPL + \frac{Q}{C_j}K$$

用微分法可求得使总费用最小的订购批量

$$C_j = \sqrt{\frac{2QK}{PL}}$$

【例 10-9】 某种材料单价 $P = 2900$ 元/t，$Q = 2050$t，订购费 $K = 1000$ 元/次，单位价值材料年仓储费率 $L = 5\%$，试求经济储备定额。

【解】 利用经济批量公式确定经常储备定额。将已知条件代入公式，得：

$$C_j = \sqrt{\frac{2QK}{PL}} = \sqrt{\frac{2 \times 2050 \times 1000}{2900 \times 0.05}} = 168.15\ (\text{t})$$

每年订购次数（N），平均供应间隔期（T_g）分别为：

$$N = \frac{Q}{C_j} = \frac{2050}{168.15} \approx 12(次)$$

$$T_g = \frac{360}{12} = 30\ (天)$$

2. 保险储备定额的制定

保险储备定额一般确定为一个常量，无周期性变化，正常情况下不动用，只有发生意外使经常储备不能满足需要才动用。保险储备的数量标准就是保险储备定额。

保险储备与经常储备的关系如图 10-11 所示。

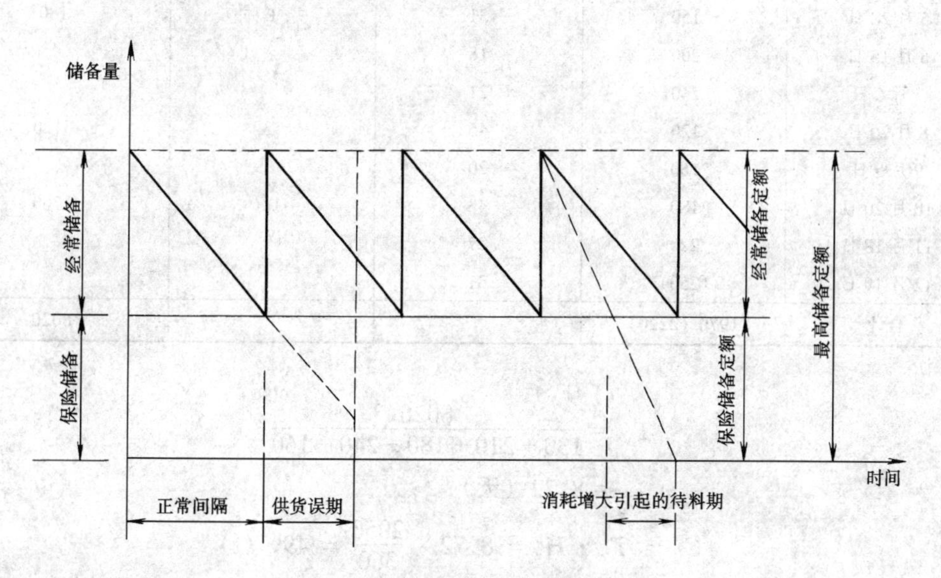

图 10-11　保险储备与经常储备的关系

保险储备定额又称最低储备定额，保险储备定额加经常储备定额又称最高储备定额。

保险储备定额有以下几种制定方法：

(1) 平均误期天数法　公式如下：

$$C_b = T_w \cdot H_r$$

式中　C_b——保险储备定额；

T_W——平均误期时间；

H_r——平均日耗量。

平均误期时间根据统计资料计算，公式如下：

$$T_w = \frac{\Sigma T_{w(ij)} q_i}{\Sigma q_i}$$

$$T_{w(ij)} = t_{ij} - T_g$$

式中　$T_{w(ij)}$——相邻两批到货的误期时间；

q_i——第 i 期到货量；

t_{ij}——相邻两批到货的间隔期；

T_g——平均供应间隔期。

【例 10-10】　接例 10-9，试用平均误期天数法求 2002 年保险储备定额。

【解】：列表计算误期时间见表 10-13（$T_g = 32$ 天）

表 10-13

进货日期	进货量（t）	供应间隔期（天）	误　期（天）	加　权　数
1月11日	130			
2月17日	180	37	5	650
3月13日	210	24		
4月25日	180	43	11	2310
5月28日	150	31	1	180
6月15日	200	18		
7月6日	240	21		
8月20日	120	45	13	3120
9月9日	160	20		
10月20日	180	43	11	1760
11月18日	220	27		
12月19日	(250)	31		
合计	1970（2220）			8020

$$T_w = \frac{8020}{130+210+180+240+160}$$

$$= 8.72\text{（天）}$$

$$C_b = T_w \cdot H_r = 8.72 \times \frac{2050}{360} = 49.7(\text{t})$$

（2）安全系数法　公式如下：

$$C_b = K \cdot C_j$$

式中　K——安全系数；

C_j——经常性储备定额。

安全系数（K）根据历史统计资料的保险储备定额和经常储备定额计算。公式如下：

$$K=\frac{\text{统计期保险储备定额}}{\text{统计期经常储备定额}}$$

（3）供货时间法　指按照中断供应后再取得材料所需时间作为准备期计算保险储备定额的方法。公式如下：

$$C_b = T_d \cdot H_r$$

式中　T_d——临时订货所需时间；

H_r——日耗量。

临时订货所需时间包括：办理临时订货手续、发货、运输、验收入库等所需的时间。

3. 季节储备定额的制定

有的材料因受季节影响而不能保证连续供应。如河砂、河石，在洪水季节无法生产，不能保证连续供应。为满足供应中断时期施工生产的需要，必须建立相应的储备。季节储备定额是为防止季节性供应中断而建立的材料储备的数量标准。

季节储备一般在供应中断之前逐步积累，供应中断前夕达到最高值，供应中断后逐步消耗，直到供应恢复。如图 10-12 所示。

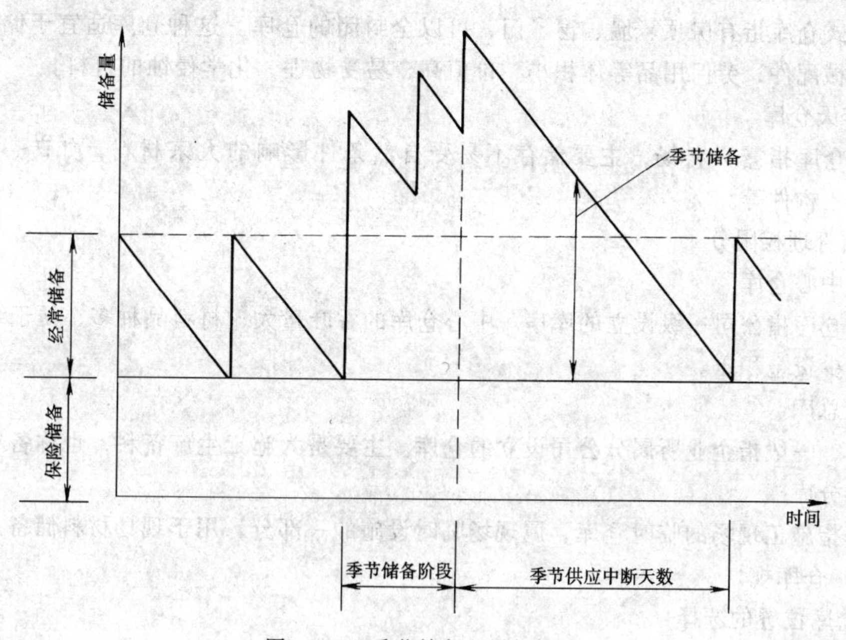

图 10-12　季节储备积累与使用

季节储备定额通常根据供应中断间隔期和日耗量计算。公式如下：

$$C_z = T_z \cdot H_r$$

式中　C_z——季节储备定额；

T_z——季节中断间隔期；

H_r——日耗量。

供应中断间隔期（T_z），必须深入实地调查了解，掌握实际资料后确定。

三、仓库管理

建筑企业施工生产所需各种材料，不可能一次全部运到现场，部分材料不可避免地在仓库中转。仓库管理是材料管理的一个重要环节。

(一) 仓库分类

1. 按储备材料种类分

(1) 综合性仓库

综合性仓库指可以储存多种材料的仓库。如在同一仓库中储存钢材、五金材料、电器材料、小型工具用具和其他零星材料等。

(2) 专业性仓库

专业性仓库指仅储存某一类材料的仓库。如水泥库、钢材库、电器材料库等。

2. 按保管条件分

(1) 普通仓库

普通仓库指无特殊储备要求的一般性材料仓库。

(2) 特殊仓库

特殊仓库指有特殊储备要求的特种专业仓库,如冷藏库、散装水泥库、危险品仓库等。

3. 按库房形式分

(1) 封闭式仓库

封闭式仓库指有房顶、墙、窗、门，可以全封闭的仓库。这种仓库适宜于储存五金、化工、机械配件、劳保用品等体积小、价值高、易受物理、化学侵蚀的材料。

2. 露天仓库

露天仓库指露天料场，主要储存不易受自然条件影响的大宗材料，如砖、瓦、砂、石、混凝土构件等。

4. 按管理权限分

(1) 中心仓库

中心仓库指公司一级设立的库房。中心仓库的吞吐量大，材料品种多，便于综合平衡使用，减少资金积压。

(2) 总库

总库，一般指企业所属分公司设立的仓库。主要是为施工生产备料，也称备料仓库。

(3) 分库

分库指施工现场的临时仓库，属现场临时设施的一部分，用于现场材料储备。

(二) 仓库规划

1. 仓库位置的选择

施工现场的材料库（分库）应按施工组织设计中施工平面图的要求布置，永久性总库和中心库按以下原则选择地址。

(1) 交通方便

交通方便指仓库的交通道路畅通，便于运输和装卸。按照材料的主要运输方式，选择靠近运输线路的地方。例如，以公路运输为主，应靠近干线公路；以水路运输为主，应靠近码头。

(2) 布局合理

建筑企业常设多个库房，应根据企业的生产规模、施工范围、以及各库房储备材料品种的分工，合理确定各级各类库房的位置。

(3) 地势较好

要求地形平坦、便于排水、防洪、防风、防潮。

(4) 环境适宜

仓库附近没有腐蚀性有害气体、粉尘的侵蚀。特殊库房还应满足特殊环境的要求，如危险品仓库，易燃仓库等要与其他建筑物保持一定距离。

2. 仓库面积的确定

(1) 仓库有效面积的计算。公式如下：

$$S_1 = \frac{G}{V}$$

式中 S_1——仓库有效面积；

G——仓库最高储备量；

V——仓库堆放定额，见表 10-14。

材料堆放参考定额 **表 10-14**

材料名称	单位	定额（每平方米）	堆放高度（米）	包装类型	储存方法	备注
钢筋	T	2～3	0.8～1		棚库	
盘条钢	t	1.5～2	0.8～1	捆	棚库	
角钢	t	1.5～2	0.5～0.8		棚库	
工字钢	t	1～1.5	0.5		露天	
原木	m^3	1.6～2.2	2～2.5		露天	
成材	m^3	1.6～2.2	2～2.5		棚库	
层板	张	200～300	1.5～2		仓库	
门扇	扇	12～15	1.5～1.8		棚库	
门框	樘	12	1.5		棚库	
窗扇	扇	60～70	1.5～1.8		棚库	
窗框	樘	12	1.5		棚库	
水泥	t	2～2.8	1.5～1.6	袋	仓库	
石灰	t	1.6	1.5	散装	露天	
石棉瓦	张	25	0.8		棚库	
玻璃	箱	6～10	0.8～1.2	箱	棚库	
油毡	卷	15～30	1～2		仓库	
沥青	t	1.2	1.2		露天	
小五金	t	1.2～1.5	1.8～2.0	箱	仓库	
大径铁管	t	0.5～0.8	1～1.2		露天	
小径铁管	t	0.8～1	1～1.2		棚库	
……						

仓库有效面积指堆放材料的实际占地面积，不含通道、材料之间的间隔等。

(2) 仓库总面积的计算。公式如下：

$$S_2 = \frac{S_1}{\alpha}$$

式中 α——通道、间隔系数，见表 10-15；

S_2——总面积；

S_1——有效面积。

仓库面积利用系数 **表 10-15**

序号	仓库类型	系数 α 值
1	封闭式普通仓库（内设货架）	0.4～0.5
2	罐式密封仓库	0.6～0.9
3	堆置桶装或袋装的封闭式仓库	0.5～0.6
4	堆置木材的露天仓库	0.4～0.5
5	堆置钢材的棚库	0.5～0.6
6	堆置砂石的露天料场	0.6～0.7

（三）仓库的业务流程

仓库业务流程指仓库业务活动按一定程序，在时间和空间上进行合理安排和组织，使仓库管理有序进行。仓库业务流程如图 10-13 所示。

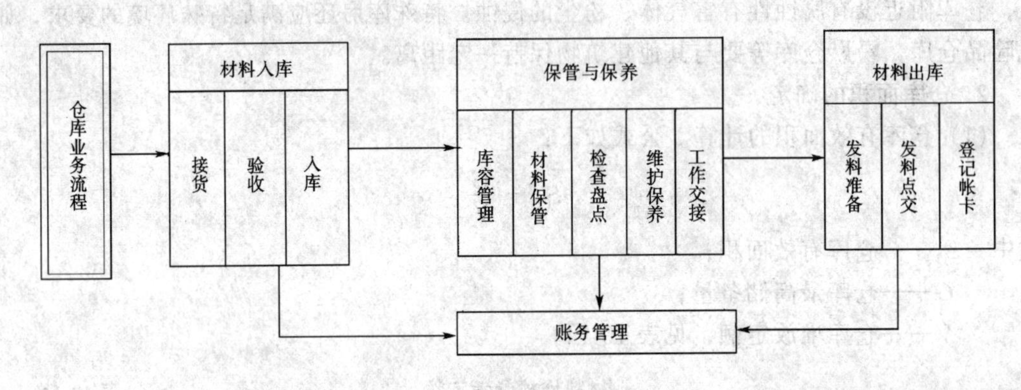

图 10-13　仓库业务流程示意图

1. 材料入库

材料运输达目的地后，需接货、验收，才能入库。材料入库是仓库管理的第一个环节。

(1) 接货。

接货是到火车站、码头、机场提货：铁路专用线接货；供货方送货到现场仓库；到供货方库房提货等。

(2) 验收准备

材料到达之前，必须做好各项验收准备工作。包括准备验收资料，如合同、质量标准等；检验材料的各类工具；安排库内堆放位置。准备支垫材料；准备搬运工具及人员；危险品的防护措施等。

(3) 核对验收资料

核对发票、货票、合同、质量证明书、说明书、化验单、装箱单、磅码单、发票明细表、运单、货运记录等。必须做到准确、齐全，否则不予验收。

(4) 检查实物

包括数量检查和质量检查两部分。数量检查，即按规定的方法检尺、验方、称重等，清点到货数量。质量检查，即按规定分别检验包装质量、材料外观质量和内在质量。建筑材料品种繁多，质量检验标准也多，检验方法各异，材料验收人员必须熟悉各种标准和方法，必要时，可请有关技术人员参加。

(5) 处理验收中的问题

验收中发现各种不符合规定的问题，应按问题的性质分别处理。

1）数量不足，规格型号不符，质量不合格等，应拒绝验收。验收人员要做好记录，及时报送业务主管部门处理。验收记录是办理退货、掉换、赔偿、追究责任的主要依据，应严肃对待。做好记录的同时，应及时向供方提出书面异议，对于未验收的材料，要妥善保存，不得动用。

2）凡证件不全的到库材料，应作待验收处理，临时保管，并及时与有关部门联系催办，等证件齐全后再验收。

3）凡质量证明书或技术标准与合同规定不符，应报业务主管部门处理。

4）材料运输损耗在规定的损耗率以内的，应按数验收入库，损耗部分填报运输损耗单冲销；损耗超过规定损耗率的，应填写运输损耗报告单，经业务主管批准后再办理验收入库手续。材料运输损耗标准见表 10-16。

（6）办理入库手续

到货材料经检查、验收合格后，按实收数及时办理入库手续，填写入库验收单（见表 10-17）。办理入库手续，是采购工作和仓库保管工作的界限，入库验收单是报销及记账的凭征。

材料运输及保管损耗定额（供参考）　　表 10-16

材料名称	场外运输损耗（%）	保管损耗（%）	损耗合计（%）	材料名称	场外运输损耗（%）	保管损耗（%）	损耗合计（%）
普通砖	2.0	0.5	2.5	石膏	0.3	0.1	0.4
空心砖	2.0	0.5	2.5	耐火砖	0.5	—	0.5
瓷　砖	0.3	—	0.3	陶瓷管	0.5	—	0.5
面　砖	0.5	—	0.5	粘土瓦管	1.0	1.0	2.0
白石子	0.5	—	0.5	混凝土管	0.5	—	0.5
砂　子	—	3.0	3.0	烧　碱	3.0	2.0	5.0
石　灰	1.5	1.0	2.5	电　石	3.0	2.0	5.0
石　屑	—	0.1	0.1	玻璃灯罩	0.5	0.5	1.0
水　泥	0.3	0.1	0.4	瓷　管	1.0	1.0	2.0
玻　璃	0.4	0.1	0.5	……			

××公司材料入库验收单　　表 10-17

供应单位：　　　　　　　　　　　　　　　　　　　　收料仓库：

发票号数：　　　　　　　　　　　　　　　　　　　　材料类型：

发货日期：　　　　　　　　年　　月　　日　　　　　编　　号：

<table>
<tr><th rowspan="2">材料编号</th><th rowspan="2">材料名称</th><th rowspan="2">规格</th><th colspan="4">发票数</th><th colspan="4">实收数</th><th colspan="2">短缺</th><th rowspan="2">备注</th></tr>
<tr><th>单位</th><th>数量</th><th>单价</th><th>金额</th><th>单位</th><th>数量</th><th>单价</th><th>金额</th><th>数量</th><th>金额</th></tr>
<tr><td></td><td></td><td></td><td></td><td></td><td></td><td></td><td></td><td></td><td></td><td></td><td></td><td></td><td></td></tr>
<tr><td></td><td></td><td></td><td></td><td></td><td></td><td></td><td></td><td></td><td></td><td></td><td></td><td></td><td></td></tr>
<tr><td></td><td></td><td></td><td></td><td></td><td></td><td></td><td></td><td></td><td></td><td></td><td></td><td></td><td></td></tr>
<tr><td colspan="3">实际价款合计</td><td colspan="9">万　仟　佰　拾　元　角　分</td><td>小写</td><td></td></tr>
<tr><td colspan="2" rowspan="2">附记</td><td>运输单位</td><td></td><td>车种</td><td></td><td>运单号</td><td></td><td>距离</td><td></td><td>起止地点</td><td colspan="3"></td></tr>
<tr><td>运费</td><td></td><td>装卸费</td><td></td><td>包装费</td><td></td><td>其他费</td><td></td><td>费用小计</td><td colspan="3"></td></tr>
</table>

主管　　　　　　　　审核　　　　　　　　验收员　　　　　　　　采购员

2．材料保管与保养

(1) 材料保管

验收入库的材料，必须加强库内保管，保证完好、方便发料、盘点。保管包括库容管理和材料保管。为做到在库材料完好无损，应根据不同材料的性质，选择恰当的堆码方法。材料保管的另一个基本要求是方便合理，便于装卸搬运、收发管理、清仓盘点。主要办法是：

1) 四号定位法　四号定位法是在对仓库统一规划、合理布局的基础上，进行货位管理的一种方法。要求每一种材料用四个号码表示所在的固定货位。仓库保管的材料，四个号码分别代表仓库号、货架号、架层号、货位号（简称库号、架号、层号、位号）；料场保管的材料，四个号码分别表示区号、点号、排号和位号。对库内材料实行定位存放管理，便于清点、发货。

2) 五五摆放法　五五摆放法是堆码材料的具体方法。它根据人们习惯以五为基数计数的特点，将材料以五或五的倍数为单位堆码。做到：大的五五成方，高的五五成行，矮的五五成堆，小的五五成包（箱），带眼的五五成串。这样便于清点，又整齐好看。

(2) 材料保养

材料受自然界的影响，其理化性能会有不同程度的变化，有些变化会影响材质。如钢材生锈、水泥受潮等。材料保养的任务是采取措施，控制仓库的湿度、温度、通风等，防止金属生锈、木材生虫，保证库内材料不变质或少变质，满足使用要求。

(3) 仓库保管工作交接

仓库保管人员发生变动，要办理交接手续。

3. 材料盘点

材料盘点，就是清查库存材料的数量、质量。通过盘点，可以掌握实际库存情况，如是否积压和短货、以及材料的质量现状。

(1) 盘点的内容

1) 材料的数量　根据账、卡、物逐项查对，核实库存数，做到数量清楚、质量清楚、账表清楚。

2) 材料质量　检查是否变质，报废。

3) 材料堆放　是否合理，上盖、下垫是否符合要求。四号定位、五五摆放是否达到要求。

4) 其他　如计量工具、安全、保卫、消防等。

(2) 盘点方法

1) 定期盘点法　指月末、季末、年末对仓库材料进行全面盘点的方法。定期盘点应结合仓库检查工作进行，查清库存材料的数量、质量和问题，并提出处理意见。

2) 永续盘点法　指每日对有变动的材料及时盘点的方法。即当日复查一次，做到账、卡、物相符。

对盘点中发现的问题，如材料损失、失盗、盘亏、盘盈、变质、报废等，按规定及时报上级主管部门处理。

4. 库存控制

库存控制，指材料的库存量保持在合理的范围内。库存控制主要解决控制的重点和库存量的调整两个方面。

(1) ABC分类法

ABC分类法指根据库存材料的品种、资金占用等因素，通过排队分类，确定出控制重点的管理方法。它又称ABC分析法，重点管理法。

建筑企业施工生产所需材料的种类很多，但耗用量并不均衡，消耗量最多的往往只是少数品种的材料。这部分材料的品种少，但消耗量大，资金占用多，因此必须作为重点控制。

ABC管理法分类标准　　表10-18

材料类别	品种占总品种的比例（%）	价值占总价值的比例（%）
A	5～20	70～90
B	25～40	10～25
C	50～70	5～15

ABC分类法从材料的品种和价值两个方面分析材料的重要程度，划分控制重点，把全部材料按一定标准分为ABC三类，实施分类管理。分类标准见表10-18

A类：重点管理对象，严格控制库存量，尽量以经济批量进货，随时检查库存状况。A类材料控制好了，对降低资金占用将起重要作用。

B类：一般管理对象，按定额控制库存量，以定量订购的批量或定期订购的批量进货，定期检查库存情况。

C类：非重点管理对象，对库存量不严格控制，可以定量订购的批量进货，如有必要库存数允许适当高于定额。

(2) 库存量调整

库存量应根据储备定额对重点控制的材料作及时调整。

5. 材料出库

材料出库，是仓库管理的最后一个环节，也是库房和材料使用的界限。材料出库应遵循“先进先出”的原则。

材料出库程序如下：

(1) 准备工作

根据用料计划或限额领料单，做好发料准备工作。

(2 核实凭证

材料出库必须依据材料拨料单、限额领料单、内部转库单发料，若凭证不实，不能发料。

(3) 备料

按出库凭证所列材料的品种、规格、数量准备材料。

(4) 复核

检查所发材料和凭证所列材料是否吻合，确认无误后再下账、改卡。

(5) 点交

当面点交清楚，分清责任。

6. 账务管理

仓库业务各环节均有账务管理要求。为及时了解材料到货、使用情况，通常建立一般材料账和低值易耗品账。记账程序为：审核凭证，即审核凭证的合法性和有效性；整理凭证，将凭证分类、排序；登账，根据账卡要求将凭证所列各项逐项登记；轧账及编制报表，将一个会计期间发生的经济业务作出小结。

四、现场材料管理

施工现场是建筑材料的消耗场所。加强施工现场材料管理，对保证材料供应，监督材料使用和降低材料成本具有十分重要的作用。

(一) 施工准备阶段材料管理工作

1. 了解工程概况，调查现场资料

(1) 熟悉设计资料，了解工程概况和对材料的要求；

(2) 查阅工程合同，了解工期、材料供应、付款方式等；

(3) 调查自然条件，了解地形、气象、运输、资源状况；

(4) 查阅施工组织设计，了解施工进度、施工平面图、材料需求量；

(5) 了解施工项目管理制度对材料管理工作的要求。

2. 计算材料用量，编制材料计划

根据施工进度计划，资源供应条件编制各类材料计划，并按计划要求落实货源。

3. 参与施工现场平面规划

参与施工现场平面规划，按施工平面图的要求，进行现场仓库、运输道路及消防安全设施的布置，以确保施工过程中材料供应工作的顺利进行。

(二) 施工阶段的现场材料管理工作

材料消耗，主要是在施工阶段完成。现场材料管理工作的中心是监督和控制材料消耗。它的主要内容包括以下几个方面：

1. 建立健全现场材料管理制度，并认真执行；

2. 加强进场材料的验收，并做好现场材料的保管工作；

3. 加强现场平面管理，组织材料合理进场，减少二次搬运；

4. 加强材料使用过程的监督，提高材料的利用率；

5. 积极组织废旧材料回收利用，挖掘库存材料的利用潜力；

6. 按照施工进度要求，搞好材料供求平衡，正确组织材料进场，保证施工生产需要；

7. 严格执行限额领料制度，加强班组材料消耗的考核。限额领料制度，是指按照定额标准向班组供料的制度。它包括限额领料单的签发、下达、应用、检查、验收、考核等六个环节。限额领料单的表格形式见表 10-19。

(三) 竣工收尾阶段现场材料管理

现场材料管理，在竣工收尾阶段主要应做好以下工作：

1. 控制进料　竣工收尾阶段，应查清库存材料数量和已领未用材料的数量，采取措施，挖掘内部潜力。在此基础上，编制竣工阶段材料计划，组织供应；否则，就会造成现场材料积压。

2. 退料与利废　施工任务完成后，尚余材料应退回仓库，并办理退料手续，以此作为考核材料消耗的依据。利废，是指利用各种废旧材料。它是降低材料成本，提高经济效益的有效措施。

3. 拆除不用的临时设施　除充分利用残、余、废料外，其余的则作好转移、处理准备。

4. 清理现场。工程项目全部竣工后，材料部门应全面清理现场，将多余材料收集、整理归类，进行适当处理。

5. 整理、汇总各种原始资料　对施工过程中发生的材料工作的原始凭证进行整理、汇总，归档保存。

6. 编写施工项目材料工作报告　对施工项目的材料工作进行全面分析与总结。

限额领料单　　表 10-19

工程名称：

施工班（组）：　　签发日期：

<table>
<tr><th rowspan="2">分部分项工程名称</th><th colspan="3">实物工程量</th><th rowspan="2">材料名称</th><th rowspan="2">规格型号</th><th rowspan="2">工程质量评定</th></tr>
<tr><th>单位</th><th>计划</th><th>实际</th></tr>
<tr><td></td><td></td><td></td><td></td><td></td><td></td><td></td></tr>
<tr><td></td><td></td><td></td><td></td><td></td><td></td><td></td></tr>
</table>

<table>
<tr><th rowspan="3">材料名称</th><th rowspan="3">规格型号</th><th rowspan="3">单位</th><th rowspan="3">计划单价</th><th colspan="2">定额</th><th colspan="2">客额用量</th><th colspan="5">领（退）料记录</th><th colspan="2">领料合计</th><th colspan="4">结算</th></tr>
<tr><th rowspan="2">编号</th><th rowspan="2">数量</th><th rowspan="2">计划</th><th rowspan="2">实际</th><th colspan="3">第一次</th><th rowspan="2">…</th><th rowspan="2">…</th><th rowspan="2">数量</th><th rowspan="2">金额</th><th colspan="2">节约</th><th colspan="2">超支</th></tr>
<tr><th>日期</th><th>数量</th><th>领料人</th><th>数量</th><th>金额</th><th>数量</th><th>金额</th></tr>
<tr><td></td><td></td><td></td><td></td><td></td><td></td><td></td><td></td><td></td><td></td><td></td><td></td><td></td><td></td><td></td><td></td><td></td><td></td><td></td></tr>
<tr><td></td><td></td><td></td><td></td><td></td><td></td><td></td><td></td><td></td><td></td><td></td><td></td><td></td><td></td><td></td><td></td><td></td><td></td><td></td></tr>
<tr><td></td><td></td><td></td><td></td><td></td><td></td><td></td><td></td><td></td><td></td><td></td><td></td><td></td><td></td><td></td><td></td><td></td><td></td><td></td></tr>
</table>

单位负责人：　　施工员：　　材料员：　　发料人：

第六节　周转材料及工具管理

一、周转材料及工具的含义

周转材料及工具指在施工生产中可以反复使用，而又基本保持其原有物质形态的特殊材料。周转材料及工具就其作用看，属于劳动资料，在使用过程中不构成建筑产品实体，而是在多次反复使用过程中逐步磨损和消耗。周转材料是一种工具性质的特殊材料。

周转材料及工具与一般建筑材料相比较，其价值转移方式不同。建筑材料的价值一次性全部转移到建筑产品价格中，并从销售收入中得到补偿。周转材料及工具依据在使用中的磨损程度，逐步转移到产品价格中，从销售收入中逐步得到补偿。垫支在周转材料及工具上的资金，一部分随着价值转移脱离实物形态而转化成货币形态；另一部分则继续存在于实物形态中，随着周转材料及工具的磨损，最后全部转化为货币准备金而脱离实物形态。

周转材料及工具由于单位价值较低，且使用周期短，将其视作特殊材料归为材料部门管理，而不列作固定资产管理。

二、周转材料管理

(一) 周转材料分类

施工生产中常用的周转材料包括定型组合钢模板、滑升模板、胶合板、木模板、竹木脚手架板、安全网、挡土板等。

1. 按周转材料的自然属性分

(1) 钢制品　如钢模板、钢管脚手架等。

(2) 木制品　如木脚手架、木跳板、木挡土板、木制混凝土板等。

(3) 竹制品　如竹脚手架、竹跳板等。

(4) 胶合板　如竹胶板、木制胶合板等。

2. 按周转材料的使用对象分

(1) 混凝土工程用周转材料　如钢模板、木模板等。

(2) 结构及装饰工程用周转材料　如脚手架、跳板等。

(3) 安全防护用周转材料　如安全网、挡土板等。

(二) 周转材料管理的内容

1. 使用

周转材料的使用是为施工生产过程对周转材料进行拼装、运用、拆除的过程。

2. 养护

养护指除却灰垢、涂防锈剂或隔离剂，保持周转材料的可用状态。

3. 维修

维修是对损坏的周转材料进行修复，使其恢复原有功能。

4. 改制

改制对损坏或不再用的周转材料，按照新的要求改变其外形。

5. 核算

核算即对周转材料的使用状况进行反映和监督。

(三) 周转材料管理的方法

周转材料管理方法有很多，如租赁法、费用承包法、实物量承包法等。下面介绍几种周转材料的管理方法。

1. 木模板的管理

木模板用于混凝土构件的成型，它可以拼成各种形状的模子，使浇灌的混凝土成为各种需要的形状。木模板是建筑企业常用的周转材料。

(1) 制作和发放

木模常用统一配料、制作、发放的管理方法。现场需用木模板，事先提出计划需用量，由木工车间统一配料制作，发放给使用单位。

(2) 保管

木模板可以多次使用，使用中保管维护由使用单位负责。包括安装、拆卸、整理等工作。实行节约有奖、超耗受罚的经济责任制。

木模板的管理实行“四统一”、“四包”管理法。“四统一”的集中管理法即统一管理、统一配料、统一制作、统一回收，无条件统一制作的也可“三统一”。“四包”即班组包制作、包安装、包拆除、包回收。

(3) 核算

木模板在使用过程中都会产生一定量的损耗，要按磨损程度计价核算。

1) 定额摊销法

按完成的混凝土实物工程量和定额摊销计价。用这种核算方法，一定要分清发放和回收的木模板的新旧成色，按新旧成色计价。

2）租赁法

按木模板的材质、规格、成色等，分别制定租赁标准，使用单位租用期间按标准核算租赁费，作为计价依据。

3）五五摊销法

即新木料制作的模板，第一次投入使用摊销原值的50%，余下的50%价值直到报废时再行摊销。

另外，还有原值摊销法，余额摊销法等。

2. 组合钢模的管理

组合钢模是按模数制原理设计制作的钢制模板。主要优点有：重量轻，便于搬运，使用灵活，配备标准，便于拼装成各种模型，通用性强。组合钢模主要由钢模板和配套件组成。其中钢模板视其使用部位分为平面模板、转角模板、梁腿模板、搭接模板等。

组合钢模板使用时期长，磨损小，在管理和使用中通常采用租赁的方法。租赁一般要进行以下工作：确定管理部门，一般集中在分公司一级；核定租赁标准，按日（旬、月）确定各种规格模板及配件的租赁费；确定使用中的责任，如使用者负责清理、整修、涂油、装箱等；奖惩办法的制定。

租用模板应办理相应的手续，通常签订租用合同。如表10-20所示。

租赁标准，即租金应根据周转材料的市场价格变化及摊销要求测算，使之与工程周转材料费收入相适应。测算公式为：

$$日租金 = \frac{月摊销费 + 管理费 + 保管费}{月度日历天数}$$

组合钢模租用合同 **表10-20**

供应方：

租用方： 年 月 日

品种	规格	单位	数量	起用日期	停用日期	租用时间（天）	租用金额		备注
							单位（元/天）	合计（元）	

租方： 供方：

经办人： 经办人：

注：本合同一式 份，双方签字盖章后生效。

3. 脚手架料的管理

脚手架是建筑施工中不可缺少的重要的周转材料，脚手架的种类很多，主要有木脚手架、竹脚手架、钢管脚手架、门式脚手架、角钢脚手架、金属吊篮架等。其中木脚手架和竹脚手架限于资源问题，以及绑扎工艺落后，现已较少使用，大量使用的是各种钢制脚手架。

钢制脚手架的磨损小，使用期长，多数企业都采取租赁的管理方式（具体方法和钢模板类似），集中管理和发放，提高利用率。

钢制脚手架使用中的保管工作十分重要，是保证正常使用的先决条件。为防止生锈，钢管要定期刷漆，各种配件要经常清洗上油，延长使用寿命；每使用一次，要清点维修，弯曲的钢管要矫正；拆卸时不允许高空抛摔，各种配件拆卸后要定量装箱，防止丢失。

三、工具管理

（一）工具的分类

1. 按工具的价值和使用期限划分

(1) 固定资产工具　指单位价值达到固定资产标准，使用年限在一年以上的工具。如5吨以上的千斤顶、测量用仪器。

(2) 低值易耗工具　指单位价值低于固定资产标准，使用年限在一年以内的工具。如手电钻、灰桶、砖工用砖刀。

(3) 消耗性工具　指单位价值很低（五元以下）或使用后无法回收作多次使用的工具。如扫帚、油漆刷。

2. 按工具的使用范围划分

(1) 专用工具　根据施工生产特殊需要而专门加工制作的工具。如游标卡尺、射钉枪。

(2) 通用工具、定型工具　如扳手、钳子。

3. 按工具的使用方式划分

(1) 个人使用工具　指个人随手使用的工具。如瓦工、木工、抹灰工等工种的工人个人使用保管的工具。如砖刀、抹子、电笔。

(2) 班组共用工具　指工人班组共同使用保管的工具。如灰桶、水管。

4. 按工具产权划分

按产权划分为：自有工具、私有（个人拥有）工具、借入工具、租赁工具等。

（二）工具管理的内容

1. 工具储存管理

工具验收入库后，应按品种、质量、规格、新旧、残损程度分开存放。对库存工具应进行维修保养，以便延长工具使用寿命，使其保持可用状态。

2. 工具发放管理

按定额发放工具，做好记录。

3. 工具使用管理

按不同工具制定使用技术规程和规则，督导班组按工具用途和性能合理使用。

（三）工具的管理方法

1. 工具费津贴法

工具费津贴法是指对于个人使用的随手工具，由个人自备，企业按实际作业的工日发给工具磨损费。它利于增强使用者的责任心，使其爱护自己的工具。

2. 定额包干法

定额包干法指对低值易耗性工具，据劳动组织和工具配备标准，在总结分析历史消耗水平的基础上，核定工具的磨损费定额，按定额发放工具给班组或个人包干使用。核定时可以按班组的作业时间为计算单位,也可按实物工程为计算单位。采用这种方法,节约有奖,超出受罚。此法适用于除固定资产工具和实行工具费津贴法的随手工具以外的所有工具。

3. 临时借用法

对于定额包干以外的工具，可采用临时借用法。即需用时凭一定的手续借用，用完后归还。

4. 工具租赁法

工具的租赁是不改变工具所有权的条件下，有偿向工具使用者提供工具使用权的工具管理方式。除消耗性工具和实行工具费津贴以外的所有工具都可采用工具租赁法。

采用工具租赁法应注意正确测算租赁单价，签订租赁协议，设立《租金结算台账》。

四、劳动保护用品的管理

劳保用品指施工生产过程中为保护职工安全和健康必须的用品。它包括措施性用品、如安全网、安全带、安全帽、防毒口罩、绝缘手套、电焊面罩等；个人劳动保护用品，如工作服、雨衣、雨靴、手套等。应按各省市劳动条件和有关标准发放。

劳动保护用品的发放管理要求建立劳保用品领用手册；设置劳保用品临时领用牌；对损毁的措施性用品应填制报损报废单，注明损毁原因，连同残余物交回仓库。

劳动保护用品在核算上采取全额摊销、分次摊销或一次列销等形式。一次列销主要指单位价值很低、易耗的手套、肥皂、口罩等劳动保护用品。

本 章 小 结

本章较全面地介绍了建筑企业材料管理的主要业务工作。

1. 材料管理中所指的材料，包括建筑工程施工中的劳动对象和部分价值较低、使用时间较短的劳动资料。材料管理指围绕建筑材料供应所开展的各项工作，包括流通过程的管理和生产过程的管理两部分。

2. 材料消耗定额是材料管理的重要基础工作，正确制定材料消耗定额是用好定额的关键。制定材料消耗定额的方法有五种。

3. 材料计划是开展各项材料业务工作的依据。建筑企业材料计划的种类繁多，主要的材料计划及相互关系是：根据图纸、消耗定额、施工进度编制需用计划；根据需用计划、储备定额、实际库存编制供应计划；根据供应计划和市场条件编制订货计划、采购计划、运输计划等。

4. 材料采购是流通过程材料管理的重要工作。材料采购的重点是决策，包括选择供应单位、选择订购时间和批量。采购到的材料必须经过运输才能到达企业，要认真选择恰当的运输方式和工具。

5. 建筑企业所需材料，相当一部分要经过入库中转。建筑企业的储备管理包括储备定额制定和仓库管理两部分。储备管理主要是库存量的管理，它通过储备定额来管理材料。仓库管理分为库房布局规划和日常业务工作两大部分。库房布局主要是选址和面积测算问题，日常业务工作包括验收、保管、保养、库存控制、出库等。

6. 周转材料和工具的管理有其自身的特点，反映为实物周转使用，多次发放与回收；价值多次摊销进成本。

复习思考题

1. 基本概念：物资　材料　材料管理　材料消耗定额　有效消耗　工艺损耗　储备定额　经常储备　保险储备　季节储备　经济批量　定量订购法　定期订购法　五五摆放法　四号定位法　ABC 分类法　周转材料

2. 材料管理有哪些主要内容？

3. 建筑企业材料供应有哪些方式？

4. 材料消耗定额有什么作用？

5. 材料消耗预算定额和施工定额有什么异同？

6. 按用途划分的各类材料计划之间有什么关系？

7. 材料采购的原则是什么？

8. 购销合同有哪些必备条款？

9. 各类材料储备之间有什么关系？

10. 选择仓库位置有哪些原则？

11. 材料入库验收，应检查哪些项目？

12. ABC 管理法有什么特点？

13. 周转材料管理有哪些特点？

14. 工具有哪些常见的管理方法？

15. 某建筑公司某年钢材入库记录如下，次年钢材总需求量 950t，试求经常储备定额和保险储备定额。

入库日期	10/1	12/2	21/3	8/4	20/5	10/6	20/7	9/8	14/9	25/10	16/11	20/12
入库量（t）	60	40	68	68	75	59	65	70	60	75	65	60

16. 某企业在计划年度内计划平均每天耗用 A 种材料 0.5t，该材料单价 1600 元/t，平均每次订购费 70 元，年仓储费率 4%，试求经济订购批量、订购周期和订购次数。

17. 设订购期为 11 天，试按（15）题的计算结果确定订购点。

18. 设 12 月 31 日实际库存 35t，计划 1 月 8 日进货，试按（15）题的资料计算 12 月 31 日的订购批量。

第十一章　机 械 设 备 管 理

机械设备，是建筑企业的主要劳动手段，是从事建筑产品生产活动必须的基本要素。建筑企业机械设备管理，是对机械设备从购置投入使用，实施维修保养，直到报废退出企业的运动全过程的管理。机械设备管理的主要内容有：机械设备的选择及配置，机械设备的正确使用、维修、更新，机械设备管理制度，机械操作人员技术培训等。本章主要介绍建筑企业机械设备管理基本理论和主要内容。

第一节　机械设备的购置与租赁

要提高机械化施工程度，建筑企业必须有计划地提高技术装备水平，即逐步补充新设备，原有设备随着使用年限增加及时更新。这些都需要通过机械设备的购置或租赁活动来完成。机械设备的配置，是有计划提高企业技术装备水平的一项重要工作，也是机械设备管理的首要环节。

一、机械设备配置的原则

提高技术装备水平，应根据企业的实际能力和施工生产的实际需求，有选择地配置经济适用的机械设备。选择机械设备，必须考虑企业是否急需和机械的技术、经济性能是否先进配套。

（一）先进适用，安全可靠，经济合理原则

先进适用，即机械设备性能良好，能适应复杂的现场条件，能完成要求机械作业的施工生产任务。

安全可靠，即机械设备在运转过程中本身的可靠性，以及运转过程中产生的噪音、废气、振动、粉尘等对人和物的危害，不能超过国家规定的标准。

经济合理，即在保证施工进度、质量、安全的条件下，选择费用较低的机械设备，达到降低成本的目的。

（二）优化组合，成龙配套原则

机械设备的购置和使用需要做好优化组合，成龙配套，其目的是提高机械设备利用率，发挥机械施工的优势，提高劳动生产率。这就需要处理好三方面的关系：其一，机械设备与机械施工任务的关系，即所配置机械必须能完成所要求完成的任务；其二，机械设备之间的关系，即机械设备功能应按机械协同作业的要求配套，防止单机能力过剩现象的发生；其三，机械设备与操作、维修人员的关系，即配备足够的专业人员进行操作、维修，确保机械设备的正常使用。

二、机械设备配置的方法

机械设备可通过购置、租赁、自制等方式配置。

（一）购置

建筑企业根据施工生产需要，从市场选购所需机械设备。

（二）租赁

建筑企业因资金不足或短暂需要，可以向机械设备租赁市场租借所需机械设备，付给出租企业租金。租赁分为经营性租赁和融资性租赁两种形式。经营性租赁是付给出租方租金，机械使用完毕退还出租方。融资性租赁是付给出租方租金后，租赁期满，机械设备所有权由出租方直接转移给承租方。

（三）自制

建筑企业对简单机械设备自行设计、自行生产、或对原有机械设备自行组织力量进行技术改造，提高其性能，但对自制机械必须确保安全。

三、机械设备购置与租赁的选择

机械设备配置时，选用购置或租赁方法，主要从下述几方面考虑。

（一）资金储备量

购置机械设备，需占用企业大量的流动资金。若企业资金储备不多，势必造成企业流动资金短缺，影响流动资金周转，此时可采用租赁方式，否则宜购置机械设备，以降低成本。

（二）使用期限

若所需机械设备在企业中的使用期限较短，任务完成后将有较长时间停用甚至不再需用，应采用经营性租赁方式租入所需机械设备。若使用期限较长，企业宜采用购置方式购入机械设备。若使用期限较长，但企业资金储备量不足，可采用融资性租赁方式租入所需机械设备。

（三）使用成本

若某工程项目需要施工机械，但工程远离公司基地，要将施工机械运达工地，需较多的运费。这时应从该工程项目使用成本的角度比较使用自有机械、购置新机械、租赁机械何者更经济而定。

四、机械设备购置的决策方法

购置机械设备时要决定购置何种设备，即购置机械设备的决策。购置机械设备决策也称技术装备决策。决定机械设备是否先进的指标很多，所以技术装备的方法也有很多。

（一）年等值成本法

年等值成本法是以年等值成本为选择机械设备标准的方法。

年等值成本，指机械设备使用期限内，将购入价格（包括按复利计算的利息）减去残值（包括按复利计算的利息）加上平均使用费，均匀摊入每年的成本。

年等值成本计算公式如下：

$$\begin{matrix}\text{设备年}\\\text{等值成本}\end{matrix}=\begin{matrix}\text{设备购}\\\text{入价格}\end{matrix}\times\begin{matrix}\text{资金回}\\\text{收系数}\end{matrix}-\text{残值}\times\begin{matrix}\text{偿还基}\\\text{金系数}\end{matrix}+\begin{matrix}\text{设备年}\\\text{使用费}\end{matrix}$$

式中　设备购入价格指原始价值；设备年使用费指设备在使用期限内，每年平均支付的经常性费用，包括安拆、运输、动力、人工及维修费；残值指使用寿命结束时，设备残余的价值；资金回收系数及偿还基金系数按下列公式分别计算

$$\text{资金回收系数}=\frac{i(1+i)^n}{(1+i)^n-1}$$

$$偿还基金系数 = \frac{i}{(1+i)^n - 1}$$

式中　i——银行年利率

　　　n——设备使用年限

年等值成本法的决策思想是：设备的购入价格作为一笔贷款，要求在设备使用期限内均匀偿还本利，每年偿还的金额就是折旧费，折旧费加上年使用费构成年等值成本。比较年等值成本，以较小者为选择对象。

公式中"设备购入价格×资金回收系数"，表示设备原值和按复利计算的利息均匀摊入每年的金额；"残值×偿还基金系数"，表示每年应从成本中扣出的残值（包括按复利计算的利息）金额；"设备年使用费"表示设备平均每年的经常费用。

【例 11-1】　设有甲、乙两种设备。甲的购入价格 22000 元，使用寿命 10 年，年平均使用费 1000 元，报废时残值 800 元；乙的购入价格 25000 元，使用寿命 12 年，年平均使用费用 800 元，报废时残值 500 元。银行利率 9%。试决定应购买何种设备。若只使用 1 年，年租金 2500 元，年使用费 1000 元，试决定购买还是租赁。

【解】

$$甲设备年等值成本 = 22000 \times \frac{0.09\times(1+0.09)^{10}}{(1+0.09)^{10}-1} - 800 \times \frac{0.09}{(1+0.09)^{10}-1} + 1000 = 4375（元）$$

$$乙设备年等值成本 = 25000 \times \frac{0.09\times(1+0.09)^{12}}{(1+0.09)^{12}-1} - 500 \times \frac{0.09}{(1+0.09)^{12}-1} + 800 = 4266（元）$$

计算结果表明，应该购买乙种设备，它的年等值成本比甲低 109 元。

若租赁，

$$年租金及使用费 = 2500 + 1000 = 3500（元/年）$$

因租赁使用成本较自有的年等值成本低，应租赁。

（二）单位工程量成本法

单位工程量成本法是以完成单位工程量的成本支出为选择机械设备标准的方法。

机械设备的成本按其性质可以分为固定成本和变动成本两部分。

固定成本包括：一定时期机械设备应计提的折旧费、大修理费、购买机械设备贷款的利息、固定资产占用费、设备的保管费等。固定成本按一定时期计提，以一定比例摊入工程成本之中，不受机械设备在计提期内操作时间变化的影响。

变动成本包括：机上人工费、燃料动力费、小修理费、按操作时间计算的管理费等。变动成本随机械设备操作时间的增减而变动。

单位工程量成本计算公式如下：

$$C_d = \frac{F + VX}{X \cdot Q}$$

式中　C_d——单位工程量成本；

　　　F——一定时期机械的固定成本；

　　　V——单位时间的变动成本；

　　　X——机械在一定时期内的实际作业（操作）时间；

Q——机械单位作业时间的产量。

公式中，虽然以成本为选择机械设备的标准，但它同时考虑了机械设备的生产效率、利用时间等指标，具有一定的综合评价作用。

【例 11-2】 有甲、乙两种设备。甲的月固定成本 7000 元，每小时变动成本 30 元，每小时产量 $45m^3$；乙的月固定成本 8000 元，每小时变动成本 25 元，每小时产量 $50m^3$。月度平均作业 200 小时，问应选择何种设备？

【解】 分别计算两种设备的单位工程量成本：

$$甲设备的单位工程量成本 = \frac{7000 + 30 \times 200}{45 \times 200} = 1.44（元/m^3）$$

$$乙设备的单位工程量成本 = \frac{8000 + 25 \times 200}{50 \times 200} = 1.30（元/m^3）$$

从上述计算看，乙种设备和甲种设备相比，每完成一立方米工程量可节约成本 0.14 元，应选乙设备。

（三）界限时间比较法

界限时间比较法以机械设备单位工程量成本相等的作业时间为选择标准。

设备单位工程量成本相等的作业时间，称为界限时间。有时，一部设备看来固定费用比较高，但由于有效作业时间长，分摊到单位工程量的成本反而低；反之亦然。各种设备的单位工程量成本随操作时间变化的幅度不一样，用界限时间可以决定选用何种设备。

两种设备的界限时间为

$$\frac{F_a + V_a X}{Q_a X} = \frac{F_b + V_b X}{Q_b X}$$

$$X = \frac{F_b Q_a - F_a Q_b}{V_a Q_b - V_b Q_a}$$

式中 X——界限时间；

F_a、F_b——A、B 两种设备的固定成本；

V_a、V_b——A、B 两种设备的变动成本；

Q_a、Q_b——A、B 两种设备的产量定额。

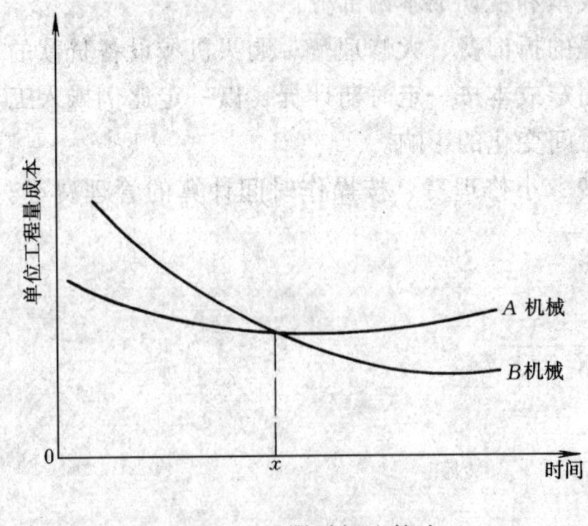

图 11-1 界限时间比较法

界限时间（X）的意义可用图 11-1 表示。

在上述公式中，容易证明：

如果（$F_b Q_a - F_a Q_b$）>0 且（$V_a Q_b - V_b Q_a$）>0，使用时间低于 X，应选择 A 设备，反之则应选择 B 设备；

如果（$F_b Q_a - F_a Q_b$）<0 且（$V_a Q_b - V_b Q_a$）<0，使用时间低于 X，应选择 B 设备，反之则应选择 A 设备。

如果计算出来的是负数，说明在图 11-1 中两条曲线没有交点，即不存在界限时间。无论作业时间长短，始终有一种设备的单位工程量成本低于另一种设备的单位工程量成本。

【例 11-3】 试求［例 11-2］中两种设备的使用界限时间

【解】 设甲设备为 a，利用界限时间公式计算：

$$X = \frac{F_b Q_a - F_a Q_b}{V_a Q_b - V_b Q_a}$$

$$= \frac{8000 \times 45 - 7000 \times 50}{30 \times 50 - 25 \times 45}$$

$$= 26.7 \text{（小时/月）}$$

即，每月作业 26.7 小时，两种设备的单位工作量成本相等。因为：

$$F_b Q_a - F_a Q_b = 8000 \times 45 - 7000 \times 50 = 1000 > 0$$

$$V_a Q_b - V_b Q_a = 30 \times 50 - 25 \times 45 = 375 > 0$$

故作业时间如果低于 26.7 小时，应选择甲设备；反之则应选择乙设备。

（四）综合评分法

前几种方法可以考虑机械设备的某一性能指标，但不够全面。机械设备的优劣，表现为综合性能高低，决策时应全面评价各项性能指标，选择多个目标作为决策标准。即进行多目标决策。

【例 11-4】 某建筑企业需购置一台施工机械；有甲、乙两种型号可供选择，其资料数据见表 11-1，试用综合评分法决定应购置何种型号的设备。

【解】 按综合评分法的要求：

第一步，选择评价指标。选择指标时应考虑技术指标和经济指标，最好各占百分之五十。

第二步，确定各项指标的等级系数。等级系数越大，说明该项指标对设备综合性能的影响越大。

第三步，对各项指标评分。

对于定量指标，以条件最好的为满分，其他可按比例计算。

1. 购入价格：甲型设备的购入价 70000 元最低，计 10 分；如果高出甲型设备价一倍的计 0 分，则乙型设备购入价 90000 元就应得分（$10 - \frac{9-7}{7} \times 10$）$= 7.14$ 分。

2. 生产效率：乙型设备的生产效率每台班 $120m^3$，计 10 分；甲型设备的生产效率每台班 $80m^3$ 应得分 $\frac{8}{12} \times 10 = 6.67$ 分。

3. 年使用费：乙型设备年使用费 8000 元最低，计 10 分；如果高出 8000 元一倍的计 0 分，则甲型设备年使用费 10000 元应得分（$10 - \frac{10-8}{8} \times 10$）$= 7.5$ 分

4. 使用年限：乙型设备使用年限 12 年最长，计 10 分，甲型设备使用年限 10 年应得分 $\frac{10}{12} \times 10 = 8.33$ 分。

对于定性指标，应按性能定出等级，然后评分。

第四步：计算各项指标的得分：

$$\text{指标得分} = \text{指标等级系数} \times \text{指标评分}$$

第五步：计算各型号设备的综合得分：

$$设备综合得分 = \Sigma 各项指标得分$$

第六步：比较各设备的综合得分，以较多者为选择对象。

本例所有计算结果见表 11-1。因乙型设备综合得分高于甲型号设备，故应选择购置乙型号设备。

机械设备综合评分表 **表 11-1**

序号	指标		甲型设备			乙型设备		
	项目	等级	资料	评分	得分	资料	评分	得分
1	购入价格（元）	13	70000	10	130	90000	7.14	92.82
2	生产效率（m^3/台班）	13	80	6.67	86.71	120	10	130
3	年使用费（元）	10	10000	7.5	75	8000	10	100
4	使用年限（年）	9	10	8.33	74.97	12	10	90
5	工作质量	11	较好	8	88	较好	8	88
6	安全性能	11	一般	6	66	较好	8	88
7	节能性能	9	较好	8	72	一般	6	54
8	维修性能	8	较好	8	64	一般	6	48
9	灵活性	8	较好	8	64	一般	6	48
10	利用程度（%）	8	70	10	80	65	9.29	74.32
综合得分			—		800.68	—		813.14

第二节 机械设备的日常管理

建筑企业的机械设备，只有投入使用，才能发挥作用。加强机械设备的日常管理，可以促使正确、合理地使用机械设备，减轻机械设备磨损，保持良好的工作性能，延长其使用寿命，充分发挥机械设备的效率，以提高机械设备使用的经济效益。

机械设备的日常管理，应重点抓好以下几项工作：

一、正确选用机械设备

正确选用合适的设备是机械设备使用的第一个环节。选用时坚持以下原则：

（一）符合实际需要的原则

选用的机械设备必须符合施工生产的实际需要。建筑产品的种类很多，有各自的特点和施工方法，对施工机械的要求也不相同。选用机械设备时，应根据工程的特点和不同的施工方法，确定适用的机型和数量，以满足施工生产的需要。如果选用不当，会使施工生产受到影响，或者造成机械设备的浪费。

（二）配套供应的原则

施工中的施工机械必须配套作业才能发挥出好的效率。如土方施工，除了推土机外，还应据现场情况配置适当的挖土机、铲运机、装载机、汽车等。因而，选用机械要注意配套供应。配套供应机械，不是把几种机械简单组合，必须根据各种机械的生产效率计算出它们之间的组合比例，按比例配套供应。否则，就会形成配套不当，造成机械功能的浪费。

（三）实际可能的原则

选用机械设备在按实际需要配套供应时，还应结合企业实际拥有机械设备的状况。否则，即使选用的机械设备很理想，也会因为没有供应能力而无法实现。实际可能的原则要求在选用机械设备时，按生产需要和生产能力相平衡的原理，确定出合理的机种、型号和数量。

（四）经济合理的原则

提高经济效益是企业经营管理工作的中心任务，选用机械设备应以经济合理为基本原则。选用机械设备时应设计多个在技术上能满足施工生产要求而又有供应能力的可行方案，然后以经济效益为标准加以比较，从中选择出最优的实施方案。

二、建立健全机械设备的使用制度

机械设备的使用制度，是正确使用机械设备的基础。主要有以下几种：

（一）“三定”制度

“三定”制度即人机固定的岗位责任制度。所有机械设备，都固定操作人员（或机组），并明确岗位责任。实行“三定”制度，将机械设备使用效益与个人利益联系起来，从而调动操作人员的积极性，增强责任心，利于设备的保养、维修和正确使用。

（二）操作证制度

上岗操作机械设备的人员，必须经过技术培训，取得操作证后，才能上机操作，否则按违章处理。实行操作证制度，利于促进操作人员钻研技术，保证机械设备的正确使用。

（三）交接班制度

机械设备交班时，交班作业人员应向接班人员交待设备的运转情况，故障的处理记录等；接班人员应全面检查设备的状况，有疑问要及时提出，以分清责任，保证设备正常运转。

（四）单机（或机组）核算制度

单机（或机组）核算就是以设备或机组为单位，考核生产效率、消耗费用、保修费用等，以此作为考评操作人员工作成绩的依据。它是提高机械设备管理水平的重要措施，也是岗位责任制的表现。

（五）奖惩制度

根据机械设备的使用效果检查、评比的结果实施奖惩，以鼓励先进，鞭策后进。奖惩制度应与“三定制度”、单机核算制度结合起来，提高奖惩的效果。

三、严格执行机械设备使用中的技术规定

（一）技术试验的规定

凡是新购置、新制造、或经过大修、改装的机械设备，都必须进行技术试验，确认合格后才能投入使用。其目的在于测试机械设备的技术性能，安全性能和工作性能。

（二）走合期的规定

新的或大修后的机械设备，使用初期都必须执行走合期的规定。新购置、新制造，或经过大修、改造的机械设备，在使用初期零件的表面光洁度不够，间隙及啮合面尚末达到良好配合，必须经过一段时间磨合后才能达到良好的配合状态。在使用初期对操作提出了一些特殊的要求（如限载、减速、加强保养等），这些规定称为走合期规定。执行走合期规定的目的是减小机械设备初期的磨损程度，提高机械设备运行的可靠性和经济性，延长大修间隔时间和使用寿命。

（三）季节性使用的规定

建筑机械多数是露天作业，受气候影响大，特别是冬季应采取相应的技术措施加强机械设备的保护。如预热保温、换用冬季润滑油等。

四、建立机械设备技术档案

机械设备技术档案是机械设备使用过程的历史记录，反映了机械设备物质运动的变化规律，是使用、维修设备的重要依据。机械设备使用过程中必须逐台建立技术档案，进行全面记载。

机械设备技术档案的主要内容有：

1. 机械设备的原始技术文件，如出厂合格证、使用保养说明书、附属装置、易损零件、图册等；
2. 机械设备的技术试验记录；
3. 机械设备的验收交接手续；
4. 机械设备的运转记录、消耗记录；
5. 机械设备的维修记录；
6. 机械设备的事故分析记录；
7. 机械设备的技术改造等有关资料；
8. 其他。

五、建立机械设备的登记账册

机械设备是建筑企业最主要的固定资产，必须登记注册，加强管理，以保证资产的完整性。

（一）机械设备的分类与编号

建筑企业使用的机械设备品种繁多，为便于管理和选用设备，需要对机械设备进行分类和编号。

1. 机械设备的分类

《施工企业固定资产目录》将固定资产为分房屋及建筑物，试验设备及仪器，施工机械，运输机械，生产设备，其他固定资产共六大类。其中的施工机械、运输机械、生产设备是机械设备管理的主要范围。建筑机械设备分为生产性机械设备和非生产性机械设备两大类。

生产性机械设备分为施工机械、运输机械、动力设备、加工维修设备、其他机械设备等几个大类。为方便管理，每一大类又分为若干小类，如施工机械中可分成吊装机械、土石方机械等；每一小类又分成若干组别，如土石方机械可分成挖土机、推土机等；每一组又可根据机械的性能及型号分成若干型式，如挖土机又可分为反铲、正铲等。

2. 机械设备的编号

在机械设备分类的基础上，进行统一编号管理。一般有两种编号形式：

（1）企业固定资产编号；

（2）机械设备的型号编号。

固定资产编号主要用于设备管理工作，型号编号主要体现设备的技术性能。此处只按固定资产编号讲述。

机械设备固定资产编号一般由企业主管部门统一规定，常采用两节数编号法。第一组数码共 4 个数字由建设部统一规定，第二组数码由省级建设厅统一规定。基本原理如图 11-2 所示。

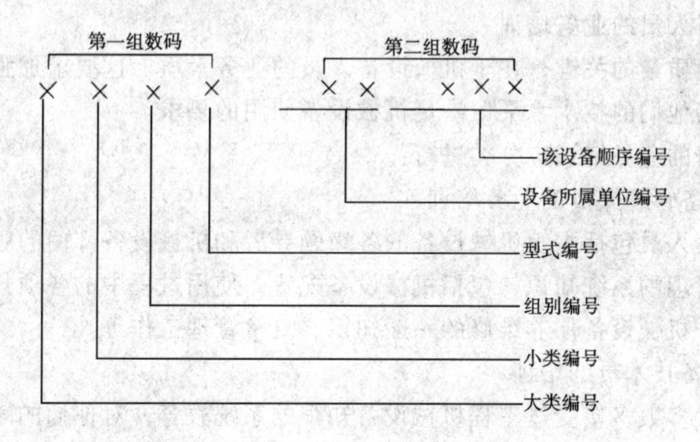

图 11-2　机械设备编号示意

（二）设备的建账与登记

为了随时掌握企业拥有机械设备的各种情况，必须进行建账登记。建筑企业机械设备的主要账卡有：

1. 机械设备总台账

机械设备总台账是登记机械设备总台数的账。主要内容包括：设备编号、名称、厂牌、型号、动力、出厂日期、原值、拥有台数等。机械设备总台数全面反映企业拥有设备的基本情况。

2. 机械设备分户台账

机械设备分户台账是按设备型号单列的台账。主要内容包括：设备的增减、分布等。机械设备分户台账反映各种型号设备的使用动态，完整记录设备的调出调入、总功率及分布等。分户台账应和总台账相一致。

3. 机械设备卡片账

机械设备卡片账是按单机设立的一种记录。内容包括设备的性能，以及使用过程的各种记录，如原值、净值、折旧、使用日期、大修理记录、注销年限等。它比台账更详细地记载了某台设备的各种情况。

账、卡是机械设备管理的基础工作，应予以足够重视。经过一段时间后，应清查盘点，核实账卡反映的设备数量、分布和价值。做到账卡相符、账物相符。

（三）机械设备的调拨与报废

1. 机械设备的调拨

施工生产的不均衡性，使原配置的机械设备可能因任务的变化而闲置或短缺，需要通过调拨来解决余缺，充分发挥机械设备的效能，提高机械设备利用率。

机械设备的调拨指企业内部所属各单位之间的调动。内部调拨的机械设备的产权仍属企业所有，使用单位发生了变化。内部调拨是无偿的，但调拨双方应办理手续，分清责任。实行内部承包责任制的企业，调拨设备还应分清经济责任。

2. 机械设备的报废

机械设备因事故、侵蚀等原因致使损坏而无法修复，或因技术、经济性能落后而无使用价值或使用消耗过大已不能满足使用要求，就应报废。机械设备报废是机械设备类固定资产管理的最后一个环节。设备报废，就退出固定资产行列，设备的账卡也予以注销。

六、机械设备人员的业务培训

机械设备使用质量的关键，在于机械设备人员的业务素质。这要求加强机械设备人员的业务培训，提高他们的技术水平，满足机械设备使用的要求。

机械设备人员的业务培训应分类进行：

（一）机械设备管理人员的业务培训

机械设备管理人员包括主管机械设备的各级领导者和机械设备部门的管理人员。他们应掌握机械设备管理的系统知识，包括机械设备配置，使用过程中的各项规章制度，机械设备的正确使用，机械设备保养维修的一般知识，日常管理工作等。

（二）机械设备技术员的培训

机械技术员大多数多接受过工程机械设备知识的系统教育，对他们的培训要抓住知识更新这个环节，帮助他们不断掌握新的知识，开发新技术，推动企业机械设备的技术改造，充分挖掘设备潜力。

（三）机械设备操作维修人员的培训

机械设备操作人员的培训要求是，基本技术理论和基本操作能达到本工种、本等级相应的水平，熟悉操作规程和操作技术，能正确地操作机械设备和排除故障；实际工作中要求达到“四懂三会”的水平，即懂机械原理、构造、性能、用途，会操作、维修、排除故障。维修人员的培训要求是，基本维修知识和技能达到本工种相应的技术等级水平，熟悉机械设备的构造原理、维修技术和质量标准，能正确维修机械设备；实际工作中做到“三懂四会”，即懂技术要求、质量标准、验收规范，会拆检、修理组装、调试、鉴定。

七、机械设备考核指标

为加强机械设备管理，应建立考核指标体系，以便掌握机械设备的装备、完好、利用情况。机械设备考核指标主要有下述几类。

（一）考核机械装备水平和机械化程度的指标

1. 技术装备率

技术装备率，又称技术装备程度，指企业每个职工（或每个工人）平均占有的机械设备价值。它是反映企业机械装备水平的综合指标。计算公式如下：

$$技术装备率=\frac{年末自有机械设备净值}{年末全部职工或工人人数}$$

2. 动力装备率

动力装备率，又称动力装备程度，指企业每个职工（或每个人）平均占有的机械设备动力数。它是反映企业装备水平的具体指标。计算公式如下：

$$动力装备率=\frac{年末自有机械设备动力数}{年末全部职工或工人人数}$$

3. 工种工程机械化程度

工种工程机械化程度，指通过机械施工完成的实物工程量与该项工程完成的全部实物工程量的比率。它反映施工中用机械代替体力劳动的程度。计算公式如下：

$$工种工程机械化程度=\frac{某工种工程机械完成的实物工程量}{某工种工程完成的全部实物工程量}\times 100\%$$

4. 综合机械化程度

综合机械化程度指机械施工完成的全部实物工程量与实际完成的全部实物工程量之比。它全面反映企业机械化程度。计算公式如下：

$$综合机械化程度=\frac{\Sigma\left(\begin{array}{c}某工种工程机械\\完成的实物工程量\end{array}\times\begin{array}{c}该工种工程的定\\额工日折算系数\end{array}\right)}{\Sigma\left(\begin{array}{c}某工种工程实际完\\成的全部实物工程量\end{array}\times\begin{array}{c}该工种工程的定\\额工日折算系数\end{array}\right)}\times 100\%$$

（二）考核机械效率的指标

1. 装备生产率

装备生产率指报告期自有机械设备净值与报告期自行完成的总产值或施工产值之比。它反映企业机械设备在施工生产中创造价值的大小。计算公式如下：

$$装备生产率=\frac{全年自行完成的总产值或施工产值}{年末全部机械设备净值}$$

2. 机械效率

机械效率指机械设备定额能力与完成产量之比。它是一个综合指标，反映主要机械设备生产能力发挥程度。计算公式如下：

$$机械效率=\frac{报告期同类机械实际完成产量}{报告期同类机械定额产量}\times 100\%$$

（三）考核机械设备管理水平的指标

1. 机械设备完好率

机械设备完好率指报告期内机械设备完好数与制度数之比。常用的有台数完好率、台日完好率。它反映机械设备技术状况和维修保养工作的水平。计算公式如下：

$$机械设备数量完好率=\frac{期末完好机械设备台数}{期末实有机械设备台数}\times 100\%$$

$$机械设备台日完好率=\frac{报告期制度内完好台日数+节假日加班台日数}{报告期制度台日数+节假日加班台日数}\times 100\%$$

2. 机械设备利用率

机械设备利用率指报告期机械设备实际作业时间与应当作业时间之比。常用的有台日利用率、台时利用率。它仅反映机械设备的数量和时间的利用程度，计算公式如下：

$$机械设备利用率=\frac{报告期制度内实作台日（台时）数+节假日加班台日（台时）数}{报告期制度台日（台时）数+节假日加班台日（台时）数}\times 100\%$$

第三节　机械设备的损耗与更新

一、机械设备磨损形式

机械设备在使用过程中发生的损耗，称为机械设备磨损。机械设备损耗有两种形式，即有形磨损（物质损耗）和无形损耗（精神损耗）。

（一）有形损耗

有形损耗包括使用过程的磨损和损坏，以及由于自然力的作用而使设备腐蚀。

（二）无形损耗

无形损耗指由于劳动生产率的提高而使原设备贬值或新设备的出现而使原设备效能相对降低所形成的损耗。

机械设备的磨损分类用图 11-3 示意。

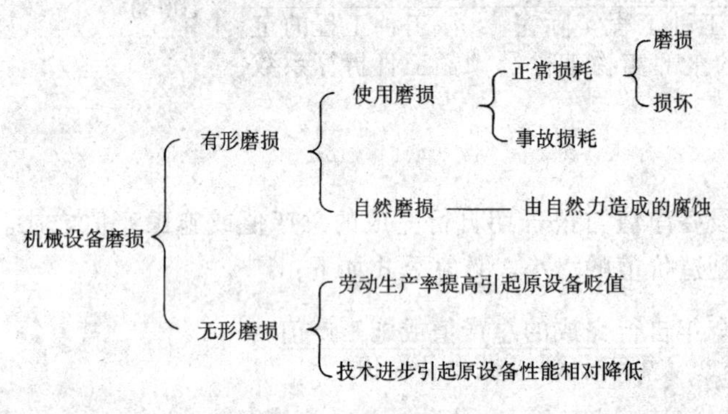

图 11-3　机械设备的磨损形式示意图

使用过程中的磨损，是损耗的主要部分。磨损是一种自然现象，不可避免，可通过机械设备的维修减轻磨损的程度，恢复机械设备的性能。机械设备的保养与维修，是保证机械设备正常使用不可缺少的措施，也是提高机械设备利用率，延长机械设备寿命的手段。

二、机械设备磨损规律

机械设备磨损量具有随时间变化的规律。机械设备磨损大致分为三个阶段，见图 11-4。

（一）初期磨损阶段（磨合期磨损阶段）

初期磨损阶段包括制造和大修理后的磨合磨损和使用期的走合磨损。产生的原因是零件表面不光滑，调试不够精准，磨损较快。因此必须执行走合期的使用规定，以减少磨损，延长设备的使用寿命。

（二）正常磨损阶段

这阶段零件经走合期磨损，表面已较光滑，润滑条件也有了改善，磨损较慢，在较长时间内基本上处于稳定的均匀磨损状态。这阶段的磨损主要是使用磨损和自然磨损。这个阶段称为正常工作阶段，只要加强保养就能降低磨损量，延长正常工作时间。

（三）剧烈磨损阶段

这阶段零件已磨损到一定程度，零件之间的间隙增大，产生冲击负荷，润滑油流失多，磨损加剧，此时设备的精度，性能和效率都已降低，如再使用就可能很快损坏，必须进行保养和维修。所以，设备应在剧烈磨损前修理，以免事故性损坏。机械设备故障率大小与机械设备磨损程度密切相关。如图 11-5 所示。

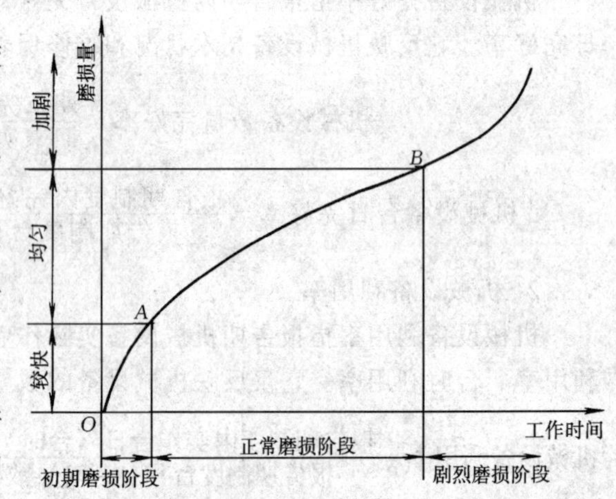

图 11-4　机械设备磨损曲线

三、机械设备保养与修理

（一）机械设备保养

机械设备保养，指为了保持机械设备的良好技术状态，提高机械设备运转的可靠性和

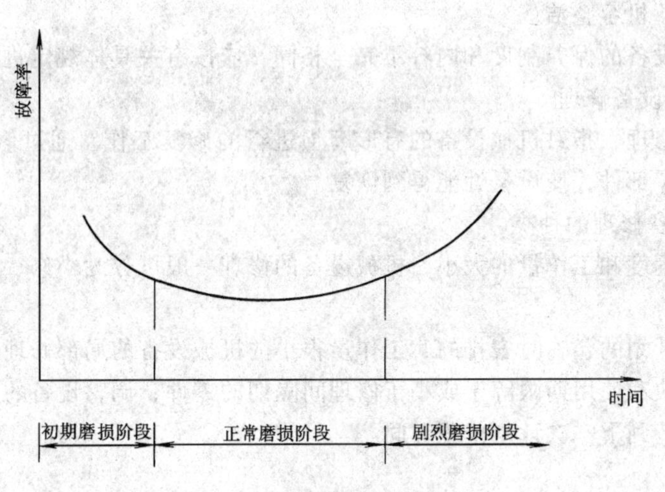

图 11-5　机械设备故障率曲线

安全性、降低损耗而进行的预防性技术护理，它包括清洁、紧固、润滑、调整、防腐，检查磨损情况，更换磨损较重的零件等一系列工作。

机械设备保养分为例行保养和定期保养两种。

1. 例行保养

例行保养指机械操作人员在每班作业前、使用中和停机后对机械设备进行检查和维护。它不停止机械设备的运转。基本内容是：清洁、润滑、紧固、调整、防腐等，简称十字作业法。

2. 定期保养

定期保养指设备运转一定时间后，不管技术状况好坏，按规定停机进行的保养。定期保养的时间周期根据各类机械设备的磨损规律、作业条件、操作维修水平，以及经济性四个主要因素确定。定期保养的等级，根据机械设备的复杂程度、性能、作业环境而定。一般机械实行三级保养制，大型机械实行四级保养制，小型机械实行二级保养制。

(1) 一级保养

一级保养是在进行例行保养基础上，以机械操作人员为主，维修人员为辅对机械设备进行部分检查和调整。包括：检查油面、水面、离合器、制动器、安全装置，操作机构，传动装置等；调整三角皮带、链条等传动装置；清洁各种滤清器、油箱、储气筒、火花塞等，排除漏电、漏水等故障。

(2) 二级保养

二级保养是在进行一级保养基础上，以维修人员为主，操作人员参加对机械设备进行局部解体检查、修理和调整。包括：检查发动机的运转情况、各部分的间隙、各系统工作情况，若有异常则应调整；清洗发动机冷却系统、润滑系统、燃料系统，更换润滑油。

(3) 三级保养

三级保养是在进行二级保养基础上，以维修人员为主，对设备主体进行解体检查和调整，更换部分磨损零件并对主要部件的磨损状况进行测量、鉴定。包括：检查发动机运转情况、消除内部污垢，更换已磨损的零件；检查各系统的间隙并进行修复调整；检查各系统的磨损情况，更换磨损零件；对整体进行较全面的清洗、检查、整修，排除异常现象，保持机况良好、机容整洁。

各种机械设备的保养制度和内容不完全相同，应按有关具体规定进行保养。

（二）机械设备修理

机械设备修理，指对机械设备的有形磨损进行的修复工作。通过修理更换已经磨损、老化、腐蚀的零部件，使设备性能得到恢复。

1. 机械设备修理的种类

按修理的程度和工作量的大小，机械设备的修理一般可分为小修、中修和大修。

（1）小修

小修是无计划的、临时安排的、工作量很小的机械设备的局部修理。它只需修复、更换部分磨损较快和使用期限等于或小于修理间隔期的零件，调整设备的局部机构，以保证设备能正常运转到下一次计划修理时间。

（2）中修

中修是对设备进行部分解体，修理或更换部分主要零件与校正机械设备的基准，或修理使用期限等于或小于修理间隔期的零件的修理。中修是在两次大修中间为解决主要问题的不平衡磨损而采取的修理措施，使设备能正常运转到大修期。

（3）大修

大修是为恢复设备原有的精度、性能和生产效率对机械设备进行的全面解体检查修理。大修将对机械设备进行彻底的检查、修理和调整，达到或接近出厂的技术标准和机械性能。

2. 机械设备修理的方法

（1）检查后修理法

检查后修理法是按照事先规定的检查期限，根据检查结果和以往的修理资料，确定修理的日期和内容的一种方法。该方法简单易行，但不易做好修理前的准备工作。

（2）定期修理法

定期修理法是根据设备的工作负荷和维护保养质量，参考有关修理定额资料，规定设备修理的期限和大致的修理内容及工作量的一种修理方法。该方法利于做好修理前的准备工作，可以缩短设备停机修理时间。

（3）标准修理法（也叫强制修理法）

标准修理法是根据设备零件的磨损规律和使用寿命，预先规定设备的修理日期、类别和内容，并严格按计划规定实施的一种修理方法。这种方法便于做好修理前的准备工作，有效地保证设备正常运转，要求掌握零件磨损规律，制定恰当的修理计划，否则会出现“过度修理”造成的浪费。该方法只适用于必须保证安全运转和特别重要、复杂的设备。

修理方法的选用，应根据设备的性能、使用要求而定。重点设备可采用定期修理法和标准修理法，非重点设备可用检查后修理法。

3. 机械设备的修理制度

机械设备的修理制度经历了一个发展完善的过程，有多种形式，我国多数企业实行计划预期检修制（简称计划预修制）。

计划预修制是按预防为主的原则，根据设备零件的磨损规律，有计划地对设备进行日常维护保养、检查、校正和修理，以保证设备经常处于良好状态。

计划预修制的主要内容有：

(1) 日常保养

日常保养即对设备进行清洗、润滑、紧固易松件或通过外部观察，试运转、拆卸部分零部件，查明设备精度、零件磨损情况，并进行调整和消除小故障。保养可根据不同设备的特点制定相适应的保养制度。

(2) 定期检查

定期检查即按计划修理周期，定期对设备的运转状况、磨损程度进行检查和校验，全面掌握设备运转状况的变化和磨损的程度，及时查明设备的各种隐患。

检查是预修制的基础，通过检查才能掌握情况，了解设备的实际状态，确定修理的内容。定期检查的根本依据是修理周期。修理周期要通过科学试验和大量实际统计指标数据，经分析找出零件磨损规律后确定。修理周期的结构由各级保养周期、小修周期、中修周期、大修周期组成。大修周期一般又称修理周期。定期检查，就是要在修理周期结构的规定时间，按期对设备进行检查。

(3) 计划修理

计划修理是按计划修理周期结构的规定，分别进行小修、中修和大修，保证设备正常运转。计划修理的方法，可根据设备的具体情况分别采取检查后修理法、定期修理法和强制修理法。

机械设备修理周期结构如图 11-6 所示。

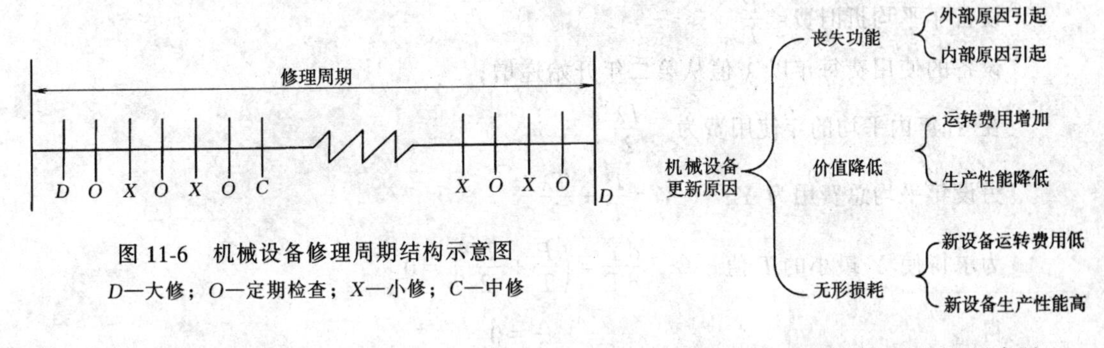

图 11-6 机械设备修理周期结构示意图
D—大修；*O*—定期检查；*X*—小修；*C*—中修

图 11-7 机械设备更新原因示意图

四、机械设备更新

机械设备更新是指用新设备代替丧失功能或经济性能不好的老设备。机械设备更新原因如图 11-7 所示。

(一) 机械设备的使用寿命

新的机械设备到更新的时间称为使用寿命。确定机械设备使用寿命的原因有自然因素、经济因素、设计因素和技术因素，构成机械设备的四种寿命。

1. 自然寿命

机械设备的自然寿命是指由有形损耗的原因决定的机械设备的使用寿命。机械设备在使用过程中由于磨损和自然力的腐蚀作用，逐步老化或损坏而丧失功能，这个过程的时间，就是机械设备自然寿命。

2. 设计寿命

机械设备的设计寿命指机械设备在设计过程中所确定的寿命。设计人员在分析材料、生产技术基础上明确的使用寿命。

3. 技术寿命

机械设备的技术寿命是指技术进步、劳动生产率的提高所决定的机械设备的使用寿命。随着科学技术的不断发展，在设备的使用过程中会有技术上更先进、经济上更合理的新设备出现，使原有设备的技术性能和经济性能相对降低而在自然寿命尚未结束前更新。

4. 经济寿命

机械设备的经济寿命是指在使用过程中经济上是否合理决定的设备使用寿命。机械设备在自然寿命的后期，由于设备老化和磨损加剧，使用设备的有关费用，如维修费用、能耗、事故停产、效率降低等损失的费用将日益增多，继续使用该机械设备显得不经济，就应进行设备更新。

（二）机械设备经济寿命的计算

机械设备在使用期限内的费用由折旧费（一次投资费用）和经常使用费组成。所谓经济寿命，就是年平均总费用最低的使用年限。可按下列方式计算。

设 T——经济寿命；

P——设备的原始价值；

λ——每年递增的使用费。

设备的年折旧费按平均年限法计算：

$$设备年平均折旧费=\frac{P}{T}$$

设备的使用费每年以 λ 值从第二年开始递增；

在 T 年内平均的年使用费为 $\frac{T\lambda}{2}$

另设年平均总费用为 Y： $Y=\frac{P}{T}+\frac{T\lambda}{2}$

为求得使 Y 最小的 T 值，令 $\frac{\mathrm{d}Y}{\mathrm{d}T}=\left(\frac{P}{T}+\frac{T\lambda}{2}\right)'=0$

得

$$-\frac{P}{T^2}+\frac{\lambda}{2}=0$$

∴

$$T=\sqrt{\frac{2P}{\lambda}}$$

【例 11-5】 某设备的原始价值 10000 元，每年使用费递增 400 元，求经济寿命？

【解】

$$T=\sqrt{\frac{2\times10000}{400}}\approx7\text{（年）}$$

也可列表试算，见表 11-2。

机械设备的使用寿命要根据企业的实际情况和设备的情况确定，但从经济效益上讲，经济寿命是最佳更新期。

设备年平均总费用曲线变化如图 11-8 所示。

（三）机械设备更新的形式

1. 原型更新

机械设备的原型更新（又称简单更新），即用结构相同、技术性能相同的新设备更换原有机械设备。这种更新主要解决设备的损坏问题，不具有技术进步的性质。

2. 技术更新

机械设备的技术更新是用技术上更先进的设备去更换原有的技术性能已落后的老设备。这种更新不仅能保持原有装备的水平，还从技术上提高了装备水平，具有技术进步的性质。随科学技术飞速发展，技术更新是企业机械设备更新的主要形式。

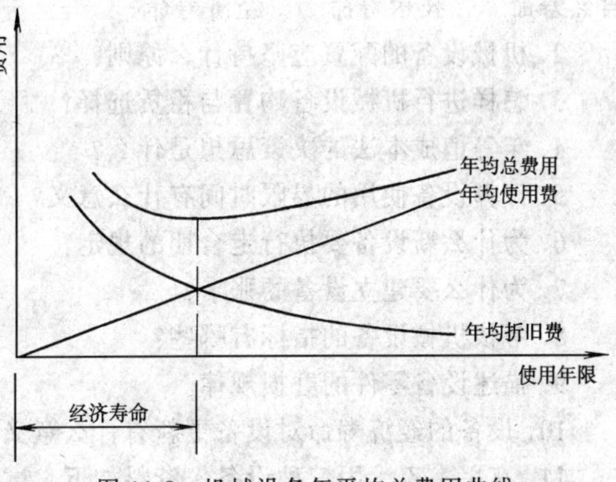

图 11-8 机械设备年平均总费用曲线

经济寿命计算表 表 11-2

使用年限 (T)	年均折旧费 (P/T)	年均使用费 ($\frac{1}{2}T\cdot\lambda$)	年均总费用	使用年限 (T)	年均折旧费 (P/T)	年均使用费 ($\frac{1}{2}T\cdot\lambda$)	年均总费用
1	10000	200	10200	6	1667	1200	2867
2	5000	400	5400	7	1429	1400	2829
3	3333	600	3933	8	1250	1600	2850
4	2500	800	3300	9	1111	1800	2911
5	2000	1000	3000				

本章小结

本章简略介绍了建筑企业机械设备的配置、使用、保养、修理、更新等管理工作。

1. 配置机械设备的核心是装备决策。装备决策常以是否经济合理作为决策标准，或以多项技术经济指标作为决策目标，用综合评分的方法决定购置或租赁、购置哪种机械设备。

2. 机械设备属于固定资产，除了使用物质形态的管理外，还有资产管理问题，包括分类、编号、建账、设卡等。为管好机械设备，还要进行机械设备的装备、完好、利用情况考核。

3. 机械设备在使用中要磨损、老化、直至丧失功能。为延长机械设备的使用寿命，保证正常使用，必须进行保养和修理。保养分一保、二保、三保、部分设备实行四级保养；修理分大修、中修、小修。

4. 机械设备因有形损耗和无形损耗的原因，最终要被新的设备所代替。设备从投入使用到更新的时间叫使用时间，决定设备使用时间的原因主要有自然、技术、设计和经济因素，因此设备有四种寿命。到底采取哪一种寿命作为设备的更新周期，不能一概而论，但从经济的角度出发，最好采用经济寿命。

复习思考题

1. 基本概念：年等值成本　单机核算　走合期　有形磨损　无形磨损

自然寿命　　技术寿命　　经济寿命

2. 机械设备的配置应坚持什么原则？

3. 怎样进行机械设备购置与租赁选择？

4. 年等值成本法的决策思想是什么？

5. 计算设备使用的界限时间有什么意义？

6. 为什么新设备要执行走合期的规定？

7. 为什么要建立设备的账卡？

8. 考核机械设备的指标有哪些？

9. 描述设备零件的磨损规律。

10. 设备的经济寿命对设备更新有什么意义？

11. 有甲、乙、丙三种设备，资料如下，试决策应购置何种设备？

设备名称	购入价（万元）	使用寿命（年）	平均使用费（元）	残值（元）	年利率（%）
甲	5.0	8	2100	1800	8
乙	5.5	10	1800	2000	8
丙	5.8	12	2000	2500	8

12. 有 A、B 两种设备，资料如下，试求界限时间并判断使用的时间范围。

设 备 名 称	年固定费用（元）	变动费用（元/台班）	产　值（m^2/台班）
A	7000	40	42
B	8500	35	44

13. 某设备原值 1.5 万元，每年使用费增加 600 元，试求经济寿命？

第十二章　建筑企业经营评价

建筑企业生产经营活动，必须通过分析诊断，掌握经营状况和经营效果，提高经营管理水平。本章简要介绍建筑企业评价的内容、指标和方法。

第一节　建筑企业经营评价的内容

一、经营评价的含义

经营评价又称为经营分析，是指由经营管理专家按照企业的要求，根据企业生产经营活动的有关资料，运用科学的方法，对企业经营的实际情况进行调查分析，找出差距，采取改进措施，借以不断提高企业的经营管理水平。

二、经营评价的意义

通过经营评价，综合分析企业经营管理各个方面、各个环节，帮助企业找到症结所在，对于提高企业经营管理水平，具有十分重要的意义。具体表现在以下几个方面：

（一）弥补企业信息不足，避免引起信息误导

一个企业的正确经营决策，必须依赖于大量的信息情报，经过科学的筛选处理，才能为决策提供可靠依据，进而得出正确决策结论。但由于建筑企业日常工作繁杂，受主客观条件的制约，使信息通道狭窄，信息来源有限，常常引起信息误导，致使决策失之偏颇。通过经营评价，专家为企业正确经营决策提供丰富的信息资料，并经过科学方法去伪存真、去粗取精，帮助企业做出正确决策。

（二）全面客观掌握企业的经营状况，避免组织惯性的约束

建筑企业是一个开放而复杂的系统，企业管理者置身于本企业的物质——精神系统之中。一方面，处于自己所熟悉的环境中，为科学管理企业提供了便利条件；另一方面，又不可避免地受企业组织传统和习惯的影响。外聘管理顾问通过经营评价，可以对企业经营状况做出全面、客观、公正的分析，从而给改进经营管理方法，提高经营管理水平提供依据。因此，企业经营评价，是避免组织惯性约束，全面客观掌握企业经营状况的有效途径。

（三）提供科学的管理知识和方法，迅速提高企业管理者水平

参与企业经营评价的人员，是具有良好素质的专家学者。通过经营评价，为企业提供大量的专门知识、管理技术或解决企业问题的诀窍，帮助培训企业管理人员，为快速全面提高企业管理者水平提供了一条途径。

（四）合理调配资源，促使企业充分挖潜节约，提高企业经济效益

企业扩大再生产包括外延扩大再生产和内涵扩大再生产。而提高内涵，挖潜节约是根本所在，特别是在社会主义市场经济条件下，建筑企业要适应市场经济资源配置方式，需要在现有资源条件下，通过充分调动职工积极性，挖掘企业生产潜力，促进增产节约，以

弥补财源之不足。如何运用科学管理原理和方法，改善经营管理，提高现有资源的利用效率，是建筑企业经营评价的重要方面。因此，这方面的作用也是显著的。

总之，经营评价是建筑企业运用科学管理手段和方法管理企业，以实现企业管理科学化的途径之一。

三、经营评价的内容

全面的经营评价，通常包括企业经营状况评价和经营效果评价。本节着重介绍企业经营状况评价，经营效果评价将在下一节详细介绍。

企业经营状况评价的目的，在于掌握企业经营的基本情况。主要通过以下五项评价指标反映：

（一）领导班子

领导班子是企业的决策和控制中心，企业经营管理首要问题是经营决策和计划，领导班子的素质对企业经营决策的质量起着极其重要的作用。主要评价领导者的个人素质和集体素质。

（二）经营规模分析

建筑企业的经营规模，可以用价值量指标和实物量指标反映。

1. 价值量反映的经营规模

（1）总产值　即建筑企业在一定时期内经营活动的总收入。总收入越高，说明企业的经营规模越大。建筑企业的总收入包括施工产值和其他产值两部分。

（2）施工产值　即建筑企业在一定时期内完成的建筑产品的价值量。反映为建筑企业在施工生产中获得的收入，是建筑企业总产值的主体。

（3）其他产值　即建筑企业除施工产值以外的经营收入。

2. 实物量反映的经营规模

（1）施工面积　即建筑企业在一定时期内施工房屋工程的总建筑面积。它在一定程度上可以反映建筑企业生产规模。

（2）竣工面积　即建筑企业在一定时期内已竣工工程的总建筑面积。反映了建筑企业为社会提供最终建筑产品的数量。

（三）经营能力分析

1. 职工能力

主要分析企业职工的总人数、结构和素质。要着重分析职工的素质，因为职工素质的高低关系到企业的生存和发展。

2. 机械设备能力

机械设备能力分析，包括机械设备装备的分析，机械设备“三率”（完好率、利用率和劳动效率）的分析，机械设备维修工作的分析等。

3. 资金能力

主要分析固定资金、流动资金、专项资金来源、增减变动情况以及利用效果情况等。

（四）质量安全分析

1. 质量评价

主要分析企业取得的质量成果和存在的问题。考核工程质量的优良品率和合格率，为企业获得市场的认同打下基础。优良品作为企业自定指标，目的是确保提高工程质量。

2. 安全评价

主要分析企业伤亡事故频率、找出频率上升或下降的原因。

（五）管理体系

建筑企业是一个开放的系统，企业的生产经营活动是在系统内运行的，系统的状况如何直接影响经营效果。主要评价企业的组织机构、基础工作、管理程序、各项专业管理。

第二节　建筑企业经营效果评价指标

经营效果评价是企业经营评价的核心。建筑企业经营效果评价指标体系可以划分为：收益性指标、安全性指标、流动性指标、生产性指标、成长性指标。

一、收益性指标

收益性指标是衡量企业收益或盈利能力的指标，通过对其分析，可以评价企业的盈利水平。

1. 资本收益率

$$资本收益率=\frac{净利润}{实收资本}\times 100\%$$

资本收益率反映企业运用投资者投入资本在一定时期获得收益的能力，该指标高，说明企业对资本的经营效果好。

2. 总资产报酬率

$$总资产报酬率=\frac{利润总额+利息支出}{平均资产总额}\times 100\%$$

式中　$平均资产总额=\frac{期初资产总额+期末资产总额}{2}$

总资产报酬率用于衡量企业运用全部资产获利的能力，反映企业资产经营的效果。该指标高，说明企业运用资产获利能力强。

3. 成本利润率

$$成本利润率=\frac{利润总额}{产品成本总额}\times 100\%$$

成本利润率是反映利润与成本之间的对比关系，它体现在企业利润的增加，是降低成本的结果。该比率愈高愈好。

4. 销售利润率

$$销售利润率=\frac{利润总额}{销售净收入}\times 100\%$$

销售利润率是反映企业销售收入的获利水平指标，该指标愈高，表明每元销售收入贡献愈大。

二、安全性指标

安全性是衡量企业经营风险程度的指标。

1. 负债比率

$$负债比率=\frac{负债总额}{全部资产总额}\times 100\%$$

负债比率是反映企业运用债权人资金进行经营活动的能力，也反映了企业举债的安全性，比率愈高，表明安全性愈低。

2. 流动比率

$$流动比率=\frac{流动资产}{流动负债}\times 100\%$$

流动比率是反映企业在短期内偿还债务的指标，比率愈高，说明企业用流动资产偿还负债的能力愈强，一般要求在200%以上。

3. 速动比率

$$速动比率=\frac{速动资产}{流动负债}\times 100\% \qquad (速动资产=流动资产-存货)$$

速动比率是衡量企业在短期内迅速偿还流动负债的能力的指标，一般要求在100%以上。

4. 权益比率

$$权益比率=\frac{所有者权益}{资产总额}\times 100\%$$

权益比率是反映企业运用债权人资金进行经营活动的能力的指标，也反映了债权人在企业资产的安全程度。

三、流动性指标

流动性指标是资金运用效率分析指标，反映企业资金流进、流出速度。周转速度快，说明企业营运能力强。

1. 总资产周转率

$$总资产周转率=\frac{销售收入}{资产总额}\times 100\%$$

资金周转率反映企业总资产的周转速度，表明企业对资产的利用效果。

2. 应收账款周转率

$$应收账款周转率=\frac{赊销收入净额}{平均应收账款余额}\times 100\%$$

式中　赊销收入净额=销售收入－现销收入－销售退回、折扣、折让

平均应收账款余额=（期初应收账款+期末应收账款）÷2

应收账款周转率是反映企业应收账款的流动速度的指标。

3. 存货周转率

$$存货周转率=\frac{销售成本}{平均存货}\times 100\%$$

式中　平均存货=（期初存货+期末存货）÷2

存货周转率是反映企业存货的流动速度和存货的管理效率的指标。

四、生产性指标

生产性指标是衡量企业生产要素利用效果的指标。

1. 人均利润率

$$人均利润率 = \frac{利润总额}{平均职工人数} \times 100\%$$

人均利润率是反映企业人均创造利润能力的指标。

2. 劳动生产率增长率

$$劳动生产率增长率 = \frac{增加值}{前期劳动生产率} \times 100\%$$

式中　增加值 = 本期劳动生产率 - 前期劳动生产率

劳动生产率增长率是反映企业提高劳动效率的能力的指标。

3. 劳动装备率

$$劳动装备率 = \frac{固定资产原值总额}{平均职工人数} \times 100\%$$

劳动装备率是反映企业机械化程度的指标。

4. 固定资产投资效率

$$固定资产投资效率 = \frac{增加值}{固定资产总值} \times 100\%$$

固定资产投资效率是反映固定资产创造社会财富效率的指标。

五、成长性指标

成长性指标是从量上反映企业发展潜力的指标。

1. 销售收入增长率

$$销售收入增长率 = \left(\frac{报告期销售收入}{基期销售收入} - 1\right) \times 100\%$$

销售收入增长率是反映销售收入增长速度的指标，比率愈高愈好。

2. 利润增长率

$$利润增长率 = \left(\frac{报告期利润总额}{基期利润总额} - 1\right) \times 100\%$$

利润增长率是反映企业创利能力增长水平的指标，比率越高表明效益越好。

3. 资产增长率

$$资产增长率 = \left(\frac{报告期末资产总值}{基期末资产原值} - 1\right) \times 100\%$$

资产增长率是反映企业资产增长速度的指标，比率越高，表明企业后劲越足。

4. 增加值增长率

$$增加值增长率 = \left(\frac{报告期增加值总额}{基期增加值总额} - 1\right) \times 100\%$$

增加值增长率是反映增加值增长速度的指标，反映企业为社会提供物质财富的情况，该比率越高越好。

5. 资本金增长率

$$资本金增长率=\left(\frac{报告期资本金总额}{基期资本金总额}-1\right)\times 100\%$$

资本金增长率是反映企业资本金增加速度的指标，比率越高，说明企业资本金越足。

第三节　建筑企业经营评价常用的技术方法

建筑企业进行经营评价，一般常用的技术方法有以下几种。

一、分层法

分层法又叫分类法，它是对所搜集到的资料按一定的标识分类、归纳，以便从中找出规律性的东西，使问题的分析得到简化。其分类方法见表12-1所列。

分类法　　　**表12-1**

分类标准	分类要点	适用范围及注意点	分类标准	分类要点	适用范围及注意点
按时间分	注意分析{时间分布 变化趋势 变化速度 波动幅度 有无规律性	适于各种统计资料归类，尽量图表化	按影响因素分	注明{因果关系 问题的结构	适于用工程拖期、质量原因分析、成本出超等多种因素问题，最好整理成因果分析图或矩阵式表格
按地点(单位或部分)分	注明{问题性质 责任划分	适合分析某一部门或工地的专门性问题	按问题性质分	注意分析{问题性质及后果 问题涉及的范围及部门 典型经验或问题 改进建议	适于分析各种全局性、政策性问题，如经营战略、分配奖励制度、计划出超

【例12-1】　某工程项目统计施工期间返修造成损失情况如表12-2所示。

某工程返工程损失情况表　　　**表12-2**

序号	工程名称	损失金额（元）	所占比重（100%）	累计百分比（100%）
1	混凝土工程	3200	60.4	60.4
2	土方工程	600	11.3	71.7
3	砌砖工程	500	9.5	81.2
4	装饰工程	400	7.5	88.7
5	其他	600	11.3	100
合　计		5300	100	—

从表12-2中可以看出，按照不同的分部分项工程分类，得知造成返工损失的主要项目是混凝土工程。

二、比较法

比较法，又称为“指标对比法”，就是通过有可比性的经济指标的对比，找出差异，然后从中分析产生差异的原因。这种方法具有通俗易懂、简便易行、便于掌握的特点，因而得到了较为广泛的应用。但在应用时，必须注意各技术经济指标的可比性。

比较法的应用，通常有以下形式：

（一）实际与计划比较

通过实际完成的指标数和计划指标数比较，检查计划的完成情况，分析完成计划的积极因素和影响计划完成的原因，以便及时采取措施，保证计划目标的实现。在进行实际与计划对比时，还应注意计划本身的质量。

建筑企业通常分析比较的主要技术经济指标有：实物进度、主要工程量、质量、劳动工效、工程成本、机械设备利用情况、流动资金等指标。

（二）本期与上期比较

本年度的实际指标同上年度同期或历史最好水平指标比较，可以研究各项经济指标的动态情况，反映管理水平的提高程度。如将本期资金周转率同上年同期或历史上最好水平的资金周转率进行比较，就可以明显地反映出资金周转升降的趋势，从中发现规律性的问题，进一步研究采取何种措施，改善企业经营管理工作。

（三）本企业与同行业比较

本企业与国内同行业先进水平比较，可以学习先进经验，检查改进工作，促进企业赶超先进水平。与国外同行先进水平比较，可以看到存在的差距，进而采取措施提高企业的经营管理水平。

以上三种对比，可以用一张表同时反映，如表12-3所示。

【例12-2】 某项目本年计划节约“三材”120 000元，实际节约130 000元，上半年节约100 000元，本企业先进水平节约140 000元。根据上述资料编制分析表。

实际指标与上期指标、先进水平比较 **表12-3**

单位：元

指标	本年计划数	上年计划数	企业先进水平	本年实际数	差异数		
					与计划比	与上期比	与先进比
“三材”节约额	120 000	100 000	140 000	130 000	10 000	20 000	-10 000

从表12-3中可以看出，本年“三材”节约额与计划比，增加10 000元；与上年实际数比较，增加20 000元；若与同行业先进水平比较，还存在较大差距，说明 企业还可挖掘潜力。

三、比率法

比率法，是指通过计算各对比指标的比率，评价企业经营状况和效果的方法。它的基本特点是：首先把对比分析的数值变为相对数，再观察其相互之间的关系。

常用的比率法有以下几种：

（一）相关比率

相关比率法是将两个性质不同而又相关的指标加以对比，通过分析它们之间的比率，观察相互关系，以此来考察企业经营成果好坏的一种方法。如产值和工资本是两个不同的概念，但它们的关系又是投入与产出的关系。一般情况下，都希望以最少的人工费支出完成最多的施工产值。因此，用产值工资率指标来考核人工费的支出水平，就很难说明问题。

（二）构成比率

构成比率，又称比重分析法或结构对比法，是计算某项指标的各个组成部分占总体的比重，由此观察、评价构成内容变化的一种方法。通过构成比率分析，可以考察某一指标的变化趋势，从而找到解决问题的途径。

【例 12-3】 某项目成本构成分析。见表 12-4 所示。

成本构成比例表 表 12-4

单位：万元

成本项目	预算成本		实际成本		降低成本		
	金额	比重	金额	比重	金额	占本项(%)	占总量(%)
一、直接成本	1280	92.75	1229.0	92.09	51.0	3.98	3.70
1. 人工费	113.5	8.22	120.5	9.03	-7.0	-6.17	-0.50
2. 材料费	1008.4	73.07	950.4	71.22	58	5.75	4.20
3. 机械费	90.5	6.58	95.5	7.15	-5	-5.52	-0.36
4. 其他	67.6	4.90	62.6	4.69	5	7.40	0.36
二、间接成本	100	7.25	105.5	7.91	-5.5	-5.50	-0.40
成本总量	1380	100.00	1334.5	100.00	45.5	3.30	3.30
量本利比例(%)	100.00	—	96.70	—	3.30	—	—

从表 12-4 可以看出，该项目成本总量的构成情况、各成本项目占成本总量的比重，同时也可以看出，预算成本、实际成本和降低成本的比例关系，从而可以找出降低该项目成本的途径。

(三)动态比率

动态比率法，就是将不同时期同类指标的数值进行对比，求出比率，分析该项指标的发展方向和发展速度。

由于动态比率法研究不同时期的变化，所以实际上反映了事物的发展速度，通常采用定基指数和环比指数两种方法计算。所谓定基指数，是指确定一个基期数据为基准，将其他各期数据和基期数据相比较；所谓环比指数，是指依次将相邻两期数据进行比较。

【例 12-4】 某建筑企业 1～4 季度降低成本动态比较。如表 12-5 所示。

指标动态比较表 表 12-5

单位：万元

指标	一季度	二季度	三季度	四季度
降低成本(万元)	42.50	45.40	51.60	62.30
定基指数(%)(一季度=100)	—	106.82	121.41	146.59
环比指数(%)(上一季度=100)	—	106.82	113.66	120.74

从表 12-5 中可以看出，定基指数反映了企业 1～4 季度降低成本的程度，环比指数则反映逐期发展方向和程度。

四、因素分析法

因素分析法，是指通过指标组成各因素的变化，对指标本身影响的分析，以观察变化规律和原因的一种技术分析方法。

在用因素分析法进行分析时，常用其中的连环替代法。它首先假定众多因素中的一个因素发生了变化，而其他因素则不变，然后逐个替换，并将代替之后所得的值与代替之前的值比较，以确定各个因素变化的影响程度。

连环替代法的分析步骤如下：

1. 确定分析对象(即所分析的技术经济指标)，并计算出实际与计划数的差异额；
2. 确定所分析指标是由哪些因素构成的，并按其相互关系进行排序；
3. 以计划数为基础，将各因素的计划数相乘，作为分析替代的基数；
4. 将各个因素的实际数按照上面的排列顺序进行替换计算，并保留计算结果；
5. 将每次替换计算值与前一次的计算值相比较，两者的差异即为该成本的影响程度；
6. 各个因素的影响程度之和，应与分析对象的总差异一致。

【例 12-5】 某工程浇捣一层结构商品混凝土，成本支出额情况如表 12-6 所示，现已知成本超支 19,760 元。试用连环替代法进行分析。

商品混凝土计划成本与实际成本对比表 表 12-6

指 标	单 位	计 划	实 计	差 额
成本支出额	元	364 000	383 760	+19 760
产量	m^3	500	520	+20
单价	元	700	720	+20
损耗率	%	4	2.5	-1.5

【解】 用连环替代法分析：

产品成本＝产品产量×单价×损耗率

成本支出额的计划数为

500×700×1.04＝364 000(元)

第一次替换，分析产量变动影响：

520×700×1.04＝378 560(元)

378 560－364 000＝14 560(元)

由于产量增加 20m^3，导致成本增加 14 560 元；

第二次替换，分析单价变动的影响，

520×72 0×1.04＝389 376(元)

389 376－378 560＝10 816(元)

由于单价提高 20 元，导致成本增加 10 816 元；

第三次替换，分析损耗率变动的影响，

520×720×1.025＝383 760(元)

383 760－389 376＝－5 616(元)

由于损耗率下降 1.5%，导致成本减少 5 616 元

分析结果：14 560＋10 816－5 616＝19 760(元)

通过替换分析可知，成本超支的主要原因是商品混凝土采购价格的提高，而企业自身是努力的。产量超过计划，产品损耗率降低，既增产又节约。企业成本超支 19 760 元，是属于混凝土提价的客观原因造成。

需要说明的是，在运用连环替代法时，各个因素的排列顺率是固定不变的，否则，就会得出不同的结果，也就会产生不同的结论。

以上各种技术方法，只能从数值上反映各种指标的变化程度，粗略地指出问题的重点和进一步分析的方向。而经营评价更重要的是透过现象，看到本质。也就是说，要通过分析评

价找到差异因素，从而针对原因，采取对策，解决问题，改善建筑企业经营管理。

本 章 小 结

1. 经营评价又称为经营分析，其目的在于掌握企业经营的基本情况，对于提高企业经营管理水平等具有十分重要的意义。

2. 经营评价的内容包括企业经营状况和经营效果评价。

3. 经营状况的评价是一般性的分析，包括企业领导班子、经营规模、经营能力、质量安全、管理体系评价。

4. 经营效果评价是企业经营评价的核心，包括企业经营的收益性、安全性、流动性、生产性、成长性的评价。

5. 建筑企业经营评价常用的技术方法有：分层法、比较法、比率法、因素分析法等。

复 习 思 考 题

1. 基本概念：经营评价　流动比率　速动比率　比较法　比率法　因素分析法

2. 经营评价有何意义？

3. 如何评价建筑企业经营规模？试对你所在地区某一建筑企业的经营规模进行评价。

4. 如何对企业进行收益性、安全性、流动性、生产性、成长性评价？

5. 对你所在地区某建筑企业调查研究后进行经营效果评价。

6. 经营评价常用的技术方法有哪些？

7. 某施工企业全员劳动生产率如表 12-7 所示。试用比较法分析。

全员劳动生产率情况表　　　　**表 12-7**

指　　标	本年计划数	上年实际数	同行业水平	本年实际数
全员劳动生产率(人/元)	5110	5050	5150	5100

8. 某项产品中材料支出额的情况如表 12-8 所示。现已知材料费超支 1400 元，试用因素分析法进行分析。

材料支出计划数与实际数对比表　　　　**表 12-8**

指　　数	计　划	实　际	差　额
产品产量(m^3)	100	120	+20
单位产品材料消耗定额(kg)	10	9	−1
材料单价(元)	4	5	+1
材料支出额(元)	4000	5400	+1400

主要参考文献

1 黄如宝·建筑经济学·上海:同济大学出版社,1998

2 成虎·建筑工程合同管理与索赔·南京:东南大学出版社,2001

3 何伯森,刘雯讲课提纲·FIDIC 合同条件(1999 年第 1 版)

4 吴泽,陈茂明,徐佳芳 . 建筑企业经营管理·北京:中国建筑工业出版社,1997

5 建筑业与房地产企业工商管理培训系列教材·北京:中国建筑工业出版社,2000

6 丛培经主编·实用工程项目管理手册·北京:中国建筑工业出版社,1999